Mon verre
in d'un vin
ıne flamme.

ıPOLLINAIRE

Dictionnaire des Vins

LES DICTIONNAIRES DE L'HOMME DU XXe SIÈCLE

Docteur Gérard Debuigne

Dictionnaire des Vins

Librairie Larousse, 17, rue du Montparnasse, Paris

Art grec :
amphore à volutes représentant Dionysos et son cortège (thiase bachique) IVe s. av. J.-C. (Musée du Louvre). Les Grecs de l'Antiquité considéraient la vigne comme un signe de civilisation et ils furent, indiscutablement, les pères de la viticulture.
Phot. Giraudon.

Le présent volume appartient à la dernière édition (revue et corrigée) de cet ouvrage. La date du copyright mentionnée ci-dessous ne concerne que le dépôt à Washington de la *première* édition.

ISBN 2-03-075459-5

Librairie Larousse (Canada) limitée, propriétaire pour le Canada des droits d'auteur et des marques de commerce Larousse. — Distributeur exclusif au Canada : les Editions Françaises Inc., licencié quant aux droits d'auteur et usager inscrit des marques pour le Canada.

AVANT-PROPOS

Depuis la Genèse, le vin a toujours accompagné le destin de l'homme et les événements de sa terrestre existence : vin de messe, vin de sacre, vin d'honneur...

Olivier de Serres, dans son *Théâtre d'agriculture,* écrivait en 1600 : « Après le pain vient le vin, second aliment donné par le Créateur à l'entretien de cette vie et le premier célébré par son excellence. » Cadeau du ciel, certes, mais d'un ciel qui est loin d'être toujours clément! Œuvre d'art, le vin est aussi — et avant tout — une œuvre d'homme, et, ainsi qu'aux diverses disciplines humaines, il était normal de lui donner son dictionnaire.

A notre époque, l'art des vignerons n'est plus seulement l'héritier du bon enseignement du passé, il est devenu une véritable science, tempérée d'instinct par un empirisme intelligent. Le *Dictionnaire des vins* permettra à l'homme actuel, toujours pressé par le temps, de connaître rapidement, sans longues recherches, les phases successives de la naissance et de la vie du vin, les différentes régions vinicoles et les « races » de vins, les détails techniques indispensables sur la vinification et sur la législation se rapportant aux vins, ainsi que sur le vocabulaire vineux utilisé par les amateurs.

De nos jours, hélas! l'homme ne trouve guère le temps de lire beaucoup pour retenir un peu. Le voudrait-il qu'il n'y parviendrait pas : la somme des connaissances actuelles est tellement gigantesque que « tout savoir sur toute chose » n'est plus qu'un rêve impossible.

Le vin, personnage vivant, ne se laisse d'ailleurs pas facilement circonscrire. Ce volume n'a donc pas la prétention de traiter à fond un sujet aussi vaste et passionnant. Mais en mettant à la portée de tous des connaissances essentielles, il donnera, nous en sommes persuadé, l'amour et le respect de cette noble et mystérieuse matière qu'est le vin.

Enseigne d'une taverne dans la vallée de la Moselle.
Phot. Adelmann.

VOCABULAIRE DE L'ŒNOPHILE

acerbe, acescence, acidité, agressif, aigre, aigu, amaigri, amer, ample, anguleux (v. *âpre, astringent*), âpre, ardent (v. *chaud*), aromatique, arôme, astringent, austère

bouchonné, bouquet, brillant

capiteux, chair, charpenté, chaud, complet, corps (v. *corsé*), corsé, coulant, court, croupi (v. *moisi*)

décharné, décoloré, dentelle, dépouillé, déséquilibré (v. *équilibré*), distingué, doux, droit de goût (v. *franc*), dur

élégant, enveloppé, épais (v. *âpre, astringent*), épanoui, équilibré, étoffé (v. *corsé*), évent

faible, fatigué, féminin, ferme, fin, fondu, fourré, foxé (v. *renarder*), frais, franc, fruité, fumet, fûte (v. *moisi*)

généreux, glissant (v. *coulant*), gouleyant, gras, grêle (goût de), grêle (v. *mince*)

harmonieux (v. *équilibré*), huileux

jeune

léger, limpidité, louche, lourd, loyal

mâche (v. *astringent*), mâché (v. *évent*), madérisé, maigre (v. *mince*), mince, moelleux, moisi, mou, musqué

nervosité

persistance, pinçant, piqué (v. *acidité volatile*), plein, pointu (v. *pinçant*), primeur

racé, renarder, robe, robuste, rondeur

sec, séché, sénile (v. *vieux*), sévère (v. *austère*), séveux, solide (v. *robuste*), souple, suave

tendre, tenue, terroir (goût de), tuilé

velouté, vert, vieillarde (v. *vieux*), vieux, vif, vigoureux (v. *robuste*), vineux, vinosité, viril.

Le lecteur trouvera la définition de chacun des mots cités ci-dessus à l'ordre alphabétique de ce dictionnaire.

RÉGIONS VITICOLES DE FRANCE

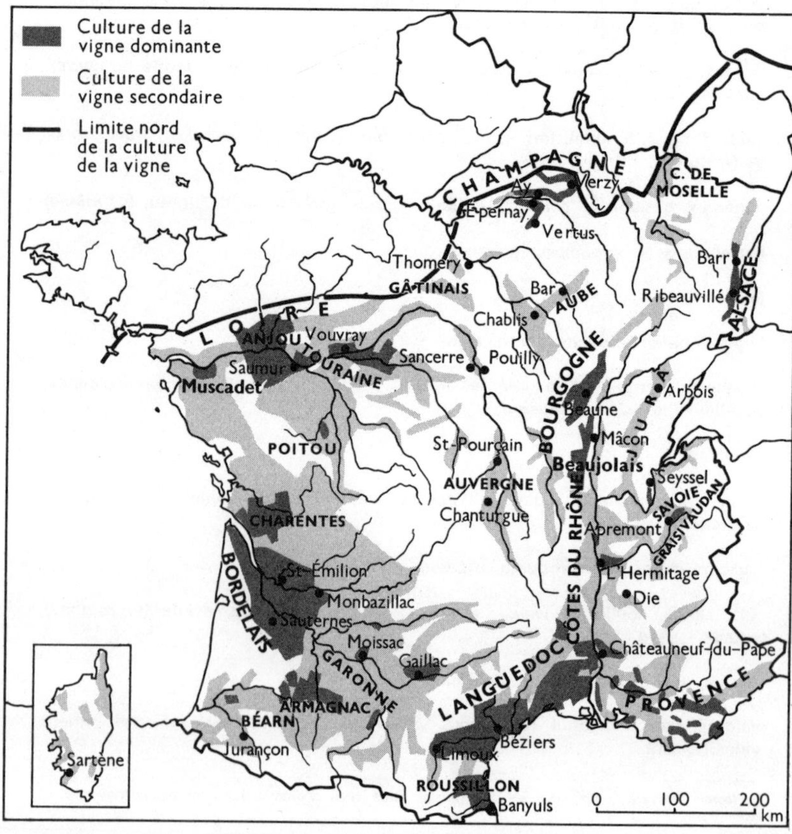

CRUS DU BORDELAIS

Classification des crus du Médoc

Cette classification est officielle et date de 1855 (v. *classification* de 1855*). Dans chaque catégorie, les vins ont été répertoriés non par ordre alphabétique ou géographique, mais par ordre de mérite. Cette classification est l'objet de beaucoup de critiques. Elle a ses tenants irréductibles, mais d'autres désirent la bouleverser complètement, puisqu'elle ne répond plus tout à fait aux critères actuels. La dernière tendance serait de conserver ce fameux classement de 1855 à titre de souvenir et de créer, parallèlement, une nouvelle hiérarchie qui aurait l'avantage d'être vivante et mobile : chaque position, en effet, serait examinée chaque année, avec possibilité de suspension provisoire en cas de baisse de qualité.

CHÂTEAUX	COMMUNES
PREMIERS CRUS	
Lafite-Rothschild	Pauillac
Margaux	Margaux
Latour	Pauillac
Mouton-Rothschild	Pauillac
DEUXIÈMES CRUS	
Rausan-Ségla	Margaux
Rauzan-Gassies	Margaux
Léoville-Las-Cases	Saint-Julien
Léoville-Poyferré	Saint-Julien
Léoville-Barton	Saint-Julien
Durfort-Vivens	Margaux
Gruaud-Larose	Saint-Julien
Lascombes	Margaux
Brane-Cantenac	Cantenac
Pichon-Longueville (Baron)	Pauillac
Pichon-Longueville (Comtesse-de-Lalande-)	Pauillac
Ducru-Beaucaillou	Saint-Julien
Cos-d'Estournel	Saint-Estèphe
Montrose	Saint-Estèphe
TROISIÈMES CRUS	
Kirwan	Cantenac
Issan	Cantenac
Lagrange	Saint-Julien
Langoa	Saint-Julien
Giscours	Labarde
Malescot-Saint-Exupéry	Margaux

CHÂTEAUX	COMMUNES
Cantenac-Brown	Cantenac
Boyd-Cantenac	Margaux
Palmer	Cantenac
La Lagune	Ludon
Desmirail	Margaux
Calon-Ségur	Saint-Estèphe
Ferrière	Margaux
Marquis-d'Alesme-Becker	Margaux

QUATRIÈMES CRUS

Saint-Pierre-Sevaistre	Saint-Julien
Saint-Pierre-Bontemps	Saint-Julien
Talbot	Saint-Julien
Branaire-Ducru	Saint-Julien
Duhart-Milon	Pauillac
Pouget	Cantenac
La Tour-Carnet	Saint-Laurent
Rochet	Saint-Estèphe
Beychevelle	Saint-Julien
Le Prieuré	Cantenac
Marquis-de-Terme	Margaux

CINQUIÈMES CRUS

Pontet-Canet	Pauillac
Batailley	Pauillac
Haut-Batailley	Pauillac
Grand-Puy-Lacoste	Pauillac
Grand-Puy-Ducasse	Pauillac
Lynch-Bages	Pauillac
Lynch-Moussas	Pauillac
Dauzac	Labarde
Mouton-Baron-Philippe (appelé Mouton-d'Armailhacq avant 1956)	Pauillac
Le Tertre	Arsac
Haut-Bages-Libéral	Pauillac
Pédesclaux	Pauillac
Belgrave	Saint-Laurent
Camensac	Saint-Laurent
Cos-Labory	Saint-Estèphe
Clerc-Milon	Pauillac
Croizet-Bages	Pauillac
Cantemerle	Macau

Classification des crus de Sauternes et de Barsac

Cette classification est officielle et date de 1855 (v. *classification* de 1855*).

CHÂTEAUX	COMMUNES
	GRAND PREMIER CRU
Yquem	Sauternes
	PREMIERS CRUS
La Tour-Blanche	Bommes
Lafaurie-Peyraguey	Bommes
Clos Haut-Peyraguey	Bommes
Rayne-Vigneau	Bommes
Suduiraut	Preignac
Coutet	Barsac
Climens	Barsac
Guiraud	Sauternes
Rieussec	Fargues
Rabaud-Sigalas	Bommes
Rabaud-Promis	Bommes
	DEUXIÈMES CRUS
Myrat	Barsac
Doisy-Dubroca	Barsac
Doisy-Daëne	Barsac
Doisy-Védrines	Barsac
Arche	Sauternes
Arche-Lafaurie	Sauternes
Filhot	Sauternes
Broustet	Barsac
Nairac	Barsac
Caillou	Barsac
Suau	Barsac
De-Malle	Preignac
Romer-Lafon	Fargues
Lamothe-Bergey	Sauternes
Lamothe-Espagnet	Sauternes

Classification des crus de Saint-Émilion

Il a fallu attendre un siècle après la *classification* de 1855* pour qu'un classement officiel des vins de Saint-Emilion soit réalisé. Après accord des producteurs et approbation de l'Institut national des appellations d'origine, le décret du 7 octobre 1954 a établi un classement des crus suivant leur qualité et leur réputation dans l'ordre suivant :

Saint-Émilion
Saint-Émilion Grand Cru
Saint-Émilion Grand Cru classé
Saint-Émilion Premier Grand Cru classé

Il est admis que Château Ausone et Château Cheval-Blanc, bien que désignés comme d'autres par l'appellation « Premier Grand Cru classé », soient considérés comme étant d'une catégorie à part.

PREMIERS GRANDS CRUS CLASSÉS

A

CHÂTEAUX

Ausone

CHÂTEAUX

Cheval-Blanc

B

Beauséjour
Beauséjour-Fagouet
Bélair
Canon
Clos Fourtet
Figeac
La Gaffelière-Naudes
Magdelaine
Pavie
Trottevieille

GRANDS CRUS CLASSÉS

L'Angélus
L'Arrosée
Balestard-la-Tonnelle
Bellevue
Bergat
Cadet-Bon
Cadet-Piola
Canon-la-Gaffelière
Cap-de-Mourlin
La Carte
Chapelle-Madeleine
Le Châtelet
Chauvin
Clos des Jacobins
Clos la Madeleine
Clos Saint-Martin
La Clotte
La Cluzière
Corbin
Corbin-Michotte
La Couspaude
Coutet
Le Couvent
Croque-Michotte
Curé-Bon
La Dominique
Fonplégade
Fonroque

Franc-Mayne
Grand-Barrail-la-Marzelle-Figeac
Grand-Corbin-d'Espagne
Grand-Corbin-Pécresse
Grand-Mayne
Grand-Pontet
Grandes-Murailles
Guadet-Saint-Julien
Jean-Faure
Larcis-Ducasse
Lamarzelle
Larmande
Laroze
Lasserre
Mauvezin
Moulin-du-Cadet
Pavie-Decesse
Pavie-Macquin
Pavillon-Cadet
Petit-Faurie-de-Souchard
Petit-Faurie-de-Soutard
Le Prieuré
Ripeau
Sansonnet
Saint-Georges-Côte-Pavie
Soutard
Tertre-Daugay
La Tour-du-Pin-Figeac
La Tour-Figeac
Trimoulet
Trois-Moulins
Troplong-Mondot
Villemaurine
Yon-Figeac

•

Classification des Graves

Les Châteaux des Graves avaient été négligés lors de la *classification* de 1855,* à l'exception du Château Haut-Brion, classé comme premier cru en compagnie des Médocs. En 1953, l'Institut national des appellations d'origine a donné un classement officiel des crus de Graves, confirmé par un arrêté du 16 février 1959.

PREMIER CRU CLASSÉ EN 1855
Château Haut-Brion (Pessac)

CRUS CLASSÉS EN 1959

GRAVES ROUGES

CHÂTEAUX	COMMUNES
La Mission-Haut-Brion	**Talence**
Haut-Bailly	**Léognan**
Domaine de Chevalier	**Léognan**

Graves (suite)

CHÂTEAUX	COMMUNES
Carbonnieux	Léognan
Malartic-Lagravière	Léognan
Latour-Martillac	Martillac
Latour - Haut-Brion	Talence
Smith - Haut-Lafitte	Martillac
Olivier	Léognan
Bouscaut	Cadaujac
Fieuzal	Léognan
Pape-Clément	Pessac

GRAVES BLANCS

Carbonnieux	Léognan
Domaine de Chevalier	Léognan
Couhins	Villenave-d'Ornon
Olivier	Léognan
Laville-Haut-Brion	Talence
Bouscaut	Cadaujac
Latour-Martillac	Martillac
Malartic-Lagravière	Léognan

•

Classification des crus de Pomerol

Il n'existe pas de classement officiel des vins de Pomerol. Mais, officieusement, on a coutume de classer en premier le Château Pétrus, et il semble que les principaux Châteaux se classent, plus ou moins, dans l'ordre suivant.

PREMIERS GRANDS CRUS

Château Pétrus

Ch. Certan	Ch. l'Evangile
Vieux-Château-Certan	Ch. Lafleur
Ch. la Conseillante	Ch. Gazin
Ch. Petit-Village	Ch. la Fleur-Pétrus
Ch. Trotanoy	

PREMIERS CRUS

Dom. de l'Église
Ch. la Croix-de-Gay
Ch. la Grave-Trigant-de-Boisset
Clos l'Église
Ch. Latour-Pomerol
Ch. Beauregard
Ch. Certan-Marzelle
Ch. Clinet
Ch. Nénin
Ch. la Pointe
Ch. Gombaude-Guillot
Ch. Guillot
Ch. l'Église-Clinet
Ch. le Gay
Ch. la Grange
Ch. la Vraye-Croix-de-Gay
Ch. Rouget

DEUXIÈMES PREMIERS CRUS

Ch. la Commanderie
Ch. la Croix-Saint-Georges
Ch. la Croix
Clos du Clocher
Ch. Lacabane
Ch. Moulinet
Ch. Plince
Ch. de Salles
Ch. Bourgneuf
Ch. le Caillou
Ch. l'Enclos
Enclos du Presbytère
Ch. Gratte-Cap
Clos René
Dom. Haut-Tropchaud
Ch. Pignon-de-Gay
Dom. de Tropchaud
Ch. la Violette
Ch. Lafleur-du-Gazin
Clos Beauregard
Dom. de Haut-Pignon
Ch. Cantereau
Ch. Mazeyres
Ch. Taillefer
Ch. du Chêne-Liège

DEUXIÈMES CRUS

Ch. Bel-Air
Ch. la Croix-Taillefer
Ch. Ferrand
Dom. de Mazeyres
Enclos du Haut-Mazeyres
Clos des Templiers
Ch. Haut-Maillet
Ch. Couprie
Ch. Franc-Maillet
Ch. Thibaud-Maillet
Ch. Hautes-Rouzes

Mosaïque romaine de la première moitié du IIIe s. (Musée des Antiquités nationales de Saint-Germain-en-Laye.) C'est aux Gaulois qu'appartiendrait l'honneur d'avoir inventé le tonneau. Cette invention fut d'une importance capitale pour la qualité et l'avenir des vins.
Phot. Giraudon.

CLIMATS DE BOURGOGNE

Il n'est pas possible de classer les vignobles de Bourgogne avec autant de précision que les Châteaux du Bordelais. En effet, en Côte-d'Or, à Chablis, la plupart des vignobles appartiennent à des propriétaires différents (plus de 60 propriétaires, par exemple, rien que pour le célèbre Clos de Vougeot!).

Bien avant le système moderne des Appellations d'origine contrôlées, un travail extrêmement sérieux et complet de délimitation et de classification des crus avait été publié en 1861 par le « Comité d'agriculture de l'arrondissement de Beaune ».

La liste suivante est forcément bien incomplète : il existe 419 « climats » officiellement reconnus pour la Côte de Nuits et deux fois plus pour la Côte de Beaune! Bien que non officielle, elle cite la plupart des noms de climats que l'amateur est amené à rencontrer, dans un ordre plus ou moins admis par la majorité des experts.

COMMUNES	CLIMATS
	CÔTE DE NUITS
Fixin	Clos de la Perrière
	Les Hervelets
	Clos du Chapitre
	Les Arvelets
	Clos Napoléon
Gevrey-Chambertin	CHAMBERTIN
	CHAMBERTIN-CLOS DE BÈZE
	Charmes - Chambertin et Mazoyères - Chambertin
	Chapelle
	Griotte
	Latricières
	Mazis
	Ruchottes
	Clos Saint-Jacques
	Les Véroilles
	Aux Combottes
	Cazetiers
	Combe-aux-Moines
	Estournelles
	Lavaut
Morey-Saint-Denis	BONNES-MARES (une partie)
	Clos de Tart
	Clos de la Roche
	Clos Saint-Denis
	Clos des Lambrays

COMMUNES	CLIMATS
Chambolle-Musigny	MUSIGNY BONNES-MARES (une partie) Les Amoureuses Les Charmes Les Baudes Les Cras Derrière-la-Grange Les Fuées
Vougeot	CLOS DE VOUGEOT Le Clos Blanc-de-Vougeot Les Petits-Vougeots
Vosne-Romanée (et Flagey-Échezeaux)	ROMANÉE-CONTI RICHEBOURG LA TÂCHE ROMANÉE-SAINT-VIVANT ROMANÉE GRANDS-ÉCHEZEAUX ÉCHEZEAUX Les Malconsorts Les Beaux-Monts Les Gaudichots Les Suchots La Grande-Rue Aux Brûlées Les Reignots Clos des Réas
Nuits-Saint-Georges (et Prémeaux)	Les Saint-Georges Les Vaucrains Les Pruliers Les Cailles Les Porets La Perrière Les Thorey Les Murgers Les Boudots Les Cras La Richemone Les Didiers Les Perdrix Clos de la Maréchale Clos des Argillières Clos des Corvées Clos des Forêts Les Argilats

CÔTE DE BEAUNE

COMMUNES	CLIMATS
Aloxe-Corton (Ladoix et parcelles de Pernand-Vergelesses)	CORTON
	CORTON-CHARLEMAGNE
	CORTON-BRESSANDES
	CORTON-CLOS DU ROI
	Les Maréchaudes
	En Pauland
	Les Valozières
	Les Chaillots
	Les Perrières
	Les Meix
	Les Chaumes
	La Vigne-au-Saint
	Les Languettes
	Les Grèves
	Les Fiètres
	Les Fournières
	Les Renardes
Pernand-Vergelesses	Ile des Vergelesses
Savigny-lès-Beaune	Aux Vergelesses
	Les Marconnets
	La Dominode
	Les Jarrons
	Les Lavières
Beaune	Grèves
	Fèves
	Clos des Mouches
	Les Bressandes
	Marconnets
	Clos du Roi
	Champimonts
	Les Avaux
	Les Cras
	Clos de la Mousse
	Aigrots
	Les Cent-Vignes
	Les Theurons
	Les Sizies
	Toussaints
Pommard	Rugiens
	Épenots
	Rugiens-Hauts

Bourgogne (suite)

COMMUNES	CLIMATS
Pommard (suite)	Petits-Épenots
	Clos Blanc
	Les Pézerolles
	Clos de la Commaraine
	Les Arvelets
	Les Boucherottes
	Les Argillières
	Les Charmots
	La Chanière
	Les Saussiles
	Les Chaponières
	Clos Micot
	Les Chanlins-Bas
	La Platière
	Les Fremiers
	Les Bertins
	Les Croix-Noires
	Les Poutures
	Les Combes-Dessus
	Clos du Verger
Volnay	CAILLERETS
	CHAMPANS
	Les Angles
	Clos des Ducs
	Fremiets
	Chevret
	Les Mitans
	Clos des Chênes
	Les Santenots
	Les Brouillards
	En l'Ormeau
	Carelle-sous-la-Chapelle
	Pointe-d'Angles
	Ronceret
	Bousse-d'Or
	En Verseuil
Meursault	PERRIÈRES
	GENEVRIÈRES
	CHARMES
	La Pièce-sous-le-Bois
	Les Santenots
	Le Poruzot
	Goutte-d'Or
	Les Bouchères
	Les Petures

Sculpture de la cathédrale de Ferrare (Italie), représentant le « Calendrier » (détail) [*XIII*e *s.*]. *Ici, le mois de septembre : le vigneron cueillant le raisin.*
Phot. Boudot-Lamotte.

Bourgogne (suite)

COMMUNES	CLIMATS
Meursault (suite)	Les Cras
	La Jennelotte
	Sous-le-Dos-d'Ane
Puligny-Montrachet	MONTRACHET (une partie)
	CHEVALIER-MONTRACHET
	BÂTARD-MONTRACHET (une partie)
	BIENVENUES-BÂTARD-MONTRACHET
	Les Combettes
	Les Pucelles
	Les Folatières
	Les Chalumeaux
	Le Cailleret
	Clavoillon
	Champ-Canet
	La Garenne
	Sous-le-Puits
	Hameau-de-Blagny
	Les Referts
	Les Levrons
Chassagne-Montrachet	MONTRACHET (une partie)
	BÂTARD-MONTRACHET (une partie)
	CRIOTS-BÂTARD-MONTRACHET
	Les Ruchottes
	Cailleret
	Morgeot
	Les Chenevottes
	La Boudriotte
	Les Macherelles
	Les Vergers
	Clos Saint-Jean
	La Maltroie
	La Romanée
Santenay	Les Gravières
	La Comme
	Clos de Tavanne
	Beauregard
	Beaurepaire
	La Maladière
	Le Passe-Temps

CÔTE CHALONNAISE

Mercurey	Clos du Roi
	Les Voyens

COMMUNES	CLIMATS
Mercurey (suite)	Les Fourneaux
	Les Montaigus
	Les Combins
	Clos Marcilly
Givry	Clos Saint-Pierre
	Clos Saint-Paul
	Clos Salomon
	Clos du Cellier-aux-Moines
Rully	Margotey
	Grésigny
	Mont-Palais
	Les Pierres
	Vauvry
	La Renarde

CHABLIS

Chablis Grand Cru	Vaudésir
	Les Clos
	Grenouilles
	Valmur
	Blanchots
	Preuses
	Bougros
Chablis Premier Cru	Monts-de-Milieu
	Montée-de-Tonnerre
	Chapelot
	Vaulorent
	Vaucoupin
	Côte de Fontenay
	Fourchaume
	Les Forêts
	Butteaux
	Montmain
	Vaillon
	Sechet
	Chatain
	Beugnon
	Melinots
	Côte de Léchet
	Les Lys
	Beauroy
	Troeme
	Vosgros
	Vogiros

Chablis et Petit Chablis

Pour avoir droit à l'appellation, les vins doivent provenir des 20 communes suivantes : Chablis, Beine, Béru, La Chapelle-Vaupelteigne, Chemilly-sur-Serein, Chichée, Courgis, Fleys, Fontenay, Fyé, Ligny-le-Châtel, Lignorelles, Maligny, Milly, Poilly, Poinchy, Préhy, Rameau, Villy et Viviers.

BEAUJOLAIS

Les vins provenant des 35 communes suivantes ont droit légalement à l'appellation « Beaujolais-Villages » : Arbuissonnas, Beaujeu, Blacé, Cercié, Chanes, La Chapelle-de-Guinchay, Charentay, Chénas, Chiroubles, Durette, Émeringes, Fleurie, Juillé, Juliénas, Lancié, Lantigné, Leynes, Montmélas-Saint-Sorlin, Odénas, Le Perréon, Pruzilly, Quincié, Regnié, Rivolet, Romanèche-Thorins, Saint-Amour-Bellevue, Saint-Étienne-des-Oullières, Saint-Étienne-la-Varenne, Saint-Julien-en-Montmélas, Saint-Lager, Saint-Symphorien-d'Ancelles, Saint-Vérand, Salles, Vaux-en-Beaujolais, Villié-Morgon.

•

Pinard. Depuis toujours ami du soldat, qu'il réconforte et stimule, le « général Pinard » a conquis son bâton de maréchal durant la guerre 1914-1918. Phot. Giraudon.

Liste des appellations d'origine contrôlées françaises

A. O. C.

R : vin rouge B : vin blanc r : vin rosé

L'ALSACE

Vin d'Alsace	B	R	r
Vin d'Alsace suivi du nom du cépage	B	R	r
Vin d'Alsace Zwicker	B		
Vin d'Alsace Edelzwicker	B		
Vin d'Alsace suivi du nom de plusieurs cépages	B	R	r
Vin d'Alsace Grand Vin ou Grand Vin d'Alsace	B	R	r
Vin d'Alsace Grand Cru	B	R	r
Vin d'Alsace suivi du nom de la commune d'origine	B	R	r

Le BORDELAIS

Barsac	B		
Blaye ou Blayais	B		r
Bordeaux	B	R	
Bordeaux clairet ou Bordeaux rosé			r
Bordeaux Côtes de Castillon		R	
Bordeaux Haut-Benauge	B		

Bordeaux supérieur	B	R	
Bordeaux supérieur clairet ou Bordeaux supérieur rosé			r
Bordeaux supérieur Côtes de Castillon		R	
Bordeaux mousseux	B		r
Bourg, ou Bourgeais, ou Côtes de Bourg	B	R	
Cérons	B		
Côtes de Blaye	B		
Côtes de Bordeaux-Saint-Macaire	B		
Côtes de Fronsac		R	
Côtes de Canon-Fronsac, ou Canon-Fronsac		R	
Entre-deux-Mers	B		
Graves	B	R	
Graves supérieurs	B		
Graves de Vayres	B	R	
Haut Médoc		R	
Lalande-de-Pomerol		R	
Listrac		R	
Loupiac	B		
Lussac-Saint-Émilion		R	
Margaux		R	
Médoc		R	
Montagne-Saint-Émilion		R	
Moulis ou Moulis-en-Médoc		R	
Néac		R	
Parsac-Saint-Émilion		R	
Pauillac		R	
Pomerol		R	
Premières Côtes de Blaye	B	R	
Premières Côtes de Bordeaux	B	R	
Puisseguin-Saint-Émilion		R	
Sables-Saint-Émilion		R	
Sainte-Croix-du-Mont	B		
Saint-Émilion		R	
Saint-Émilion Grand Cru		R	
Saint-Émilion Grand Cru classé		R	
Saint-Émilion Premier Grand Cru classé		R	
Saint-Estèphe		R	
Sainte-Foy-Bordeaux	B	R	
Saint-Georges-Saint-Émilion		R	
Saint-Julien		R	
Sauternes	B		

La BOURGOGNE

Aloxe-Corton	B	R	
Auxey-Duresses	B	R	
Bâtard-Montrachet	B		
Beaujolais	B	R	r
Beaujolais supérieur	B	R	r

Beaujolais-Villages	B	R	r
Beaune	B	R	
Bienvenues-Bâtard-Montrachet	B		
Blagny, ou Meursault-Blagny	B	R	
Bonnes-Mares		R	
Bourgogne	B	R	
Bourgogne clairet ou Bourgogne rosé			r
Bourgogne Marsannay		R	r
Bourgogne Hautes Côtes de Beaune	B	R	
Bourgogne rosé (ou clairet) Hautes Côtes de Beaune			r
Bourgogne Hautes Côtes de Nuits	B	R	r
Bourgogne Passe-tous-grains		R	r
Bourgogne aligoté	B		
Bourgogne ordinaire ou Bourgogne grand ordinaire	B	R	
Bourgogne ordinaire ou Bourgogne grand ordinaire rosé (ou clairet)			r
Bourgogne mousseux	B	R	r
Brouilly		R	
Chablis	B		
Petit-Chablis	B		
Chablis Grand Cru	B		
Chablis Premier Cru	B		
Chambertin		R	
Chambertin-Clos de Bèze		R	
Chambolle-Musigny		R	
Chapelle-Chambertin		R	
Charmes-Chambertin, ou Mazoyères-Chambertin		R	
Chassagne-Montrachet	B	R	
Cheilly-lès-Maranges	B	R	
Chénas		R	
Chevalier-Montrachet	B		
Chiroubles		R	
Chorey-lès-Beaune	B	R	
Clos de la Roche		R	
Clos Saint-Denis		R	
Clos de Vougeot		R	
Clos de Tart		R	
Corton	B	R	
Corton-Charlemagne	B		
Côte de Beaune	B	R	
Côte de Beaune-Villages		R	
Côte de Brouilly		R	
Criots-Bâtard-Montrachet	B		
Dezize-lès-Maranges	B	R	
Échezeaux		R	
Fixin	B	R	
Fleurie		R	
Gevrey-Chambertin		R	
Givry	B	R	
Grands-Échezeaux		R	

La Bourgogne (suite)

Griotte-Chambertin		R	
Juliénas		R	
Ladoix	B	R	
Latricières-Chambertin		R	
Mâcon	B	R	r
Mâcon supérieur	B	R	r
Mâcon-Villages	B		
Mazis-Chambertin		R	
Mercurey	B	R	
Meursault	B	R	
Montagny	B		
Monthélie	B	R	
Montrachet	B		
Morey-Saint-Denis	B	R	
Morgon		R	
Moulin-à-Vent		R	
Musigny	B	R	
Nuits, ou Nuits-Saint-Georges	B	R	
Vin fin de la Côte de Nuits, ou Côte de Nuits-Villages	B	R	
Pernand-Vergelesses	B	R	
Pommard		R	
Pouilly-Fuissé	B		
Pouilly-Loché	B		
Pouilly-Vinzelles	B		
Puligny-Montrachet	B	R	
Richebourg		R	
Romanée		R	
Romanée-Conti		R	
Romanée-Saint-Vivant		R	
Ruchottes-Chambertin		R	
Rully	B	R	
Saint-Amour		R	
Saint-Aubin	B	R	
Saint-Romain	B	R	
Saint-Véran	B		
Sampigny-lès-Maranges	B	R	
Santenay	B	R	
Savigny, ou Savigny-lès-Beaune	B	R	
La Tâche		R	
Volnay		R	
Vosne-Romanée		R	
Vougeot	B	R	

La CHAMPAGNE

Champagne			
Champagne rosé			
Rosé des Riceys			r
Vin nature de la Champagne (appellation non « contrôlée »)	B	R	r

Les CÔTES du RHÔNE

Château-Grillet	B
Châteauneuf-du-Pape	B R
Clairette de Die	B, tranquille et mousseux
Condrieu	B
Cornas	R
Côtes du Rhône	B R r
Côtes du Rhône (appellation suivie des noms de communes suivantes : Rochegude, Saint-Maurice-sur-Eygues, Vinsobres, Cairanne, Gigondas, Rasteau, Roaix, Séguret, Vacqueyras, Valréas, Visan, Laudun)	B R r
Côtes du Rhône-Chusclan	r
Côte-Rôtie	R
Crozes-Hermitage	B R
Ermitage, ou Hermitage	B R, vin de paille
Lirac	B R r
Muscat de Beaumes-de-Venise	B
Rasteau	B R r
Saint-Joseph	B R
Saint-Peray	B
Saint-Peray mousseux	B
Tavel	r

Le JURA

Arbois	B R r, vin de paille, vin jaune, vin mousseux
Château-Chalon	vin jaune
Côtes du Jura	B R r, vin jaune, vin de paille, vin mousseux
L'Étoile	B, vin jaune, vin de paille, vin mousseux

Le LANGUEDOC

Blanquette de Limoux	B, mousseux
Clairette de Bellegarde	B
Clairette du Languedoc	B
Fitou	R
Muscat de Frontignan, ou Frontignan, ou Vin de Frontignan	B
Muscat de Lunel	B
Muscat de Mireval	B
Muscat de Saint-Jean-de-Minervois	B

La LOIRE

a) *Nivernais et Berry*

Blanc fumé de Pouilly, ou Pouilly fumé	B
Menetou-Salon	B R r

La Loire (suite)

Pouilly-sur-Loire	B		
Quincy	B		
Reuilly	B	R	r
Sancerre	B	R	r

b) *Touraine*

Bourgueil		R	r
Chinon	B	R	r
Coteaux du Loir	B	R	r
Jasnières	B		
Montlouis	B		
Montlouis mousseux	B		
Montlouis pétillant	B		
Saint-Nicolas-de-Bourgueil		R	r
Touraine	B	R	r
Touraine-Amboise	B	R	r
Touraine-Azay-le-Rideau	B		
Touraine-Mesland	B	R	r
Touraine mousseux	B	R	r
Touraine pétillant	B	R	r
Vouvray	B		
Vouvray mousseux	B		
Vouvray pétillant	B		

c) *Anjou*

Anjou	B	R	
Anjou mousseux	B		r
Anjou pétillant	B		
Anjou-Coteaux de la Loire	B		
Bonnezeaux	B		
Cabernet d'Anjou			r
Cabernet de Saumur			r
Coteaux de l'Aubance	B		
Coteaux du Layon	B		
Coteaux du Layon + nom de la commune d'origine	B		
Coteaux de Saumur	B		
Quarts-de-Chaume	B		
Rosé d'Anjou			r
Rosé d'Anjou pétillant			r
Savennières	B		
Savennières-Coulée-de-Serrant	B		
Savennières-Roches-aux-Moines	B		
Saumur	B	R	

d) *Pays nantais*

Muscadet	B		
Muscadet des Coteaux de la Loire	B		
Muscadet de Sèvre et Maine	B		

La PROVENCE et la CORSE

Bandol ou vin de Bandol	B R r
Bellet ou vin de Bellet	B R r
Cassis	B R r
Palette	B R r
Propriano	B R r

Le ROUSSILLON

Banyuls	B R r, Rancio
Banyuls Grand Cru	R
Maury	R
Côte d'Agly	B R r, Rancio
Rivesaltes	B R r, Rancio
Muscat de Rivesaltes	B
Côtes de Haut-Roussillon	B R r, Rancio
Grand-Roussillon	B R r, Rancio

La SAVOIE

Crépy	B
Seyssel	B
Seyssel mousseux	B

Le SUD-OUEST

Bergerac		R	r
Bergerac sec	B		
Côtes de Bergerac		R	
Côtes de Bergerac moelleux	B		
Côtes de Duras	B	R	
Côtes de Montravel	B		
Gaillac	B		
Gaillac mousseux	B		
Gaillac Premières Côtes	B		
Gaillac doux	B		
Haut-Montravel	B		
Jurançon	B		
Madiran		R	
Monbazillac	B		
Montravel	B		
Pacherenc-du-Vic-Bilh	B		
Pécharmant		R	
Rosette	B		

« Les Beaux Jours de la vie » : le jour où l'on met en perce un tonneau de vin de Malvoisie, par Daumier. D'origine grecque, ce vin doux et liquoreux, déjà très réputé au Moyen Age, a été peu à peu produit dans toute la région méditerranéenne, en Espagne, au Portugal et surtout à Madère.
Phot. Roger-Viollet.

Vins délimités de qualité supérieure

(V. D. Q. S.)

R : vin rouge r : vin rosé B : vin blanc

	types			département de production
Languedoc et Roussillon				
Corbières	R	r	B	Aude
Corbières supérieures	R	r	B	Aude
Corbières du Roussillon	R	r	B	Pyrénées-Orientales
Minervois	R	r	B	Hérault
Roussillon-dels-Aspres	R	r	B	Pyrénées-Orientales
Picpoul-de-Pinet			B	Hérault
Coteaux du Languedoc	R	r		Hérault, Aude
Coteaux de la Méjanelle	R		B	Hérault
Saint-Saturnin	R	r		Hérault
Montpeyroux	R	r		Hérault
Coteaux de Saint-Christol	R	r		Hérault
Quatourze	R	r	B	Aude
La Clape	R	r	B	Aude
Saint-Drézery	R			Hérault
Saint-Chinian	R			Hérault
Faugères	R		B	Hérault
Cabrières		r		Hérault
Coteaux de Vérargues	R	r		Hérault
Pic-Saint-Loup	R	r	B	Hérault
Saint-Georges-d'Orques	R			Hérault
Loire				
Gros-Plant du pays nantais			B	Loire-Atlantique
Coteaux d'Ancenis	R	r	B	Loire-Atlantique
Mont-près-Chambord-Cour-Cheverny			B	Loir-et-Cher
Vins de l'Orléanais	R	r	B	Loiret
Coteaux du Giennois ou Côtes de Gien	R	r	B	Loiret
Châteaumeillant	R	r		Cher, Indre
Saint-Pourçain-sur-Sioule	R	r	B	Allier
Vins d'Auvergne Côtes d'Auvergne	R	r	B	Puy-de-Dôme
Lorraine				
Vins de la Moselle	R	r	B	Moselle
Côtes de Toul	R	r	B	Meurthe-et-Moselle

V.D.Q.S. (suite)

Lyonnais

Vins du Lyonnais	R	r	B	Rhône
Vins de Renaison-Côte roannaise	R	r		Loire
Côtes du Forez	R	r		Loire

Provence et Corse

Côtes de Provence	R	r	B	Var, Bouches-du-Rhône
Coteaux d'Aix-en-Provence	R	r	B	Bouches-du-Rhône
Coteaux des Baux	R	r	B	Bouches-du-Rhône
Coteaux de Pierrevert	R	r	B	Basses-Alpes
Sartène	R	r	B	Corse

Rhône

Châtillon-en-Diois	R	r	B	Drôme
Haut-Comtat	R	r		Drôme
Coteaux du Tricastin	R	r	B	Drôme
Côtes du Ventoux	R	r	B	Vaucluse
Côtes du Luberon	R	r	B	Vaucluse
Côtes du Vivarais	R	r	B	Ardèche
Costières-du-Gard	R		B	Gard

Savoie-Bugey

Vin de Savoie	R	r	B	Savoie, Haute-Savoie, Isère
Vin de Savoie + nom de cru	R	r	B	Savoie, Haute-Savoie, Isère
Roussette de Savoie			B	Savoie, Haute-Savoie, Isère
Mousseux de Savoie ou Vin de Savoie mousseux			B	Savoie, Haute-Savoie, Isère
Vins du Bugey	R	r	B	Ain
Roussette du Bugey			B	Ain

Sud-Ouest

Côtes du Buzet	R		B	Lot-et-Garonne
Côtes du Marmandais	R		B	Lot-et-Garonne
Vins de Tursan	R	r	B	Landes
Cahors	R			Lot
Vins de Béarn	R	r	B	Basses-Pyrénées
Rosé de Béarn		r		Hautes-Pyrénées
Rousselet de Béarn			B	Basses-Pyrénées
Irouléguy	R	r	B	Basses-Pyrénées
Fronton ou Côtes de Fronton	R	r	B	Haute-Garonne, Tarn-et-Garonne
Villaudric	R		B	Haute-Garonne
Lavilledieu	R		B	Haute-Garonne, Tarn-et-Garonne
Vins d'Entraygues et du Fel	R	r	B	Aveyron
Estaing	R	r	B	Aveyron
Marcillac	R	r		Aveyron

Les bons millésimes et les grands millésimes des principaux vignobles

Les bons millésimes sont en romain, les grands en italique grasse

ALSACE

1900	1911	1915	1918	1919	1920
1921	1923	1926	1928	***1929***	***1934***
1935	1937	1942	1943	***1945***	***1947***
1949	1953	***1959***	1961	1964	***1966***
1967	***1969***	1970	***1971***		

BOURGOGNES BLANCS

1904	1911	1915	1921	1923	1928
1929	1933	1934	1937	1942	1943
1945	***1947***	***1949***	***1950***	1953	1955
1957	***1959***	***1961***	1962	1964	1966
1967	***1969***	1970	***1971***		

ANJOU et TOURAINE

1900	1921	1928	1933	1934	1937
1943	1944	1945	1946	1947	1948
1949	1950	1952	1953	1954	1955
1957	1958	1959	1960	1961	1962
1964	1966	***1969***	1970	1971	

BOURGOGNES ROUGES

1904	1906	1911	***1915***	1921	***1923***
1926	1928	***1929***	1933	1934	***1937***
1938	***1942***	1943	***1945***	***1947***	1948
1949	***1953***	***1955***	***1959***	***1961***	1962
1964	***1966***	1967	***1969***	***1971***	

BORDEAUX BLANCS

1900	1904	1906	1914	1916	1919
1921	1924	1926	***1928***	1929	***1934***
1937	1942	***1943***	***1945***	***1947***	1948
1949	1950	1952	1953	***1955***	1957
1959	***1961***	***1962***	1964	***1966***	1967
1970	***1971***				

CHAMPAGNE

1904	1906	***1911***	1914	1917	1919
1920	***1921***	1923	1926	***1928***	1929
1933	1934	1937	1942	1943	1945
1947	1949	***1953***	1955	1959	1961
1964	***1966***	1969			

BORDEAUX ROUGES

1900	1904	1906	1914	1916	***1920***
1921	***1924***	1926	1928	***1929***	***1934***
1937	1940	1942	***1943***	***1945***	***1947***
1948	***1949***	1950	1952	***1953***	***1955***
1957	***1959***	1960	***1961***	***1962***	1964
1966	1967	***1970***	***1971***		

CÔTES DU RHÔNE

1904	1923	1926	***1929***	***1933***	1934
1942	1943	***1945***	1946	***1947***	***1949***
1950	***1952***	***1954***	***1955***	***1957***	1959
1960	***1961***	1962	1964	1966	1967
1970	1971				

A

Physiologie du buveur : « Les Quatre Ages du buveur. » (Dessin de Daumier.) Phot. X.

abondance. C'est par une note d'humour que nous ouvrirons ce dictionnaire consacré à « Monseigneur le vin ». L'abondance, en effet, est un vin généreusement baptisé (d'eau bien sûr !), qu'on donne à boire aux jeunes dans les collèges.

abstème, personne qui ne boit pas de vin. — Les pythagoriciens, J.-J. Rousseau, Renan furent des abstèmes.

acerbe. Un vin acerbe donne au palais une sensation très désagréable; il est à la fois acide, astringent*, âpre comme une pomme pas mûre.

acescence, maladie, dite aussi *piqûre,* occasionnée par des bactéries acétiques, qui attaque tout liquide fermenté, notamment le vin, et tend à le rendre acide.

acide malique. Il est surtout abondant dans le fruit vert et communique à ce dernier un goût acerbe* caractéristique. Il disparaît ensuite, en partie, pendant la maturation, car il est utilisé dans les phénomènes respiratoires. Ces phénomènes augmentent quand la température s'élève. Cela explique que l'acide malique diminue lorsque l'année est chaude alors qu'il reste en excès dans le raisin lorsque le temps a été froid.

Sous l'action de certaines bactéries, l'acide malique du vin se décompose lors de la fermentation malo-lactique*, qui aboutit à la désacidification* biologique.

acide sorbique. Son emploi sous forme de sorbate de potasse est autorisé à la dose maximale de 200 mg par litre. Il permet de remplacer en partie l'anhydride sulfureux*, employé comme antiseptique et antioxydant. L'acide sorbique est surtout intéressant dans le cas des vins blancs doux, où l'anhydride sulfureux doit être employé de façon à éviter les risques de refermentation* secondaire : l'odeur et le goût de soufre sont alors parfois perçus par le consommateur. L'emploi d'acide sorbique permet de diminuer la quantité d'anhydride sulfureux nécessaire. Mais cet acide agit seulement comme fongicide et inhibiteur des levures, et est sans effet contre les bactéries : il doit donc toujours être associé à l'anhydride sulfureux. Il a aussi de graves inconvénients : les solutions trop vieilles donnent des faux goûts; attaqué par les bactéries, il se décompose en donnant un goût très désagréable, comparable à celui de la tige de géranium, et, enfin, des levures résistantes peuvent se développer au fond des bouteilles, donnant des amas grumeleux peu appétissants. Il ne faut donc l'employer qu'au moment de la mise en bouteilles, sur des vins stabilisés et ne contenant aucune bactérie.

acidification, action d'ajouter au moût de l'acide tartrique ou au vin de l'acide citrique lorsque les vendanges manquent d'acidité à la suite d'une année très chaude et ensoleillée. – Sans ce correctif, les vins sont déséquilibrés, sans fraîcheur et se conservent mal. L'acidification n'a rien de chimique, puisqu'il s'agit de restituer au vin des substances lui faisant défaut et entrant normalement dans sa composition. D'ailleurs, les acides tartriques et citriques sont issus de produits naturels.

acidité fixe, ensemble des acides organiques normalement contenus dans le fruit et qu'on retrouve dans le vin : acides malique*, tartrique, lactique, etc.

acidité réelle. Les chimistes l'expriment par le pH. Sans entrer dans les détails techniques, disons qu'elle représente l'intensité de l'acidité. Certains acides ont une acidité plus effective que d'autres, ce qui explique que des vins, ayant la même acidité totale, ont cependant un pH différent. Dans les solutions acides, le pH s'exprime de 7 à 0, le chiffre 7 représentant la neutralité absolue et le chiffre 0 l'acidité absolue. Plus le pH d'un vin est bas, plus son acidité est grande. D'après Jaulmes, le pH des vins est compris entre 2,7 et 3,9; le premier chiffre donne donc un vin très acide, le second un vin extrêmement neutre et plat.

acidité totale. Elle désigne l'ensemble des substances acides, libres ou combinées, existant dans le vin. Elle est la somme de l'acidité volatile* et de l'acidité fixe*. La santé et la longue vie d'un vin dépendent de son acidité. C'est l'acidité aussi qui donne au vin les qualités que l'on désigne par « fraîcheur » et « nervosité* ». Or, cette acidité est très variable. Les raisins insuffisamment mûrs donnent des vins trop acides (cas des années froides, par exemple) : les vins sont alors aigrelets*, verts*, acerbes. La loi permet, dans certains cas, de remédier à l'acidité excessive par la désacidification*. Au contraire, les années chaudes donnent des vendanges trop mûres qui manquent d'acidité : l'acidification* est alors nécessaire.
On estime que l'acidité totale d'un vin équilibré, qui se conserve bien, doit être de 4 à 5 g par litre (évaluée en acide sulfurique).
Deux vins ayant la même acidité titrée peuvent donner au palais des sensations totalement différentes, puisque l'acidité totale est la somme d'acidités de natures différentes : ainsi, si l'acide tartrique domine, le vin aura une saveur rude, mais qui s'estompera vite, puisque les premiers froids précipiteront l'acide tartrique en bitartrate de potassium, insoluble.

acidité volatile. Elle représente les acides volatils, c'est-à-dire ceux qu'il est possible

pH-mètre électrique pour mesurer l'acidité des vins. (École nationale d'agriculture de Montpellier.) De nos jours, les techniques œnologiques les plus modernes sont mises au service du vin.
Phot. Mackiewicz.

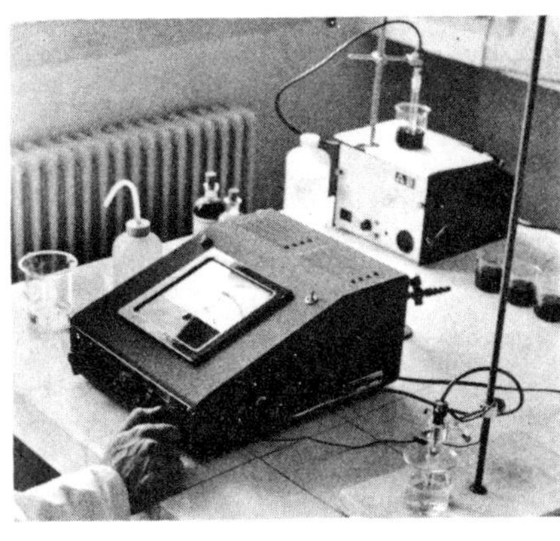

de séparer du vin par distillation. Ces acides existent normalement dans le vin à dose faible : 0,30 à 0,40 g par litre. L'augmentation de ce taux est toujours l'indice d'une altération microbienne. C'est pourquoi la loi interdit formellement la vente des vins qui accusent 0,9 g d'acidité volatile à la production et 1 g au commerce de détail. L'acidité volatile est constituée par plusieurs substances, dont la principale est l'acide acétique (ou acide du vinaigre*). C'est dire que le vin qui en contient n'est plus guère consommable. Sa saveur devient d'abord piquante, puis résolument aigre. L'acidité volatile augmente toujours avec le vieillissement : un vin « piqué » n'est donc pas récupérable, d'autant que la loi interdit strictement le dépiquage des vins. Lorsque l'acidité volatile d'un vin mal soigné se perçoit à la dégustation (vers 0,70 g), les spécialistes le disent « fiévreux », puis il est dit « aigre* » et « piqué ».

Afrique. La vigne ne peut pousser qu'en climat tempéré. Aussi, ce continent si vaste ne produit-il de vin que dans les zones tempérées du Nord (Maroc*, Algérie*, Tunisie*) et dans celles du Sud (république d'Afrique du Sud*).

Afrique du Sud (république d'). Dès le début de la colonisation hollandaise, la vigne a été plantée dans ce pays, qui jouit d'un climat favorable à la vigne, rappelant le type méditerranéen. Le vignoble le plus célèbre, le Groot-Constantia, qui produit le vin de Constance*, jadis si fameux, a été planté en 1684.
Les vignobles sont groupés dans la province du Cap, autour de la ville du Cap. L'un d'eux, celui de Paarl Valley, immédiatement à l'est du Cap, donne des vins considérés comme étant parmi les meilleurs. Les vignobles du Cap se trouvent exactement à la même latitude sud que les meilleurs vignobles du Chili* et d'Australie*.
De nos jours, la plupart des vins du Cap sont bons et bien vinifiés; toutefois, destinés aux Anglo-Saxons, ils nous paraissent un peu lourds. La province du Cap produit un « Sherry » qui est généralement, comme l'authentique Xérès*, un vin de fleur*, savamment assemblé et vieilli en « solera »; il est souvent de qualité. Mais les vins du Cap n'ont jamais retrouvé l'engouement dont ils furent l'objet au XIXe siècle, même en France. Ils sont vendus actuellement presque uniquement sur place.

âge de la vigne. Il a une influence extrême sur la qualité du vin. Il faut trois ans pour qu'un cep produise ses premiers raisins et de dix à douze ans pour qu'il donne un vin convenable. Les grands vins proviennent toujours de vignes adultes, ayant entre vingt et quarante ans. Comme disent les vignerons : « Il faut de vieilles vignes pour faire de grands vins. »

agressif. Un vin agressif est un vin qui attaque nos papilles. Ce défaut est dû soit à un excès d'acidité*, par maturité insuffisante du raisin, soit à un excès de tanin*, par cuvaison trop prolongée.

Ahr, petite rivière de l'ouest de l'Allemagne*, affluent de la rive gauche du Rhin et qui se jette dans celui-ci, au nord de Coblence. — Les vignobles qui s'accrochent aux pentes abruptes de la vallée sont presque entièrement plantés en Pinot noir de Bourgogne, qu'on appelle ici Spätburgunder. Ce sont les vignobles les plus septentrionaux d'Europe. Les vins rouges, assez pâles, délicieux, avec un fin bouquet, sont les meilleurs vins rouges d'Allemagne (qui en produit fort peu). Rarement exportés, il faut les boire frais, dans le pays, autour des villes d'Ahrweiler, Neuenahr et Walporzheim.

aigre, maladie redoutable, causée par l'introduction de *Mycoderma aceti**, qui transforme le vin en vinaigre*. — Elle se produit dans les fûts mal remplis, qui ne sont pas ouillés* avec le soin et la fréquence nécessaires (la bactérie a besoin d'air pour se développer). A partir de 30 °C, les bactéries acétiques se développent encore plus facilement, d'où la fréquence de la maladie en été. La saveur aigre se perçoit très vite dans un vin. Le goût de « piqué », plus désagréable encore, apparaît lorsqu'une partie de l'acide acétique* se combine avec l'alcool. La loi interdit le dépiquage des vins malades et, évidemment, leur vente.

aigu. Cet adjectif s'applique à un vin qui accuse un déséquilibre entre l'alcool* et l'acidité*. L'acidité domine nettement et pique très brusquement et fortement la langue. Ce caractère désagréable se rencontre lorsque le vin provient de raisins récoltés en année froide, après une maturation difficile.

Aïn-Bessem-Bouira, vins d'Algérie*, récoltés au sud-est d'Alger, sur des terrains calcaires ou schisteux, à une altitude moyenne de 500 m. — Les rouges sont très corsés (13° au moins), colorés, souples, avec une agréable rondeur. Les rosés, assez alcoolisés eux aussi, sont d'une jolie teinte rose vif, tirant sur le cerise; ils sont fruités et coulants. Ces vins étaient jadis classés V.D.Q.S.

Aïn-el-Hadjar. Les vins de ce petit vignoble d'Algérie*, du département d'Oran, avaient droit autrefois au label V.D.Q.S. Produits sur les hauts plateaux, entre 600 et 1 200 m d'altitude, les vins rouges, rosés et blancs sont de qualité et se conservent fort bien en bouteille. Les rouges, très corsés (13,8°), bien équilibrés, ont un bouquet délicat, de la finesse et du moelleux. Les rosés et les blancs, très corsés également, sont parfumés et fruités.

Aix-en-Provence (Coteaux d'). Les vins produits autour de la vieille cité d'Aix ont droit au label V.D.Q.S. Ils sont issus des cépages classiques de Provence*, c'est-à-dire, pour les rouges et rosés : Grenache, Carignan, Cinsault, Mourvèdre; pour les blancs : Clairette, Ugni et Muscat.
Ce sont des vins plaisants, fruités et corsés.

Alameda, comté du nord de la Californie*, situé à l'est de la baie de San Francisco. — Les principaux vignobles se trouvent dans la *Livermore Valley,* autour de la ville de Livermore. Le sol de graviers roulés semble convenir parfaitement aux fins

Alameda. Les meilleurs vignobles se trouvent dans Livermore Valley. Plantés en fins cépages blancs européens, ils donnent d'excellents vins blancs. Phot. U. S. I. S.

cépages blancs européens tels que le Sauvignon, le Sémillon, le Pinot blanc, le Chardonnay. Cette région produit presque uniquement des vins blancs, qui sont parmi les meilleurs de Californie.
Les vignobles renommés sont Concannon, Cresta Blanca, Wente Bros.

alcool. L'alcool contenu dans le vin se forme lors de la fermentation du moût. Sous l'action des levures, le sucre naturel de raisin contenu dans le jus se décompose en quantité à peu près égale d'alcool et de gaz carbonique*. Les vins titrent de 8 à 14°, parfois 15°. Le degré alcoolique résultant d'une fermentation normale ne peut dépasser 15. Par conséquent, un vin titrant plus de 15° a forcément été « viné », c'est-à-dire qu'il a été additionné d'alcool étranger. Ainsi les vins mutés* titrent parfois de 18 à 22°.

Pour obtenir un degré d'alcool, il faut environ 17 g de sucre par litre pour les vins blancs et 18 g pour les vins rouges; donc, un vin titrant 10° provient de jus ayant contenu 170 g de sucre pour les vins blancs et 180 g pour les vins rouges.
L'alcool du vin est le support des autres constituants du vin. C'est aussi l'élément de conservation. Un vin riche en alcool flatte souvent davantage le palais, en même temps qu'il fatigue plus vite le dégustateur. Malheureusement, le degré alcoolique était parfois, dans l'esprit du public, synonyme de qualité, et on avait pris l'habitude, avant ces dernières années, de considérer le degré-alcool comme critère de la qualité. Le consommateur actuel est arrivé à une conception plus juste et préfère les vins légers et peu corsés.
Beaucoup de facteurs interviennent dans la teneur alcoolique d'un vin : le cépage; la nature du sol (le calcaire, par exemple, donne généralement des vins plus riches en alcool que les cailloux siliceux); le climat (les vins sont plus corsés sous un climat sec et chaud); et enfin le millésime (les années chaudes donnent des vins à haute teneur alcoolique). En aucun cas, le goût de l'alcool ne doit dominer à la dégustation. Il doit toujours être parfaitement fondu parmi les sensations gustatives. C'est pourquoi la chaptalisation* est une arme à double tranchant : en ajoutant du sucre au jus de raisin afin d'augmenter le degré alcoolique du vin, elle déséquilibre les rapports naturels entre les constituants du vin et risque de donner un vin médiocre, heurté, sans harmonie.
Les mots *vineux*, spiritueux, capiteux*, corsé, généreux**, etc., caractérisent les vins riches en alcool.

alcool total. Les expressions *alcool total, alcool acquis, alcool en puissance* sont parfois employées lorsqu'il s'agit de vins blancs liquoreux. L'alcool total représente la somme de l'alcool acquis et de l'alcool en puissance. Ainsi, un vin de Sauternes*, par exemple, doit titrer au minimum 13° d'alcool total, dont 12,5° d'alcool acquis au moins. Cela veut dire que le Sauternes doit obligatoirement avoir au moins 12,5° d'alcool réel, le reste, soit 0,5°, étant de l'alcool « en puissance », c'est-à-dire du sucre. Sachant qu'il faut 17 g de sucre pour obtenir un degré d'alcool, ce 0,5° correspond à 8,5 g de sucre par litre, quantité en réalité bien souvent dépassée.
De même, le Monbazillac* doit titrer 13° d'alcool total, dont 11° d'alcool acquis; cela signifie qu'il doit posséder 11° d'alcool réel et 2° d'alcool en puissance, c'est-à-dire 34 g de sucre par litre. Le Quarts-de-Chaume* doit avoir 13° d'alcool total, dont 12° d'alcool acquis, etc.

Aleatico, cépage italien qui produit un vin du même nom, rouge et généralement doux. — L'Aleatico est de la famille des Muscats, et son vin a un bouquet et une saveur muscatés très prononcés. Le meilleur est produit dans l'île d'Elbe et, spécialement, autour de Portoferraio, dont il prend parfois le nom. C'est un vin de dessert suave, de renommée mondiale, avec peut-être autant de classe qu'un Porto, mais avec plus de légèreté et un arôme exquis de Muscat.

Algérie. Le vignoble de cette ancienne colonie française a été entièrement planté, après 1842, par les colons français. Au moment où le phylloxéra* ravageait le vignoble de notre Midi, on se mit à planter massivement en Algérie, à la fois les coteaux et les plaines. Aujourd'hui, les principaux cépages d'Algérie sont, pour les vins rouges : Carignan, Cinsault, Grenache, Cabernet, Morastel, Mourvèdre, Pinot; pour les vins blancs : Faranah, Clairette, Ugni blanc et Aligoté.
Les vins algériens fournissaient jusqu'à ces derniers temps la base des vins français de coupage. Issus de cépages à grand rendement, ils n'ont été, pendant longtemps, que des vins ordinaires dont la vinification était industrialisée. Certains, pourtant, provenant de régions montagneuses, avaient fait peu à peu des progrès remarquables et avaient accédé au label, envié, V.D.Q.S.* : c'était l'œuvre de pionniers venus du Languedoc, du Jura et de Bourgogne, qui avaient travaillé, depuis plus d'un siècle, à adapter les cépages et leurs

méthodes de vinification au sol et au climat africain. Les vins rouges, toujours généreux, révélaient parfois une qualité surprenante, un bouquet développé et une certaine finesse; ils avaient l'avantage d'être très vite prêts à la consommation. Certains vins blancs, assez peu connus, il est vrai, présentaient de la finesse et du fruit, sans trop de puissance.

Les vins d'Algérie n'ont plus droit depuis l'indépendance au label V.D.Q.S., puisque les contrôles métropolitains ne peuvent plus être exercés. C'est donc l'Algérie qui doit désormais définir elle-même la qualité de ses vins, en accord avec les réglementations fixées par les accords internationaux.

À côté des vins de table, l'Algérie fournit, depuis 1880, des mistelles* servant à la préparation des apéritifs : elle était depuis 1910 le principal fournisseur des fabricants français d'apéritifs. Elle élabore aussi, elle-même des vins de liqueur*, dont certains sont excellents, comme ceux des coteaux de l'Harrach et du domaine de la Trappe de Staouéli, issus du Muscat.

Il semble que, depuis son indépendance, le jeune État algérien ait réussi à maintenir vivante sa viticulture, nécessité d'ailleurs impérative pour le pays. Comme par le passé, l'altitude du vignoble joue un rôle particulièrement important et définit les types distincts de vins algériens : vins de coteaux fins et délicatement bouquetés; vins de montagne corsés et lourds; vins de plaine légers et de conservation courte.

Dans la région d'Alger et de Tizi-Ouzou, la viticulture demeure une des premières activités agricoles, bien que de nombreuses vignes, surtout dans la Mitidja, aient été abandonnées du fait de l'inexpérience des nouveaux propriétaires. Cette région donne des vins rouges bien équilibrés, souvent coulants et fruités. La région d'El-Asnam (Orléansville), dont les vignes se situent dans le Sahel, donne des vins de coteaux solides, nerveux, bien colorés, les plus réputés restant ceux des Côtes du Zaccar*. La région de Médéa* produit des vins renommés autour de cette ville et, plus à l'est, ceux d'Aïn-Bessem-Bouira* dont la réputation est fort grande.

L'ancien département d'Oran qui, à lui seul, produisait plus des deux tiers de la récolte, fournit sans doute des vins qui sont parmi les meilleurs d'Algérie.

La région de Mostaganem* donne sur les versants marneux du Haut-Dara* des vins de coteaux fins et fruités, mais aussi, au sud de l'oued, des vins de plaine et de coteaux francs et robustes. Au sud des monts des Béni-Chougran, Mascara* et Coteaux-de-Mascara sont des appellations connues de tous. Citons encore les vignobles d'Aïn-el-Hadjar*, les plus méridionaux de l'Algérie, et ceux des Monts du Tessalah*.

Sauf dans les régions montagneuses, qui produisaient souvent, jusqu'à ces derniers temps, des vins remarquables, le vignoble algérien est surtout un vignoble de masse, à grand rendement, comme le montre cette vue d'ensemble des cuves d'une grande exploitation viticole des environs d'Alger.

Phot. Piermac. Col. J. Moulin.

Enfin, autour de Tlemcen*, des vins fins et réputés sont produits, surtout ceux des Coteaux de Tlemcen. Toute la viticulture algérienne est incontestablement l'œuvre de la colonisation. Plus de la moitié des journées de travail nécessaires à la population agricole est procurée par la vigne : faire fructifier l'héritage colonial est donc une préoccupation essentielle du nouveau gouvernement, qui doit à la fois assurer la formation professionnelle de la main-d'œuvre indigène et enrayer l'exode des campagnes.

De plus, seule l'exportation offre un débouché à la production, la population musulmane ne consommant pas de vin, les règles coraniques s'y opposant (90 p. 100 du vin algérien a toujours été exporté, en majorité vers la France).

Allemagne. La vigne est depuis bien longtemps cultivée en Allemagne : les légions romaines l'amenèrent sur les bords du Rhin et de la Moselle. Pourtant, on ne peut pas dire que l'Allemagne soit vraiment un pays à vocation viticole, sauf en Rhénanie et dans les régions traversées par les affluents du Rhin. Les vignobles allemands sont très défavorisés par leur latitude septentrionale : ils occupent, pour cette raison, les pentes bien exposées le long des rivières, la vallée du Rhin et ses affluents, notamment. Seules quelques variétés de cépages aguerries peuvent être cultivées : l'excellent Riesling, le Sylvaner, le Müller-Thurgau, le Gewurztraminer et le Ruländer (Pinot gris), ces deux derniers assez rares, et quelques autres peu nombreux. Le nom du cépage est généralement notifié sur la bouteille; s'il ne l'est pas, on peut se rappeler que, dans l'ensemble, les vins de la Moselle et du Rheingau sont issus du Riesling, mais que ceux de Hesse rhénane, du Palatinat et de Franconie proviennent du prolifique Sylvaner. C'est vers l'exportation que la viticulture allemande d'aujourd'hui porte ses efforts : la récolte moyenne annuelle est d'environ 4 à 5 millions d'hectolitres.

Les vins blancs représentent quelque 80 p. 100 de la production allemande. Les vins *courants* sont sans grands mérites, mais les *bons* vins allemands sont excellents. Leur popularité n'a rien d'étonnant, car l'Allemagne possède bien l'art d'élaborer les vins blancs, secs ou liquoreux. Généralement peu alcoolisés, ils titrent normalement 8 à 11°; légers, rafraîchissants, fruités, avec une agréable acidité, ils ont un charme tout particulier. D'une limpidité* remarquable, ils ont un arôme très fin et beaucoup de distinction. On y trouve parfois une trace de plaisante douceur.

Les vins blancs allemands se prêtent, de façon très valable, à leur transformation en mousseux. L'industrie du mousseux allemand, le fameux « Sekt », connaît un très grand développement depuis la fin de la Seconde Guerre mondiale.

Il convient de remarquer que le « Deutscher Sekt » est agréable à condition d'être bien préparé, avec des vins de qualité, et qu'il garde le type du vin dont il provient.

Les très grands vins allemands du Rheingau et de Hesse rhénane, qui proviennent, en année exceptionnelle, du Riesling atteint par la pourriture noble* dans des situations privilégiées, sont de précieux vins liquoreux qui se vendent souvent aux enchères.

Les vins du Rhin sont produits dans cinq régions différentes de la vallée du Rhin, qui leur impriment un caractère particulier. Le vignoble du Rheingau*, sur la rive droite, entre Wiesbaden et Rüdesheim, est connu comme donnant les meilleurs vins, dont le fameux Johannisberg*. Il bénéficie d'une excellente exposition, plein sud, face au Rhin. La Hesse rhénane*, sur la rive gauche, au sud du Rheingau, se flatte d'être le berceau du Liebfraumilch*; elle est suivie de très près par le Palatinat*, situé encore plus au sud, sur la rive gauche, à la frontière alsacienne. Signalons encore une région viticole au nord du Rheingau, entre Rüdesheim et Coblence (Rhin moyen), et, au pied de la Forêt-Noire, face à l'Alsace : le vignoble de Bade*.

Les vins de Moselle* sont produits dans la vallée de cette rivière. Ils égalent en qualité les vins du Rhin, tout en étant de caractère différent.

Sur les rives d'autres rivières, affluents du Rhin, sont récoltés des vins possédant aussi leur caractère particulier : les vins de la Nahe*, sur la rive gauche, qui se jette dans le Rhin à Bingen; les vins de Franconie*, produits dans la vallée du Main; les vins de l'Ahr*, qui, par exception, sont presque uniquement des rouges issus du Pinot noir.

Les vins allemands sont généralement vendus en bouteilles élancées spéciales (vertes pour les vins de Moselle, brun-jaune pour les vins du Rhin). Certains, comme le Würzburger, le Steinwein de Franconie, le Mauerwein de Bade sont logés en flacons trapus, à flancs plats, appelés *Bocksbeutel.*

Il n'est pas toujours facile de s'y retrouver dans les appellations des vins allemands! S'agissant de vins fins, le système est à peu près comparable au système français. Les vins prennent le nom de la ville d'où ils proviennent (par exemple Johannisberg, Rüdesheim). S'ils sont de qualité supérieure, le nom de leur terroir particulier est ajouté (par exemple Johannisberger Klaus, Rüdesheimer Berg Bronnen). Il y a quelques exceptions pour certains vins très renommés, connus seulement sous le nom du vignoble (ainsi, le Steinberger, de la commune d'Hattenheim; le Schloss Vollrads, de la commune de Winkel).

De plus, les étiquettes de vins allemands comportent beaucoup d'indications qui peuvent paraître assez mystérieuses, mais n'en sont pas moins très précieuses pour ceux qui les achètent. Par exemple, la chaptalisation* est autorisée en Allemagne, surtout les mauvaises années. Les vins fins ne sont pas habituellement chaptalisés.

Il est intéressant de savoir que les mots *Natur, Rein, Naturwein* ne peuvent s'appliquer qu'aux vins non chaptalisés. Les mots *Wachstum, Creszenz, Gewächs* signifient « cru » et sont suivis du nom du propriétaire. *Cabinet,* ou *Kabinett,* peut se traduire par « réserve spéciale », « qualité supérieure ». *Schlossabzug, Originalabfüllung, Kellerabfüllung* correspondent à « mise au château », « mise au domaine ». *Spätlese* désigne un vin provenant de raisins cueillis à surmaturation, et *Auslese* un vin de pourriture noble. *Spätlese* et *Auslese* s'appliquent à des vins doux, de qualité; ceux qui sont désignés par *Beerenauslese* et *Trockenbeerenauslese* sont encore plus liquoreux et plus riches.

Enfin, le millésime a, en Allemagne, une très grande importance, comme dans tous les vignobles septentrionaux : il a une valeur aussi grande, sinon plus, qu'en France.

allemande (méthode), procédé de fabrication de vins mousseux, plus économique que notre traditionnelle méthode champenoise*, car il supprime les opérations délicates du remuage* et du dégorgement*. — Il diffère néanmoins du procédé dit « de cuve close* », car la seconde fermentation a lieu en bouteille, comme dans la méthode champenoise, et non en cuve hermétique. Lorsque la prise de mousse est réalisée, les bouteilles sont transvasées dans une cuve d'acier inoxydable sous contre-pression d'azote. Le vin est alors stabilisé par le froid, puis on lui ajoute une liqueur plus ou moins sucrée (en somme, la liqueur d'expédition* de la classique méthode champenoise). Le vin est alors filtré et mis en bouteilles à la sortie du filtre. Ce procédé n'est pas interdit en France pour les mousseux sans appellation. Mais il n'est pas autorisé pour les vins à appellation d'origine. Le transvasement en cuve et la filtration remplacent dans ce procédé le dégorgement, mais les vins délicats ne se tirent certainement pas sans mal de cette épreuve, qui exige des manipulations fatigantes pour eux. On est loin du patient et savant travail que les remueurs hautement qualifiés réalisent dans le mystère ouaté et profond des caves champenoises.

alliacé. L'odeur et la saveur alliacées se rencontrent parfois dans un vin. Il arrive, en effet, que l'anhydride sulfureux*, employé comme antiseptique, se combine dans certaines circonstances avec l'alcool du vin. Le vin prend alors le très désagréable goût de « mercaptan », connu des spécialistes. A l'extrême, le vin peut prendre une odeur et une saveur rappelant celles de l'ail, lorsqu'il y a formation de sulfure d'éthyle.

Aloxe-Corton. C'est dans cette commune, au pied de ce que l'on nomme dans le pays « la Montagne », que commencent les très grands crus de la Côte de Beaune* (notons que certains vignobles, situés sur les communes de Ladoix-Serrigny et de Pernand-Vergelesses*, sont légalement inclus dans l'appellation Aloxe-Corton). Chose rare, les vins rouges et les vins blancs jouissent d'une égale célébrité.
Les vins rouges des grandes années sont pour beaucoup d'amateurs les meilleurs de la Côte de Beaune et, certainement, ceux qui vieillissent le mieux. Ce sont des Bourgognes magnifiques, merveilleusement fermes, bien équilibrés et puissants avec un bouquet ample qui évoque un peu le kirsch.
Les vins blancs, très corsés, plein de sève, d'une belle couleur dorée, ont un parfum qui rappelle la cannelle. Ils sont les égaux des meilleurs Meursault* et, pour beaucoup d'amateurs, leur sont même souvent supérieurs.
Les crus sont ceux de Corton (rouges et blancs) et ceux de Corton-Charlemagne (blancs seulement).
Les vins portant l'appellation communale Aloxe-Corton, bien qu'excellents, ont moins de classe et de corps, se font plus vite, mais vieillissent aussi plus rapidement. (V. Index.)

Alsace. Le vignoble alsacien s'étage sur des coteaux entre les Vosges et la vallée du Rhin. S'étendant de Wasselonne (à la hauteur de Strasbourg), au nord, jusqu'à Thann (à la hauteur de Mulhouse), au sud, il n'a guère plus de 100 km de long sur une largeur qui varie de 1 à 5 km. Orienté à l'est, au sud et au sud-est, il s'accroche au flanc de pittoresques collines, à une altitude variant de 200 à 450 m, abrité des vents froids et humides du nord-ouest par les montagnes vosgiennes. Il occupe une centaine de communes et se répartit entre le Haut-Rhin, pour les deux tiers, et le Bas-Rhin, pour le tiers restant, les communes les plus célèbres étant Ammerschwihr, Barr, Eguisheim, Riquewihr, Kaysersberg, Mittelwihr, Ribeauvillé.
Ce qui distingue essentiellement ce prestigieux vignoble, c'est avant tout son originalité. La composition très variée des sols (gneiss et granit, grès rose, calcaires et marnes, limons, sables et graviers), la diversité des microclimats et la variété des cépages donnent à ce vignoble un caractère bien particulier. Enfin, particularité presque unique dans le vignoble français, on reconnaît habituellement les appellations d'Alsace au nom du cépage d'origine et non pas grâce au nom du cru*, comme ailleurs. N'est-ce pas là une merveilleuse illustration gourmande de la remarque d'Olivier de Serres : « Le génie du vin est dans le cépage »? Exceptions qui confirment la règle, il y a néanmoins quelques crus en Alsace : par exemple, le Pfersigberg d'Eguisheim, le Kaeferkopf, le Kanzlerberg, le Rangen de Thann, le plus corsé du vignoble alsacien, si violent qu'une malédiction locale dit : « Que le Rangen te frappe! »
Il semble que la vigne fut introduite en Alsace un peu plus tardivement qu'ailleurs, mais, entre les années 650 et 890, on signalait déjà des vignobles dans 119 villages alsaciens. Les vins d'Alsace, alors aussi variés qu'à présent, connaissaient une grande célébrité au Moyen Age, surtout dans les pays nordiques, où ils s'exportaient par le Rhin. Malgré les incessantes destructions dues aux guerres, la persévérance de son peuple d'admirables vignerons a toujours fait renaître le vignoble d'Alsace. Après 1870, les occupants découragèrent la plantation des cépages nobles en faveur de celle des cépages médiocres et de forte production. Mais depuis 1918, le vignoble alsacien a repris son orientation traditionnelle vers la grande qualité, et, actuellement, les cépages nobles représentent plus des trois quarts de l'encépagement.
Presque tous les vins d'Alsace sont blancs et presque tous sont des vins secs. Les vins provenant des cépages courants sont le Knipperlé*, le Chasselas*, le Goldriesling. Quant aux cépages nobles, ils produisent un éventail merveilleusement nuancé de vins blancs, absolument unique, allant des plus secs aux presque liquoreux, des frais et légers aux capiteux : Sylvaner*, Riesling*, Traminer*, Gewurztraminer*, Pinot blanc ou Clevner, Pinot gris* ou

Œnothèque de l'I. N. R. A. à Colmar.
Phot. Institut technique du vin.

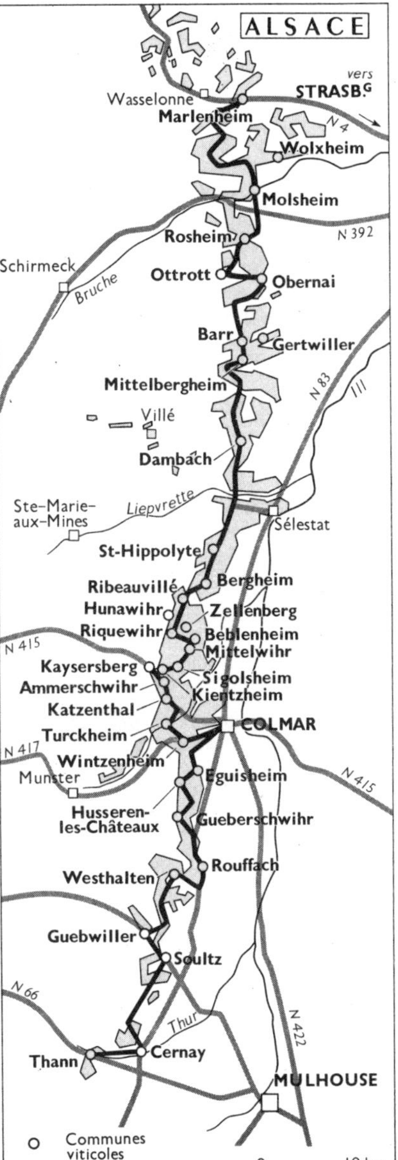

Tokay d'Alsace, Muscat*. Les vins peuvent aussi provenir de coupages, de cépages courants ou nobles : Zwicker*, Edelzwicker*.
Enfin, si les vins rouges sont assez rares en Alsace, ils sont toujours excellents, provenant, en effet, du Pinot noir fin, le cépage des grands Bourgognes (appelé d'ailleurs, en Alsace, Burgunder). Est-il besoin d'autres preuves pour établir leur haute lignée?
Les vins rosés ou clairets (Schillerwein), frais et secs, très agréablement fruités, proviennent soit du Pinot noir, soit du Pinot meunier.
Citons enfin, pour le souvenir, le somptueux vin de paille* préparé autrefois dans la région de Colmar, mais qui n'appartient plus, hélas! qu'au passé.

Alsace : appellation d'origine contrôlée. L'Alsace est entrée assez récemment parmi les appellations d'origine contrôlées (depuis le décret de 1962). L'appellation officielle est « Alsace » ou « Vin d'Alsace ». Elle est accompagnée du nom du cépage, puisque, nous l'avons vu, c'est le cépage qui, en Alsace, joue le rôle le plus important.
Le nom du cépage peut lui-même être accompagné, éventuellement, de celui de la commune d'origine : ces communes sont au nombre de quatre-vingt-treize et sont situées dans le Haut-Rhin et le Bas-Rhin.
Les dénominations « Grand Vin » ou « Grand Cru », ou similaires, indiquant une supériorité de qualité, sont aussi parfois utilisées. Ces termes ne peuvent être employés que pour des vins issus de cépages nobles et provenant de moûts assez riches en sucre naturel, avant tout enrichissement, pour produire 11° d'alcool acquis (précisons, en effet, qu'en cas de nécessité les vins d'Alsace peuvent être enrichis de 2,5° d'alcool, après décision du comité régional d'experts).

amaigri. Ce terme a le même sens que chez les humains : un vin amaigri a moins de chair *, moins de corps. Ici, ce n'est pas la maladie qui est en cause, mais les soutirages* répétés.

Amboise. Les vignobles de Vouvray* et de Montlouis* se prolongent par quelques communes viticoles groupées autour d'Amboise et de son célèbre château. Les vins sont blancs, rouges et rosés, et ont droit à l'appellation « Touraine » suivie du nom d'« Amboise ». Les vins blancs produits par les communes de Nazelles et de Pocé-sur-Cisse sont excellents : ces communes sont juste à la limite de l'aire d'appellation du Vouvray, et, autrefois, leurs vins étaient d'ailleurs vendus sous le nom de Vouvray. Les autres vins blancs, tous récoltés sur le tuffeau de Touraine*, sont aussi de très bonne qualité, fruités et fins. Les communes de Limeray et Cangey produisent surtout des vins rosés et rouges. Les rosés, provenant du Cot associé au Gamay et au Cabernet, sont spécialement délectables. Les vins blancs doivent titrer 10,5°, les rosés 10°, les rouges 9,5°. La production, assez faible, est pratiquement absorbée par la clientèle locale.

ambré. Ce terme qualifie la couleur dorée, rappelant celle de l'ambre, de certains vieux vins blancs. Cette couleur ne doit pas s'accompagner de madérisation à la dégustation. La teinte ambrée est due, en effet, à l'oxydation de la matière colorante* du vin (cette matière colorante n'apparaît guère dans les vins blancs jeunes, mais elle existe en fait). La teinte ambrée est un défaut lorsqu'il s'agit d'un vin jeune.

amer. La maladie de l'amer (ou amertume) altère parfois les vins en bouteilles et, particulièrement, les vins rouges de Bourgogne. Leur saveur, fade au début, devient ensuite nettement amère. La matière colorante* est alors insolubilisée. L'amertume atteint des vins peu acides, dont elle attaque la glycérine et l'acide tartrique.
On peut essayer de traiter le vin dès le début de la maladie par pasteurisation*.

Amérique du Sud. Ce n'est qu'au sud du tropique du Capricorne qu'on y rencontre la vigne, puisque celle-ci exige pour vivre un climat tempéré : on ne trouve donc de vignobles que sur un tiers environ de ce vaste continent. L'Argentine* est, de loin, le premier producteur; puis vient le Chili*, dont les vins sont les meilleurs d'Amérique du Sud. On rencontre aussi la vigne en Uruguay, dont le vignoble est en pleine extension, et dans les régions du Brésil situées tout à fait au sud du pays (Rio Grande do Sul). Le Pérou, bien que situé au nord du tropique du Capricorne, possède aussi, par exception, quelques vignobles, grâce à l'altitude très élevée qui compense la latitude défavorable.

amertume. A la suite de maladies microbiennes, le vin peut prendre un goût d'amertume très désagréable, et contre lequel il n'existe aucun remède. Toutefois, certains cépages ont une légère amertume spécifique qui, loin d'être offensante pour le goût, apporte au vin un caractère particulier très prisé. C'est le cas du cépage Mauzac (Gaillac*, Blanquette de Limoux*), du cépage Clairette (la Clairette*du Languedoc, précisément à cause de son arrière-goût d'amertume, est recherchée pour les vermouths de qualité).

ample. Un vin dit ample procure des sensations étendues, larges et complètes, comme s'il s'agissait d'un somptueux manteau de cour.
L'arôme, le bouquet, la saveur sont très riches et complets, avec une harmonie et un équilibre parfaits.

Ancenis (Coteaux d'), vignoble qui occupe les coteaux de la rive droite de la Loire, autour de la ville d'Ancenis. — Il n'est pas uniquement planté en Muscadet* et en Gros-Plant*. On y rencontre aussi le Gamay du Beaujolais et le Cabernet de l'Anjou, dont les vins rouges et rosés, très appréciés, souples et légers, doivent être bus dans leur jeunesse.
Le vignoble produit aussi des vins blancs qui ne sont pas issus du Muscadet ni du Gros-Plant : ils proviennent du Chenin blanc (ou Pineau de la Loire) et du Pinot gris, ou Beurot (nommé « Malvoisie » dans le pays). Ce sont des vins blancs souples et frais, avec un agréable bouquet. Tous ces vins ont droit au label V.D.Q.S.

anhydride sulfureux SO_2, auxiliaire précieux et fidèle des vignerons de tous les pays, indispensable depuis la cuve jusqu'à la mise en bouteilles. — L'emploi de cet antiseptique est vieux comme le monde : les Romains, les vignerons du Moyen Age l'employaient déjà, et, de nos jours, il est le seul autorisé par la loi. Son emploi s'est généralisé dans tous les pays viticoles du monde depuis les travaux de Pasteur et les découvertes modernes, et l'on n'a encore rien trouvé de mieux. Son action est multiple. Il tue les bactéries et les germes des maladies du vin, mais, providentiellement, il n'agit pas sur la levure responsable de la fermentation : les vignerons peuvent donc l'employer déjà dans la cuve de fermentation pour stériliser les moûts. Qualité appréciable, il permet, en cas de vendanges modérément atteintes par la pourriture grise*, de détruire les oxydases du champignon, agents de la casse brune* du vin. On a découvert aussi qu'il avait une action dissolvante bénéfique sur le moût : le moût traité est plus riche en alcool, en acidité fixe, en extrait sec, en saveur et en couleur.
Mais il est surtout extrêmement précieux dans le cas des vins blancs liquoreux, toujours à la merci d'une refermentation secondaire en bouteilles, à cause du sucre résiduel qu'ils contiennent. Son emploi pour ces vins est systématique. Le « soufre », comme on l'appelle communément, est utilisé sous des formes différentes : méchage*, décomposition du métabisulfite de potasse et, surtout, solution sulfureuse résultant du barbotage de l'anhydride sulfureux dans l'eau. Une certaine proportion de l'anhydride sulfureux se combine aux sucres du vin (ce soufre combiné contribue d'ailleurs au bouquet). Mais seule la forme libre est antiseptique, et, malheureusement, c'est sous cette forme que le dégustateur perçoit l'odeur et le goût de « soufre ». C'est généralement au moment de la mise en bouteilles que le vigneron a la main un peu lourde. Dans son désir de protéger son vin contre l'oxydation ou la refermentation*, il force parfois un peu la dose d'anhydride sulfureux. Le soufre libre en excès se perçoit

désagréablement au nez et au palais, est responsable de maux de tête* et donne même parfois naissance à cet abominable goût d'œufs pourris*, ou au goût alliacé*. En France, la dose totale légale autorisée est de 450 mg par litre (mais la proportion existant à l'état libre ne doit pas dépasser 100 mg). Or, la dose de 40 mg à l'état libre est souvent déjà perçue par certains dégustateurs.

Anjou. Cette ancienne province française, que « Bacchus a comblé de ses dons », correspond à peu près aux limites actuelles du département de Maine-et-Loire et prolonge vers l'ouest, le long de la Loire, la région viticole de Touraine*. Le vignoble, moins étendu qu'autrefois, occupe les coteaux bordant la Loire et ses affluents, et il bénéficie de la douceur d'un climat réputé. Les vins d'Anjou ont toujours joui d'une grande notoriété : dès 1199, ils étaient exportés en abondance vers l'Angleterre, comme le prouve un édit de Jean sans Terre; en France, depuis bien longtemps, leur excellence était reconnue. Les vins blancs sont, à juste titre, les plus célèbres. Mais, pour notre plus grand plaisir, l'Anjou nous présente une grande variété de vins, ayant chacun un caractère particulier : vins blancs secs, demi-secs ou liquoreux, vins pétillants*, vins mousseux*, vins rouges, vins rosés.
On divise généralement la région vinicole de l'Anjou en sous-régions, qui sont : Saumur*, Coteaux de la Loire*, Coteaux du Layon*, Coteaux de l'Aubance*.

Anjou : appellation d'origine contrôlée. L'appellation « Anjou » s'étend à des vins blancs, rouges et rosés produits sur l'ensemble de l'aire délimitée.
Pour avoir droit à l'appellation, les vins doivent provenir des cépages autorisés suivants : Pineau de la Loire (ou Chenin blanc), pour les vins blancs; Cabernet franc et Cabernet-Sauvignon, pour les vins rouges; Cabernet franc, Cabernet-Sauvignon, Pineau d'Aunis, Gamay, Cot et Groslot, pour les vins rosés.

Anjou (mousseux). Les vins peuvent être blancs ou rosés. Les blancs doivent provenir du Pineau de la Loire, mais les cépages rouges (Cabernet, Gamay, Cot, Groslot, Pineau d'Aunis) peuvent également être employés, vinifiés en blanc, jusqu'à concurrence de 60 p. 100 maximum de l'ensemble. Les rosés doivent provenir du Cabernet, du Cot, du Gamay et du Groslot. Les vins doivent titrer 9,5° avant qu'on leur ajoute la liqueur de tirage*.

Anjou : Beaulieu-sur-Layon. Installé sur les bords de la Loire et de ses affluents, le vignoble d'Anjou bénéficie d'un climat dont la douceur est justement renommée. Phot. Mackiewicz.

Anjou (rosés d'). L'Anjou produit, sous l'appellation « Anjou », une grande quantité de vins rosés qui répondent bien à l'engouement actuel du public pour ces vins souples, fruités et frais. Seuls les vins provenant exclusivement des Cabernets ont droit à l'appellation « Cabernet d'Anjou ».
Les rosés sont produits un peu partout en Anjou, mais spécialement en un point des Coteaux de l'Aubance, aux environs de Brissac, dans la partie moyenne des Coteaux du Layon, autour de Tigné, et enfin dans la région de Saumur*. Cette dernière région ne donne que des rosés de Cabernet, qui ont droit à l'appellation « Cabernet de Saumur ».
Le rosé d'Anjou est un bon vin de carafe,

bien équilibré, fruité et léger, parfois légèrement moelleux et qu'il faut boire dans l'année qui suit la récolte.
Le Cabernet d'Anjou a une jolie couleur rose. Frais, fruité, il doit titrer au moins 10°. Il vaut mieux le boire jeune, pour apprécier sa vivacité et son fruit.
La production des rosés a pris en Anjou une remarquable extension : elle a augmenté, en effet, de 80 p. 100 en une dizaine d'années.

appellation d'origine. Les vins à appellation d'origine sont toujours désignés par un terme géographique précis qui ne laisse aucun doute sur le lieu dont ils proviennent. Il peut s'agir d'une région tout entière (Bourgogne), d'une commune (Nuits-Saint-Georges), d'un château* en Bordelais (Château d'Yquem), d'un climat en Bourgogne (Richebourg).
La législation française oblige les producteurs à se soumettre à une réglementation sévère pour que leurs vins soient classés parmi les vins à appellation d'origine. Ces vins sont divisés en catégories réglementées officiellement par cet admirable organisme qu'est l'Institut national des appellations d'origine* (I.N.A.O.) : *vins à appellation d'origine contrôlée*, vins délimités de qualité supérieure*, vins à appellation simple.* La catégorie supérieure est représentée par les appellations d'origine contrôlée (A.O.C.), où se classent pratiquement tous les grands vins de France. Puis viennent les vins délimités de qualité supérieure (V.D.Q.S.), excellents vins régionaux, moins strictement réglementés. Enfin, la troisième catégorie, celle des vins à appellation simple, comprend assez peu de représentants.
Longtemps, les vins d'Alsace en ont fait partie, mais ils sont entrés maintenant parmi les A.O.C.; les vins nature de la Champagne, blancs, rouges ou rosés, sont des vins à appellation simple.
Sur les cartes de restaurant, les vins à appellation d'origine ne doivent jamais être mêlés avec les vins de consommation courante et les vins de marque : ceux-ci doivent toujours figurer à une rubrique spéciale.

appellation d'origine contrôlée (A.O.C.). L'I.N.A.O. a codifié pour tous les grands vins les règles sévères auxquelles ils sont soumis pour avoir droit à cette mention si enviée : aire délimitée de production, encépagement, teneurs minimales en sucre du moût et en alcool du vin, rendement maximal à l'hectare, taille de la vigne, méthodes de culture et de vinification. Basées sur le respect des « usages locaux, loyaux et constants », ces règles ne sont pas pour autant opposées aux progrès scientifiques modernes, dès lors qu'ils apportent une amélioration éclairée de la qualité. Les règles sont strictement contrôlées par les agents de l'I.N.A.O. et ceux de la Répression des fraudes.
Tous nos crus renommés font partie de la noble famille des appellations d'origine contrôlée, et leur étiquette arbore obligatoirement et très lisiblement ce titre de gloire : « Appellation contrôlée » (une exception toutefois est admise pour le Champagne). Ces vins doivent circuler avec des titres de mouvements spéciaux (acquits ou congés verts), et la mention doit aussi figurer sur les déclarations de récoltes, les prospectus, les factures, les récipients.
La France compte un nombre considérable d'appellations contrôlées (plus de 250), ce qui prouve l'extraordinaire diversité et l'admirable richesse de notre palette vineuse.

âpre. Un vin âpre est désagréable à la dégustation. Il est à la fois rude, donnant l'impression de râper la langue au passage, et très astringent*, comme s'il crispait l'ensemble des muqueuses. Les tanins* en excès sont responsables de cette sensation. Les vins âpres proviennent de cépages grossiers ou résultent d'une mauvaise vinification (cuvage trop prolongé). Les tanins précipitent à la longue, et le vin s'améliore un peu avec le temps.
On emploie aussi le terme *anguleux* pour caractériser les vins ayant un excès désagréable de tanin, ou *épais* lorsque le tanin semble donner au vin une consistance épaisse et importune.

C'est ici, à Arbois, au cœur du « bon pays », que Pasteur entreprit ses précieuses recherches sur les maladies du vin et les fermentations. Phot. Mackiewicz.

Argentine. Le vignoble argentin, depuis une quarantaine d'années, est en pleine expansion. L'Argentine récolte, en quantité, à peu près autant que l'Algérie; c'est le plus gros producteur, mais aussi le plus gros consommateur de vin d'Amérique du Sud*. L'Argentine boit entièrement sa production et n'exporte, pour ainsi dire, pas de vin (elle en importe d'ailleurs aussi fort peu). Elle ne produit que des vins ordinaires, bon marché, et corsés. Ils sont récoltés dans les régions de Mendoza et San Juan, non loin de la frontière chilienne, au pied de la cordillère des Andes et tout à fait à l'ouest de Buenos Aires.

Les vins rouges sont meilleurs que les rosés et les blancs.

S'étendant à l'infini, les vignobles de la région de Mendoza produisent, avec ceux de San Juan, assez de vin pour étancher la soif de toute l'Argentine. Phot. Ambassade d'Argentine.

Arbois. Ce vignoble du Jura*, doté d'une appellation contrôlée communale, est, avec Château-Chalon, le plus célèbre de la région. Plusieurs communes se partagent cette appellation enviée, dont les plus réputées sont, avec Arbois : Pupillin, Montigny-les-Arsures, Mesnay, Les Arsures. Renommés dès l'Antiquité, les vins d'Arbois ont été illustrés par Pasteur, qui entreprit à Arbois ses recherches sur les fermentations et les maladies du vin, exposées par la suite dans les *Etudes sur le vin.*

Arbois produit des vins rouges fins et généreux, des vins blancs secs et délicats, dotés d'un bouquet très personnel, des vins mousseux obtenus par la méthode champenoise*, des vins de paille* et des vins jaunes* qui égalent presque l'admirable Château-Chalon. Mais le plus connu de ces vins de qualité est peut-être le rosé d'Arbois, excellent, sec et fruité, d'une jolie teinte rubis clair, tirant sur la pelure d'oignon. N'était-il pas déjà signalé sur la table des rois de France en 1298?

Les délicieux vins d'Arbois, dès qu'ils sont dans les verres, donnent toujours envie d'éprouver le dicton local : « Plus on en boit, plus on va droit. »

Arménie. Les principaux centres viticoles de cette république de l'U.R.S.S.* sont Etchmiadzine, Artachat et Erevan. Le vignoble principal entoure Erevan et s'étend au nord jusqu'à Anipemza et au sud jusqu'à Artachat.
On a réussi à implanter des cépages résistant au gel dans la zone montagneuse (Lori, Chirak, Zangezour), sur du terrain volcanique irrigué. L'Arménie soviétique produit surtout des vins secs. Elle est renommée pour son vin, type Porto, appelé « Portveïn » en U.R.S.S.

aromatique. Un vin aromatique est un vin qui dégage, quand on le respire, des arômes pénétrants. Les vins fruités* sont les seuls à être aromatiques, puisque les arômes* proviennent surtout du raisin.

arôme, principe odorant qu'exhale un vin et que l'on appelle encore *fruit,* ou *parfum,* ou *bouquet primaire,* ou *bouquet originel.* — L'arôme, en effet, provient essentiellement du raisin lui-même : c'est dans la pellicule du grain que se forment les substances qui le composent. Il est donc spécifique à chaque cépage, mais se perçoit plus ou moins nettement selon les terroirs et les millésimes. Les vins blancs et rouges de Bourgogne, eux, n'ont pas d'arôme au sens technique du mot, car, en fait, sauf exception, le jus de raisin frais n'a qu'un parfum assez léger. L'exemple d'arôme le plus caractéristique est fourni par le Muscat*; mais le Cabernet, le Traminer, la Syrah, la Malvoisie possèdent aussi des arômes spéciaux. Une grande partie de l'arôme disparaît durant la fermentation, et les vins « secs* » ont rarement autant d'arôme que ceux qui ont conservé une certaine quantité de leur sucre naturel. L'arôme tend aussi à s'estomper avec le temps : il se combine d'abord avec le bouquet* naissant, puis s'efface devant celui-ci.

artificiels (vins). Différents breuvages qui osaient prendre le nom de vin ont été « inventés » et répandus dans le public, surtout à la fin du siècle dernier, au moment de la pénurie de vin, provoquée par les trois fléaux qui ravagèrent notre vignoble : l'oïdium*, le phylloxéra* et le mildiou*.
Certains étaient fabriqués avec des raisins secs provenant de Grèce et de Turquie. D'autres étaient purement et simplement des vins de sucre*, qui ignoraient totalement le raisin. D'autres encore étaient des vins de sucre « améliorés » : on tirait deux ou trois, ou même quatre « cuvées* » de la même vendange, en versant sur les marcs et les lies, après avoir décuvé le premier vin, du sucre, de l'eau et d'autres ingrédients qu'on remettait à fermenter. Enfin, on fabriquait aussi du vin blanc avec du gros rouge de mauvaise qualité qu'on décolorait grâce à de hautes doses d'acide sulfureux. Une fameuse affaire de falsification de vins défraya la chronique récemment à Limoges. Le faussaire fabriquait un vin (qui n'avait de vin que le nom) à partir de produits chimiques. Découvert, il fut sévèrement condamné.

assemblage, opération qui consiste à mélanger et à rassembler des vins dans une cuve. — On additionne ainsi le vin de goutte* et le vin de presse* provenant d'une même cuvée. On assemble aussi les vins provenant des différentes cuves, afin d'obtenir un produit homogène. Mais l'assemblage est aussi une technique de correction des vins, qui consiste à mélanger des vins de même provenance, mais d'un autre millésime, afin d'obtenir une qualité suivie et supérieure. Cette technique est de règle en Champagne*. Mais elle exige des stockages coûteux et non rentables, des locaux et du matériel onéreux, toutes choses qui ne sont pas à la portée de la plupart des vignerons.

Asti, important centre de production de vins d'Italie, situé au sud de Turin, dans la région du Piémont. — Asti est surtout connu à l'étranger pour son vin mousseux populaire : l'Asti spumante, qui provient du cépage Muscat de Canelli (du nom d'un petit village situé près d'Asti) et que l'on cultive sur les collines environnantes. Ce cépage donne un vin pâle, doux, peu alcoolisé et extrêmement aromatique,

Vignobles à Agliano d'Asti. Connue surtout à l'étranger par l'« Asti spumante », la région de collines des environs d'Asti produit aussi de bons vins rouges. Asti est de plus le principal centre de fabrication du vermouth italien. Phot. Parva Lux.

qu'on utilise aussi pour la fabrication des vermouths italiens.
Mais Asti produit aussi des vins rouges de qualité provenant des bons cépages Barbera et Freisa, et des excellents Grignolino et Nebbiolo.

Asti spumante, vin mousseux très populaire, préparé à Asti (*spumante* veut dire « mousseux », « écumant »). — Contrairement aux divers procédés généralement utilisés en France pour l'obtention de vins mousseux, la matière première, ici, n'est pas du vin, mais du moût, c'est-à-dire du jus de raisin non fermenté. Autre différence : le gaz carbonique qui fait naître la mousse est obtenu, dans le procédé d'Asti, lors de la première fermentation. Or, les autres procédés provoquent la prise de mousse lors de la seconde fermentation, tantôt en bouteille (méthode champenoise*, méthode allemande*), tantôt en cuve close* (procédé Charmat).
Le moût de raisin Muscat* est conservé dans une galerie réfrigérée, où il se décante sans que la fermentation soit possible. Il est ensuite mis dans une cuve close, où il va fermenter. C'est le gaz carbonique résultant de cette première fermentation alcoolique qui donne la mousse de l'Asti spumante.
Ce procédé donne de très bons résultats, car il permet au Muscat de conserver son goût et son parfum caractéristiques. Or, il est délicat de rendre les Muscats mousseux. Si on les vinifie à sec, en épuisant leur sucre lors de la première fermentation, ils perdent leur arôme si typique quand on les fait refermenter par une addition de sucre.

astringent, mot synonyme de *tannique* en dégustation. — Le tanin* est une substance qui provoque un resserrement des tissus et des muqueuses. Un vin astringent ou tannique provoque un resserrement des gencives, de la langue, du palais, de l'ensemble de la bouche. Le dégustateur réagit alors en exécutant des mouvements de la bouche pour détendre ses muqueuses : il semble mâcher son vin, comme si celui-ci avait une consistance solide. (On dit parfois d'un vin astringent qu' « il a de la mâche ».) Les vins trop astringents sont dits « âpres* », « durs* », « anguleux », « épais ».

Aubance (Coteaux de l'), vignoble d'Anjou* qui s'étend entre la Loire et le Layon, le long de l'Aubance, affluent de la Loire. — Il n'a plus actuellement la même réputation que son voisin des Coteaux du Layon*. Pourtant, jusqu'au XVIe siècle, les vins de cette région étaient plus prisés que ceux du Layon; c'est peu à peu que ceux-ci furent préférés des amateurs. Les sols schisteux rappellent ceux du Layon, et le cépage est aussi le Pineau de la Loire. Les vins blancs qui ont droit à l'appellation sont généralement demi-secs, fruités et fins, avec un agréable goût de terroir. Moins puissants et moins séveux que ceux du Layon, ils sont aussi moins charpentés, mais ils ont un caractère bien personnel. Les domaines les plus renommés se trouvent à Mûrs, Saint-Melaine, Soulaines, Vauchrétien.

Dans l'ensemble, la production des Coteaux de l'Aubance est très faible et n'a qu'un débouché local.
Par ailleurs, la commune de Brissac, située dans les Coteaux de l'Aubance, est une grosse productrice de vins rosés et de Cabernet rosé vendus sous l'appellation « Anjou* ».

Ausone (Château), premier grand cru classé de Saint-Emilion. — Bien qu'il ne s'agisse sans doute que d'une légende, la tradition assure que le Château Ausone occupe l'emplacement de la propriété que le poète latin Ausone possédait à Lucaniac (Saint-Emilion) au IVe siècle.
Le Château Ausone est un très beau vin, généreux et élégant.

austère. Un vin austère est un vin qui est loin de manquer de qualités, mais dont la teneur trop abondante en tanin* ne permet pas de goûter convenablement le bouquet. Le vin austère a encore un peu trop de rudesse pour être glissant et plaire à tous les dégustateurs. Les Médocs trop jeunes ont souvent ce visage. On dit aussi d'un tel vin qu'il est « sévère »; mais, sous cette sévérité, se cache souvent la bonté.

Australie. La vigne ne poussait pas en Australie à l'état indigène; les premiers vignobles furent plantés aux environs de Sydney, en Nouvelle-Galles du Sud, vers 1788. Actuellement, plus que cette région mère, les Etats de Victoria et de l'Australie-Méridionale surtout se consacrent à la viticulture (50 p. 100 de la production consiste en raisins de table frais et secs).
Le principal importateur étant l'Angleterre, les vins répondent, dans l'ensemble, au goût anglo-saxon : ils sont corsés et lourds. Une exception, toutefois, peut être faite pour ceux qui proviennent de « Hunter River », cette vieille région viticole dont les vins de table, rouges ou blancs, sont très valables. Le vignoble a été dévasté par le phylloxéra et regreffé sur porte-greffes américains. Il est à signaler que de grands progrès techniques ont été réalisés durant ces dernières années dans les méthodes de vinification et, spécialement, en ce qui concerne le « Sherry » d'Australie, vin de fleur* produit comme l'authentique Sherry, fort populaire en Angleterre.

Autriche. Le vignoble autrichien a beaucoup pâti au cours des guerres successives. Ce qui reste du vieil Empire austro-hongrois a été amputé des bonnes régions viticoles (tel le Tyrol, par exemple, devenu en partie italien). Actuellement, le vignoble d'Autriche satisfait à peu près la demande nationale, mais peu de vins autrichiens sont exportés.
Les bons vins autrichiens sont blancs; les rouges, issus du Spätburgunder (Pinot noir), n'offrent rien de bien remarquable et servent uniquement à la consommation locale. Les vins blancs sont d'une tout autre qualité : issus du Riesling, du Sylvaner, du Gewurztraminer, du Müller-Thurgau, avec quelques cépages locaux, comme le Rotgipfler, le Veltliner (qui ressemble au Traminer, avec moins d'arôme et de saveur), ils ne sont pas sans rappeler leurs voisins du sud de l'Allemagne ou du Tyrol italien. Ce sont, dans l'ensemble, des vins légers et secs, fruités, frais, qu'il faut boire jeunes.
Le Gumpoldskirchener, produit au sud de Vienne, est peut-être, actuellement, le plus connu des vins autrichiens. Des générations de Viennois l'ont adoré. Clair et limpide, parfumé et fruité, jamais grand vin, mais charmant toujours, c'est un vin qui donne envie de valser sur l'air du *Beau Danube bleu.*
A l'est de Vienne, sur les rives escarpées du Danube, sont récoltés les bons Loibner, Kremser et Dürnsteiner.
Enfin, dans les environs immédiats de Vienne même sont produits des vins de carafe — sans doute les plus sympathiques —, qu'on boit dans les guinguettes de Vienne et de Grinzing : le Nassberger, le Wiener, le Grinzinger, dont le meilleur est parfois exporté en bouteille, pour donner sans doute aux amoureux de Vienne la nostalgie de cette « ville de rêve ».

Auvergne. Ce vignoble, classé dans les vins de la Loire* et qui a droit au label V.D.Q.S., fait depuis quelques années des efforts méritoires pour améliorer la qualité, mais il n'occupe plus que le tiers des communes où il régnait autrefois. Il s'étend, assez dispersé, entre Châtel-Guyon et Issoire, mais c'est surtout au sud et au sud-est de Clermont-Ferrand qu'il est le plus dense. Bien que de réputation fort ancienne, ce n'est plus qu'un vignoble assez restreint, dont les crus de Chanturgues*, de Châteaugay et de Corent furent jadis célèbres. Le vignoble auvergnat se divise en trois centres principaux : l'arrondissement de Clermont-Ferrand (où se trouvent les crus fameux de Chanturgues et de Corent); l'arrondissement d'Issoire (Boudes donne de bons vins fruités); l'arrondissement de Riom (avec le cru de Châteaugay). Les vins sont rouges, parfois rosés, et proviennent du Gamay. Ils sont de bonne qualité et trouvent un débouché local facile, surtout avec la proximité des villes d'eaux. Frais et aimables, bien bouquetés, ils se boivent jeunes.

Ayse, nom d'un cru de Savoie*, de la région de Bonneville. — Les vins mousseux d'Ayse ont beaucoup de caractère, mais aussi la réputation de « casser les jambes ». Pour avoir droit à l'appellation « Mousseux de Savoie », suivie du nom du cru « Ayse », les vins doivent obligatoirement être issus du Gringet, de l'Altesse et de 30 p. 100 de Roussette d'Ayse. Ils sont obtenus par la méthode champenoise de seconde fermentation en bouteille ou par la méthode locale de fermentation spontanée du vin.

Azay-le-Rideau. Non loin de Tours, dans la vallée de l'Indre, Azay-le-Rideau produit, dans les silex de ses coteaux calcaires, un vin blanc qui fut toujours renommé. Quelques communes partagent cette appellation (qui doit toujours être précédée de « Touraine ») : Saché, où Balzac écrivit *le Lys dans la vallée,* est la plus réputée de ces communes. La production, malheureusement, est très faible. Regrettons-le, car les vins d'Azay-le-Rideau, secs, frais et fruités, comptent parmi les meilleurs blancs secs de Touraine. Ils doivent titrer 10°.

Azerbaïdjan. Dans cette république d'U.R.S.S.*, la vigne est cultivée depuis bien longtemps, puisqu'on la signalait déjà à l'époque du géographe grec Strabon, né en 58 av. J.-C.
Au Moyen Age, les méthodes de culture pratiquées par les Azerbaïdjanais montrent une science certaine de la viticulture : les sarments étaient conduits sur tuteurs vivants (arbres), ou soutenus par un faisceau formé de trois branches de roseau, ou encore étendus sur un sol sablonneux. On les recouvrait de terre pour l'hiver dans les régions froides. Au printemps, on ameublissait soigneusement la terre, et il semble même qu'on pratiquait le greffage. Tout le raisin obtenu était destiné à faire du vin (qui devait sans doute être de grande qualité, étant donné les connaissances avancées des Azerbaïdjanais en matière viticole).
Mais vint l'islam, qui interdit la consommation du vin. Ce n'est guère qu'au siècle dernier que, sur la viticulture en déclin, souffla un vent de renouveau.
De nos jours, quarante variétés de raisin sont cultivées, dont les meilleures, récoltées dans la presqu'île sablonneuse d'Apchéron, sont l'Ag Chany et le Gara Chany.
Les centres viticoles importants sont, dans l'ordre : Chamkhor, Chemakha, Kirovabad, Taouz et Agsou (près de Chemakha). Dans le Nagorno-Karabagh, on produit du vin partout, entre Norachen-Chakhbouz et Paragatchaï.
La production essentielle de cette région est celle du « Porto » soviétique : le « Portveïn ». Toutefois, les vins blancs ordinaires sont plaisants et légers, surtout le Bayan Chireï. Il existe aussi un vin rouge très velouté : le Matrassa.

B

Badacsony, célèbre vignoble de Hongrie*, situé sur la rive occidentale du lac Balaton. — Ancienne propriété des Moines gris, divisée au XVIIe s. en petits lots, Badacsony est une colline en forme de sarcophage, haute de 400 m. La vigne est en terrasses, ce qui donne au paysage un air méditerranéen. Les paysans affirment que seule la vigne « qui se regarde dans le miroir du Balaton » peut donner du bon vin; l'envers des feuilles a besoin lui aussi de lumière, et celle-ci lui est dispensée grâce aux eaux du lac Balaton, étincelantes de soleil.
Le vin de Badacsony est célèbre depuis des siècles. On dit souvent que dans ce vin brûle le feu des anciens volcans, et, déjà, les Romains connaissaient et appréciaient sa saveur. Des autels élevés en l'honneur du dieu du Vin romain, le Liber Pater, ont été mis au jour au cours des fouilles. Les vieux pressoirs* sont construits sur des fondations romaines, et même le couteau de vendangeur, qui se transmet de génération en génération, rappelle aujourd'hui encore celui des Romains.
Dans la commune de Badacsonylabdi se trouve la plus grande cave de Hongrie, qui peut contenir plus d'un million et demi de litres.
Les vins les plus connus de Badacsony sont le Badacsonyi Kéknyelu, vin blanc* issu du cépage Kéknyelu (dont le nom signifie « manche bleu »), le Szürkebarat (« moine gris »). Mais la région produit aussi d'autres vins blancs, qui sont parmi les plus fins* de Hongrie (avec les cépages Rizling [Riesling], Furmint, etc.) et de remarquables vins de dessert*.

Bade, province vinicole du sud-ouest de l'Allemagne, située entre la Suisse au sud et l'Alsace à l'ouest. — Les vignobles, extrêmement variés et nombreux, sont surtout plantés au pied de la Forêt-Noire, face à la vallée du Rhin. Un effort considérable a été poursuivi, depuis la dernière guerre, en ce qui concerne le remembrement et l'encépagement du vignoble. Les cépages dominants sont le Müller-Thurgau, le Gutedel (Chasselas), le Pinot noir, représentant chacun environ le cinquième de l'encépagement; Pinot gris et Pinot blanc, Riesling et Sylvaner se partagent le reste (il y a très peu de Riesling dans cette région, qui ne lui convient pas). La presque totalité du vin est vinifiée dans des caves coopératives modernes; les vins badois, très variés, autrefois consommés localement seulement, ont maintenant conquis le marché allemand et se lancent à l'étranger. Citons : le Seeweine du lac de Constance; le bon cru de Kaiserstuhl, produit sur une sorte d'îlot volcanique à l'ouest de Fribourg; le Markgräfler, récolté entre Fribourg et la Suisse, et issu du Gutedel; les Mauerweine, produits autour de Baden-Baden et vendus en Bocksbeutel comme les vins de Franconie.

ban des vendanges, proclamation qui avertissait autrefois les vignerons de l'ouverture des vendanges. — Non seulement elle les prévenait, mais elle les obligeait même à ne vendanger qu'à partir de ce moment-là. Cette contrainte visait à obtenir des vins de qualité, en imposant aux vignerons trop pressés de ne pas cueillir avant maturité. Pour proclamer les vendanges ouvertes, on se fondait empiriquement sur l'aspect et la dégustation des raisins (nos modernes contrôles de maturation* n'existaient pas encore), mais on se conformait aussi aux coutumes locales : ainsi, en Bourgogne, on considérait que les vendanges pouvaient commencer cent jours après la floraison des lys. De nos jours, il est émouvant d'entendre le président de la Jurade de Saint-Emilion lancer symboliquement du haut de la tour du Roi la formule de jadis : « Peuple de Saint-Emilion et des sept communes, la Jurade proclame le ban des vendanges. Ouvrez les lourdes portes des cuviers, commencez la cueillette. »

Bandol. Entre La Ciotat et Toulon, sur les collines cultivées en terrasses (appelées « restanques ») se trouve la région des vins de Bandol, une des quatre appellations contrôlées de Provence*.
Le vignoble occupe quatre communes principales : Bandol, La Cadière-d'Azur, Sanary, Le Castellet; il déborde sur Le Beausset, Saint-Cyr, Ollioules et Évenos.
Au nord, il est abrité des vents froids par des collines boisées; de plus, la mer, toute proche, atténue les écarts de température : ni gelées ni chaleur cuisante à Bandol. La vigne est la richesse du sol aride, silico-calcaire, qui, sans elle, serait livré à la garrigue et aux pins.
Le vin rouge de Bandol a toujours eu grande réputation et fut prisé même dans les pays lointains. En effet, le transport par mer lui réussissait merveilleusement bien et lui conférait un velouté et un bouquet très recherchés. C'est le cépage Mourvèdre qui lui donnait ses brillantes qualités. Aussi, actuellement, le décret de contrôle impose-t-il une proportion de plus en plus élevée de ce cépage (au moins 20 p. 100), associé au Grenache et au Cinsault, afin de rendre au Bandol rouge sa réputation ancienne.
Après un vieillissement légal obligatoire d'au moins dix-huit mois, le rouge de Bandol devient un très beau vin, franc, robuste, harmonieux, avec une très belle robe rouge foncé, un velouté remarquable et un parfum exquis de violette, d'autant plus prononcé que la proportion de Mourvèdre est plus importante. Il vieillit fort bien, en prenant un bouquet particulier. C'est sûrement le meilleur vin rouge de Provence.
Les vins blancs de Bandol, produits surtout autour de Sanary, sont aussi de grande qualité : secs, sans acidité, avec beaucoup de corps et de fraîcheur. Ils proviennent de la Clairette (au moins 50 p. 100) et de l'Ugni blanc.
Les rosés, depuis quelques années, sont recherchés pour leur fruité, leur souplesse et leur fraîcheur. Blancs et rosés sont astreints à un vieillissement légal de huit mois au moins.

banvin (droit de), droit qu'avait le seigneur de vendre son vin personnel avant celui de ses vassaux jusqu'à une certaine époque de l'année, généralement déterminée par la coutume. — Le temps pendant lequel la vente des vins autres que ceux du seigneur était frappée d'interdiction variait beaucoup d'un fief à l'autre. Le seigneur possédait le four, le moulin, le pressoir, dont usaient ses sujets contre paiement d'une redevance de banalité. Il s'occupait aussi de vendre les vins à l'extérieur et de trouver des débouchés lorsque la production locale était importante. C'est en échange de ce dernier service qu'il s'est octroyé ce droit de banvin, qui date de l'époque carolingienne.
On appelait aussi « banvin » l'avis public autorisant la vente du vin des sujets sur le territoire de la seigneurie.

Banyuls. Ce fils du Roussillon* est le plus renommé et sans doute le meilleur de nos vins doux naturels* d'appellation contrôlée. Son domaine, situé à l'extrême sud de la France, à la frontière espagnole, est limité de toutes parts par les montagnes, sauf à l'est, où les montagnes se jettent littéralement dans la Méditerranée, le long de la partie la plus pittoresque de la Côte vermeille, appelée « Côte rocheuse ». Quatre communes se partagent l'honneur de porter le prestigieux vignoble : Banyuls, Cerbère, Port-Vendres et Collioure. Ce vignoble est un des plus ingrats à cultiver : il occupe des pentes très prononcées, grimpant à 300 m d'altitude et jusqu'aux falaises dominant la mer. Il doit obligatoirement être aménagé en terrasses, afin de résister, tant bien que mal, aux pluies violentes et à la tramontane. Un curieux système de ruissellement des eaux, appelé « pied de coq », est utilisé. Le sol lui-même est terriblement dur à travailler : roche de schiste, recouverte d'un peu de

Banyuls. La photo montre la rigole verticale qui recueille les eaux de ruissellement du vignoble, aménagé en terrasses par une élite de vignerons aux traditions séculaires. Des sortes de drains en biais, appelés « agullo », coupent les terrasses et aboutissent à la rigole centrale. L'ensemble ressemble assez à un « pied de coq », d'où le nom donné dans le pays à ce système. Phot. Mackiewicz.

terre arable qu'il faut remonter tous les ans au sommet du vignoble. Le cépage traditionnel du Banyuls est le Grenache noir. Comme tous les vins doux naturels, le Banyuls est un vin muté à l'alcool, qui conserve, grâce à ce procédé, tout son goût de raisin. Pour obtenir un vin « doux », on procède au mutage avant que le sucre naturel du raisin ne soit entièrement transformé en alcool. On attend plus longtemps pour procéder au mutage, si l'on désire obtenir un vin « sec », afin que le sucre naturel du raisin soit transformé en alcool par la fermentation.
Il existe deux appellations d'origine contrôlée : « Banyuls » et « Banyuls Grand Cru ».
Le Banyuls n'est pas seulement un vin d'apéritif et de dessert de grande classe qui peut s'aligner avec les célèbres vins étrangers de sa catégorie. Il peut aussi se déguster sur certains plats avec bonheur. Il est chaud et puissant comme le soleil qui l'a vu naître, racé, harmonieux et élégant. Curnonsky a dit de lui qu'il avait la « cambrure et la chaleur sarrasines ».

Banyuls Grand Cru. Il est soumis à des règles plus rigoureuses : encépagement très strict, égrappage obligatoire, macération d'au moins cinq jours avant le mutage et, surtout, vieillissement « sous bois » d'au moins trente mois. Au début, le vieillissement s'opère à l'air dans de petits fûts. Puis l'affinement définitif du vin se fait à l'abri de l'air dans de grands foudres de bois. De plus, le vin est soumis, avant sa mise en bouteilles, à l'appréciation d'une commission de dégustation désignée par l'I.N.A.O.*.
Le Banyuls Grand Cru est toujours vinifié en rouge, jamais en rosé.

Barbaresco, célèbre vin rouge du Piémont, provenant du cépage Nebbiolo et produit en quantité assez restreinte autour de deux communes : Barbaresco et Neive. — Bien que la zone de production soit assez voisine de celle du Barolo et qu'il soit issu du même cépage, le Barbaresco est très différent du Barolo. Plus léger, il est beaucoup plus rapidement prêt à la dégustation et prend, après deux ou trois ans de bouteille, une teinte pelure d'oignon. C'est un excellent vin, qui possède beaucoup de distinction et se classe parmi les meilleurs vins d'Italie. Contrairement au Barolo, qui est généralement vendu en bouteille bourguignonne, il est souvent logé dans une bouteille bordelaise.

Barbera, vin rouge d'Italie, provenant du cépage de même nom et produit dans la région du Piémont. — C'est un bon vin de table coloré, corsé, avec beaucoup de bouquet et de saveur. Sans grande distinction, il est surtout agréable dans sa jeunesse et avec la cuisine italienne. Il refermente quelquefois en bouteille et devient alors moustillant*, ce qui déroute parfois nos palais français, mais convient fort bien aux Piémontais.

Bardolino, très bon vin rouge léger de la province de Vérone, en Italie, produit à l'est du lac de Garde. — Il est issu (comme son voisin le Valpolicella*) des cépages Corvina, Negrara et Molinara. A peine plus coloré qu'un rosé foncé, c'est un vin délicieux, fruité, qui dépasse rarement 11°

et révèle le mieux ses qualités entre un et trois ans.

Barolo, vin rouge d'Italie*, peut-être le meilleur, issu du cépage Nebbiolo. – Corsé, de longue garde, il rappelle les Côtes-du-Rhône et n'est pas sans évoquer parfois l'Hermitage ou le Côte-Rôtie. Il est produit dans le Piémont, au sud de Turin, autour du village de Barolo, sur le territoire de huit communes. Il est, en général, conservé trois ans en fût avant la mise en bouteilles (en bouteilles « bourguignonnes ») et il gagne encore après quelque temps d'attente. Puissant, titrant 12°-14°, d'un beau rouge sombre, il est toujours un bon vin et, souvent, un grand vin.

barrique. La capacité de la barrique varie d'une région vinicole à une autre, et il est souvent utile, pour l'acheteur, de faire préciser leur contenance. Elle est en général de 228 litres (pays nantais, Côte-d'Or). La barrique bordelaise est de 225 litres – tel était l'usage ancien, qui fut d'ailleurs confirmé par une loi de 1866 –, le « tonneau* » bordelais valant 900 litres, soit 4 barriques. Elle est de 232 litres en Touraine et en Anjou. Dans le Languedoc elle vaut le tiers du muid*. On l'appelle aussi « pièce* » dans certaines régions (Bourgogne par exemple).

Barsac, commune du Sauternais, qui bénéficie des deux appellations « Barsac » et « Sauternes* », selon des usages anciens, consacrés par le législateur. – Le vin de Barsac est d'une qualité tout aussi exceptionnelle que le Sauternes, et les mêmes soins jaloux procèdent à sa naissance. Il ne se distingue de ce dernier que par quelques nuances : il est moins « gras », moins liquoreux, mais il est plus fruité et plus parfumé en primeur.
Les premiers crus, classés en 1855, sont les Châteaux Climens et Coutet, mais les seconds crus sont aussi excellents : Châteaux Myrat, Doisy-Daëne, Doisy-Dubroca, Doisy-Védrines. (V. Index.)

Baux-de-Provence (Coteaux des). Les vins de cette région ont reçu depuis peu le label V.D.Q.S. Ils proviennent des cépages de soleil : Grenache, Carignan, Cinsault, Mourvèdre pour les rouges et rosés; Clairette, Ugni, Muscat pour les blancs. Ils sont racés et élégants.

Béarn. Cette ancienne province française occupe à peu près les limites de l'actuel département des Basses-Pyrénées. Le

Béarn. La vigne est conduite en hautains dans cet harmonieux vignoble à flanc de coteau de Salies-de-Béarn. *Phot. Mackiewicz.*

Béarn vinicole, classé dans la région du Sud-Ouest*, s'étend jusqu'à 300 m d'altitude, sur les coteaux pittoresques situés entre les gaves de Pau et d'Oloron, et occupe de nombreuses communes, Jurançon, Gan, Lasseube, Monein, Salies-de-Béarn, Bellocq, Oraas, etc. Au nord-est, le vignoble déborde sur le département des Hautes-Pyrénées et s'incline vers la vallée de l'Adour autour de Lembeye, de Crouseilles, de Conchez, de Portet, etc. Le Béarn vinicole est surtout renommé par ses vins à appellation contrôlée : le noble Jurançon*, son presque rival le Pacherenc-du-Vic-Bihl* et le rouge Madiran*.
Mais il produit également des « vins de Béarn », classés V.D.Q.S., rouges, rosés et blancs, dont une grande part est vinifiée en caves coopératives. Les vins rouges et rosés sont de bons vins qu'on boit dans la région ou que réclament les touristes. Ils sont issus principalement du Tannat, associé au Bouchy et au Pinenc, parfois au Manseng et au Courbu rouge. Les vins blancs secs résultent d'un mélange de cépages où se retrouvent le Baroque, le Courbu blanc, le Sémillon, le Claverie, etc. Leur volume ne représente que 15 p. 100 environ de celui des rosés et des rouges.
Le Rousselet du Béarn, produit près de Pau, est sans doute le plus agréable de ces vins blancs.

Beaujolais. Ce vignoble, le plus méridional de la Bourgogne, est aussi le plus vaste, puisqu'il s'étend sur environ 15 000 ha. Il est situé dans le département du Rhône, sauf pour le canton de la Chapelle-de-Guinchay, situé en Saône-et-Loire. Les pittoresques coteaux, où le vignoble s'étend jusqu'à 500 et même 600 m d'altitude, dominent la vallée de la Saône. Ici règne le cépage Gamay noir à jus blanc. Bien qu'on trouve aussi ce cépage en Auvergne et dans la Loire, c'est en Beaujolais qu'il épanouit au maximum tout son charme et son fruité. C'est le sol granitique du Beaujolais qui lui permet d'exprimer ses qualités si caractéristiques, car, dans d'autres terrains argilo-calcaires de Bourgogne, le Gamay ne donne qu'un vin beaucoup plus ordinaire. Il existe aussi une faible production de Beaujolais blanc, provenant du Chardonnay comme tous les blancs de Bourgogne.
Le Beaujolais est le type parfait du vin de carafe, aimable, glissant, désaltérant. Il doit toujours être servi frais : cela est un rare privilège pour un vin rouge. Autrefois, exclusivité des seuls Lyonnais, il a séduit maintenant le monde entier par son charme, celui de la jeunesse et de la fraîcheur.
Il y a neuf crus en Beaujolais, neuf comme les Muses! Ce sont, du nord au sud : Saint-Amour*, Juliénas*, Chénas*, Moulin-à-Vent*, Fleurie*, Chiroubles*, Morgon*, Brouilly* et Côte de Brouilly*.
Les autres appellations beaujolaises sont « Beaujolais* », « Beaujolais supérieur* » et « Beaujolais-Villages* ».

Beaujolais et ***Beaujolais supérieur.*** Ces appellations s'appliquent à des vins rouges, rosés et blancs récoltés sur l'ensemble du Beaujolais. Pour le Beaujolais, le degré minimal doit être de 9° pour les vins rouges et de 9,5° pour les blancs; pour le Beaujolais supérieur, il doit être de 10° pour les rouges et de 10,5° pour les blancs. Le rendement maximal à l'hectare ne peut dépasser 50 hl pour le Beaujolais et 45 hl pour le Beaujolais supérieur.

Beaujolais-Villages. Certains vins, provenant des meilleurs terrains, ont droit à l'appellation « Beaujolais-Villages » ou à l'appellation « Beaujolais » suivie du nom de la commune de production : Jullié, Emeringes, Leynes, Bellevue, etc. (V. Index.)
L'essentiel du charme de ces Beaujolais sans prétention, fruités et « gouleyants » tient à leur jeunesse. Il faut donc les boire jeunes, dans l'année, toujours frais (jamais chambrés!) afin d'en apprécier le goût de « fruit ».

Beaumes-de-Venise, commune située un peu au sud de Rasteau*, dans le Vaucluse, et produisant un excellent Muscat d'appellation contrôlée, préparé comme les autres vins doux naturels*, par mutage* des moûts à l'alcool. — Mais alors que le Rasteau est issu presque exclusivement du Grenache, le Muscat de

Beaumes-de-Venise ne peut provenir que du seul cépage Muscat à petits grains (qu'on appelle aussi « Muscat de Frontignan »). Le vignoble, qu'on rattache à la région vinicole des Côtes du Rhône* méridionales, s'étend à la fois sur Beaumes-de-Venise et Aubignan.
Trop peu connu – car de production restreinte – le Muscat de Beaumes-de-Venise est pourtant un de nos meilleurs vins doux naturels. D'une belle couleur dorée, liquoreux, mais moins que le Frontignan*, il est surtout d'une finesse exquise et merveilleusement parfumé. Il vieillit avec bonheur, en gardant sa finesse et son parfum.

Beaune. Cette pittoresque petite cité, capitale historique, spirituelle et commerciale des vins de Bourgogne, est fière de son admirable hôtel-Dieu, entretenu depuis 1443 grâce à la fameuse vente annuelle des vins des Hospices. Elle est fière aussi, et à juste titre, de ses vins de renommée fort ancienne. Beaune produit principalement des vins rouges (95 p. 100). Tous ses vins, rouges ou blancs, ont une grande distinction, de la grâce et de l'équilibre. Les blancs sont très bouquetés. Les rouges offrent une gamme très variée, qui correspond à la diversité des climats, tantôt puissants et bien charpentés, tantôt d'une finesse veloutée, ou encore alliant à la finesse une saveur chaude et vigoureuse.
Le grand humaniste Erasme, qui dut un regain de santé au vin de Beaune, a fait de lui le plus bel éloge en s'exclamant avec enthousiasme : « Heureuse Bourgogne! Tu mérites le nom de mère des hommes, puisque tu leur donnes un pareil lait! » Les crus renommés sont les Grèves, les Fèves, les Marconnets, les Bressandes, les Cras, Clos de la Mousse, Clos du Roi, Clos des Mouches (dont le vin blanc est remarquable), etc. (V. Index.)

Cour de l'hospice de Beaune. Depuis 1443, les bâtiments de ce magnifique hôtel-Dieu sont entretenus grâce à la vente annuelle des vins des hospices. Phot. Archives Photo.

Belgique. La vigne fut introduite en Belgique par les Romains, le long de la Meuse et de l'Escaut surtout. Il semble que les vignobles les plus étendus se soient situés, au IXe siècle, aux environs de Liège et de Huy. Au Xe siècle, on signale la vigne à Namur et à Tournai, et, au XIe siècle, à Bruxelles, à Bruges et à Malines. De nos jours, à Torgny, village le plus méridional du pays, est produit le dernier vin à partir de raisins ayant mûri « à l'air libre ». A cette exception près du « clos de la Zolette », le vin belge actuel provient de raisins cultivés en serres et vinifiés par des coopératives de propriétaires de serres. La culture en serres est apparue en 1865, aux environs de Bruxelles (Hoeilaart, Overijsse), et la récolte était consommée comme raisins de table. Mais c'est aux environs de 1954, à la suite d'un excédent de production, qu'un « serriste » eut l'idée de faire du vin. Les cépages utilisés sont le Frankenthal, le Royal, le Colman (inconnus en France), le Chasselas* en petite quantité. Le vin belge est blanc, parfois rosé ou mousseux. Il provient de 95 p. 100 de cépages rouges, contre 5 p. 100 de cépages blancs (on peut donc dire du vin blanc belge qu'il est un « blanc de noirs* »). Le millésime n'a guère d'importance, puisque le raisin, toujours produit en serre, est à l'abri des vicissitudes du climat.

« Le roi boit », par Jordaens, école flamande. (Musée de Bruxelles.) La Belgique a toujours été un sympathique pays œnophile; elle importe actuellement 70 millions de litres de vin par an environ. Phot. A. C. L.

Le vin belge doit se consommer vite et ne se conserve pas.
La culture en serre du raisin en Belgique était protégée par des taxes intérieures qui interdisaient pratiquement l'entrée des raisins européens. Depuis la mise en place du Marché commun européen, les taxes sont supprimées et les raisins italiens et français s'imposent sur le marché belge. Le gouvernement subventionne la reconversion des cultures en serre et l'arrachage des vignes. Le vin belge est donc une fantaisie condamnée par l'évolution économique et politique.

Bellet, minuscule vignoble de Provence*, bénéficiant d'une appellation contrôlée. — Il est situé parmi les cultures de fleurs et d'œillets, dans le périmètre de la commune de Nice, sur des collines dominant la vallée du Var de 250 à 300 m. Les pentes des collines sont abruptes, ce qui exige, comme autrefois, le travail manuel de l'homme. La production du Bellet est très limitée. La reconstitution du vignoble est récente, répartie entre quelques propriétaires. La production déclinait lorsque l'un d'eux s'équipa pour vinifier l'ensemble de la récolte et mettre dans le commerce un vin de qualité. Les rouges, rosés et blancs, tous excellents, ont beaucoup d'originalité. Ils proviennent surtout de cépages particuliers à ce vignoble : Folle-Noire, Braquet et Cinsault pour les rouges et rosés (avec toutefois, pour les rosés, une variété plus grande de cépages d'appoint autorisés); Rolle, Roussan, Spagnol ou Mayorquin pour les blancs.
Les vins rouges sont légers, fins et délicats, avec une robe rubis fort séduisante. Les rosés sont légers, également très élégants, avec un arôme rappelant la racine d'iris — mais ils se boivent trop facilement! Les blancs ont beaucoup de personnalité : nerveux, élégants, ils ont un parfum très fin et une fraîcheur étonnante pour un vin de soleil. Cela tient sans doute aux vents froids venus des Alpes et à l'altitude du vignoble : 200 à 300 m.

bentonite, argile spéciale (silicate d'aluminium), provenant du gisement américain de Fort Benton. — Elle a le pouvoir de faire floculer les protéines en solution dans le vin, responsables des dépôts dans les bouteilles. Elle donne de très bons résultats à doses élevées et réussit à remédier aux surcollages rebelles. Malheureusement, elle appauvrit le vin en d'autres substances qui contribuent à sa rondeur, et elle apporte parfois un léger goût terreux lorsqu'elle est utilisée sans discernement.

Bergerac, vignoble du Sud-Ouest*, qui occupe une grande partie de l'arrondissement de Bergerac, en Dordogne. — Les vins bénéficient de l'appellation d'origine contrôlée « Bergerac ». Le vignoble est célèbre depuis le haut Moyen Age et produit des vins rouges assez peu connus, sauf dans le pays même. Ceux qui proviennent des coteaux de la rive droite de la Dordogne sont les plus fins et les plus souples (le Pécharmant* est le plus renommé). Les vins provenant des coteaux de la rive gauche sont plus corsés, plus colorés, plus riches en tanin. Ils sont issus du Cabernet, du Merlot et du Malbec, cépages du Bordelais, et titrent de 9 à 12°. Les vins blancs proviennent du Sémillon, du Sauvignon et de la Muscadelle. Ils sont fins et moelleux, très rarement secs, sauf le Panisseau*. Le cru Rosette* est un des plus réputés. Mais

n'oublions pas toutefois le Monbazillac*, gloire de la région, qui a droit à une appellation contrôlée spéciale.
Bergerac produit aussi quelques vins rosés.

Berry. L'ancienne province du Berry, qui, avec Bourges sa capitale, est au cœur même de la France, a formé les modernes départements du Cher et de l'Indre. La renommée des vins du Berry a toujours été grande. Grégoire de Tours les signale dès 582. Nicolas de Nicolay, en 1567, déclare, dans sa *Description générale des païs et duché de Berry,* que la région de la province « pierreuse et sèche est copieuse en très bon vin qui se garde longuement ».
Actuellement, parmi les vins du Berry, quatre bénéficient de l'appellation d'origine contrôlée : le Sancerre*, le Ménetou-Salon*, le Quincy* et le Reuilly*, un seul possède le label V.D.Q.S. : le Châteaumeillant*. Les vins rouges et rosés de ces appellations proviennent du Pinot et du Gamay, et les vins blancs de l'illustre Sauvignon*.

Bikavér, fameux vin rouge de Hongrie*, produit sur les collines du village d'Eger, à une centaine de kilomètres au nord-est de Budapest. — Il est issu de l'excellent cépage hongrois Kadarka et de quelques cépages d'origine française, dont le Cabernet et le Gamay. Le vignoble a été durement touché par le phylloxéra* vers 1880, mais, heureusement, n'a pas été complètement détruit. Ce vin rouge, dont le nom signifie « sang de taureau », est superbe, d'un beau rouge profond, corsé et généreux, avec un bouquet très particulier. Il est considéré comme le meilleur vin rouge de Hongrie.

Blagny, hameau de la Côte de Beaune*, dont le vignoble se partage entre Meursault* et Puligny-Montrachet*. — Il en résulte une situation un peu particulière. Les climats situés sur Puligny portent l'appellation « Puligny-Montrachet », ceux qui sont situés sur Meursault l'appellation « Blagny » ou « Meursault-Blagny ».
Les vins blancs de Blagny ressemblent aux Meursaults, avec une élégance et une délicatesse qui, déjà, annoncent les Pulignys.
Les vins rouges, fins et délicats, ne sont pas sans rappeler le Volnay*.

blanc (vin). La vinification des vins blancs diffère beaucoup de celle des vins rouges. Elle est aussi beaucoup plus difficile et plus capricieuse. La vendange doit se faire avec plus de précautions et se transporter au cellier* sans être écrasée. Là, le raisin est obligatoirement foulé sans égrappage* (car les rafles facilitent le pressurage). Le moût de goutte* obtenu est envoyé dans les récipients de débourbage*. Ensuite on presse le reste du raisin, opération plus longue que pour le raisin rouge, car la masse a une tendance à l'élasticité. Et pourtant, il faut aller vite, très vite, pour éviter le contact de l'air, cause de jaunissement et de madérisation. Le moût de presse* va rejoindre le moût de goutte dans les cuves de débourbage : additionné de l'indispensable anhydride sulfureux*, le mélange est laissé six à douze heures au repos. Là, le moût se sépare de ses bourbes, c'est-à-dire des matières insolubles en suspension. Le jus clair est ensuite versé dans des fûts neufs en chêne (qui donneront au vin le tanin nécessaire), où il va subir la fermentation alcoolique*. Celle-ci est toujours plus laborieuse et plus délicate que pour les vins rouges* : les levures*, en effet, ont besoin d'éléments vitaux, qui se trouvent surtout dans les parties grossières de la vendange et que le débourbage a éliminées. La fermentation dure au moins deux à trois semaines et doit se faire à basse température (15 à 18°). Parfois, elle s'arrête complètement jusqu'au printemps. On imagine les affres du vigneron, qui se demande avec inquiétude si de méchantes bactéries ne vont pas se développer dans son vin incomplètement fermenté et qui contient donc encore du sucre. Chaque jour, le vin doit être surveillé, aéré, analysé, et les fûts roulés, afin de remuer les lies* et de stimuler l'activité des levures. Les vins blancs liquoreux* sont encore plus difficiles à vinifier en raison de leur richesse en sucre.
Lorsqu'il a terminé sa fermentation, le vin

blanc subit alors les traitements habituels appliqués à tous les vins : remise en fûts, soutirages, etc. (V. ÉLEVAGE.)

Blanc de Blancs, expression qui signifie simplement « vin blanc fait avec des raisins blancs », et qui, littéralement, ne veut rien dire, puisqu'elle peut s'appliquer à tous les vins blancs provenant de raisins blancs. — Elle trouve par contre sa justification en Champagne, puisqu'elle permet de distinguer les vins provenant uniquement du cépage blanc Chardonnay des autres Champagnes issus du Pinot noir (Blanc de Noirs*) ou d'un mélange des deux cépages. L'expression est d'ailleurs originaire de la Champagne. Le Champagne Blanc de Blancs est produit surtout dans la Côte des Blancs (au sud d'Epernay), à Cramant, au Mesnil et à Avize. Il est remarquablement délicat, fin, léger et d'une pâle couleur d'or vert très distinguée.
Depuis quelques années, on a pris l'habitude — mais sans raison valable — d'utiliser parfois l'expression « Blanc de Blancs » en d'autres régions viticoles que la Champagne.

Blanc de Noirs, expression qui signifie « vin blanc fait avec des raisins noirs ». — En effet, cela est possible puisque les raisins noirs ont presque toujours un jus non coloré, la matière colorante* étant contenue dans les cellules de la peau (les cépages donnant des raisins à jus coloré sont dits « teinturiers »). Cette expression est utilisée en Champagne. En réalité, il y a peu de Blancs de Noirs purs. En Champagne, on estime que le volume du Pinot (raisins noirs) est le quadruple du Chardonnay (raisins blancs). On peut se demander pourquoi les Champenois plantent des vignes à raisins noirs. D'abord, parce que les plants noirs sont plus résistants aux gelées printanières et que leurs raisins sont moins sensibles à la pourriture; or, la Champagne connaît parfois des années humides, pendant lesquelles les raisins courent de gros risques avant et pendant les vendanges. Ensuite parce que les Blancs de Noirs sont plus corsés, plus riches en alcool et plus séveux que les Blancs de Blancs*, et qu'ils conservent mieux leur blancheur. En général, on mélange au Blanc de Noirs de un quart à un huitième de Blanc de Blancs, qui apporte à l'ensemble légèreté, finesse et grande facilité à prendre la mousse. Mais on fait également du Champagne contenant 75 à 80 p. 100 de vin de raisins blancs, de même que des Blancs de Blancs* purs.

blanc liquoreux (vin). La fermentation des vins blancs est toujours plus lente et plus difficultueuse que celle des vins rouges*. Le problème se complique encore lorsqu'il s'agit des vins blancs liquoreux, qui exigent du viticulteur des soins extrêmes. Les moûts provenant de raisins ayant subi la pourriture noble* atteignent une grande richesse en sucre. Tout ce sucre ne peut se transformer en alcool : quand le milieu atteint 14 à 15° d'alcool, la levure, intoxiquée, cesse de travailler, et la fermentation alcoolique* s'arrête. Une quantité importante de sucre naturel demeure donc dans le vin : certains vins liquoreux titrant 19° d'alcool total* titrent 14° d'alcool acquis et conservent ainsi près de 90 g de sucre par litre. On est donc obligé d'ajouter des doses massives d'anhydride sulfureux* pour éviter une refermentation* secondaire. Avant la dernière guerre mondiale, l'engouement pour les vins liquoreux était fort grand. Pour les obtenir à tout prix, malgré des moûts insuffisamment riches en sucre, certains viticulteurs stoppaient la fermentation à 12°, par exemple, afin de garder du sucre résiduel. Ils étaient obligés, pour obtenir l'arrêt de la fermentation, d'employer des doses de soufre bien plus forte encore.
Les vins blancs liquoreux, à côté du sucre, contiennent aussi des gommes et beaucoup de glycérine* naturelle, qui leur donne une consistance spéciale : ils sont gras*, onctueux.
Les principaux vins blancs liquoreux sont ceux du Bordelais (Sauternes*, Barsac*, Cérons*, Sainte-Croix-du-Mont*, Loupiac*), le Monbazillac*, certains vins d'Anjou* et de Touraine*, les fameux et rares Trockenbeerenauslese des coteaux allemands du Rhin et de la Moselle.

Vignoble de Cramant, un des plus renommés de la Côte des Blancs. On distingue, au fond, le village de Cramant. Les meilleurs vignobles occupent le haut de la pente. Phot. Mackiewicz.

Blancs (Côte des), vignoble de Champagne, un des plus renommés, situé au sud-est d'Epernay, perpendiculairement à la Montagne de Reims*. — On l'appelle ainsi parce qu'on y cultive presque uniquement des raisins blancs : le Chardonnay. Les vins sont remarquables par leur finesse et leur délicatesse. Ce vignoble compte des crus fameux : Cramant, Avize, Oger, Le Mesnil-sur-Oger, Vertus, etc. Mais Cramant et Avize sont les plus réputés. Ils donnent des Blancs de Blancs* extraordinairement fins, délicats, ayant beaucoup de classe. Cramant est un des rares crus qui vende sous son propre nom des vins récoltés uniquement sur son terroir, sans être mélangés à ceux qui proviennent d'autres crus.

Blanquette de Limoux, célèbre vin blanc mousseux du Languedoc*, doté d'une appellation contrôlée et provenant du cépage Mauzac (parfois associé à la Clairette), cultivé dans les terrains rocailleux et calcaires des environs de Limoux. — Autrefois, le Mauzac était appelé « Blanquette » à cause du duvet blanc et fin qui couvre le dessous des feuilles : c'est de là qu'est venu le nom de la délicieuse Blanquette de Limoux. Trois centres principaux la produisent : le plus important autour de Limoux, un autre autour de Saint-Hilaire, le troisième plus au sud. La Blanquette doit être obtenue par foulage et pressurage modérés, de façon à tirer 1 hl de vin de 150 kg de vendange : la production est donc forcément faible.
Dès le XVIe siècle, les moines de l'abbaye de Saint-Hilaire avaient découvert que le vin de Blanquette, mis en cruchons au mois d'avril, devenait naturellement pétillant, et, déjà sous Louis XIII, on l'appréciait fort. Actuellement, à la coopérative qui vinifie une partie importante des vendanges, la prise de mousse se fait par la méthode rurale* de seconde fermentation en bouteilles : le sucre naturel demeuré dans le vin après la première fermentation provoque la formation spontanée de la mousse. On obtient alors un vin mousseux élégant, léger et doré, moelleux et fruité, avec un parfum particulier très plaisant.

Blayais, vignoble situé sur la rive droite de l'estuaire de la Gironde, en face du Médoc*. — Les vins de cette région sont vendus sous les appellations contrôlées suivantes : « Blaye » ou « Blayais » (rouge et blanc), « Côtes de Blaye » (blanc), « Premières Côtes de Blaye » (rouge et blanc).

Les vins blancs, secs en général, sont agréables. Ceux des Côtes de Blaye sont corsés, parfois moelleux, nerveux et fins; ceux des Premières Côtes de Blaye sont plutôt moelleux.
Les vins rouges ont une jolie robe, sont moelleux, fruités, souples et peuvent être rapidement mis en bouteilles.

Bonnezeaux, grand cru des Coteaux du Layon*, situé sur le territoire de la commune de Thouarcé, sur la rive droite du Layon*, et doté de sa propre appellation contrôlée, comme le Quarts-de-Chaume*. — Ce vignoble, au sol schisteux, qui grimpe en pente raide jusqu'au sommet des coteaux, n'a guère que 3 km de long sur, à peine, 500 m de large. Le suave Bonnezeaux possède, dans son genre, la même classe que son rival le Quarts-de-Chaume. Aussi tendre et parfumé, aussi onctueux et vigoureux, il se distingue de celui-ci par son fruité très particulier. Il vieillit en beauté. Les principaux domaines sont la Montagne et Château de Fesles.

Bordeaux. Déjà, à l'époque gallo-romaine, le vin de Bordeaux était fort apprécié des césars et des riches Romains : les écrivains latins Ausone, Columelle, Pline en ont laissé le témoignage. Plus tard, à l'époque du Moyen Age, les Anglais faisaient grand cas des Bordeaux (la Guyenne était alors possession de la Couronne d'Angleterre). Le nombre des amateurs ne fit que croître avec le temps, et les XVIIIe et XIXe siècles virent le prestige éclatant des vins de Bordeaux s'établir à travers le monde.
Le vignoble bordelais, inscrit entièrement dans le département de la Gironde, suit les rives de la Garonne et de la Dordogne, et celles de leur estuaire commun, la Gironde. Il occupe surtout les croupes caillouteuses, les terrains d'alluvions (ou palus*) proches des fleuves n'étant guère favorables à une production de qualité.
Le Bordelais se divise en plusieurs régions viticoles : Médoc*, Graves*, Sauternais* sur la rive gauche de la Garonne et de la Gironde; Blayais*, Bourgeais*, Fronsac*, Pomerol*, Saint-Émilion* sur la rive droite de la Dordogne et de la Gironde.
L'Entre-deux-Mers* se trouve au centre, dans le triangle formé par la Garonne et la Dordogne.
Citons encore : les Premières Côtes de Bordeaux*, les Côtes de Bordeaux-Saint-Macaire*, les Graves de Vayres*, Sainte-Foy-Bordeaux*. Les cépages du Bordelais sont : le Cabernet, le Malbec et le Merlot pour les rouges; le Sauvignon, le Sémillon et la Muscadelle pour les blancs.

Bordeaux : les appellations d'origine contrôlées. Elles sont nombreuses : 34 en rouge, 23 en blanc, 2 en rosé. Ce nombre n'a rien d'excessif quand on considère la diversité des vins fins du Bordelais. On distingue trois catégories d'appellations :

1° Les *appellations générales :* Bordeaux ou Bordeaux supérieur (rouge, blanc, rosé ou clairet) avec parfois la possibilité d'ajouter le nom de la commune d'origine;

2° Les *appellations régionales,* qui correspondent à la région géographique du vignoble : Médoc (rouge), Graves (rouge et blanc), Entre-deux-Mers (blanc), etc.;

3° Les *appellations communales,* qui, plus restreintes, sont forcément plus réputées : Margaux (rouge), Pauillac (rouge), Sauternes (blanc), etc.

Bordeaux et ***Bordeaux supérieur.*** Les vins rangés sous ces appellations, blancs, rouges ou rosés, sont de qualité moyenne, parfois variable, et constituent de bons vins de table courants.
Les Bordeaux doivent avoir un degré minimal de 9,5° en rouge et de 10° en blanc. Les Bordeaux supérieurs, qui vieillissent assez bien, titrent au minimum 10,5° pour les rouges et 11,5° pour les blancs.
Ces vins proviennent de régions du Bordelais qui ne bénéficient pas d'appellation particulière (par exemple, cantons de Coutras, de Guitres, etc.).
Les propriétaires de vignobles utilisent aussi ces appellations comme « appellations de repli », lorsqu'ils estiment que leur

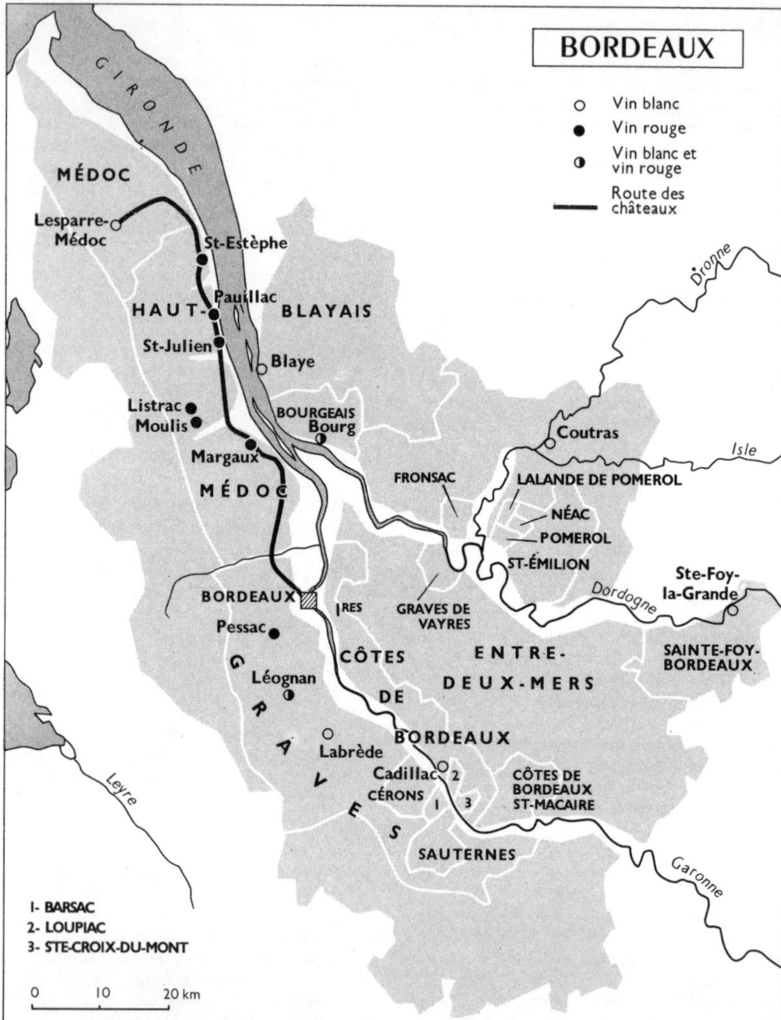

Étiquettes de la page ci-contre :
En haut à gauche : *Château Latour.*
En bas à gauche : *Château Margaux.*
A droite : *Château Pétrus.*

Le port vinicole de Bordeaux. C'est de ce port que les bateaux chargés de lourdes barriques partent à la conquête pacifique du monde.
Phot. Geay.

vin n'a pas la qualité suffisante pour mériter son appellation particulière (cas d'une mauvaise année) ou bien pour la partie de leur récolte qui dépasse le rendement à l'hectare prévu par la loi.

Bordeaux clairet. Le clairet, vin rouge clair et pâle, fut longtemps à peu près le seul type de vin. Le rouge et le blanc, relativement récents, découlent de méthodes de vinification plus perfectionnées qu'elles ne l'étaient autrefois. C'est d'ailleurs sous le nom de « claret » que les Anglais continuent d'appeler le vin de Bordeaux.
Actuellement, le Bordelais essaie de ressusciter l'antique clairet, qu'il ne faut pas confondre avec un vin rosé. Il s'agit d'un vin rouge obtenu par une cuvaison très courte, au cours de laquelle la plus grande partie du tanin n'a pas le temps de se dissoudre dans le moût. Il en résulte un vin souple, rond, bouqueté dès les écoulages (le clairet étant privé de l'astringence due au tanin, peu prisée des consommateurs dans le vin nouveau). Le clairet, qui plaît aux amateurs de vins jeunes, frais et fruités, peut et doit se boire dès sa première année, car il est peu propre au vieillissement.

Bordeaux mousseux. Il s'agit de vins blancs, parfois rosés, traités par la méthode champenoise de seconde fermentation en bouteilles. Ces vins, qui ont droit à l'appellation d'origine contrôlée « Bordeaux », sont parfois très agréables et fruités, à condition de provenir de cépages sélectionnés et d'être préparés avec soin.

Bordeaux-Côtes-de-Castillon. On groupe sous cette appellation les vins provenant de Castillon-la-Bataille, de Saint-Magne-de-Castillon et de Blèves-Castillon, sur la rive droite de la Dordogne.
Les vins rouges qui ont droit à cette appellation (ou à celle de « Bordeaux supérieur-Côtes de Castillon ») sont riches en couleur, généreux et corsés, et peuvent être bus en primeur.

Bordeaux-Haut-Bénauge. Cette appellation s'applique à neuf communes

Démasclage d'un chêne-liège au Portugal. Cette opération consiste à enlever le premier liège, appelé « liège mâle », impropre à la fabrication des bouchons. Ce n'est que dix à quinze ans plus tard que l'on récoltera le liège de bouchonnerie. Phot. Ambassade du Portugal.

de l'Entre-deux-Mers*, qui représentent une petite partie de l'ancien comté de Bénauge, célèbre autrefois par ses sombres forêts (on disait jadis la « Noire Bénauge »). Aujourd'hui, la vigne civilisatrice a chassé en partie la forêt profonde et produit un agréable vin blanc.

bouchon. Rien ne vaut le liège! Aucun autre matériau, naturel ou fabriqué, ne remplit les conditions exigées pour le bouchage idéal du vin : les essais de bouchons en matière plastique, en ce qui concerne les vins fins, ont lamentablement échoué. Il faut, en effet, que le bouchon permette au vin de respirer (sans excès ni insuffisance), afin que celui-ci puisse se conserver, mais aussi continuer à vivre et à s'épanouir. Le liège, seul, répond à ces impérieuses conditions : élastique et souple, il adhère remarquablement au goulot et, surtout, il est parfaitement imputrescible. Les spécialistes emploient même, selon les vins, des qualités différentes de liège : liège souple, par exemple, pour les vins à boire jeunes, liège plus

ferme pour les vins de garde et, spécialement, pour les vins blancs exposés à la madérisation.
Il semble bien que l'idée du bouchage au liège soit due à dom Pérignon*. On prétend que celui-ci fut inspiré par les pèlerins espagnols, qui employaient des morceaux de liège grossièrement taillés au couteau pour boucher leur gourde.
Auparavant, on se contentait de verser sur le vin une couche d'huile qui surnageait, ou on employait des chevilles de bois entourées de bon chanvre imprégné d'huile et toujours bien net, comme le prescrivait, en 1659, le statut des verriers-bouteilleurs.
Économiser sur la qualité du bouchon est une mesquinerie dangereuse. Les bouchons doivent avoir au moins 4 à 4,5 cm de long; le liège doit être de la meilleure qualité, et le bouchon lui-même très bien taillé, avec une tranche parfaite du côté vin. Les bouchons ne doivent jamais, avant l'emploi, tremper dans de l'eau chaude, qui lui ferait perdre son élasticité. Avant d'être utilisés, ils doivent être mis une douzaine d'heures dans de l'eau fraîche, puis dans du vin.

bouchonné, terme caractérisant un vin qui a pris le « goût de bouchon ». — Ce goût est trop désagréable et trop perceptible pour qu'il soit nécessaire de le décrire! Un vin bouchonné n'est pas toujours le résultat d'une faute. Nul vin n'est à l'abri de cet accident imprévisible et souvent inexplicable, alors que les soins les plus éclairés lui ont été dispensés. Parfois, évidemment, le liège employé est de mauvaise qualité (cette économie de bout... de bouchon est véritablement ridicule lorsqu'il s'agit d'une matière aussi précieuse que le vin). Le goût de bouchon provient surtout du liège lui-même et est dû à des parasites vivant dans l'écorce des chênes-lièges. Les meilleurs lièges, ayant rarement le goût de bouchon, proviennent d'Espagne, et spécialement de Catalogne.
Parfois, il s'agit non plus seulement du goût de bouchon, mais du goût de liège moisi, ce qui est encore plus grave. Ce goût provient des moisissures qui se sont développées dans les alvéoles du liège, peut-être à la faveur de manipulations intempestives : les bouteilles doivent toujours être couchées pour éviter la dessiccation du bouchon; il est très mauvais de laisser successivement et à plusieurs reprises les bouteilles debout, puis couchées.
Il arrive souvent que l'odeur du bouchon soit assez fugitive; il suffit alors de jeter les premiers centilitres de vin versés : le reste de la bouteille est indemme. Mais un vin véritablement bouchonné ne peut être consommé. Restaurateurs et amphitryons doivent veiller à préserver leurs hôtes de cette déception, en flairant toujours le bouchon avec discrétion avant de servir le vin.

bouquet, ensemble des sensations olfactives que procure un vin. — Le bouquet est un des plus grands charmes d'un vin fin et un des plaisirs les plus raffinés qu'il nous procure. Il résulte de la combinaison de l'arôme* du raisin, du bouquet secondaire né pendant la fermentation et du bouquet tertiaire épanoui par le vieillissement.
Le bouquet secondaire, dû au travail des levures, est floral ou fruité, ou les deux à la fois. Ainsi, par exemple, on a pu caractériser le bouquet si plaisant des Beaujolais : Saint-Amour, pêche, réséda; Juliénas, pêche, framboise; Brouilly, pivoine, prune, etc.
Le bouquet tertiaire se développe d'abord par oxydation au cours du vieillissement des vins en fût, puis par réduction au cours du vieillissement en bouteille. Les corps produits par ces combinaisons engendrent des substances odorantes extrêmement fines, complexes, délicates : c'est pour les percevoir et les retrouver séparément, et non globalement, que le gourmet fait tourner adroitement le verre dans sa main et qu'il hume son vin à plusieurs reprises.
Les types d'odeurs les plus souvent perçues ont été classés en séries, formant le « spectre odorant », selon le jargon professionnel.
Les odeurs végétales, apanage souvent des vins jeunes, sont florales (rose, jasmin, jacinthe, lilas, fleur d'oranger, violette,

pivoine, réséda, œillet, tilleul, etc.), ou fruitées (pêche, abricot, pomme, amande, framboise, banane, cassis, cerise). Toutefois, des odeurs végétales de « dégradation » apparaissent dans les bouquets des vins vieux : champignon, truffe, sous-bois, humus, etc. Les vins vieux parvenus à leur apogée révèlent parfois des senteurs de la série animale : venaison, gibier faisandé, musc (comme certains admirables vieux Bourgognes).

La série des épices nous révèle le poivre, le santal, le girofle, la vanille; la série empyreumatique nous offre le tabac fin (certains Châteauneufs-du-Pape), la résine, le café et l'amande grillée (vieux Bourgognes blancs).

Les vins provenant des vignobles septentrionaux, à climat tempéré et à maturation lente, sans excessive chaleur, ont presque toujours plus de bouquet que les vins de faible acidité*, provenant des régions à fort ensoleillement. De même, les vins provenant des coteaux pierreux et crayeux (et, en général, des sols ingrats) sont plus bouquetés que les autres. En se fondant uniquement sur le bouquet, certains œnophiles peuvent déterminer l'origine et le cépage d'un vin fin, son âge approximatif, son état actuel et sa classe.

Lorsque la perception du bouquet est puissante et prolongée, on dit que le vin « a le nez long »; au contraire, si son bouquet est éteint ou s'évanouit vite, on dit qu'il « a le nez court ».

Bourgeais, vignoble qui occupe la rive droite de la Dordogne et de la Gironde, en face du Médoc*. — Les vins de cette région sont vendus sous les appellations contrôlées suivantes : « Bourg » ou « Bourgeais » et « Côtes de Bourg ».

Les vins blancs sont secs, demi-secs ou moelleux.

Les vins rouges sont corsés, bien équilibrés, de robuste constitution et vieillissent avec grâce. Ce sont d'excellents vins de table.

bourgeois (crus). La grande diversité des vins du Médoc avait amené une classification naturelle, consacrée par l'usage, des différents crus; on les divisait, par ordre de mérite, en crus paysans, en crus artisans, en crus bourgeois ordinaires, bons bourgeois, bourgeois supérieurs et enfin en grands crus. Ces derniers, représentant l'aristocratie, furent classés en 1855 en cinq catégories : ils sont donc ce qu'on appelle les « crus classés ».

Les crus bourgeois ne sont pas des crus classés, malgré leurs mérites, souvent réels; plus petits et moins fameux que ces derniers, ils produisent souvent d'excellents vins, spécialement les meilleurs crus « bourgeois supérieurs », qui égalent parfois les cinquièmes crus classés (les progrès des techniques vinicoles ont permis en effet à certains bourgeois de se hausser actuellement à la hauteur de quelques nobles classés en 1855).

Les crus bourgeois furent classés en 1858, dans l'ouvrage de M. d'Armailhacq, en 34 bourgeois supérieurs, 64 bons bourgeois et environ 150 bourgeois. On distingue maintenant, plus simplement, les « bourgeois supérieurs » et les « bourgeois », en tout une centaine reconnus officiellement en 1932 par les courtiers* assermentés de la région. Citons Châteaux Gloria, Phélan-Ségur, Sémeillan, Fourcas-Dupré parmi les crus bourgeois supérieurs. Certains crus de ces derniers sont dits « crus exceptionnels », ce qui peut risquer de créer une confusion fâcheuse dans l'esprit du public puisque, en fait, ces crus exceptionnels sont officiellement rangés au-dessous des cinquièmes crus classés. Ce sont les Châteaux Angludet, Bel-Air-Marquis-d'Aligre, Chasse-Spleen, la Couronne, Moulin-Riche, Poujeaux-Theil, Villegorge.

Bourgogne. La culture de la vigne a sans doute commencé en Bourgogne à l'époque gallo-romaine et peut-être même avant. Mais le vignoble bourguignon est surtout l'œuvre des monastères : dès le XIIe siècle, grâce aux moines de Cîteaux, les vins de Bourgogne étaient déjà célèbres. Le vignoble de la basse Bourgogne, avec Auxerre comme capitale, fut renommé avant celui de la haute Bourgogne : saint Germain, au IVe siècle, possédait déjà, dans la vieille cité, des vignobles hérités de ses parents, dont une parcelle existe toujours (Clos de la Chaînette*). De là vient l'origine du dicton d'autrefois « vins d'Auxerre, vins de roi ». C'est seulement vers le XIIIe siècle que les vins des environs de Beaune commencèrent à être appréciés hors des limites de leur province, ce qui peut nous sembler pour le moins étonnant. C'est Beaune qui lança, en quelque sorte, la renommée universelle des vins de Bourgogne, et, à la mort de Philippe Auguste, le vignoble beaunois était considéré comme « la grande richesse du duché de Bourgogne ». Au début du XVIIIe siècle se fondaient à Beaune, puis à Nuits et à Dijon, les premières « maisons » de vins, dont les négociants* donnèrent au commerce une considérable extension et contribuèrent largement à propager la renommée des vins de Bourgogne.

La Bourgogne viticole actuelle s'étend sur quatre départements : Yonne, Côte-d'Or, Saône-et-Loire, Rhône. Elle se divise en cinq sous-régions : Chablis* (département de l'Yonne), Côte d'Or* (département de la Côte-d'Or), comprenant la Côte de Nuits* et la Côte de Beaune*, Côte Chalonnaise* (département de Saône-et-Loire), Mâconnais* (département de Sâone-et-Loire) et Beaujolais* (départements de Saône-et-Loire et du Rhône).

Il est très difficile de louer, après tant d'autres, la Bourgogne, terre prestigieuse dont le nom seul est, pour le monde entier, synonyme de « vins magnifiques ». Contentons nous d'admirer cette région vinicole exceptionnelle, fierté de la France, qui offre aux amateurs les vins les plus somptueux, comme aussi les plus aimables. Admirons — et dégustons.

Bourgogne : les appellations d'origine contrôlées. De toutes les régions françaises productrices de vin, la Bourgogne est celle qui compte le plus grand nombre d'appellations contrôlées. Elle comprend en effet, surtout dans la Côte de Nuits et la Côte de Beaune, de multiples villages possédant eux-mêmes de nombreux crus, ou « climats », chacun d'eux ayant une personnalité originale et distinctive. Le législateur n'a donc fait ici que consacrer « l'usage et la tradition ».

On distingue quatre catégories d'appellations :

1° *Appellations génériques ou régionales.* Elles désignent des vins qui peuvent être récoltés sur l'ensemble du territoire bourguignon et qui ont droit, partout, à la même appellation : Bourgogne* rouge et blanc et Bourgogne rosé ou clairet, Bourgogne aligoté* (blanc), Bourgogne ordinaire ou Bourgogne grand ordinaire* (rouge et blanc), Bourgogne passe-tous-grains* (rouge);

2° *Appellations sous-régionales.* Elles s'appliquent aux vins produits dans l'ensemble d'une sous-région de Bourgogne, mais seulement à ceux qui sont produits par cette sous-région : Côtes de Beaune-Villages* (rouge), Mâcon et Mâcon supérieur* (rouge et blanc), Mâcon-Villages* (blanc), Beaujolais et Beaujolais supérieur* (rouge et blanc), Beaujolais-Villages* (rouge);

3° *Appellations communales.* Beaucoup de villages de la Bourgogne vinicole donnent légalement leur nom au vin récolté sur leur territoire : Fleurie, Beaune, Volnay, Nuits-Saint-Georges, Meursault, Chablis, etc.;

4° *Appellations de crus.* Le vignoble de chaque commune est divisé en crus, appelés « climats* » en Bourgogne. Certains de ces crus, les plus célèbres, sont désignés par leur seul nom : Chambertin, Musigny, Clos de Vougeot. Parfois l'appellation communale est suivie du nom du climat ou encore de l'expression « premier cru », par exemple Chambolle-Musigny-les-Amoureuses.

Bourgogne : l'appellation « Bourgogne ». Elle s'applique à des vins rouges ou blancs produits sur tout le territoire de la Bourgogne. — Pour les vins rosés, l'appellation devient « Bourgogne clairet » ou « Bourgogne rosé ». Pour les vins rouges, les cépages autorisés sont le Pinot*; dans l'Yonne : le César et le Tressot; dans le Mâconnais et le Beaujolais : le Gamay* noir à jus blanc. Pour les vins blancs, les cépages sont le Chardonnay* et le Pinot blanc*.

Le degré minimal des « Bourgognes » est de 10° pour les rouges et les rosés, de

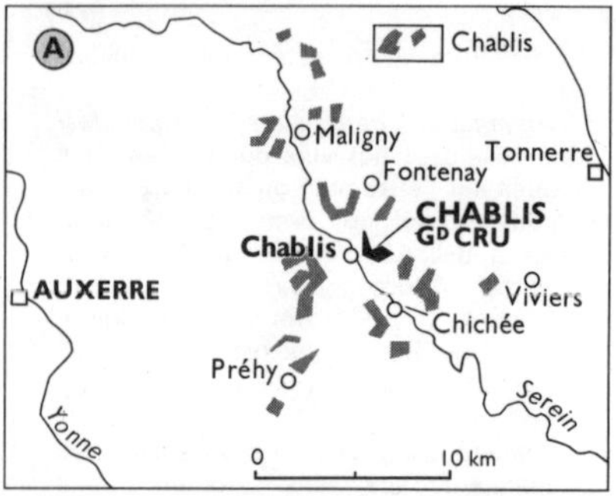
A
Chablis
Maligny
Tonnerre
Fontenay
CHABLIS
G^D CRU
Chablis
AUXERRE
Viviers
Chichée
Préhy
Yonne
Serein
0
10 km

BOURGOGNE
CHABLIS
AUXERRE
A
Saône
Yonne
B
DIJON
CÔTE
DE NUITS
Nuits
CÔTE DE
BEAUNE
Beaune
CHALON
VIGNOBLES DE
RULLY, MERCUREY
GIVRY
MONTAGNY
Loire
C
MÂCONNAIS
MÂCON
BEAUJOLAIS
VILLEFRANCHE-
s/-SAÔNE
0
50 km

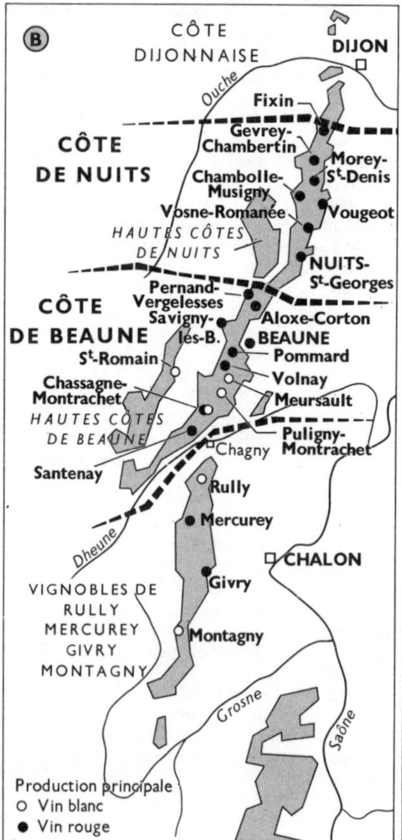
B
CÔTE
DIJONNAISE
DIJON
Ouche
Fixin
CÔTE
DE NUITS
Gevrey-
Chambertin
Morey-
St-Denis
Chambolle-
Musigny
Vosne-Romanée
Vougeot
HAUTES CÔTES
DE NUITS
NUITS-
St-Georges
Pernand-
Vergelesses
CÔTE
DE BEAUNE
Savigny-
lès-B.
Aloxe-Corton
BEAUNE
St-Romain
Pommard
Volnay
Chassagne-
Montrachet
Meursault
HAUTES CÔTES
DE BEAUNE
Puligny-
Montrachet
Chagny
Santenay
Rully
Mercurey
Dheune
CHALON
Givry
VIGNOBLES DE
RULLY
MERCUREY
GIVRY
MONTAGNY
Montagny
Grosne
Saône
Production principale
○ Vin blanc
● Vin rouge
0
20 km

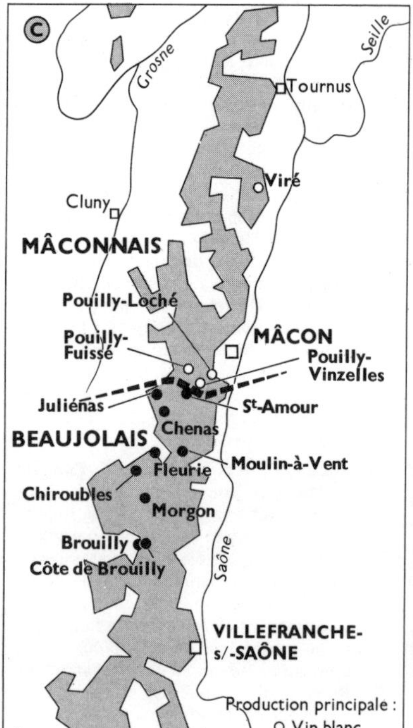
C
Grosne
Seille
Tournus
Viré
Cluny
MÂCONNAIS
Pouilly-Loché
MÂCON
Pouilly-
Fuissé
Pouilly-
Vinzelles
Juliénas
St-Amour
Chenas
BEAUJOLAIS
Moulin-à-Vent
Fleurie
Chiroubles
Morgon
Brouilly
Côte de Brouilly
Saône
VILLEFRANCHE-
s/-SAÔNE
Production principale :
○ Vin blanc
● Vin rouge
0
20 km

Vendanges au Clos de Vougeot. Autour du château, propriété de la confrérie des Chevaliers du Tastevin, s'activent quelques « joyeux enfants de la Bourgogne qui sont fiers d'être Bourguignons ».
Phot. J. Niepce.

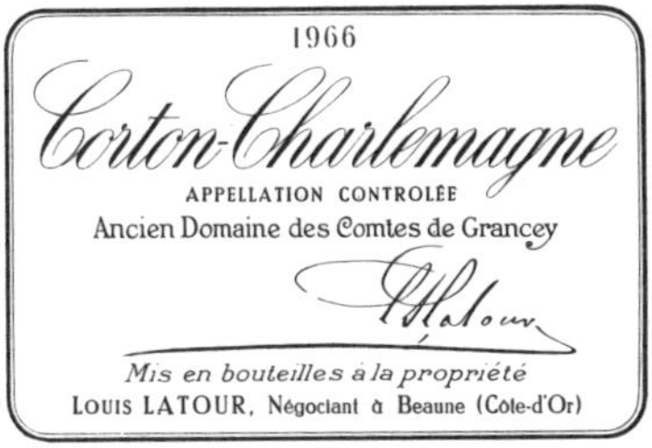

En haut à gauche : *Corton-Charlemagne.*
En bas à gauche : *Romanée-Conti.*
Ci-dessous : *Meursault.*

10,5° pour les blancs. Le rendement maximal est de 45 hl à l'hectare.
Sous certaines conditions, les noms de Marsannay ou Marsannay-la-Côte, de Hautes Côtes de Nuits et de Hautes Côtes de Beaune peuvent être ajoutés à l'appellation « Bourgogne » (rouge, blanc et rosé).

Bourgogne aligoté. Cette appellation s'applique uniquement à des vins blancs récoltés sur tout le territoire de la Bourgogne et provenant du cépage aligoté (avec ou sans Chardonnay).
Le degré minimal doit être de 9,5° et le rendement maximal à l'hectare de 45 hl.

Bourgogne ordinaire et ***Bourgogne grand ordinaire.*** Ces appellations concernent des vins rouges, rosés ou blancs produits sur l'ensemble du territoire de la Bourgogne. Les vins rouges sont issus des Pinots fins, du Gamay noir à jus blanc (dans l'Yonne : le César et le Tressot). Les vins blancs sont issus du Chardonnay et du Pinot blanc, de l'Aligoté, du Melon de Bourgogne (dans l'Yonne : le Sacy).
Le degré minimal doit être de 9,5°, et le rendement maximal à l'hectare de 45 hl.
un rendement maximal de 45 hl à l'hectare.

Bourgogne passe-tous-grains. Cette appellation ne s'applique qu'à des vins rouges provenant de tout le territoire de la Bourgogne et issus de deux tiers de Gamay* noir à jus blanc et de un tiers de Pinot*. Le degré minimal doit être de 9,5°, et le rendement maximal à l'hectare de 45 hl.

Bourgueil. C'est à Bourgueil que Rabelais a situé son « abbaye de Thélème ». C'est à Bourgueil aussi que Ronsard rencontra Marie « la belle Angevine » : autrefois, en effet, la presque totalité du pays de Bourgueil faisait partie de la province d'Anjou, alors qu'on le rattache dans le classement viticole moderne à la Touraine*. En gros, le vignoble s'étend sur une ligne d'une vingtaine de kilomètres entre Saint-Patrice et Saint-Nicolas-de-Bourgueil, avec aussi quelques vignobles au bord de la Loire (La Chapelle, Chouzé). Les sols sont de nature différente : du sud au nord, alluvions récentes de la Loire, puis terrasses de graviers et de sables grossiers, et enfin la côte, où le sol argilo-calcaire recouvre le tuffeau. Les vins de graviers sont plus légers, plus fins et plus bouquetés, et sont très vite prêts à la dégustation; les vins de côte sont plus corsés, plus durs dans leur jeunesse et demandent à être attendus. La plupart des communes produisent à la fois des vins de côte et des vins de graviers (le volume des vins de graviers étant plus important) : toutefois Ingrandes ne donne que des vins de graviers, et Benais des vins de côte. Le cépage, comme à Chinon*, est le Cabernet breton (ou Cabernet franc). Il est bien difficile de séparer Bourgueil de Chinon, tous deux situés au « royaume de Grandgousier », et dont les vins rouges présentent de telles ressemblances qu'il est parfois délicat de les distinguer pour un amateur non averti. Plus

Illustration de « Pantagruel », de Rabelais, par Gustave Doré. C'est à Bourgueil que Rabelais a situé son abbaye de Thélème. Phot. Larousse.

long à se faire que le Chinon, le Bourgueil est plus enveloppé, mais tout aussi frais et délicat. Il se caractérise surtout par un magnifique bouquet de framboise, très caractéristique (alors que le Chinon a un parfum de violette).
On compare souvent le Bourgueil aux bons crus bourgeois du Médoc*. Le Bourgueil possède, en tout cas, une vertu toute personnelle si l'on en croit son prieur, qui déclarait en 1089 : « Ce vin réjouit les cœurs tristes ! »
On distingue deux appellations d'origine contrôlées : « Bourgueil » et « Saint-Nicolas-de-Bourgueil* ».

bourru. Un vin bourru est un vin qui n'a pas encore déposé ses levures et ses impuretés au fond du tonneau, vin chargé encore, par conséquent, des matières insolubles nées de la fermentation. Lorsqu'il s'agit de vin blanc, le vin bourru (appelé encore « vin doux ») est le moût de raisin frais en cours de fermentation, donc contenant encore du sucre non fermenté et d'aspect trouble. Ce moût pétillant ou mousseux était autrefois fort apprécié et était la spécialité de certaines régions. Les vins bourrus sont encore l'objet d'un commerce spécial au moment des vendanges. Paris aimait beaucoup le « macadam* », vin bourru de Bergerac*, et, il n'y a pas si longtemps, le vin bourru de Gaillac* « à emporter » était à l'honneur dans les débits parisiens. Récemment à Paris, en automne, du vin bourru d'Alsace, le Neuer Susser, provenant chaque jour du vignoble, a été vendu en litres sommairement bouchés.

bouteille. C'est au savant ouvrage de James Barrelet *la Verrerie en France de l'époque gallo-romaine à nos jours* (Librairie Larousse — collection Arts, Styles et Techniques) que nous emprunterons l'histoire de la fabrication et de l'utilisation de la bouteille.
On utilisa d'abord pour le transport des vins une outre en cuir, qu'il était facile d'attacher à la selle du cheval. Les gourdes de cuir étaient appelées « boutiaux » ou « boutilles » (d'où vint le nom *bouteille*). A l'époque de la Renaissance, la France importa des bouteilles italiennes, en verre très mince, de forme plate, protégées par une enveloppe d'osier et qui ne servaient qu'à la présentation du vin sur les tables.
C'est au début du XVIIe siècle que l'on se mit à fabriquer en France des bouteilles de gros verre, dit « verre vert » ou « verre noir », qui permirent à la fois la présentation, le transport et la conservation. Ce fut pour l'avenir de nos vins, pour leur prestige une invention extrêmement importante. La forme des bouteilles était alors la même pour tous les vins. D'abord basse, en forme d'oignon, elle s'élança peu à peu et devint cylindrique (type de bouteille de Bénédictine). Au cours de la première moitié du XIXe siècle, la bouteille traditionnelle continua à s'affiner (type Bourgogne) en même temps que des formes particulières à certains crus étaient créées. En 1800, on signalait déjà la forme « bordelaise » et la forme « champenoise ». Les premières bouteilles « mécaniques » furent employées à Cognac en 1894 : la voie de la standardisation des différents types de bouteille était ouverte.
Actuellement, les bouteilles les plus employées sont la bourguignonne, la bordelaise, la champenoise, la bouteille à vin du Rhin. Elles sont en verre blanc ou encore en verre teinté (vert, jaune ou feuille morte).

bouteilles (contenance des). Elle varie un peu suivant les régions. La bourguignonne, la bordelaise, la bouteille à vin d'Anjou contiennent 75 cl, alors que l'alsacienne contient 72 cl et la champenoise 80 cl. La fillette angevine vaut 35 cl et le pot beaujolais 45 cl.
En ce qui concerne les bouteilles de Champagne, les variations de contenance sont beaucoup plus grandes : le quart contient 20 cl, le demi 40 cl, le médium 60 cl, le magnum* 2 bouteilles normales, le jéroboam 4 bouteilles, le réhoboam 6 bouteilles, le mathusalem 8 bouteilles, le salmanazar 12 bouteilles, le balthazar 16 bouteilles, le nabuchodonosor 20 bouteilles.

bouteilles (lavage des). Malgré le soin apporté au rinçage, il reste souvent un peu de dépôt sur les parois des bouteilles

Mise en bouteilles à la propriété. Calme et heureux, l'homme de l'art apporte toute son attention à cette opération délicate. Qu'elle soit bouteille de tous les jours ou bouteille de prestige, il sait que chacune apportera sur nos tables son message de soleil et de joie de vivre. Phot. Mackiewicz.

qu'on désire réemployer. Comme en beaucoup de choses, le procédé le plus simple reste le meilleur. Le vieux procédé des plombs de chasse est fort efficace. On les introduit dans les bouteilles avec un peu d'eau, on secoue vigoureusement de façon à détacher la lie et le tartre qui adhèrent aux parois. Il suffit de rincer ensuite les bouteilles à deux eaux, puis de les laisser sécher normalement, renversées, si possible, sur égouttoir.

bouteille (maladie de). Un vin ne doit jamais être consommé immédiatement après sa mise en bouteilles. Il faut le laisser reposer de un mois à trois mois, selon les vins, durant ce que les spécialistes appellent la « maladie de bouteille ». Toutes les opérations supportées par le vin, aussi délicatement entreprises soient-elles, le rendent « boudeur et morose ». La mise en bouteilles est un choc pour lui; l'embouteilleuse la plus perfectionnée lui fait subir une aération intempestive qui atténue momentanément son bouquet et le prive de ses qualités. Lorsque l'effet oxydant de l'air a disparu, le vin retrouve d'abord son équilibre si précaire, puis, lorsqu'il s'agit de vin destiné au vieillissement, commence l'épanouissement de nouvelles qualités.

bouteilles (mise en). Certaines grandes maisons refusent de livrer leur vin en fûts et de l'abandonner aux mains de particuliers (sauf cas spéciaux : lorsqu'un sommelier peut se charger du travail, par exemple), ce qui laisse à penser que la mise en bouteilles n'est pas une petite affaire et que, mal pratiquée ou faite en temps inopportun, elle risque d'anéantir à jamais les plus beaux vins et les plus beaux espoirs.
Les analyses déterminent d'abord le degré optimal d'épanouissement du vin dans le fût, sa limpidité et son état de parfaite stabilité. On choisit alors le bon moment pour la mise, car cet état de grâce ne dure guère plus d'un mois à un mois et demi! Mars et septembre sont généralement des mois favorables. Encore faut-il que la température ambiante soit constante, que le temps soit sec, que la pression barométrique soit stable. Les vieux vignerons guettent le vent du nord, car ils savent bien qu'il contribue à la réussite. L'opération doit se faire rapidement, avec un matériel d'une méticuleuse propreté. On peut se servir d'une cannelle de bois ou d'un siphon (les grands vignobles possèdent évidemment des embouteilleuses perfectionnées). La cannelle de bois malmène le vin et le remue violemment à chaque fermeture du robinet. Le siphon, avec bec automatique en plastique, est bien préférable, d'autant qu'il permet de mieux remplir les bouteilles. Le bouchage, en effet, doit toujours être fait « à refus », c'est-à-dire en laissant le moins possible d'air entre le vin et la face inférieure du bouchon*. On attend ensuite vingt-quatre heures, en laissant les bouteilles debout, afin que le bouchon adhère bien au goulot.

Groupe d'embouteillage, avec tunnel de séchage infrarouge de l'U. V. A., à Colmar. La modernisation du procédé enlève du pittoresque à l'opération, mais offre en échange une sécurité totale.
Phot. Mackiewicz.

Le vin est ensuite entreposé couché, mais ne peut être livré à la consommation avant un mois au moins, le temps qu'il fasse sa « maladie de bouteille* ».
Pour les intrépides qui ne reculent pas devant l'aventure de la mise en bouteilles par eux-mêmes, voici les « coulisses de l'exploit » : il leur faut attendre sagement que le viticulteur juge le vin en état d'être mis dans sa prison de verre, car ce n'est pas le vin qui doit attendre que l'acheteur soit disponible, mais l'acheteur qui doit attendre le vin! Il leur faut encore éviter que le vin voyage par temps chaud à cause des risques de refermentation* possible et, évidemment, par temps très froid, où le vin risquerait de geler en route. Puis ils doivent laisser reposer les vins blancs de huit à dix jours et les vins rouges de dix à quinze jours. Et bon courage! — car c'est là une bien grosse responsabilité.

Bouzy, village de la Champagne, situé dans la Côte de Bouzy, à laquelle il a donné son nom et qui est le versant sud-est de la Montagne de Reims*, rejoignant la vallée de la Marne*. C'est un excellent cru de Champagne, qui donne, de plus, un vin rouge exquis, non mousseux évidemment. Produit en très faible quantité, le Bouzy est assez délicat et voyage assez mal, ce qui est bien dommage. Dans les bonnes années, c'est un vin magnifique qui nous fait entrevoir pourquoi il y eut la fameuse querelle entre Champagne et Bourgogne au XVIIe siècle, orchestrée par Fagon*, médecin du roi. D'une belle couleur grenat, il est fin et bouqueté, et se distingue par une remarquable saveur de pêche (que, déjà, le marquis de Saint-Evremond avait attribuée aux vins de la Champagne). Puissant, chaleureux, équilibré, il est parfois difficile, après quelques années de bouteille, de le distinguer d'un excellent Bourgogne.

brillant, qualité très agréable à l'œil du dégustateur qui aime faire miroiter à la lumière un vin dont rien ne trouble la limpidité* et qui paraît lui-même lumineux, surtout lorsqu'il s'agit d'un vin blanc ou rosé. — Toutefois, la limpidité et le brillant d'un vin ne sont pas toujours parfaits, et vouloir les obtenir absolument, avant toute chose, expose à une perte de l'arôme* et du bouquet* par les manipulations nécessaires (collage*, filtration*, froid).

Brouilly. C'est un des crus les plus fameux du Beaujolais*. Cette appellation s'applique à des vins provenant des communes d'Odenas, de Saint-Lager, de Cercié, de Quincié et de Charentay, situées autour de la célèbre Montagne de Brouilly.
Le Brouilly est typiquement Beaujolais, fruité et tendre, avec un bouquet très développé. Ces qualités, qui font son charme, s'estompent en vieillissant. Il faut donc le boire dans toute son éclatante jeunesse.

Brouilly (Côte de). Tous les Brouillys sont d'excellents Beaujolais*! Mais le vignoble qui occupe les pentes de la célèbre Montagne de Brouilly donne, sous l'appellation « Côte de Brouilly », un des meilleurs vins du Beaujolais. L'exposition du vignoble et surtout l'extraordinaire sol à vigne font du vin de la Côte de Brouilly un vin vraiment exceptionnel, produit sur les communes d'Odenas, de Saint-Lager, de Cercié et de Quincié.
D'une belle couleur pourpre foncé, alcoolisé et charnu, mais fruité et bouqueté, il peut paraître un peu ferme en primeur. Qu'il soit bu jeune ou qu'on l'attende quelques années, c'est un vin exquis : le temps lui fait perdre un peu de son fruité, mais, en échange, affine son bouquet.

Bué. Petite par sa surface, cette commune du Cher n'en est pas moins fort renommée par son vin, qui a droit à l'appellation contrôlée « Sancerre* ». C'est sur son territoire que se trouvent les crus bien connus de Chêne-Marchand, de Chemarin et de la Poussie. La Poussie, ancienne propriété de l'abbaye de Bué, possède la particularité d'être à la fois sur des marnes et sur des calcaires secs, ce qui donne des vins bouquetés, bien équilibrés et d'une bonne tenue en bouteille.

Buena Vista, vignoble historique de Sonoma*, en Californie*, fondé juste après la ruée vers l'or par l'impétueux comte hongrois Agoston Haraszthy, qui préféra abandonner son titre pour devenir le « Colonel ». Celui qu'on surnomma le « Père de la viticulture moderne de Californie » ne manqua pas d'imprimer sa forte empreinte au vignoble qu'il créa. Dommage que ce grand amoureux du vin mourut, dit-on, par noyade dans une rivière, et, ce qui n'arrange rien, infestée d'alligators. La « winery » de Buena Vista subit des vicissitudes diverses, à l'image de la vie aventureuse de son créateur : destruction des caves au cours du tremblement de terre de San Francisco, entre autres.
Actuellement, Buena Vista produit de nouveau des « Premium Wines » (vins fins). La plupart du temps, les vins portant l'étiquette de Buena Vista sont vendus sous le nom de la variété de cépage dont ils sont issus (« Varietal Wines »), mais il existe un peu de vin portant deux appellations spéciales : « Rose Brook » et « Vine Brook ».

Bugey. Le Bugey a le grand honneur d'être la patrie du célèbre Brillat-Savarin. Son petit vignoble, doté du label V.D.Q.S., s'étend dans le département de l'Ain, entre le Beaujolais* et la Savoie*, et était, ces derniers temps, en voie de disparition. Les vins rouges et rosés sont issus des cépages Gamay, Pinot noir et gris, Poulsard et Mondeuse. Ce sont des vins fort agréables, généralement légers et bien fruités, dont certains évoquent les Beaujolais. Les vins blancs proviennent des cépages Chardonnay, Altesse, Aligoté, Mondeuse blanche. Légers, agréables, rafraîchissants, ils rappellent beaucoup ceux de Savoie. Les meilleurs crus sont Virieu et Montagnieu. Seuls les vins blancs provenant de l'Altesse et du Chardonnay ont droit à l'appellation « Roussette de Bugey ».

Bulgarie. La viticulture représente un secteur important de l'économie bulgare, et un effort considérable est en cours de réalisation pour la moderniser. La Bulgarie est le second pays exportateur de raisin frais d'Europe, après l'Italie, et une quantité assez considérable de vin est exportée, surtout vers l'U.R.S.S., la Tchécoslovaquie et l'Allemagne de l'Est.

Les vignobles se trouvent jusqu'à 500 m d'altitude environ. On cultive soixante-trois variétés de raisin, dont les trois quarts servent à la production des vins de table. Les autres cépages permettent de préparer les nombreux vins de dessert : Asenovgrad (sorte de Malaga préparé dans la ville de même nom), Madara, Slavianka, Tchirpan, Tyrnovo, Melnik.

Il y a six zones viticoles principales en Bulgarie :

– La *Vallée des Roses* (région de Kazanlyk), avec les grands centres de Karlovo et Troïan. Elle produit le Rozentaler Riesling (Riesling de la Vallée des Roses) et le Karlovski Misket, Muscat couleur d'ambre, élaboré à Karlovo;

– Le *Sud-Ouest* (région de Kjustendil), qui cultive la vigne autour de Sandanski et de Melnik. Il donne le Melnik, vin très liquoreux, doux et agréable, contenant jusqu'à 35 p. 100 de sucre;

– La *Thrace,* qui étire ses vignobles les plus importants le long de la Maritsa, entre Dimitrovgrad, à l'est, et Ihtiman, à l'ouest, avec, comme limite nord, la ligne Stara Zagora-Sliven. Aux confins de cette zone principale se trouvent deux régions de superficie restreinte, autour de Plovdiv et de Tchirpan. La région de Plovdiv donne le Bolgar, le Pamid (vin rouge), le Pirinsko (vin rouge provenant de Pirine, près de Plovdiv), le Trakia (vin rouge). Tchirpan, grand centre vinicole, produit un vin de dessert qui porte son nom;

– Les *rives du Danube,* qui possèdent de riches vignobles, dont les gros centres sont Vidin et Silistra. Vidin produit le Gymza, vin rouge renommé;

– Le *littoral de la mer Noire,* qui cultive la vigne autour de Varna et de Pomorié. Ces deux villes produisent un vin blanc appelé « Dimiat »;

– Enfin, la *région de Tirnovo,* au nord de la Bulgarie, qui donne son nom à un vin de dessert renommé.

Dans l'ensemble, les vins blancs de Bulgarie, même les plus soignés, manquent toujours un peu de fraîcheur, étant donné la latitude du pays.

Les vins rouges, par contre, deviennent, depuis les progrès réalisés ces derniers temps, de remarquables vins de table, qui atteignent souvent le niveau de nos bons vins rouges V.D.Q.S. et qui se classent, la plupart du temps, avant ceux de Roumanie* et de Hongrie*. Comme les vins de ces deux derniers pays, ils sont toujours assez astringents.

Buzet (Côtes du), petite région du Sud-Ouest*, qui a droit au label V.D.Q.S. et comprend, à l'est d'Agen, sur la rive gauche de la Garonne, les huit communes du canton de Lavardac. – La coopérative vinicole de Buzet-sur-Baise, très bien équipée, vinifie la production de tous les viticulteurs locaux. La région produit surtout des vins rouges de bonne qualité, bouquetés et agréables. Ils sont issus de Merlot, du Cabernet franc, du Cabernet-Sauvignon et du Malbec. Ce dernier cépage s'efface de plus en plus devant le Merlot, plant jusqu'à ces jours essentiellement bordelais, qui donne des vins plus fins et bouquetés. Il existe aussi une assez faible production de vins blancs provenant des cépages bordelais : Sémillon, Sauvignon et Muscadelle. Le vignoble est en pleine expansion.

C

Cabernet franc. Il a des noms différents, selon les régions : c'est ainsi qu'appelé « Bouchet » ou « Gros-Bouchet » à Saint-Emilion et à Pomerol, on le nomme « Bouchy » à Madiran et « Breton » en Touraine et à Saumur. C'est un cépage vigoureux, à petites grappes et à petits grains noir bleuté, à peau fine. C'est un bon garçon peu difficile sur le choix de son sol : seuls les terrains marneux ne lui conviennent pas.
Son vin, de teinte vive, brillante, ressemble à celui du Cabernet-Sauvignon*, avec toutefois moins de parfum. Par contre, il met moins longtemps à se dépouiller. Il est généralement associé à d'autres cépages (en Gironde et dans le Sud-Ouest), sauf dans la région de la Loire*, qui produit des vins de pur Cabernet franc : Chinon*, Bourgueil*, Saint-Nicolas-de-Bourgueil*, Saumur-Champigny*, voilà son vrai domaine, où on le vinifie en rouge ou en rosé.

Cabernet-Sauvignon, cépage typique du Bordelais et, principalement, du Médoc* et des Graves*, où il représente de 50 à 70 p. 100 de l'encépagement des bons crus. — On l'apppelle encore « Petit-Cabernet » (Médoc et Graves), « Petit-Bouchet » (Saint-Émilion* et Pomerol*). On l'associe au Cabernet franc*, au Merlot, au Petit-Verdot, rarement au Malbec. Le Cabernet-Sauvignon est exigeant dans son ascétisme, car seuls les sols maigres et secs lui conviennent. Ses petites grappes ont des petits grains à la peau dure et épaisse, bleu-noir, à reflets blanchâtres. Il donne un vin foncé, chargé en tanin, donc dur dans sa jeunesse, mais qui prend, avec le temps, du corps, de la souplesse et un très fin et délicat bouquet de violette. On a essayé de le planter un peu partout à l'étranger en vue de copier, mais en vain, nos Médocs. Il faut convenir, toutefois, que les vins californiens provenant de ce cépage ne manquent pas de qualités.

Cabrières, une des appellations des Coteaux du Languedoc*, classés V.D.Q.S. — Le « vin vermeil » de Cabrières était connu à Montpellier dès 1357, et Louis XIV, déjà, l'appréciait. C'est un vin rosé assez corsé, fruité, excellent. Il provient surtout du Carignan et du Cinsault.

café (vins de), vins rouges légers et sans prétention, qui se boivent facilement au comptoir ou comme vins de table et de carafe. — Servis bien frais, ils sont fort agréables. On les obtient par une vinification courte, qui leur donne une aimable souplesse. On traite ainsi beaucoup de vins rouges provenant des Côtes du Rhône ou du Languedoc. On les appelle aussi parfois « vins d'une nuit », parce que, précisément, leur temps de cuvaison ne dure guère plus d'une nuit (de 12 à 14 heures). La commune de Saint-Saturnin, dans l'Hérault, et celle de Sainte-Cécile-les-Vignes, en Vaucluse, sont réputées pour leurs vins de café.

Cahors. Le vin rouge de Cahors, classé V.D.Q.S., est un vin absolument remarquable, un des plus dignes d'intérêt de la région du Sud-Ouest*. Connu déjà à l'époque romaine, il eut à souffrir de la jalouse concurrence de Bordeaux jusqu'à l'édit promulgué en 1776 par Louis XVI, qui mit fin au « Privilège de Bordeaux ». Le phylloxéra, puis les gelées de 1956 ont fait fondre le valeureux vignoble, mais il renaît, de nouveau, de ses cendres. Le Cahors est produit sur les deux rives du Lot par une quarantaine de communes, en amont et surtout en aval de Cahors, dans les cantons de Cahors, de Luzech, de Puy-l'Evêque, de Catus, de Montcuq et de Lalbenque. Le cépage principal est le Malbec, qu'on appelle ici l'« Auxerrois » (60 à 80 p. 100), associé à d'autres plants accessoires : Jurançon rouge, Abouriou, Merlot, etc.

Le Cahors est peut-être le plus coloré de nos vins de France : il se distingue par une magnifique et brillante couleur cramoisi foncé, presque noire, qui rappelle la robe de velours rouge profond qu'ont certains des meilleurs vins de la Valteline, en Italie du Nord. Mais on le boit bien trop jeune! Le Cahors devrait attendre trois à cinq ans avant d'être mis en bouteilles, et il ne donnera ensuite le meilleur de lui-même qu'au bout de cinq à dix ans de bouteille : c'est beaucoup demander, sans doute, en notre siècle éperdu de vitesse! Un vieux Cahors est un vin splendide, harmonieux, bien charpenté, ferme sans être dur, corsé, avec un bouquet ample et inimitable, et une grande distinction. C'est bien là « la liqueur forte et savoureuse » dont parlait Clément Marot, natif de Cahors.

L'U.R.S.S.* produit sous le nom de vins de « Cahors » — appellation pour le moins surprenante — des vins de liqueur*, d'un rouge presque noir, très sucrés et titrant environ 16° Les plants qui donnent le « Cahors » russe (appelé aussi « Karop » ou « Kagor ») descendent sans doute des cépages importés du Quercy il y a bien longtemps, et le procédé de mutage* à l'alcool, employé pour l'obtenir, est sans doute dû à l'idée d'un vigneron de Cahors d'autrefois, qui l'employa le premier pour faire voyager sans risque son vin vers la Russie. Ce « Cahors » russe, très recherché et qui a toujours coûté très cher en Russie, est depuis longtemps le vin de messe de l'église orthodoxe. Même s'il ne correspond pas au nôtre, il est flatteur d'avoir donné le nom de Cahors à un des vins les plus précieux de Russie. N'est-ce pas là rendre hommage à l'excellence d'un vin superbe de notre France et reconnaître l'estime méritée dans laquelle il a toujours été tenu?

Cahors. Le pont Valentré. La ville a perdu de sa prospérité d'autrefois : au XIIIe s., Cahors était une des grandes villes de France. Mais le vieux Cahors, à travers les vicissitudes du vignoble, est demeuré un vin magnifique et savoureux, bien que trop peu connu. Boucher Multi-Photo.

Californie. Le vignoble de cet Etat représente à lui seul 90 p. 100 de la superficie du vignoble des Etats-Unis. Un peu moins de la moitié de son énorme production est convertie en vin; le reste est transformé en raisins secs ou consommé comme raisin de table. Les deux tiers de la production totale — qui s'élève à 6 millions d'hectolitres environ — consistent en vins de liqueur (Muscatel, Angelica, Sherry, Port). Le vignoble californien se répartit sur trois régions distinctes. La première région, produisant surtout des vins de table, entoure San Francisco, le long de la côte nord du Pacifique. Elle est divisée en plusieurs districts viticoles, dont les principaux sont, du nord au sud : Mendocino, Sonoma*, Napa*, Alameda* (surtout dans Livermore Valley), Santa Clara* et San Benito*. La deuxième région, à l'intérieur du pays, comprend la Grande Vallée centrale et la vallée de San Joaquin, et, du nord au sud, les vignobles de Sacramento, San Joaquin, Madero, Fresno, Tulare. Cette région produit surtout des raisins

Vignoble en Californie. Les ceps, au ras du sol, s'étendent à perte de vue. Phot. U. S. I. S.

secs, du raisin de table et des flots de vin de liqueur bon marché. La troisième région s'étend plus au sud, à l'est de Los Angeles, au pied des monts San Bernardino, et donne surtout des vins ordinaires, comparables à nos vins du Midi*.

La vigne sauvage indigène existait à l'ouest des montagnes Rocheuses, quand la première variété de cépages européens fut apportée en Californie par les moines franciscains espagnols, qui la plantèrent, au XVIIIe siècle, au nord de San Francisco (ce cépage, appelé depuis « Mission », ne donne d'ailleurs qu'un bien médiocre vin). Mais celui qui donna à la Californie sa formidable impulsion vineuse fut un émigré hongrois, le célèbre autant que bouillant comte Agoston Haraszthy (nommé plus familièrement « Colonel »), et qu'on appelle, à juste titre, « le père de la viticulture californienne ».

Les vins rouges californiens sont issus principalement des cépages Zinfandel, Carignan, Alicante-Bouschet, Grenache, Mission, Mataro (cépage commun et très productif d'origine espagnole), Petite-Syrah (qui n'a probablement aucun lien de parenté avec le cépage qui donne notre Hermitage). Les vins blancs proviennent, en majorité, du Sultanina, ou Thompson Seedless, cépage à raisins secs (qui donne un vin clair, sans grand parfum, neutre de goût, mais bon marché), et de véritables cépages à vin, qui ne valent pas beaucoup mieux : Sauvignon vert, Burger, Palomino (ce dernier, excellent pour le Sherry, donne un médiocre vin de table).

Durant ces vingt dernières années, de grands progrès ont été faits dans la production des vins de table de Californie. Les plantations en bons cépages européens (Cabernet, Pinot, Riesling, Sémillon) se sont considérablement étendues. Les meilleures « wineries » (exploitations vinicoles) peuvent rivaliser au point de vue technique et de l'équipement avec celles d'Europe. La fantaisie et l'anarchie qui régnaient dans les appellations commencent à se discipliner, si bien qu'on peut distinguer désormais trois sortes de vins californiens : des vins ordinaires, qu'on appelle simplement « rouges », « blancs » ou « rosés » et qui sont médiocres; des vins qui continuent, comme au début de la création du vignoble californien, à porter des noms génériques comme « California Chablis », « California Burgundy » : aucune loi ne règle le pourcentage de Chardonnay (pour le « Chablis ») ou de Pinot noir (pour le « Burgundy ») contenu dans ces vins, mais ils sont de meilleure qualité, même si leur nom emprunté nous choque; enfin, les « Premium Wines » (vins fins), qui représentent l'aristocratie des vins californiens et qui sont d'excellente qualité. Ils sont ce qu'on appelle des « Varietal Wines », car ils portent le nom de la « variété » de cépage dont ils proviennent (par exemple, Pinot noir, Cabernet-Sauvignon) et correspondent, en quelque sorte, à nos appellations contrôlées. Le nom d'une « winerie » sérieuse et renommée, ajouté au nom du cépage, donne encore un supplément de garantie de qualité.

Certains producteurs millésiment leurs vins, bien que cette indication n'a absolument pas l'importance qu'elle revêt en France, les caractères des vins californiens ne variant pour ainsi dire pas d'une année à l'autre. La stabilité du climat donne des vins de qualité égale, sans surprise. Le millésime n'est donc ici qu'une indication d'âge, une simple garantie d'épanouissement du vin par le vieillissement.

La Californie produit, à côté des vins de table, une grande quantité de vins mousseux, dont la plupart sont obtenus par la méthode champenoise. Beaucoup d'entre eux sont médiocres, car il n'existe pas de surveillance légale comme en France. Mais quelques mousseux, issus du Chardonnay et du Pinot blanc, et provenant de « wineries » renommées (comme Almaden, Beaulieu, Korbel, Paul Masson), sont d'excellente qualité. Les mousseux californiens sont vendus sous l'appellation « California Champagne » et « Sparkling Burgundy ».

Quant aux vins de liqueur américains, produits à jets continus, ils sont peu estimables pour nos goûts européens : ils contiennent 20 p. 100 d'alcool. Cinq ou six producteurs loyaux, cependant, préparent du Sherry et du Porto selon la tradition espagnole ou portugaise (Almaden, Louis M. Martini).

Canada. Tout le vignoble canadien se trouve réparti autour de Niagara, entre le lac Erié et le lac Ontario (à part quelques vignobles dispersés et négligeables de la Colombie britannique). En tout, à peine 8 000 ha de vignobles et guère plus de 250 000 hectolitres. Le climat de cet espèce d'isthme, formé entre les deux lacs, est fortement tempéré par ceux-ci, ce qui crée des conditions favorables à la culture de la vigne.

Que sont devenus les quelques pieds de vigne soigneusement plantés pour en faire du vin par un des compagnons de Champlain, le gentilhomme picard Jean de Poutrincourt? Actuellement, les vins ressemblent à ceux qui sont produits aux Etats-Unis*, dans l'Etat de New York* tout proche. Ils proviennent d'ailleurs des mêmes cépages : Concorde, Catawba, Niagara, Delaware. Depuis la fin de la dernière guerre, des essais expérimentaux ont été tentés avec des hybrides* d'origine française.

capiteux, épithète qui exprime bien ce qui arrive quand on boit des vins capiteux, « qui portent à la tête ». — N'abusons pas de ces vins riches en alcool qui grisent rapidement (Côtes-du-Rhône entre autres). Méfions nous d'eux, encore plus, quand leur teneur en sucre masque l'alcool et nous les fait prendre pour d'innocentes friandises (vins doux naturels*).

Capri, vin blanc sec, un des plus appréciés du sud de l'Italie. — Il est produit non seulement dans l'île de Capri elle-même, près de Naples, mais aussi, légalement, dans l'île voisine d'Ischia et même dans la région environnante du continent (ces deux dernières zones fournissant d'ailleurs, bien souvent, un vin supérieur à celui de Capri). La qualité du Capri varie beaucoup selon les producteurs, et il n'est pas certain que les meilleurs soient exportés.

capsule. Elle entoure le goulot afin d'habiller plus joliment les bouteilles. Là se borne son rôle. Au moment de déboucher la bouteille de vin, il faut trancher la capsule très nettement sous l'anneau qui cerne le sommet de la bouteille. Il est en effet très important que le vin ne touche pas la capsule en le versant dans les verres : celle-ci risque de lui communiquer un mauvais goût, le « goût de capsule ».

capucine, récipient de bois qui permet aux vignerons lorrains d'emporter au travail le vin frais dont ils se désaltèrent. — La capucine contient 2 litres; elle est faite d'un assemblage de pièces de bois réunies par des cercles de métal, comme un tonneau, et a la forme d'une bouteille renflée avec un col allongé. Le nom de cette fidèle compagne de travail a inspiré aux vignerons la création de la « Confrérie des compagnons de la Capucine », qui s'est donnée pour mission de défendre le bon vin de Lorraine*.

carafe (vins de), vins jeunes sans prétention, bon marché, servis en carafe et non en bouteille. — Les vins de carafe peuvent être excellents, légers et frais, lorsqu'il s'agit d'honnêtes petits vins de pays*.

Carbonnieux (eau minérale de). L'histoire est sûrement apocryphe, mais elle montre joliment l'estime portée à ce grand vin de Graves*. On raconte que les moines bénédictins vendaient sous ce nom le célèbre vin blanc de leur domaine de Carbonnieux à la cour du sultan de Turquie, tenue de respecter les prescriptions coraniques d'abstinence. Si l'histoire n'est qu'une histoire, elle fait du moins sourire.

Carthagène, vin de liqueur, encore préparé traditionnellement dans la région méridionale. — La Carthagène demeure une préparation particulière que les viticulteurs conservent pour eux-mêmes et leurs amis. Elle se fait dans de très petits fûts et en très petite quantité, les viticulteurs ne disposant, pour la préparer, que de l'alcool du privilège des bouilleurs de cru. On ajoute au jus, très riche en sucre, des raisins de Grenache, un litre d'alcool à 96° pour 5 litres de jus. On laisse le tout passer l'hiver sur la lie, où la clarification s'opère d'elle-même. Après un an de fût, on obtient un vin doré, liquoreux (200 à 250 g de sucre naturel par litre) titrant environ 16° d'alcool. Autrefois, seule l'eau-de-vie de vin était employée; de nos jours, on emploie parfois de l'eau-de-vie de marc de raisin, ce qui donne un produit plus âpre, beaucoup moins fin.
On prépare des vins analogues en Champagne et en Bourgogne (Ratafia, Riquiqui), ainsi qu'en Charentes : c'est le fameux Pineau des Charentes*, beaucoup moins sucré que la Carthagène et obtenu avec du Cognac à la place de l'eau-de-vie.

casse brune. Elle est fréquente dans les vins blancs et est due à l'oxygène de l'air. Pour l'éviter, on ajoute de l'anhydride sulfureux* au jus de la vendange avant la fermentation.

casse ferrique. Elle est causée par ce dangereux ennemi du vin qu'est le fer. Il y a risque de casse dès que la teneur en fer dépasse 10 à 12 mg par litre. Les sels ferriques, par oxydation, s'insolubilisent dans le vin, en entraînant les tanins ou des substances protéiques. Suivant l'aspect du trouble, on distingue la casse bleue et la casse blanche, celles-ci se produisant brusquement après un contact du vin avec l'air (soutirage ou filtration par exemple).
La casse bleue donne au vin rouge une teinte violacée et au vin blanc une teinte plombée, avec formation d'un précipité noirâtre (tanate de fer).
La casse blanche donne au vin un aspect laiteux ou opalescent, dû à la formation de phosphate ferrique, qui a entraîné, en floculant, des matières protéiques.
Pour éviter la casse ferrique, il faut essayer d'éliminer le fer de tous les appareils nécessaires à la vinification. Or, ce fer existe partout : dans les seaux métalliques des vendangeurs, les appareils de foulage, les chaînes de pressoirs, les tuyaux qui servent aux transvasement, et même le ciment des cuves. Les seaux de fer sont désormais remplacés par les seaux en plastique, et on emploie pour toutes les parties ferreuses, qu'il est impossible de supprimer, un vernis protecteur isolant. De plus en plus, on emploie aussi, pour loger le vin, des cuves émaillées ou plastifiées et des cuves en acier inoxydable.
Lorsque le mal est fait, la loi française autorise l'addition d'acide citrique au vin : cet acide dissout les sels ferriques responsables de la casse. Mais le traitement le plus efficace est le ferrocyanure de potassium : c'est le collage bleu*.

Cassis, vignoble de Provence*, doté d'une appellation contrôlée et jouissant vraiment d'une situation exceptionnelle. — Autour du charmant port de Cassis, chanté par Frédéric Mistral, il s'étage en gradins dans un cirque de rochers calcaires imposants, ouvert au sud vers le soleil et la mer.

S'offrant à la caresse du soleil et de l'air marin, dans un site privilégié, le vignoble de Cassis dévale de gradin en gradin jusqu'à la mer. Phot. Mackiewicz.

L'hiver, les vents frais du nord sont arrêtés par les collines, et, l'été, l'air marin adoucit l'ardeur du soleil. La culture de la vigne, certainement fort ancienne, prit surtout de l'extension sous le règne d'Henri IV, et, depuis, le vin de Cassis a toujours eu une grande renommée parfaitement justifiée.
Le vin blanc, provenant des cépages Ugni blanc, Clairette, Doucillon, Marsanne, Sauvignon et Pascal blanc, a toujours été plus réputé que le vin rouge. C'est un vin très sec, mais sans acidité, avec beaucoup de finesse, de caractère et de fraîcheur, qui est le compagnon rêvé de la bouillabaisse. Il a besoin de soins attentifs durant la vendange et la vinification pour lui assurer limpidité et brillant, et lui éviter le jaunissement.
Les vins rouges et rosés proviennent des cépages Grenache, Mourvèdre, Carignan et Cinsault.
Le vin rouge réussi est de qualité, chaud et velouté. Quant au vin rosé, s'il se révèle souple et fruité avec une jolie couleur, il n'atteint certes pas la réputation du célèbre et délicieux vin blanc de Cassis.

Castelli Romani, populaires vins de table, d'une très grande variété, qui accompagnent avec bonheur tous les mets de la cuisine romaine. — Les Castelli Romani peuvent manquer de distinction, mais non d'agrément, surtout les vins blancs secs, couleur d'ambre, servis jeunes et en carafe. Ils sont produits autour des villages du sud-est de Rome : Frascati, Marino, Rocca di Papa, Velletri, Albano, Genzano, Ariccia, Grottaferrata. Le plus renommé est le vin de Frascati*.

catégories de vins. Le consommateur non initié s'égare parfois dans le maquis des appellations légales françaises, fort nombreuses et fort précises. Cela prouve, d'une part, l'admirable diversité de notre patrimoine viticole et, d'autre part, le souci du législateur de défendre l'intérêt du consommateur. D'une façon tout à fait schématique, on peut dire que la législation française a classé les vins en trois catégories : les vins à appellation d'origine*, les vins de consommation courante* (il existe un « Institut des vins de consommation courante ») et les vins importés.

cave. De tout temps, l'importance du rôle joué par la cave dans la conservation et l'évolution des vins avait été remarquée. Columelle, déjà, avait tracé les lignes principales de la cave modèle « orientée au nord, éloignée des bains, du four, de la fosse à fumier, des citernes... ». Quant à Caton, il conseillait de posséder de bonnes caves « afin de pouvoir attendre la hausse ». Mais c'est Chaptal, ce grand chimiste au sens pratique très développé, qui a défini parfaitement la cave idéale dans son *Art de faire le vin,* datant de 1807. La cave doit être exposée au nord, ce qui la met à l'abri des grandes variations de température qui se produisent quand les ouvertures sont au sud. Elle doit être profonde et fraîche. La bonne température, qui doit rester constante hiver comme été, est de 9 à 12 °C (c'est celle des excellentes caves de Champagne*, de Saumur*, de Vouvray*). On peut, si nécessaire, fermer les soupiraux pendant les grands froids et les chaleurs fortes, couvrir le sol de sable de rivière, qu'on arrose l'été. La cave doit être suffisamment ventilée, mais sans excès. L'humidité, sans être trop grande, doit également être constante. L'excès provoque la moisissure des tonneaux, celle des bouchons; le vin, même s'il ne prend pas de mauvais goût, devient mou et sans caractère. La sécheresse détermine la dessiccation des fûts et la transsudation du vin, qui devient dur. La cave sera sombre, car la lumière trop vive dessèche le vin. Les trépidations de la rue sont très nuisibles : les vibrations remuent la lie*, la remettent en suspension dans le vin et peuvent provoquer l'acescence*. Enfin, la cave doit être propre, ne pas contenir de détritus et de produits odorants (légumes, fruits, mazout, etc.), ni aucune matière susceptible de fermenter. On n'y mettra ni vinaigre ni bois vert. Comme on le voit, si ces caves existent encore dans les maisons d'autrefois, bâties avec la prévoyance et la sagesse de nos aïeux, peu de maisons modernes possèdent désormais cette pièce indispensable à l'œnophile. Hélas! où sont les précieuses caves voûtées d'antan? Au moins peut-on essayer, tant bien que mal, d'obtenir une cave propre et sombre, une température à peu près bonne par des systèmes d'isolation et de ventilation, un degré d'humidité normal (arrosage des caves sèches, ou procédés modernes de lutte contre l'humidité excessive).

Caves de Mont-Redon à Châteauneuf-du-Pape. Sous la voûte des caves impeccablement propres et nettes, le vin trouve ici son habitat rêvé.
Phot. Mackiewicz.

D'autre part, on ne peut que conseiller à l'œnophile, possédant une cave fonctionnelle, de tenir un « livre de cave », qui sera pour lui le plus utile des guides. Le livre de cave permet de noter pour chaque vin à qui, quand et à quel prix il fut acheté, quand il fut servi, et avec quel mets. Une colonne spéciale, réservée aux impressions de dégustation, est aussi fort précieuse, amusante, émouvante parfois.

Comment constituer sa cave? A défaut de caveaux, il faut, avant toute chose, l'équiper de casiers spéciaux métalliques ou de caisses de bois solidement arrimées (celles mêmes qui ont servi aux expéditions), ou encore de rayonnages solides. Les bouteilles doivent être couchées de façon que le vin baigne le bouchon; il est à signaler toutefois que les bouteilles de Cognac, d'eaux-de-vie, de Porto, d'apéritifs et de liqueurs doivent rester debout. Un débutant peut fort bien actuellement, avec trois cents ou quatre cents bouteilles, constituer une jolie cave et posséder ainsi quelques bouteilles de la plupart des vins français : en effet, actuellement, la plupart

Pour lutter contre les gelées de printemps, Chablis, le plus septentrional des vignobles de Bourgogne, a organisé un système efficace de réchauffement. Ici, chaufferettes au propane. Phot. Mackiewicz.

des viticulteurs consentent à livrer des cartons de six et douze bouteilles. Tous les achats doivent être étiquetés avec le nom, le millésime, la date et le prix d'achat. Et alors commencera, pour l'œnophile néophyte, une bien belle et passionnante aventure.

Cérons. Limité par Barsac* au sud et par la région des Graves* au nord et à l'ouest, le vignoble de Cérons occupe la rive gauche de la Garonne, dans la région des grands vins blancs. L'appellation « Cérons » s'étend aux communes de Podensac et d'Illats. Les cépages sont ceux de Sauternes, et la vendange se fait comme à Sauternes, par tris successifs, avec les mêmes soins méticuleux. Le Cérons est un vin très fin et élégant. Moins liquoreux que le Sauternes, il est plus léger, plus nerveux et plus fruité que celui-ci.
Une partie de la récolte du vignoble est vinifiée en sec ou demi-sec et donne un excellent vin fruité qui se classe alors parmi les meilleurs Graves, tout en gardant la sève caractéristique des Sauternes-Barsac. Les meilleurs crus sont les Châteaux de Cérons et de Calvimont, Lamouroux, Haut-Mayne, Grand Enclos du Château de Cérons, etc.

Chablis, vignoble le plus septentrional de la Bourgogne, s'étendant autour de la petite ville de Chablis. Ses vins blancs, secs, très fins et fruités, d'une admirable limpidité, jouissaient d'une fort grande renommée dès le IXe siècle. Les moines cisterciens installés dans l'abbaye de Pontigny, trois siècles plus tard, contribuèrent grandement à développer cette flatteuse réputation.
Avant l'invasion du phylloxéra et la destruction du vignoble, la région produisait le tiers de l'ensemble des vins de Bourgogne. Replanté dans les régions de grands crus, de réputation universelle, le vignoble se trouve malheureusement exposé aux gelées de printemps, qui lui causent, certaines années, des dégâts considérables. En 1957, il a été presque totalement détruit par les gelées. Mais avec courage, les vignerons s'obstinent à lutter contre le fléau. Ils ont d'abord installé des brûlots dans les vignes, puis, plus récemment, organisé un réseau de réchauffement du vignoble, grâce à des chaufferettes alimentées au fuel. Des essais de chauffage par infrarouge sont même poursuivis.
Le seul cépage est le Chardonnay*, celui de tous les grands vins blancs de Bourgogne.

Le sol du vignoble, qui s'étage sur les coteaux qui bordent le Serein, convient admirablement à la vigne : sol caillouteux, issu des marnes et des calcaires marneux du jurassique supérieur.
Le Chablis, sec, léger et nerveux, est le vin de fruits de mer par excellence. Déjà Eustache Deschamps, au xve siècle, chantait : « Je donnerais fortune et titre
Pour m'enivrer de ce vin blanc
Avec des huîtres. »

Chablis : les appellations d'origine contrôlées. Quatre appellations : « Chablis Grand Cru », « Chablis Premier Cru », « Chablis » et « Petit Chablis ».
Les appellations « Chablis Grand Cru » et « Chablis Premier Cru » peuvent être suivies du nom du climat d'origine. (V. Index.)
Le rendement maximal autorisé à l'hectare est de 40 hl, sauf pour le Chablis Grand Cru, où il n'est que de 35 hl. Le degré minimal est de 11° pour le Chablis Grand Cru, de 10,5° pour le Chablis Premier Cru, de 10° pour le Chablis et de 9,5° pour le Petit Chablis.

chabrot ou **chabrol.** Dans certaines provinces du midi de la France et aussi dans le centre de notre pays, il était de rigueur autrefois de verser un peu de vin dans l'assiette où le potage avait été servi. La coutume voulait que l'on boive ce vin à même l'assiette, qu'on portait à sa bouche. Le chabrot est maintenant presque une survivance folklorique bien qu'il se pratique encore régulièrement en Béarn.

chai, local situé au ras du sol, où se déroulent les opérations de la vinification. — On emploie aussi le mot *cellier* ou, dans certaines provinces, le mot *cuverie.* Le chai doit être, autant que possible, à l'abri des variations de température, être plafonné ou voûté et surmonté de greniers ou d'autres locaux. Les murs doivent être munis de petites ouvertures vitrées non exposées au midi. Le chai doit être constamment tenu propre et débarrassé des produits susceptibles de moisir ou de fermenter (bois vert, vinaigre).

chai (maître de), personnage considérable dans tous les vignobles de quelque importance. — La réussite d'un vin dépend de son appréciation et est soumise à sa seule autorité. Il est le dépositaire de vingt siècles d'observations, de recherches, de traditions. Si le maître de chai fait bénéficier le vin des découvertes de la science actuelle, il connaît aussi les tours de main et recettes d'autrefois. Il sait que les saisons, le froid, la lune, la sève et tant d'autres choses, que l'homme moderne croit avoir asservies, ont toujours sur le vin une influence aussi capricieuse que mystérieuse. Philosophe et homme de science, traditionaliste et ouvert au progrès, le maître de chai est surtout doué de sens extraordinairement affinés et subtils. Lui seul décide du meilleur moment pour soutirer. Lui seul prend la décision de la mise en bouteilles. Lui seul sait deviner dans un vin nouveau les promesses d'un bel avenir, alors que ses caractères sont encore imperceptibles au commun des mortels. Aucun instrument, si perfectionné soit-il, ne remplacera jamais l'œil exercé, l'odorat

Vieux chai pittoresque à Gensac. Phot. Goguet.

Maître de chai en veste noire et tablier traditionnel. Cet empereur de la cave a dans les mains les attributs de sa souveraineté : la pipette et le tastevin. Phot. Mackiewicz.

et le goût infaillibles du maître de chai, qui règne sur la cave en veste noire et tablier de cuir.

Chaînette (Clos de la), cru très renommé, situé au cœur de la ville d'Auxerre et enclos dans l'hôpital psychiatrique départemental. — C'est un lambeau restant de la sainte vigne que possédait saint Germain au ɪvᵉ siècle, dans la cité épiscopale d'Auxerre, et qui lui venait en héritage de ses parents. Les vins d'Auxerre jouissaient alors d'une très grande renommée, et les manuscrits du Moyen Age en parlent avec lyrisme. Les vins du Clos de la Chaînette étaient servis à la table de nos rois de France. Ils ont conservé de nos jours une exceptionnelle qualité.

chair. Un vin qui a de la chair a beaucoup de consistance et de plénitude. Il donne à la dégustation une sensation réelle, perceptible, « charnelle » de forme et de volume. Le vin charnu réalise toujours un merveilleux équilibre entre l'alcool, l'extrait sec et la glycérine qu'il contient.
Un vin « décharné » produit la sensation contraire.

Chambolle-Musigny, commune de la Côte de Nuits*, qui produit surtout des vins rouges et un peu de vin blanc : le Musigny blanc, excellent, mais malheureusement fort rare.
Musigny et Bonnes-Mares sont les crus les plus estimés. Les appellations « les Amoureuses », « les Charmes », etc., toujours précédées du nom de Chambolle-Musigny, donnent, elles aussi, des vins remarquables.
Plus féminins que le Chambertin, les vins rouges de Chambolle-Musigny ont un bouquet et une suavité incomparables, et beaucoup d'œnologues s'accordent à les trouver les plus fins et les plus délicats de la Côte de Nuits.

chambrer, expression qui date du xᴠɪɪɪᵉ siècle et qui voulait simplement dire que le vin devait être monté de la cave dans une chambre, laquelle était l'office, pièce où l'on conservait et préparait les denrées. — Cette pièce apparaîtrait froide à nos contemporains habitués au chauffage central. Les caves étaient alors de vraies caves, dont la température ne dépassait guère 10 à 12 °C. Chambrer un vin, à l'origine, consistait donc à le sortir de la cave pour lui faire prendre, au cours du séjour dans la « chambre », approximativement 14 °C (rarement plus), qui passe pour la température idéale de dégustation. L'expression *chambrer un vin* a peu à peu dégénéré pour devenir, trop souvent de nos jours, synonyme de *chauffer un vin.*

Champagne (la). Il est impossible de s'intéresser au Champagne avant de bien connaître la région qui l'a fait naître. Sans l'ensemble de conditions réunies dans cette région unique, le Champagne n'aurait jamais atteint la perfection qui est la sienne. Le législateur a d'ailleurs sévèrement délimité l'aire de production du Champagne, et certaines régions qui fournissaient autrefois leurs vendanges aux négociants champenois ont été ainsi impitoyablement écartées. La vigne fut cultivée en Champagne dès le début de l'ère chrétienne, et, au Moyen Age, les vins champenois étaient déjà fort renommés. C'étaient alors des vins tranquilles rouges

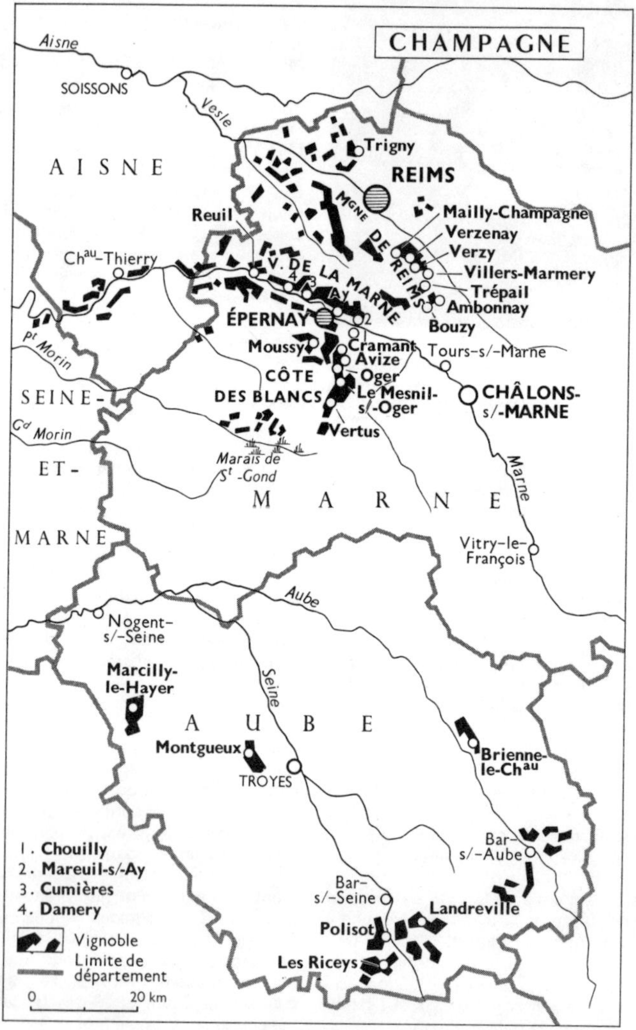
CHAMPAGNE
Aisne
SOISSONS
Vesle
AISNE
Trigny
REIMS
Mgne DE REIMS
Mailly-Champagne
Verzenay
Verzy
Villers-Marmery
Trépail
Ambonnay
Bouzy
Reuil
Chau-Thierry
V. DE LA MARNE
4
3
Ay
2
1
ÉPERNAY
Moussy
Cramant
Avize
Oger
Le Mesnil-s/-Oger
Tours-s/-Marne
CHÂLONS-s/-MARNE
CÔTE DES BLANCS
Vertus
Pt Morin
Gd Morin
SEINE-ET-MARNE
Marais de St-Gond
MARNE
Marne
Vitry-le-François
Aube
Nogent-s/-Seine
Marcilly-le-Hayer
Seine
AUBE
Montgueux
TROYES
Brienne-le-Chau
Bar-s/-Aube
Bar-s/-Seine
Landreville
Polisot
Les Riceys
1. Chouilly
2. Mareuil-s/-Ay
3. Cumières
4. Damery
Vignoble
Limite de département
0
20 km

Étiquette de bouteille d'une marque réputée.

ou blancs, dont la réputation devait être bien grande pour que s'élève, à leur propos, la fameuse querelle entre partisans du Bourgogne et du Champagne.
La Champagne viticole s'étend sur trois départements : Marne principalement, Aube, Aisne et quelques hectares de Seine-et-Marne. Le cœur en est le vignoble marnais, qu'on divise en trois grandes régions : la Montagne de Reims*, la Vallée de la Marne*, la Côte des Blancs*. La Champagne est l'illustration parfaite de la formule d'Olivier de Serres « l'air, le sol et le complant sont les fondements du vignoble ». C'est de ces trois éléments, unis ici en un tout solidaire et unique au monde, que le Champagne tire sa perfection incomparable et inégalable.
La Champagne bénéficie d'un climat spécial, très favorable, malgré sa situation paradoxale à la limite septentrionale de la culture de la vigne. Les rivières, les forêts régularisent l'humidité; les hivers sont relativement doux, et l'été et l'automne souvent lumineux : les rayons du soleil sont renvoyés par la terre de craie, et la vigne jouit ainsi du maximum de chaleur et de lumière. Le sous-sol, crayeux, contrebalance, par ses propriétés basiques, l'effet des acides parvenant aux racines et assure un drainage parfait. Mais surtout, ce sous-sol, véritable don du ciel, a permis de creuser les caves célèbres indispensables à la création du Champagne : 200 km de galeries souterraines où s'élabore le vin prestigieux!
Les nobles cépages qui existaient en Champagne dès le haut Moyen Age sont précoces et vigoureux, et leurs vins sont d'une très grande finesse. Ce sont principalement le Pinot noir et le blanc Chardonnay. Le Pinot noir produit en Bourgogne les grands vins rouges. Ici, il est vinifié en blanc (Blanc de Noirs*). Le Chardonnay est le cépage des grands vins de Bourgogne. Il donne en Champagne des vins appréciés pour leur blancheur, leur finesse, leur fraîcheur et leur facilité à prendre la mousse (Blanc de Blancs*). Le Pinot meunier donne un vin moins fin et moins nerveux. Il est utilisé dans les seconds crus. Les crus n'ont pas en Champagne l'importance qu'ils prennent dans les autres vignobles. La plupart des vins de

Taillée dans la falaise crayeuse, cette cave de Champagne semble toute parée pour accueillir des visiteurs admiratifs. Phot. Waille-Reims.

Champagne sont faits, en effet, traditionnellement, d'un assemblage de vins provenant de différents crus, et c'est dans les proportions, tenues secrètes, de ce mélange que réside d'ailleurs le caractère de chaque grande maison. Ici, la marque l'emporte sur le vignoble, contrairement aux autres régions. Toutefois, il existe des Champagnes (produits généralement par de petits producteurs et non par les grandes marques) qui proviennent de raisins récoltés sur une seule commune : Cramant, Avize, Le Mesnil, Ay, Mailly, etc. D'autre part, la notion de cru existe malgré tout, puisque les bonnes maisons constituent leurs cuvées avec des vins provenant des terroirs privilégiés.

Champagne (le). Vin de fête, vin de joie, le Champagne occupe une place à part dans l'« Armorial » des vins de France et aussi dans nos cœurs. Présent aux petits soupers de la Régence, apprécié par la belle Pompadour, « qu'il laissait encore belle après boire », ce vin d'or pâle s'associe toujours à notre existence, dont il célèbre fidèlement les grands et les petits bonheurs. Rien d'étonnant que la vente du Champagne ait doublé en dix ans : près de 93 millions de bouteilles ont été vendues en 1967.

Il n'y a qu'un seul Champagne, les autres vins mousseux (qui peuvent d'ailleurs atteindre la très grande qualité) sont des vins qui moussent. La méthode champenoise*, de seconde fermentation en bouteilles, est employée pour beaucoup de vins mousseux français, certains d'entre eux, remarquables, ayant droit à une appellation d'origine contrôlée : « Vouvray mousseux », « Saumur mousseux », « Saint-Péray mousseux », etc. Mais l'élaboration du Champagne exige, en dehors de cette méthode, une série de soins spéciaux qui font bien de ce gracieux Ambassadeur de la France un vin original, un vin unique au monde. Les vendanges, le pressurage, la première fermentation, la constitution de la cuvée sont autant d'épreuves délicates qui ont exigé, comme la méthode champenoise, des siècles de tâtonnement et de mise au point.

N'ont droit à l'appellation « Champagne » que les vins produits dans l'aire délimitée de la Champagne, uniquement avec des raisins provenant des vignes de la région.

Les vendanges sont faites à maturité, mais sans attendre la surmaturation, qui nuirait à la finesse du parfum. Les raisins sont manipulés avec un soin extrême afin d'éviter la coloration des moûts, surtout lorsqu'il s'agit de raisins noirs. L'épluchage* est ici de règle. Puis vient le pressurage*. Les grandes maisons achètent le raisin et préfèrent le presser dans leurs propres locaux (appelés « vendangeoirs »). Les raisins ne sont jamais foulés avant d'être pressés : cela se comprend aisément (surtout pour les raisins noirs), puisqu'on vise à obtenir avant tout un jus clair et non taché. Les pressoirs champenois sont particuliers; de surface large et de faible hauteur, ils permettent au jus de traverser rapidement les peaux sans dissoudre la matière colorante. On presse généralement 4 000 kg à la fois, qui donneront d'abord 20,5 hl de « cuvée », puis 4 hl de première « taille » et 2 hl de seconde « taille ». Seule la cuvée est généralement utilisée pour les meilleurs vins, les tailles donnant des vins nature* de qualité.

La première fermentation s'effectue normalement comme pour tous les vins blancs*. Le vin fermente soit en pièces champenoises de 205 litres, soit dans de grandes cuves verrées modernes, comme en possèdent certaines grandes maisons pourvues d'un équipement industriel. On obtient alors un vin tranquille*, que le froid de l'hiver ne tarde pas à clarifier : un soutirage le sépare alors du dépôt.

Mais voici venir, dès le mois de janvier et jusqu'au début de mars, l'époque cruciale de la constitution de la cuvée : c'est alors que la technique commence à céder la place à l'art. Nous avons vu que, sauf exceptions, il n'y a pas de crus en Champagne et que c'est la marque qui permet de différencier les différents types. Chaque marque possède donc une recette personnelle de « cuvée* », qui groupe harmonieusement des vins ayant des qualités complémentaires et qui vise à garder le type de Champagne aimé par sa clientèle. En gros, en année normale, la cuvée se

compose à peu près d'un quart de vins de la région d'Ay (finesse et race), d'un quart de vins de la Vallée de la Marne*, versant nord (corps, vigueur), d'un quart de vins de la Montagne de Reims, versant Reims (fraîcheur, bouquet), d'un quart de vins de la Côte des Blancs* (grâce, élégance, finesse), les proportions variant suivant les années froides ou chaudes. C'est à dom Pérignon* qu'on attribue l'idée géniale de ces mariages heureux entre vins champenois.
Seul le Champagne provenant de raisins blancs peut porter la mention « Blanc de Blancs* ».

Champagne (batteur à), instrument barbare né de l'esprit inventif d'un ennemi du Champagne. — Tenter de supprimer les bulles légères de ce vin spirituel revient à essayer de lui enlever tout son esprit et son élégance. Le Champagne ainsi maltraité prend immédiatement un goût d'évent désagréable. Le breuvage n'est plus du Champagne et n'est pas du vin; ce n'est plus qu'une tisane qui désole le palais et l'estomac.

Champagne millésimé. On ne millésime en Champagne que les bonnes années (celles, par exemple, comme le déclare un dicton champenois, où les vignes ont eu leurs cent jours de soleil). D'autre part, chaque maison n'a le droit de millésimer que 80 p. 100 au maximum de ses rentrées, et le vieillissement minimal obligatoire est alors de trois ans après la vendange. Pour ces trois raisons, le Champagne millésimé est de qualité supérieure à la moyenne des vins produits par chaque marque. En réalité, le millésime n'a pas en Champagne l'importance prépondérante qu'il présente dans les autres vignobles. Les marques de Champagne visent surtout à produire un vin de qualité suivie, quelles que soient les années, et qui ne risque pas de décevoir leur fidèle clientèle. Pour y arriver, elles pratiquent avec art la technique des coupages et des assemblages, c'est-à-dire le mélange des vins provenant non seulement de crus différents, mais aussi d'années différentes.
Tous les vins non millésimés proviennent donc d'un assemblage de plusieurs récoltes dont les qualités et les défauts se complètent, afin de réaliser un équilibre harmonieux et continu dans le temps; ainsi, une année très corsée sera mariée avec une année très légère, etc. C'est pourquoi, dans la même marque, il n'y a pratiquement pas de différence entre des Champagnes provenant d'années différentes, mais non millésimées. C'est pourquoi aussi un amateur averti peut trouver des ressemblances entre deux Champagnes de marques différentes, mais du même millésime, alors que ces mêmes marques donnent, dans les années non millésimées, des vins qui n'ont aucun point commun.
Les Champagnes de 1870 furent les premiers à avoir leur millésime imprimé sur l'étiquette. Puis, vers 1880, l'usage se généralisa. Certains millésimes champenois sont restés inscrits dans la fervente mémoire des amateurs : ainsi, pour ne parler que des plus récents, 1937, 1943, 1945, 1947, 1949, 1952, 1953, 1955, 1959 et, plus près de nous encore, 1961.

Champagne rosé. Aimable fantaisie qui verse dans nos verres, au lieu du classique vin d'or pâle, un vin rose aux reflets de rubis. Le Champagne rosé se fait selon un procédé traditionnel et centenaire : en effet, il était déjà réclamé au siècle dernier par les cours de Russie et d'Allemagne. Sa préparation ne rappelle en rien celle des vins rosés* des autres régions de France. C'est un procédé tout à fait particulier à la Champagne : on ajoute à la cuvée*, au moment de sa constitution, une très légère quantité d'un vin rouge de champagne jusqu'à ce qu'on obtienne la jolie teinte désirée. Cette opération est assez délicate, car il ne faut surtout pas que le vin rouge ajouté modifie le caractère initial de la cuvée. Le vin rouge doit être obligatoirement originaire de la Champagne; on choisit généralement un beau Bouzy* millésimé, coloré et corsé. Cette légère addition de vin rouge à la cuvée se fait obligatoirement avant le tirage* et en présence d'agents des Contributions indirectes.

Une des phases de la méthode champenoise : les bouteilles sont mises sur des « pupitres » inclinables à volonté, afin d'y subir les délicates opérations de remuage. Phot. Mackiewicz.

Un Champagne rosé est donc un Champagne loyal, de qualité, qui a droit à toute notre considération et que certaines grandes marques réussissent à la perfection.

champenoise (méthode), méthode employée pour tous les vins mousseux français à appellation contrôlée (sauf pour certains qui emploient la méthode rurale*). — Le principe semble assez simple : il s'agit de provoquer une fermentation secondaire dans une bouteille hermétiquement bouchée, en ajoutant du sucre au vin de base, obtenu par le procédé habituel de vinification. Le sucre se décompose en donnant du gaz carbonique qui reste dissous dans le vin, puisqu'il ne peut s'échapper. Dans la pratique, l'obtention de ces Mousseux est fort délicate, et il a fallu plusieurs siècles pour mettre la méthode au point : ainsi, au début du siècle dernier, la casse des bouteilles était fort importante (15 à 20 p. 100), et 80 p. 100 des bouteilles ont cassé en 1828.
En réalité, la méthode champenoise, prise dans le sens strict du terme, et telle qu'elle est pratiquée en Champagne, est un ensemble de règles intransigeantes, qui n'est pas respecté dans la préparation des Mousseux. Depuis les vendanges jusqu'au vieillissement, en passant par la constitution de la cuvée*, il règne en Champagne une discipline en chaîne, absolue et traditionnelle, où aucun fléchissement n'est possible. L'expression *méthode champenoise* sur une étiquette de Mousseux veut dire simplement que ce vin est obtenu par fermentation secondaire en bouteilles, suivie de dégorgement*, le séjour en bouteilles du vin étant obligatoirement de neuf mois pour les vins à appellation d'origine et de quatre mois pour les vins sans appellation (au lieu de douze mois au moins pour le Champagne).
Le schéma de la méthode champenoise est le suivant : après un certain temps de repos, le vin tranquille*, obtenu après fermentation classique, est mis en bouteilles en vue de la prise de mousse (on choisit le moment de la montée de la sève printanière). On lui ajoute à ce moment la liqueur de tirage*. La seconde fermentation démarre alors peu à peu après la mise sur lattes, ou entreillage*, des bouteilles. Puis on procède aux délicates opérations de remuage*, afin de rassembler les dépôts et les lies. Les bouteilles attendent alors sur pointe le temps nécessaire. Après quoi, on soumet les bouteilles à l'opération du dégorgement, afin de retirer le dépôt, et on procède enfin au dosage* : celui-ci a pour but d'ajouter la liqueur d'expédition* (dosée suivant les goûts qu'on désire obtenir), laquelle vient à point pour combler le vide laissé par le dégorgement. Les bouteilles reçoivent ensuite le bouchon d'expédition, enfoncé à force à la machine et maintenu solidement par un muselet de fer.

Champigny, petit hameau situé sur la commune de Souzay et produisant, sous l'appellation d'origine contrôlée « Saumur-Champigny », le meilleur vin rouge du Saumurois et de tout l'Anjou*. — L'aire d'appellation comprend les communes de Chacé, de Dampierre, de Parnay, de Saint-Cyr-en-Bourg, de Saumur, de Souzay et de Varrains. Le Saumur-Champigny, déjà célèbre dès le haut Moyen Age, fait penser à ses cousins de Touraine*, le Chinon* et le Bourgueil*, mais en plus corsé. Certains amateurs lui trouvent l'arôme du Médoc et la chair d'un Beaune, avec toutefois une note fruitée bien personnelle. Titrant de 10 à 12°, il possède une belle robe rubis foncé, de la fermeté, de la générosité et un bouquet épanoui de framboise et de fraise des bois. Il donne, en bonnes années, de bien belles bouteilles de garde.

chantepleure, nom employé dans la région de Vouvray pour désigner la cannelle, c'est-à-dire le robinet de bois que l'on enfonce dans les tonneaux afin d'en tirer le vin. — D'où vient ce nom? Le robinet « chante » lorsqu'on l'ouvre, puis le vin « pleure ». Un peu avant la dernière guerre, Vouvray à créé la « Confrérie des chevaliers de la Chantepleure », qui réunit ses membres deux fois l'an, aux solstices d'été et d'hiver, dans les caves de la « Bonne Dame ».

Chanturgues, célèbre vin rouge d'Auvergne*, qui est, de nos jours, presque entré dans la légende. — Il n'est produit qu'en quantité vraiment insignifiante, et son existence, d'ailleurs, ne semble plus guère se manifester que dans le coq au vin de Chanturgues. Pour les Auvergnats disséminés à travers les continents, c'était le meilleur vin du monde. En vérité, c'était un agréable vin de Gamay, rouge cerise, léger, fruité et délicat, qui se conservait assez bien. Les années fastes, il prenait même du corps, de l'étoffe, avec du velouté et un bouquet de violette fort plaisant.

chapeau, nom donné aux éléments solides de la vendange (pellicules, pépins) soulevés par le dégagement de gaz carbonique et qui flottent à la surface du moût en fermentation, la fermentation pouvant se faire à « chapeau flottant » ou à « chapeau submergé ». — La matière colorante* se trouvant dans le chapeau, il est nécessaire, pour obtenir des vins colorés, de mettre le moût en contact avec le chapeau. On peut, pour cela, arroser le chapeau avec du jus provenant de la base de la cuve et prélevé avec une pompe. On peut encore enfoncer le chapeau de temps en temps avec des instruments de bois. Il est possible aussi de le maintenir au milieu du moût par un système spécial.

chaptalisation, opération appelée encore « sucrage ». — Elle soulève depuis quelques années des controverses passionnées. Cette addition de substances sucrées au moût insuffisamment riche n'est pas nouvelle. On utilisa d'abord le miel, et, aux environs de 1790, le sucre, que la France commençait à connaître, était employé au Clos de Vougeot lorsque le vin manquait de « vinosité naturelle ». Mais c'est Chaptal (1756-1832) qui fut le véritable promoteur du sucrage de la vendange et qui a donné son nom à cette opération. Pour mériter le droit à l'appellation, un degré minimal est exigé pour les vins, variable suivant les régions. Or, certaines mauvaises années donnent des moûts insuffisamment sucrés, qui ne fourniraient pas au vin le support alcoolique indispensable à sa qualité. Les opérations de sucrage sont strictement réglementées par la loi. Il est stipulé, dans tous les décrets de contrôle, que les moûts doivent avoir, avant tout enrichissement, une teneur minimale en sucre naturel. Les sucres de canne, de betterave, les moûts concentrés peuvent seuls être utilisés, jamais les glucoses. Il est interdit de dépasser la quantité de 3 kg de sucre par hectolitre de vendange (1,700 kg de sucre dans 1 hectolitre de vendange augmente le titre alcoolique du vin de 1°). La chaptalisation est interdite dans la partie méridionale de la France. L'abus de sucrage est très préjudiciable au vin : la finesse, le bouquet du vin se noient dans l'alcool factice d'un vin déséquilibré. C'est dans son emploi excessif que la chaptalisation est tout à fait condamnable. Toutefois, un vin « remonté » de 0,5 à 1° par le sucrage, lorsque le moût était à l'origine trop pauvre en sucre, est certainement amélioré : le sucre ajouté, sous l'influence des levures, se transforme en alcool, certes, mais donne naissance aussi à des substances aromatiques, à de la glycérine, etc. Le vin paraît plus fin, plus bouqueté, alors que, sans sucrage, il aurait été maigre et décevant.

Chardonnay, un des plus fins de tous les cépages blancs. — Depuis très longtemps, ses royaumes d'élection sont la Champagne* et la Bourgogne*. Il a emprunté son nom à un petit village du Mâconnais. En Champagne, où il existait dès le haut Moyen Age, on l'appelait « fromenteau » ou « formenteau », à cause de sa couleur rappelant le froment. Il donne des raisins petits, brillants et dorés, gorgés d'un délicieux jus blanc sucré d'où naîtront le Champagne et tous les grands vins blancs de Bourgogne : Montrachet, Meursault, Chablis, Pouilly-Fuissé. Son terrain préféré se situe sur des coteaux argilo-calcaires, exposés à l'est et au sud-est. C'est là qu'il développe le mieux ses qualités de finesse. Ces conditions se trouvent réalisées à merveille en Côte-d'Or et en Champagne (surtout dans la Côte des Blancs*).
On appelle souvent ce cépage « Pinot-Chardonnay », bien qu'il n'appartienne pas à la famille des Pinots. C'est sous ce nom de *Pinot-Chardonnay,* d'ailleurs, qu'il donne un des meilleurs vins blancs de Californie*, malheureusement rare.
Il ne faut pas le confondre avec le Pinot blanc, autre cépage blanc provenant d'une mutation du Pinot noir* : le Pinot blanc donne des vins nettement inférieurs au Chardonnay (le meilleur est peut-être le Pinot d'Alba dans le Piémont). Le Chardonnay, lui, donne des vins absolument remarquables, transparents, légers et fins. En dehors de la Champagne et de la Bourgogne, le Chardonnay entre dans l'encépagement de quelques vignobles : Lyonnais*, Jura*, Châtillon-en-Diois*.

charpenté (vin), vin assez alcoolique, puisque l'alcool* assure la tenue d'un vin. — Mais un tel vin est riche aussi en divers éléments qui entrent dans la composition du vin. Un vin charpenté est toujours un vin d'une bonne année, qui a assuré aux raisins la maturité optimale.

Chassagne-Montrachet. Les grands vins blancs produits par cette commune de la Côte de Beaune* ont d'indéniables liens de parenté avec ceux du village voisin de Puligny*. D'ailleurs, le roi de tous ces vins princiers, le Montrachet*, est récolté à peu près également sur ces deux communes, de même que le Bâtard-Montrachet.
Le Criots-Bâtard-Montrachet, élégant et fruité, est produit uniquement sur le territoire de Chassagne. Comme pour ceux de Puligny, ces vins superbes portent leur nom de cru et non pas le nom de la commune.
Les vins blancs de Chassagne et de Puligny, tous grands, ont en commun, avec un arôme délicat d'amande ou de noisette, le corps, la délicatesse, la finesse et aussi la faculté de vieillir admirablement. Toutefois, ceux de Puligny sont plus délicats, plus fins, tandis que ceux de Chassagne sont plus robustes. Chassagne-Montrachet produit aussi d'excellents vins blancs et rouges qui portent l'appellation « Chassagne-Montrachet », suivie du nom du climat.
Certains de ces vins blancs sont remarquables, comme le Chassagne-Montrachet les Ruchottes, Cailleret, Morgeot, etc. Les vins rouges sont corsés et bouquetés, et rappellent certains vins de la Côte de Nuits. Les meilleurs crus sont Chassagne-Montrachet Clos Saint-Jean, Morgeot, la Boudriotte, la Maltroie, etc.

Chasselas. Il existe plusieurs variétés de ce cépage blanc (parfois rosé). La plupart d'entre elles donnent un raisin de table de grande réputation (Moissac par exemple). Ce n'est pas un cépage à vin bien remarquable, sauf lorsqu'il est cultivé sous un climat froid. C'est un des cépages courants d'Alsace*, où il est d'ailleurs en régression devant le Sylvaner*. Il donne un vin populaire, fort agréable, peu acide, léger, qu'il faut boire frais et dans sa jeunesse, car ses jours sont comptés. Mis en bouteilles précocement, dès la fin de l'hiver qui suit la récolte, il garde un léger pétillement fort plaisant grâce au gaz carbonique dissous dans le vin nouveau.
En France, le Chasselas donne aussi les vins de Pouilly-sur-Loire* et le Crépy de Savoie*. En Suisse, le Chasselas est très cultivé et donne le « Fendant » dans le Valais et le « Dorin » dans le canton de Vaud. Il l'est aussi dans le pays de Bade*, au sud de Fribourg, où on l'appelle « Gutedel ».

château, nom utilisé traditionnellement en Gironde pour désigner un cru* d'une certaine importance, possédant les bâtiments d'exploitation vinicole appropriés (et cela même s'il n'existe pas véritablement de construction pouvant s'apparenter à un château, dans le sens strict du terme). — Un jugement de 1938 dit que le mot *château* en Gironde est le synonyme de *domaine,* de *clos* ou de *cru.* Le décret du 30 septembre 1949 précise que « les vins vendus sous un nom de château doivent provenir d'une exploitation existant réellement et être exactement qualifiés par ce mot ». Strictement appliqué, ce décret aboutirait donc à supprimer les abus dans l'emploi du mot *château* afin de le réserver aux crus distingués par une « coutume loyale et constante » ou possédant des actes authentiques. L'I.N.A.O.*, toujours vigilant, s'efforce de faire appliquer cette mesure destinée à protéger le consommateur. Car le mot *château* exerce sur celui-ci un attrait magique, et sa préférence va aux vins présentés sous un nom de château.

château (mise en bouteilles au), indication qui, sur une étiquette, est une garantie d'authenticité pour le consommateur. — Elle s'est développée d'abord en Gironde, durant la seconde moitié du XIXe siècle. Les vins ainsi désignés sont toujours des vins de qualité, provenant uniquement du domaine, dont la mise en bouteilles a été faite sur le lieu même de production par le récoltant.

Château-Chalon. Cet extraordinaire vin du Jura*, doté d'une appellation contrôlée communale, est certainement la quintessence des célèbres vins jaunes*. Le Savagnin, ou Naturé, est le seul cépage utilisé dans le vignoble qui s'étend sur quatre communes : Château-Chalon, Menétru, Nevy-sur-Seille et Domblans. Mais il ne produirait pas de vin jaune dans n'importe quelle partie du Jura ! Ce grand seigneur pose des conditions particulièrement exigeantes. Son terrain d'élection est un sol de marne bleue recouvert d'éboulis calcaires, qu'il trouve à Château-Chalon et dans la partie supérieure des coteaux d'Arbois (à Pupillin en particulier). Il lui faut aussi une exposition privilégiée, à l'abri des vents froids, en plein soleil : à Château-Chalon, il peut se blottir dans des creux profonds qui sont de véritables serres naturelles. L'aire de production du Château-Chalon est donc fort restreinte, et il faut admirer la qualité incomparable de ce vin, qui persiste à travers les siècles malgré les exigences du vignoble et de la vinification.

Le Château-Chalon est véritablement le prince des vins jaunes, car, si son élaboration suit les procédés habituels de tous les vins jaunes, on peut dire qu'il se pare ici de toutes les grâces et d'une absolue perfection.

Le Château-Chalon, logé dans sa bouteille spéciale, le clavelin*, est un vin précieux et mystérieux, couleur d'ambre doré. Son parfum étonnant est pénétrant et tenace. Son goût de noix caractéristique persiste longtemps dans la bouche. Il est aussi doté d'une extraordinaire longévité. Certaines caves conservent des Châteaux-Chalons de plus de cent ans, dont les années n'ont en rien diminué les prestigieuses qualités.

Château-Grillet. La production de ce vignoble exceptionnel des Côtes du Rhône* est sans doute la plus faible des appellations contrôlées de France : 2 ha environ produisent une dizaine de barriques d'un vin de légende. Hélas ! peu de privilégiés peuvent se vanter d'en avoir savouré les délices ! Comme à Condrieu*, le seul cépage est le Viognier, qu'on récolte très mûr. Le terrain abrupt et caillouteux exige en offrande que l'homme seul, sans aucun secours, se courbe sur lui comme jadis pour travailler.

Un seul propriétaire conserve avec amour ce domaine qui n'est absolument pas rentable. Remerciez-le s'il vous est donné un jour peut-être, par la grâce de Bacchus, de communier avec le suave et original Château-Grillet, doré et flamboyant, généreux et parfumé, et d'une exquise délicatesse.

Ce vin unique se laisse difficilement définir et donne souvent la sensation curieuse d'être à la fois moelleux et sec. C'est un grand seigneur capricieux, qui supporte parfois quelques années avec élégance, mais qui, souvent, a tendance à sécher et à madériser.

Châteaumeillant. C'est au pays du Berry que sont produits ces bons V.D.Q.S. rouges et rosés. Le vignoble, déjà étendu au XIIe siècle, connut une grande prospérité après l'introduction du Gamay vers 1830. Malheureusement, le phylloxéra détruisit toutes les vignes, et la production actuelle est encore bien faible. Situé à une soixantaine de kilomètres au sud de Bourges, le vignoble occupe les communes de Châteaumeillant, de Reigny, de Saint-Maur et de Vesdun dans le Cher, et celles de Champillet, de Feusines, de Néret et d'Urciers dans l'Indre. Le sol de grès caillouteux est très favorable au Gamay. On ajoute toutefois une certaine proportion de Pinot noir et de Pinot gris, afin de diminuer l'acidité du Gamay dans les mauvaises années et d'améliorer le degré d'alcool.
Le vin rouge est de qualité, surtout dans les bonnes années. Le vin rosé (appelé « vin gris ») est excellent et connaît beaucoup de succès. Sec, fruité, léger, il est en passe de reconquérir sa vogue ancienne.

Châteauneuf-du-Pape, nom prestigieux, bien digne de ce vin superbe, orgueil des crus de la rive gauche des Côtes du Rhône* méridionales. — Le Château majestueux, maintenant en ruine, jadis érigé par les papes au XIVe siècle, a donné son nom au vignoble. Le sol, ancien lit du Rhône préhistorique, est fait de cailloux brûlés par le soleil, dans lesquels faire pousser la vigne apparaît comme un défi à l'élémentaire raison. Ne dit-on pas que ce sol ingrat use un fer de charrue en deux heures? Alors que la Syrah suffit à l'Hermitage*, treize cépages unissent ici leurs qualités pour faire du Châteauneuf un merveilleux nectar, bien digne d'un souverain pontife : Grenache, Clairette, Cinsault, Mourvèdre, Bourboulenc, etc., tous cépages de soleil.
Le Châteauneuf, habillé de pourpre, est un vin puissant, ardent et chaud, dont le bouquet, rappelant à la fois le brûlé, la framboise et l'iode, ne peut se comparer à aucun autre. D'ailleurs, n'est-il pas incomparable? Les amateurs parlent même du « fumet » du Châteauneuf. Un peu rude au début, ce vin somptueux développe avec le temps ses qualités uniques et toutes les subtilités de son bouquet.
Les meilleurs vignobles sont Château Fortia, Domaine de Mont-Redon, Cabrières-les-Silex, Château des Fines-Roches, Château Rayas, la Solitude, etc.
Il existe aussi un Châteauneuf-du-Pape blanc, très rare (1 p. 100 de la production).

Châtillon-en-Diois, petit vignoble de la rive gauche de la vallée du Rhône, dans le département de la Drôme, produisant des vins rouges, rosés et blancs qui ont droit au label V.D.Q.S. Les rouges et les rosés sont issus de nobles compagnons qui sont la Syrah (cépage de l'Hermitage*), le Gamay (cépage du Beaujolais) et le Pinot noir (cépage de Bourgogne).
Ici, pas de vin mousseux comme à Die, toute proche, si fière, à juste titre, de sa Clairette*. Mais les vins de Châtillon-en-

Châteauneuf-du-Pape : vignobles à Mont-Redon. Les ceps valeureux se dressent, telle une incarnation de la volonté humaine, dans un sol ingrat de cailloux blancs, où nulle vie végétale ne semble possible. Phot. Mackiewicz.

Diois, malheureusement produits en très petite quantité (1 000 hl environ), sont délicieux, fruités, fins et élégants.

chaud. Un vin est dit « chaud » lorsqu'il est riche en alcool*. Il réchauffe la bouche et l'organisme dès qu'on le boit (Châteauneuf-du-Pape par exemple).
On dit encore, dans le même ordre d'idées, que le vin est « ardent », qu'il a « du feu ». Plus chaud encore, le vin est dit « capiteux* ».

Chavignol. Célèbre par ses « crottins », délicieux fromages de chèvre, Chavignol ne l'est pas moins pour son vin, qui a droit à l'appellation contrôlee « Sancerre* ». Déjà très grande, dès le haut Moyen Age, pour l'abondance et l'excellence de ses vins, la réputation de Chavignol ne s'est jamais démentie depuis. Chavignol possède quelques crus réputés : la Comtesse, Cul de Beaujeu et la Garde.

Chénas. La vigne — qui s'en plaindrait ! — a remplacé autour de cette commune du Beaujolais* les chênes antiques qui lui donnèrent son nom. Les vignobles situés à l'est et au sud de Chenas ont droit à l'appellation « Moulin-à-Vent* ». Le Chénas est un excellent Beaujolais, bouqueté, fruité et généreux, mais plus léger que le Moulin-à-Vent.

Cheval-Blanc (Château-), grand cru de Saint-Émilion*, qui, bien que très généreux et corsé, a le privilège de demeurer fin et moelleux, avec un délicieux bouquet. — Il est sans doute le plus bouqueté des vins de Saint-Emilion. Bien que ses qualités s'épanouissent assez vite après la mise en bouteilles, le Château-Cheval-Blanc les conserve fort longtemps intactes.

Chianti, célèbre vin italien, que sa fameuse bouteille gainée de paille (le fiasco) n'a pas peu contribué à populariser à travers le monde. — Pourtant, ce sont précisément les vins de moindre qualité qui sont présentés en fiasques, tant il est vrai que, pour certains, l'habit peut faire le moine. Les très bons Chiantis, vieillis en bouteilles, sont vendus en classique « bordelaise », portant un millésime authentique, et n'ont nul besoin d'artifice de présentation pour se faire apprécier.

« Bacchus adolescent », par le Caravage (1573-1610). (Musée des Offices, Florence.) Ce beau portrait du jeune dieu du Vin est bien à sa place à Florence, qui se glorifie de produire, sur les collines arides des environs, le Chianti classico, un des meilleurs vins d'Italie. Phot. Giraudon.

En Toscane, le Chianti est le vin de table ordinaire (presque toujours rouge), que l'on boit jeune, généralement en carafe, dans tous les restaurants de Florence, où il s'accorde d'ailleurs admirablement avec la cuisine italienne. Il résulte d'une méthode spéciale de vinification, appelée « governo », qui lui donne son caractère très particulier. Une partie de la récolte (environ 10 p. 100) n'est pas pressée, mais mise à sécher sur des claies de paille. A la fin de novembre, cette partie réservée, dont le jus s'est concentré, est écrasée et mise à fermenter, puis on l'ajoute au reste du Chianti qui a déjà subi la fermentation normale. L'ensemble est laissé en cuve fermée jusqu'au printemps. Le vin obtenu, imperceptiblement mousseux et picotant légèrement la langue, a une agréable et désaltérante fraîcheur.
Le « Chianti classico », récolté sur les collines arides et sèches, entre Florence et Sienne, est un vin tout différent. C'est un

des meilleurs vins d'Italie : il est ferme, bien équilibré, corsé, finement bouqueté et s'améliore considérablement avec l'âge. Il est issu des cépages San Gioveto et Cannaiolo, auxquels est ajouté un peu de Trebbiano blanc et de Malvasia blanc, cultivés autrefois en hauteur, associés à l'olivier. Son aire d'appellation s'étend sur quatre communes : Greve, Radda, Castellina et Gaiole, et sur une partie de six autres. Le « Chianti classico » n'est jamais mis en bouteilles en dehors de la zone de production. Il porte le cachet de l'association des producteurs et souvent le nom du vignoble : Barone Ricasoli (Brolio, Meleto), Conte Serristori (Machiavelli), etc. Rappelons qu'il est présenté en sobres bordelaises et non pas en bouteilles fantaisistes.
Cependant, beaucoup de Chiantis sont produits hors de la zone classique, dans six autres régions, légalement délimitées : Rufina et Montalbano (les meilleures), Colli Fiorentini et Colli Pisani (production de qualité, mais restreinte). Les deux autres, Colli Senesi et Colli Arentini, donnent des vins médiocres, souvent mélangés à d'autres vins provenant du reste de l'Italie et qui fournissent le contingent des Chiantis bon marché. Il existe un Chianti blanc, provenant du Trebbiano (appelé « Ugni blanc » en France) et qui donne un vin sec, doré, agréable, mais plutôt corsé et sans grande distinction.

Chiaretto ou **Rosato del Garda,** vin rosé produit au sud du lac de Garde, entre Milan et Vérone. — C'est certainement un des meilleurs rosés d'Italie. Les meilleurs Chiarettos sont récoltés autour des villages de Padenghe, de Manerba et de Moniga (dans la région de Brescia), et proviennent des cépages rouges locaux : Gropello, Marzemino et Schiava. Les Chiarettos provenant de la rive est du lac de Garde (dans la région de Vérone), quoique bons également, sont de caractère très différent. Ils sont issus des cépages Corvina, Negrara et Molinara, qui donnent le rouge et léger Bardolino*. Ces derniers, rosés, sont plutôt vendus sous le nom de « Chiarellos », bien que les deux appellations « Chiaretto » et « Chiarello » puissent être indifféremment employées. Le Chiaretto est un délicieux vin rose pâle, frais et léger, titrant généralement de 10 à 11°. Il est maintenant exporté à l'étranger : s'il est jeune et servi bien frais, il peut être très agréable, mais jamais autant que dans son pays d'origine.

Chili. Moins productif que le vignoble d'Argentine*, le vignoble chilien donne, par contre, les meilleurs vins d'Amérique du Sud*. Le Chili est aussi la plus vieille région viticole d'Amérique latine, puisqu'on y faisait du vin avant 1600. Le vignoble actuel, toutefois, est un vignoble neuf, dont l'histoire ne remonte qu'à 1850, quand les fins cépages français, importés d'Europe, furent implantés, pour la première fois, par des spécialistes français.
C'est ainsi que les vins chiliens proviennent en majorité (du moins les meilleurs) de cépages d'origine européenne : Cabernet, Sémillon, Riesling, Pinot, Sauvignon, Merlot, Malbec, Folle-Blanche (appelée ici « Loca Blanca »). De même, la viticulture chilienne et les méthodes de vinification employées se sont largement inspirées des méthodes et des traditions françaises, adaptées, toutefois, à un autre climat, rappelant le type méditerranéen, et à un sol volcanique tout à fait différent. C'est seulement entre le 30e et le 40e parallèle de latitude Sud qu'on rencontre les vignobles, dans la partie centrale du Chili, tempérée par les eaux polaires du courant du Humboldt, qui traverse le Pacifique. Les meilleurs vignobles se trouvent au centre de cette région, non loin de Santiago. Le Chili produit environ 70 p. 100 de vins rouges et 30 p. 100 de vins blancs. Les bons vins du Chili, ceux qui méritent véritablement d'être exportés, sont issus de cépages nobles et portent souvent le nom du cépage sur l'étiquette. D'autres sont vendus comme « Sauternes », « Chablis », « Borgoña » (Bourgogne), « Rhin »; si ces appellations semblent choquantes à nos esprits français, elles désignent néanmoins des vins de qualité, sans lourdeur ni excès d'alcool, et qui ne sont pas sans lien de parenté avec les nôtres. Les meilleurs vins, désignés habituellement

par le label « Reservado » ou « Gran Vino », sont assujettis au contrôle gouvernemental.
Enfin, le Chili élabore aussi des vins mousseux, dont certains sont remarquables, mais d'autres un peu trop doux.

Chinon. Assez dispersé, le vignoble de Chinon occupe à la fois la rive gauche de la Loire* et les deux rives de la Vienne. Les sols sont comparables à ceux de Bourgueil : terrasses graveleuses des bords de la Vienne et de la Loire, coteaux argilo-calcaires sur sous-sol de tuffeau. Comme à Bourgueil, le vin de graviers présente pour l'amateur averti des différences sensibles avec celui de la côte. Ce vin rouge « pour intellectuels », ainsi qu'on l'a qualifié, est produit par Chinon et plusieurs communes qui ont droit à l'appellation d'origine contrôlée « Chinon » : Beaumont-en-Véron, Cravant, Avoine, Savigny, etc. N'oublions surtout pas Ligré, qui vit naître au Logis de la Devinière notre François Rabelais, grand amateur de « ce bon vin breton, lequel point ne croist en Bretaigne ». Car le Chinon, comme le Bourgueil, est issu du Cabernet franc*, qu'on appela ici « Cabernet breton ».
Le Chinon est un vin de rubis, frais, friand, souple, avec un bouquet caractéristique de violette. Plus léger, plus tendre que le Bourgueil, il se boit plus vite que celui-ci, mais se conserve moins longtemps.
Toutefois, certaines années, il peut affronter jusqu'à quarante années de bouteille : les vins originaires de Ligré, plus corsés, épanouissent, en vieillissant, un très beau bouquet.
La région de Chinon produit aussi un excellent rosé de Cabernet, sec, léger, agréablement bouqueté, qui est certainement un des premiers de Touraine*.

Chiroubles. Au cœur du Beaujolais*, ce charmant village à flanc de coteau produit un excellent vin fruité, tendre, plein de charme, ayant les caractères typiques de sa race. Il faut le boire jeune et frais.

Chusclan. Cette commune ne bénéficie pas d'une appellation contrôlée propre, mais elle a le droit d'ajouter son nom à celui de Côtes du Rhône*, imprimé en caractères identiques sur l'étiquette. Le vignoble occupe cinq localités du département du Gard, sur la rive droite du Rhône, au nord de Tavel et à l'ouest d'Orange.
Le vin produit est un remarquable rosé, à l'arôme de prune et d'acacia, puissant et très fruité, qui rappelle le Tavel* et le Lirac*, mais en plus viril. Malheureusement, le centre atomique de Marcoule grignote chaque jour sur le vignoble, et nous devrons bientôt sans doute dire adieu à ce délicieux rosé parfumé...
La cave coopérative de Chusclan vinifie aussi un excellent vin rouge qui n'a droit qu'à la seule appellation « Côtes du Rhône ».

Chypre. Le vin provenant de cette grande île, située non loin des rivages de Turquie* et de Syrie, était célèbre au temps des croisades. Le vin doré — le commandaria — que donnait le vignoble planté par les chevaliers de l'ordre des Templiers, autour de Limassol, était renommé à travers tout l'Occident.
Les vins produits actuellement par l'île de Chypre sont pour la plupart des vins liquoreux, fortifiés à l'alcool, rappelant un peu le Madère. Les deux tiers de la production sont exportés, surtout en Angleterre. Le meilleur porte le nom de son ancêtre : *commandaria* (« vin de la Commanderie »).

clairet. Un clairet n'est pas un vin rosé à proprement parler. C'est un vin rouge, mais très léger. La couleur n'est pas rose : elle est véritablement rouge franc, mais de très faible intensité.

Clairette, cépage méridional, blanc ou rosé, largement cultivé dans le sud de la France, dans l'Hérault, le Gard, le Var, le Vaucluse, la Drôme, les Basses-Alpes. — La Clairette est aussi cultivée, avec une certaine extension, en Californie. On ignore l'origine du nom de ce cépage. Dans la Drôme, la Clairette donne la célèbre Clairette de Die*, vin mousseux depuis longtemps réputé. Die prépare souvent les vins de Clairette pure par la méthode champenoise*. Mais les vins de

Clairette associée au Muscat*, dont le volume est beaucoup plus important, sont élaborés selon l'antique méthode rurale*, perfectionnée par la technique moderne de filtration sous pression. Autrefois, Trans, près de Draguignan, préparait une Clairette mousseuse de même type.
Sous le climat méditerranéen, la Clairette donne des vins assez chargés en alcool (de 12 à 14°) et qui le sont d'autant plus que les raisins sont récoltés à surmaturité. On la rencontre associée à d'autres cépages dans les vins blancs de Palette*, de Cassis* et de Bandol*, ainsi que dans le rosé de Tavel* et dans le vin rouge de Châteauneuf-du-Pape*.
Les vins de Clairette se madérisent très rapidement, ce qui est considéré actuellement comme un défaut, alors qu'autrefois, au temps de la vogue des Vermouths, ils étaient très recherchés pour la préparation de ceux-ci. La Clairette du Languedoc*, comme celle de Bellegarde, présente très nettement les caractères des vins de Clairette pure.

Clairette de Die. Les empereurs romains, affirme Pline, faisaient déjà grand cas de la Clairette de Dea Augusta (nom romain de Die). Sur les coteaux pierreux de Saillans à Châtillon-en-Diois, autour de la petite ville de Die, dans la vallée de la Drôme, s'étend le vignoble aux grappes dorées qu'on rattache à la région viticole des Côtes du Rhône* méridionales. La délicieuse et émoustillante Clairette de Die, d'appellation contrôlée, est issue du cépage Clairette, qui apporte légèreté et fraîcheur, et du Muscat, qui lui donne son bouquet et son caractère particulier. C'est un vin pétillant et doré, moelleux ou doux, très fruité, avec un parfum extrêmement délicat de Muscat et de rose.
La Clairette de Die est préparée de deux façons : soit par la méthode champenoise* de seconde fermentation en bouteilles, soit selon l'antique méthode rurale*, où la mousse se forme alors spontanément en bouteilles, à partir du sucre naturel resté dans le vin après la fermentation, sans adjonction de liqueur de tirage*. Cette seconde méthode donne un vin mousseux nettement supérieur. Le fin bouquet du Muscat est alors entièrement préservé, et le Mousseux est plus moelleux, plus fruité que par la méthode champenoise. Mais la méthode rurale est beaucoup plus délicate et, de plus, le vin obtenu est parfois trouble. Actuellement, les vignerons s'attachent à perfectionner de plus en plus cette méthode en éliminant le léger trouble du vin par des procédés de filtration sous pression des bouteilles.

Clairette du Languedoc. Ce vin blanc de l'Hérault doit provenir uniquement du cépage Clairette pour avoir droit à l'appellation contrôlée. La Clairette, cépage blanc classique du vignoble méridional, produit dans les terres fortes un vin très corsé et très alcoolisé. La Clairette du Languedoc est un vin d'une jolie couleur presque dorée, sec et corsé, avec un léger arrière-goût d'amertume, spécifique de ce cépage. On l'emploie comme base des Vermouths de qualité. Ce vin madérise très vite et prend alors un goût de « Rancio* » très original. Le mot *Rancio* peut d'ailleurs être spécifié sur l'étiquette, à condition que le vin ait subi un vieillissement naturel de trois ans au moins et titre 14° d'alcool. L'aire de production de la Clairette du Languedoc comprend les communes suivantes : Aspiran, Paulhan, Adissan, Fontès, Cabrières, Péret et Ceyras.
Le Gard produit aussi une Clairette de même type près de Nîmes : la Clairette de Bellegarde.

Clape (la), appellation qui fait partie des Coteaux du Languedoc* classés V.D.Q.S. – Ce vignoble pousse au creux d'un massif calcaire, contrefort des Corbières, qui se trouve entre Narbonne et la mer. Les vins, rouges et rosés, sont colorés, bien charpentés, et les vins rouges vieillissent avec bonheur. Il existe aussi une production de vins blancs de bonne qualité. Les vins de la Clape ont une réputation très ancienne.

classification de 1855. Dès le début du XVIIIe siècle, un classement des « paroisses » du Médoc avait déjà été opéré, classement qui devint de plus en plus précis avec les années. Plusieurs classements

(dont celui de Jullien en 1816) distinguèrent quatre ou cinq catégories de crus et des vins bourgeois* et paysans. Mais il fallut l'Exposition universelle de Paris en 1855 pour que le classement des vins bordelais devienne officiel. Les courtiers* de Bordeaux (qui avaient alors le caractère d'officiers ministériels) furent chargés de donner « une représentation complète et satisfaisante des vins du département ». L'ordre établi, « fondé sur le temps et sur l'expérience », était le fruit d'observations longues et sérieuses, fondées sur les usages établis, l'opinion généralement admise et la moyenne des prix pratiqués depuis fort longtemps. L'appréciation personnelle des courtiers n'est nullement intervenue dans ce classement. Fondée sur les prix, la « classification de 1855 » a le mérite de réunir des vins totalement différents, mais de qualité égale. Elle a conservé, après plus d'un siècle, une valeur certaine et surprenante. En effet, les méthodes de culture, la vinification et l'élevage des vins sont semblables dans tous les grands vignobles. Seul le sol change et donne à chaque vin sa personnalité et sa valeur; un classement aussi sérieux garde donc toujours son actualité à quelques exceptions près (quelques crus ont monté ou baissé depuis; d'autres, non classés en 1855, se vendent maintenant au prix des crus classés).
On peut seulement reprocher à cette classification de concerner uniquement les vins du Médoc et de Sauternes, plus un seul vin des Graves (le Haut-Brion) et d'avoir ignoré totalement le Saint-Emilion, le Pomerol, les autres appellations bordelaises et la presque totalité des Graves. La classification a reconnu quatre premiers crus rouges; ce sont les quatre « grands » : Château Lafite-Rothschild, Château Margaux, Château Latour et Château Haut-Brion; en blanc, elle a reconnu un seul grand premier cru, le prestigieux Château d'Yquem. Tous les crus du Médoc classés en 1855, rangés en cinq catégories, peuvent être considérés comme de grands seigneurs, mais les crus bourgeois supérieurs et les crus bourgeois non classés donnent souvent aussi de bien belles joies à l'œnophile.

clavelin, nom de la bouteille spéciale, de forme trapue, où est logé le vin jaune du Jura*. Sa contenance est de 60 cl.

climat, expression bourguignonne qui désigne un terroir particulier. — Dans chaque village, le vignoble est divisé en climats. Ainsi, la Côte d'Or, qui ne compte guère que 40 km de long sur 4 km de large, s'enorgueillit d'une soixantaine d'appellations contrôlées, et chacune d'elles comporte de 20 à 50 climats, présentant une personnalité telle que le législateur les a consacrés, ne faisant en cela que se conformer à l'usage et au classement tacite d'autrefois. Certains de ces climats jouissent en effet, depuis des temps fort anciens, d'une haute renommée : Chambertin, Montrachet, Clos de Vougeot, etc.
En somme, le climat bourguignon est l'équivalent du « château* » bordelais.

collage, traditionnelle et ancienne méthode connue depuis les Romains, employée pour clarifier le vin et lui donner

Collage à Gevrey-Chambertin. Ici, comme pour tous les vins fins, on utilise uniquement le blanc d'œuf frais. Le récipient contient le blanc d'œuf qui va entraîner toutes les impuretés en suspension dans le vin. Phot. Mackiewicz.

une limpidité* souhaitable. – On introduit dans le vin, avant la mise en bouteilles, des substances d'origines diverses, toutes de nature protéique, qui floculent par combinaison avec le tanin*, en entraînant les particules indésirables en suspension dans le vin. Les principales « colles » employées sont le sang de bœuf défibriné, la caséine, la gélatine, la colle de poisson (surtout employée pour les vins blancs) et le blanc d'œuf frais (utilisé pour les vins fins). Le tanin joue un rôle essentiel dans la prise de la colle. Lorsque le tanin est insuffisant, une partie de la colle reste en suspension dans le vin en formant un genre de voile blanchâtre : c'est le surcollage, accident désastreux, qui peut être réparé par un nouveau traitement au tanin ou par la bentonite*.
Le collage bleu est utilisé dans certains pays pour éliminer le fer, responsable de la casse ferrique*. Il consiste à ajouter au vin du ferrocyanure de potassium, qui forme avec le fer un précipité lourd, insoluble. Ce précipité, connu sous le nom de « bleu de Prusse », se dépose alors comme une colle.

colorante (matière). La matière colorante des raisins rouges est due à des pigments, de la famille des tanins, localisés dans la pellicule. La pulpe est incolore, sauf pour quelques variétés de raisins appelés « teinturiers » (Gamay teinturier par exemple). La chromatographie montre que la matière colorante est spécifique à chaque cépage. Lorsqu'elles sont vivantes, les cellules de la peau retiennent énergiquement la matière colorante, et le pressurage des raisins rouges donne un jus très peu coloré (vin gris*) ou même incolore (Champagne*). Les pigments sont insolubles dans l'eau froide, mais sont solubles dans l'alcool : c'est pourquoi plus le vin est cuvé, plus la couleur est prononcée, puisque la matière colorante se dissout alors dans l'alcool formé peu à peu par la fermentation du sucre. Mais les pigments ne se bornent pas à donner de la couleur; ils contribuent aussi à l'élaboration du « fruit » des vins jeunes et du « bouquet » des vins vieux. Plus tard, la matière colorante devient insoluble sous l'influence de l'oxygène, ce qui explique les dépôts brunâtres au fond des vénérables bouteilles. Si la matière colorante n'apparaît pas toujours nettement dans les vins blancs, elle y est néanmoins présente : elle est bien visible dans les vins madérisés*, qui prennent une teinte jaune.

comète (vins de la). Les comètes avaient la réputation, dès l'Antiquité déjà, d'annoncer beaucoup d'événements. Elles passaient aussi pour donner, l'année de leur passage, des vins d'une qualité exceptionnelle. Aussi les « vins de la comète » étaient-ils très recherchés et occupaient une place enviée dans la hiérarchie des crus rares. Peut-être y a-t-il une certaine exagération dans cette assertion? En tout cas, les « vins de la comète » de l'année 1811 ont laissé un souvenir aussi célèbre que la très belle comète qui est apparue cette année-là. Un été et un automne exceptionnellement splendides et chauds sont peut-être pour quelque chose dans l'excellence des vins de 1811.

complet (vin), vin tel qu'on le souhaite et qui répond aux espérances. – Bien constitué, il réunit toutes les qualités : bouquet, élégance, finesse, race, harmonie. C'est le vin des grandes années.

composition du vin. Elle est très complexe. On connaît au moins soixante éléments, et d'autres sont encore inconnus. Les principaux sont l'alcool, les acides, les tanins, les matières colorantes et pectiques (gomme). On trouve aussi des sels (phosphates de potassium, de calcium, de fer; sulfate de potassium; etc.), des métalloïdes (chlore, fluor, iode, silicium, zinc, cuivre), des vitamines (B et C surtout).
On trouve enfin de l'eau dans la proportion de 75 à 85 p. 100, ce qui revient à dire plaisamment que l'amateur de vin est un buveur d'eau qui s'ignore.

Condrieu, appellation des Côtes du Rhône*, qui s'étend sur trois communes de la rive droite du Rhône : Condrieu, Vérin et Saint-Michel. On appelle parfois ce terroir « Côte-Chérie ».

Le Rhône à Condrieu. La « Côte-Chérie » étage au bord du Rhône ses terrasses plantées en Viognier doré et élabore au soleil ces vins originaux, au bouquet suave, que sont le Condrieu et le rarissime Château-Grillet. Phot. Mackiewicz.

Le Condrieu est un vin blanc très original et très rare, dont seuls les initiés se régalent (pour comble, il voyage mal). Fait exceptionnel dans la région, il n'est produit que par un seul cépage : le Viognier, ou Viognier doré.

Le Viognier se vendange tard : il donne donc des moûts très riches, dont la fermentation est rarement achevée avant l'arrivée du froid. Après les soins d'usage, le vin est tantôt mis en bouteilles au printemps, tantôt laissé en fûts pendant dix-huit mois afin d'y poursuivre sa fermentation. Le premier procédé donne un vin moelleux à cause du sucre demeuré dans le vin, le second un vin sec, beaucoup plus typique, d'une douceur et d'une souplesse remarquables, dues à la glycérine qui s'est formée durant la longue fermentation (certains viticulteurs parviennent à obtenir cependant ce dernier type de vin dans l'année de la récolte). Le Condrieu doit se boire rapidement : il vieillit mal, sèche et madérise.

C'est un vin splendide, corsé, avec un bouquet pénétrant et suave, tout à fait original, comme son voisin, encore plus exceptionnel, le Château-Grillet*.

consommation courante (vins de). On les connaît bien ces vins de tous les jours appelés encore « vins de table ». Bien choisis, ils ne fatiguent ni l'estomac, ni la tête et permettent de mieux goûter par contraste les appellations contrôlées* et les V.D.Q.S.* des jours de fête. Ils doivent obligatoirement porter la mention de leur degré alcoolique et satisfaire à des normes strictes : degré alcoolique minimal, absence de substances toxiques, taux normal d'acidité volatile, etc. Ils sont vendus en bouteilles capsulées ou à la tireuse. Leur qualité est placée sous le contrôle de l'Institut des vins de consommation courante, et, évidemment, ils sont aussi l'objet de la surveillance de la Répression des fraudes* et des Contributions indirectes. On divise ces vins en deux catégories : les vins de pays* et les vins de coupage*.

Constance, vin produit en république d'Afrique du Sud* par un petit vignoble, propriété d'Etat actuellement, situé non loin de la ville du Cap, et qui fut planté, vers 1700, par le gouverneur hollandais Simon Van der Stel. — Ce vignoble fut appelé « Groot Constantia » en l'honneur de la femme du gouverneur, qui se prénommait Constance. Les protestants français émigrés apportèrent leur précieuse contribution à l'établissement du vignoble. Le vin de Constance a connu une vogue incroyable au XIXe siècle, aussi bien en Angleterre qu'en France; les héros de Balzac font souvent honneur à ce vin précieux (qui valait d'ailleurs son pesant d'or). La récolte actuelle ne dépasse guère quelques centaines d'hectolitres : autant dire qu'il est quasiment impossible de se procurer ce vin fameux. Bon, et souvent même très bon, le vin de Constance est un vin de liqueur suave et fin, au parfum légèrement musqué (dû à la Muscadelle du Bordelais, acclimatée par les protestants français). Il ne semble pas, toutefois, mériter totalement de nos jours sa célébrité mondiale d'autrefois.

coopérative. Les coopératives vinicoles ont eu de modestes débuts, aux environs de 1900, bien après l'apparition des premières coopératives laitières. Elles avaient surtout pour but d'écouler les récoltes et

Coopérative de Sainte-Cécile, dans le Mâconnais. Illustrations parfaites du succès de l'effort en commun, les coopératives vinicoles offrent de grands avantages pratiques aux petits viticulteurs et toutes les garanties de qualité aux consommateurs. Phot. Geay-Lauros - Atlas-Photo.

de grouper dans des caves de stockage les excédents de production, qui provoquaient l'effondrement des prix. Peu à peu, avec prudence d'abord, les vignerons entreprirent la vinification en commun. La formule coopérative offre de grands avantages pratiques aux petits vignerons : suppression de la vaisselle vinaire onéreuse, d'entretien délicat et coûteux, économie de main-d'œuvre, plus de souci de vinification et de conservation, libération des locaux. La coopérative offre à ses membres des techniques modernes, utilise du matériel moderne et s'assure le concours d'œnologues qualifiés : les petits producteurs ont tout intérêt à y adhérer, car ils étaient bien souvent dans l'impossibilité d'acquérir le matériel moderne et même d'assurer l'entretien du matériel ancien. C'est surtout dans le Midi, dans le Languedoc et en Afrique du Nord que cette formule a rencontré le plein succès. Elle est surtout valable, d'ailleurs, pour les vins courants, les vins d'appellation générique, les vins de « pays* », mais, bien que certaines coopératives fassent des efforts louables pour sauvegarder l'individualité des vins, elle n'est guère compatible avec la notion d'art personnel et de terroir très particulier qui caractérise les crus fameux. Il existe actuellement environ 1 100 caves coopératives groupant 250 000 adhérents. Elles vinifient de 25 à 30 p. 100 du vin français, soit environ 15 millions d'hectolitres (dont 12 millions d'hectolitres de vin de consommation courante*). Le reste, soit 3 millions d'hectolitres, se répartit à peu près également entre les V.D.Q.S.* et les A.O.C.*.

Corbières. Cette appellation de la région viticole du Languedoc*-Roussillon*, qui bénéficie du label V.D.Q.S., est bien connue et populaire. Les vignobles occupent les coteaux calcaires, bien exposés, de cette région tourmentée, située au sud-est de Carcassonne.
Les vins sont rouges, rosés et blancs, mais les rouges sont, de loin, les plus connus. Les cépages sont les cépages habituels de la région : Carignan surtout, mais aussi Grenache, Cinsault, Terret noir, en proportions variables, pour les vins rouges et rosés; Clairette pour les vins blancs. Les rosés sont corsés, nerveux et fruités. Lorsqu'ils sont bien vinifiés, les vins rouges sont des vins d'une belle couleur sombre, corsés, charnus, gagnant très vite un bouquet particulier qui s'affine en vieillissant. Un slogan bien connu dit de ce vin : « Les Corbières : le cru qui a de l'accent! »
On distingue les Corbières et les Corbières supérieurs dans le département de l'Aude et les Corbières du Roussillon dans les Pyrénées-Orientales.
Les Corbières doivent titrer au moins

10°, les Corbières supérieurs 12°. Notons que le Fitou*, vin d'appellation contrôlée, est produit par les meilleurs communes des Corbières.
Les Corbières du Roussillon sont des vins très corsés, assez fins et bouquetés, issus des mêmes cépages que les Corbières avec, en plus, le Malvoisie et le Macabéo.

Corent, un des vins d'Auvergne* — devenu presque légendaire comme le Chanturgues* — produit, comme ce dernier, dans l'arrondissement de Clermont-Ferrand. — Issu, comme le Chanturgues, du Gamay noir à jus blanc, c'est un vin de teinte très pâle, qui a beaucoup de charme. Il se présente toujours en vin gris (du moins lorsqu'on en trouve — car il est devenu rarissime).

Cornas. Le vignoble de cette commune des Côtes du Rhône* s'étage sur la rive droite du Rhône, presque en face de Valence. Il ne produit que des vins rouges, d'appellation contrôlée, provenant de la Syrah. Le Cornas est un vin un peu amer dans sa jeunesse, mais qui prend, en vieillissant, une agréable souplesse.
Pas aussi noble ni bouqueté que son voisin l'Hermitage, c'est néanmoins un vin de grande qualité, surtout quand on sait l'attendre. Corsé, capiteux, étoffé, il a un goût de terroir caractéristique. Il est recherché et apprécié depuis fort longtemps, et sa couleur grenat foncé a fait dire de lui sous Louis XV qu'il était « un très bon vin noir ».

correction des vins. Les stations œnologiques* locales indiquent chaque année les bases de ces corrections. Elles améliorent discrètement les imperfections d'une vendange en cas de mauvaises conditions climatiques, mais doivent respecter sagement la composition naturelle du vin. Toutes ces interventions sont limitées et contrôlées par la loi. Certaines visent à rétablir un taux normal d'acidité* soit par l'acidification*, soit par la désacidification* selon les cas. Il faut parfois pallier l'insuffisance du sucre par la chaptalisation*. D'autres fois, il y a excès ou insuffisance de tanin; il faut alors pratiquer tantôt le tannisage*, tantôt des collages* énergiques. Il y a aussi parfois manque de couleur : on y remédie par le chauffage d'une partie de la vendange, ce qui permet d'obtenir plus de matière colorante*, celle-ci étant davantage soluble à chaud. Enfin, il est possible aussi de pratiquer la méthode d'assemblage*, telle qu'elle est de règle pour la Champagne. Deux vins provenant du même terroir mais d'un millésime différent se complètent parfois admirablement et donnent un vin équilibré et complet.

Corse. Rien n'est médiocre dans l'île de Beauté, et les vins qu'elle produit ne font pas exception à la règle. Ils sont tous excellents ou, en tout cas, originaux. Bien qu'ils soient consommés sur place, on les trouve maintenant sur le continent.
Le cépage principal est le Vermentino (Malvoisie), qu'on rencontre avec d'autres cépages indigènes : Nielluccio, Rossola, Bianca, Sciaccarello, Barbarosso, Carcajolo. Les cépages continentaux ne représentent guère que 15 p. 100 de l'encépagement et encore n'existent-ils dans l'île que depuis un siècle environ : Alicante, Grenache, Carignan, Cinsault, Muscat.
Le vin est produit un peu partout dans l'île, et si les vins corses ne sont pas encore tous soumis à la législation française du continent, ils bénéficient par contre d'un statut légal datant de 1801 et fort original. La région côtière, surtout, possède des vignobles estimés; le vignoble du cap Corse est assez connu en dehors de l'île : s'il produit des vins blancs*, rosés* et rouges* très corsés*, c'est surtout le célèbre « Cap Corse », vin doux de Muscat* et de Malvoisie, moelleux* et délicat, qui a fait sa renommée. Mais il existe d'autres centres côtiers d'importante production : coteaux de Saint-Florent, d'où proviennent sans doute les meilleurs vins corses et, spécialement, le fameux *Patrimonio**, qui bénéficie, d'ailleurs, depuis 1968, de l'appellation d'origine contrôlée; région de Bastia (avec les excellents vins de Vescovato et de Cervione); la Balagne (Calvi et Calenzana), où règne le Sciaccarello; Sartène

et sa région, aux vins fort estimés, qui a droit au label V.D.Q.S.* depuis 1968; Ajaccio et sa ceinture de vignobles; Piana, qui, à côté de rosés délicieux, donne des Muscats parfumés; Bonifacio, etc. Mais l'intérieur du pays produit aussi des vins dignes d'intérêt, quoique moins réputés : environs de Bastelica, de Corte, d'Omessa.

Bien vinifiés, les vins corses, issus de terres pauvres à dominante de silice, sont excellents, avec un caractère nettement original. Délicieux dans leur jeunesse, ils ont aussi la faculté de vieillir admirablement, en prenant un bouquet délicat.

Les vins blancs, souvent secs, ont beaucoup de finesse et de parfum; certains d'entre eux évoquent l'Hermitage.

Les vins rouges ont un bouquet remarquable. Ils sont presque toujours capiteux et puissants, mais possèdent une finesse toute particulière. Certains s'apparentent nettement aux Côtes-du-Rhône et, spécialement, au Châteauneuf-du-Pape.

Les vins rosés, d'une jolie couleur, sont exquis : ils sont fruités, avec une chaude saveur, à la fois poivrée et fumée.

Rappelons que, depuis 1968, le Patrimonio bénéficie de l'appellation contrôlée, et le Sartène est classé dans les V.D.Q.S*.

corsé. Un vin corsé est un vin à caractère bien marqué, riche en alcool, en extrait sec, bien coloré, possédant une saveur prononcée qui emplit bien la bouche. On dit aussi qu'il a du « corps ». On emploie de même le terme *étoffé,* à condition que la teneur en glycérine* soit suffisamment marquée.

Cortaillod, vin suisse, provenant du lac de Neuchâtel et produit autour du village de Cortaillod. — Il est issu du cépage Pinot noir de Bourgogne, seul cépage autorisé dans le canton. C'est un agréable vin rouge pâle, fruité et frais, dont la teinte est souvent rosée ou œil-de-perdrix.

Cortese, vin blanc sec, produit par le cépage du même nom dans la région du Piémont, en Italie. — C'est un vin extrêmement plaisant, pâle, léger et frais, qui doit se boire dans sa jeunesse.

Dans leur moderne prison roulante, les vins chaleureux des Costières-du-Gard s'en vont par les routes porter leur message de soleil.

Phot. Mackiewicz.

Costières-du-Gard, appellation qui groupe des vins rouges, rosés et blancs classés « Vins délimités de qualité supérieure* », dont l'aire de production se trouve du côté droit de la vallée du Rhône, au sud de Nîmes, entre Beaucaire et Vauvert.

Le vignoble, planté dans le sol de cailloux roulés qui réverbèrent la chaleur solaire, comprend les variétés habituelles de cépages utilisées dans le Midi et les Côtes du Rhône (Grenache, Syrah, Carignan, etc.). Les vins rouges, corsés, bien charpentés, mais fins et bouquetés sont de très bons vins qui rappellent les Côtes-du-Rhône.

Les vins blancs, provenant de la Clairette, sont fins et fruités à condition que la vendange n'ait pas eu lieu trop tard.

Cot, cépage rouge dont on ignore la région d'origine et qui a reçu de multiples dénominations partout où il est cultivé. — On l'appelle « Malbec » en Gironde, « Auxerrois » à Cahors, « Cot » en Touraine, dans le Quercy, etc. Il est en régression devant le Merlot en Gironde, dans les meilleurs vignobles, mais il entre toujours dans l'encépagement de Bergerac*, des Côtes de Duras* et de nombre de crus du Sud-Ouest classés V.D.Q.S.*. A Cahors, il a toujours occupé la première place : 70 à 80 p. 100 de l'encépagement. En Touraine*, il est cultivé surtout dans la vallée du Cher, à Mesland* et à Amboise*. En Anjou*, il s'unit au Groslot, au Gamay, aux Cabernets pour donner le rosé d'Anjou. Il présente une particularité remarquable : alors que les raisins sont donnés en général par les pousses issues du bois de l'année précédente, lui donne des raisins sur les pousses du vieux bois; cela est un avantage dans les régions sujettes aux gelées printanières. Le Cot donne les meilleurs résultats dans les côtes argilo-calcaires. Son vin est assez coloré et corsé, mais il manque un peu de bouquet et de saveur. Par contre, il fait un harmonieux mélange avec d'autres cépages plus fins : il apporte couleur et moelleux, et, grâce à lui, le vin est plus vite prêt à la dégustation.

Côte chalonnaise. Cette partie du vignoble bourguignon, qui tire son nom de la ville de Chalon-sur-Saône, est le prolongement naturel de la Côte de Beaune, dont elle possède le sol, les méthodes de culture, les modes de vinification et les traditions commerciales. Il n'existe pas d'appellation « Côte chalonnaise ». Les appellations contrôlées de cette région vinicole sont les suivantes : « Rully* », « Mercurey* », « Givry* », « Montagny* ». Les cépages autorisés sont ceux de la Côte d'Or : le Chardonnay* pour les vins blancs, le Pinot* noirien pour les vins rouges. Toutefois, en dehors de ces quatre appellations contrôlées, la région cultive le cépage Aligoté, qui donne droit, comme dans toute la Bourgogne, à l'appellation « Bourgogne aligoté* ». Elle cultive aussi le Gamay, qui entre pour les deux tiers dans le Bourgogne passe-tous-grains*. Elle produit enfin des vins d'appellation « Bourgogne ordinaire » et « grand ordinaire* ».

Côtes d'Agly, vignoble qui s'étend entre le territoire de Maury* et celui de Rivesaltes* sur des coteaux bordant le cours de l'Agly, petite rivière torrentueuse du Roussillon*.
Le sol, généralement argilo-calcaire, est planté de cépages nobles (Grenache, Muscat, Malvoisie) qui, brûlés par le soleil ou battus par la tramontane, donnent de capiteux vins doux naturels*. Les vins peuvent être vinifiés soit en rouge, par fermentation des raisins avec leur pulpe, soit en blanc, par fermentation des moûts séparés de leur pulpe. Les Côtes-d'Agly sont souvent vinifiés dans des caves coopératives très modernes. Ils ont une très belle couleur, beaucoup de générosité et de classe, et possèdent un parfum particulier, évoquant un peu la pierre chauffée au soleil.

Côte de Beaune. La Côte de Beaune représente la moitié sud du célèbre vignoble de la Côte d'Or. Elle s'étend de Ladoix au nord à Santenay au sud sur 2 800 ha. Contrairement à la Côte de Nuits, qui ne produit pratiquement que des vins rouges, la Côte de Beaune, si elle donne aussi des vins rouges remarquables, s'enorgueillit de produire de merveilleux vins blancs, les premiers de Bourgogne et même du monde. Toutefois, le volume de production des vins rouges demeure plus important que celui des vins blancs.
Les vins rouges de la Côte de Beaune ont beaucoup de charme et de finesse; ils sont plus discrets, moins puissants que ceux de la Côte de Nuits, et on les dit souvent plus « féminins » que ceux-ci. Ils se font plus rapidement que les vins de la Côte de Nuits, mais ont aussi une longévité moins grande. Les vins blancs sont exquis, d'une race et d'une distinction extraordinaires. Leur arôme délicat, leur suavité les rendent inégalables pour les amateurs.
Les appellations sont soit communales (« Beaune »), soit de cru (« Montrachet »).
Les plus importantes communes de la Côte de Beaune sont Aloxe-Corton*, Pernand-Vergelesses*, Savigny-lès-Beaune*, Beaune*, Pommard*, Volnay*, Meursault* et Blagny*, Chassagne-Montrachet*, Puligny-Montrachet*, Santenay*. D'autres communes, moins réputées que les précédentes, n'en produisent pas moins d'excellents vins, dont certains mériteraient d'être mieux connus

des amateurs. Ce sont du nord au sud : Ladoix (rouge et blanc), Chorey-lès-Beaune (rouge et blanc), Monthélie (rouge), Saint-Romain (rouge et blanc), Auxey-Duresses (rouge et blanc), Saint-Aubin (rouge et blanc), Dezize-lès-Maranges, Sampigny-lès-Maranges et Cheilly-lès-Maranges (rouge et blanc), ces trois dernières communes se trouvant dans le département de Saône-et-Loire.

Côte de Beaune : appellation « Côte-de-Beaune ». Un vin portant sur l'étiquette la mention « Côte-de-Beaune » sans mention de commune ou de village est un vin provenant de l'aire de production « Beaune », moins prisé, évidemment, que celui qui porte uniquement le mot *Beaune* sur l'étiquette. Les Côtes-de-Beaune peuvent être rouges ou blancs et doivent titrer 10,5° pour les rouges et 11° pour les blancs.

Côte-de-Beaune-Villages. Cette appellation est absolument différente de l'appellation « Côte-de-Beaune ». Elle s'applique, sous certaines conditions, à des vins rouges uniquement, titrant 10,5° et provenant d'un assemblage d'au moins deux vins de certaines communes de la Côte de Beaune, autres que Beaune.

Côtes de Bordeaux-Saint-Macaire. La région qui a droit à cette appellation est le prolongement vers le sud des Premières Côtes de Bordeaux*. Elle fait suite au cru réputé de Sainte-Croix-du-Mont* et s'étend sur plusieurs communes. N'ont droit à l'appellation que les vignobles plantés sur les coteaux graveleux et argileux, respectant l'encépagement en plants nobles. La vendange se fait après surmaturité, et la vinification est très soignée.
Les vins blancs moelleux obtenus sont corsés et fins, avec un parfum original. Grâce à leurs caractères particuliers, ils peuvent accompagner fort agréablement aussi bien les desserts que les poissons et même certaines viandes blanches.

Côtes de Canon-Fronsac. Cette appellation comprend les meilleurs coteaux de Fronsac*, notamment celui de Canon. Les vins produits sous cette appellation sont d'une belle couleur foncée, corsés, avec une saveur spéciale un peu épicée. Ils rappellent à la fois les Pomerols* et les Bourgognes*, et sont fort estimés, surtout dans le nord de l'Europe. Quelques années d'attente en font d'excellentes bouteilles. Les principaux crus sont les Châteaux Canon, Comte, Gaby, etc.

Côtes de Duras. Ce vignoble dominant la verte vallée du Dropt est une des appellations contrôlées du Sud-Ouest*. Il est planté au nord du Lot-et-Garonne, entre le Bordelais et le vignoble de Bergerac, et s'étend sur une quinzaine de communes. Les Côtes de Duras donnent des vins rouges, mais ce ne sont pas eux qui font la renommée de l'appellation. Issus du Carbernet, du Merlot et du Malbec, ce sont de bons vins de table, sans grande personnalité, qui doivent titrer 10°. Les vins blancs sont nettement meilleurs et plus appréciés. Ils sont issus des cépages classiques de la région (Sémillon, Sauvignon, Muscadelle) et sont accompagnés du Mauzac et même parfois de l'Ugni blanc, ce cépage méridional. Ces vins, légèrement moelleux, possédant un parfum particulier, fort plaisant, doivent titrer obligatoirement au moins 10,5°.

Côtes-de-Fronsac. Les vins de la région de Fronsac*, groupés sous cette appellation, ressemblent beaucoup aux Côtes-de-Canon-Fronsac* : même robe colorée, même richesse généreuse. Mais, dans l'ensemble, ils sont moins fins que ces derniers.
Les principaux crus sont les Châteaux Lavalade, Tasla, la Rivière, etc.

Côtes de Haut-Roussillon. Planté dans une terre sèche et pierreuse, la « terre d'Aspres », le vignoble de cette appellation contrôlée du Roussillon* produit des vins doux naturels*, issus des cépages Grenache, Muscat et Malvoisie. Il s'étend sur une quarantaine de communes, entre la vallée du Tech et celle de la Têt. Depuis bien longtemps, la région est renommée pour ses vins de liqueur : Pline l'Ancien,

déjà, célébrait ses vins doux, qu'il comparait au Falerne. Détruit par les Sarrasins, le vignoble se reconstitua peu à peu autour des monastères et des châteaux, si bien qu'avant l'an mille le haut Roussillon se glorifiait de nouveau de ses vins célèbres, qui figuraient avec honneur sur les tables des souverains de France, d'Aragon, de Majorque et d'Espagne.
Les Côtes-du-Haut-Roussillon sont des vins généreux, dont un long vieillissement assure un bouquet très délicat et original avec beaucoup de finesse. Ils peuvent être vinifiés soit en rouge, soit en blanc.
La région du haut Roussillon produit aussi des vins rouges corsés provenant du Carignan, qui titrent 12° et qui servent à la préparation des vins apéritifs.

Côte de Nuits. Elle occupe environ 1 200 ha de Dijon à Prémeaux (mais c'est à Fixin que commencent les grands crus). Elle produit presque uniquement des vins rouges, mais de quelle race! Les quelques vins blancs récoltés à Musigny, à Vougeot, à Morey-Saint-Denis et à Nuits-Saint-Georges, bien qu'excellents, n'atteignent pas la renommée universelle des grands vins rouges. Ceux-ci, qui ont chacun, comme tous les vins de Bourgogne, la personnalité propre à leur «climat*», ont en commun la grande race, la fermeté, la robe somptueuse, le riche bouquet et la faculté de longue conservation.
Les appellations sont soit communales («Gevrey-Chambertin»), soit de cru («Romanée-Conti»).
Les communes de la Côte de Nuits sont : Fixin*, Gevrey-Chambertin*, Morey-Saint-Denis*, Chambolle-Musigny*, Vougeot*, Vosne-Romanée*, Nuits-Saint-Georges*.

Vignoble de la Côte de Nuits. Semblables à des pièces de velours côtelé, les vignobles, aux ceps rigoureusement alignés, cernent le château du Clos de Vougeot, propriété de la confrérie des Chevaliers du Tastevin. Phot. Gueugnon.

Côte d'Or. La Côte d'Or forme la partie la plus importante — la plus glorieuse aussi — de la Bourgogne, puisque c'est son sol qui produit les prestigieux vins rouges et blancs dont les noms sont universellement admirés : le Romanée-Conti, le Chambertin, le Montrachet, etc.
On divise cette grande région viticole en deux sous-régions : la Côte de Nuits*, qui produit presque exclusivement de très grands vins rouges, la Côte de Beaune*, qui produit à la fois de très grands vins rouges et de très grands vins blancs.
Il existe aussi deux régions parallèles : les hautes Côtes de Nuits et les hautes Côtes de Beaune, qui produisent des vins à appellation générique, avec, sous certaines conditions, la possibilité de joindre leur nom à l'appellation.
La Côte de Nuits et la Côte de Beaune forment, de Dijon à Santenay, une ligne de coteaux presque continue de 200 à 500 m d'altitude. Ces coteaux, exposés à l'est et au sud-est, sont abrités des vents dominants de l'ouest et profitent au maximum des rayons du soleil. Les meilleurs crus se récoltent aux environs de 250 à 300 m.
Les sols sont extrêmement variés, de nature fort complexe; ainsi s'explique la multiplicité des crus de Bourgogne : marnes blanchâtres favorables aux grands vins blancs comme à Montrachet; sols ferrugineux et argilo-calcaires de la Côte

Hotte bourguignonne employée en Côte-d'Or.
Phot. J. Niepce.

de Beaune; calcaire argilo-siliceux et ferrugineux de la Côte de Nuits, etc.
Les seuls cépages admis dans les grandes appellations de communes et de climats sont le Pinot noir pour les vins rouges, le Chardonnay pour les vins blancs.
Le cépage Aligoté, surtout cultivé dans les hautes Côtes, ne peut donner droit qu'à l'appellation « Bourgogne aligoté* ».

Côte-Rôtie. Sur la rive droite du Rhône, au sud de Lyon, s'accroche sur des coteaux abrupts le célèbre vignoble de la Côte-Rôtie, dont la largeur ne dépasse guère 400 m. Deux communes ont le privilège de le porter : Tupin-Semons et surtout Ampuis. Deux cépages nobles, la rouge Syrah et le blanc Viognier (pour 20 p. 100 seulement), sont cultivés dans le sol aride et caillouteux retenu par des murets. Le vin de la Côte-Rôtie est un très grand vin, célèbre déjà au premier siècle de notre ère. D'une belle couleur de pourpre, corsé et généreux, très long en bouche, il possède un bouquet très particulier, d'une grande délicatesse, où s'unissent la violette et la framboise.
La Côte-Rôtie possède autant de somptuosité que son rival des Côtes du Rhône*, le Châteauneuf-du-Pape*, mais avec plus de distinction que celui-ci.
Les meilleurs crus de la Côte-Rôtie sont la Côte-Brune et la Côte-Blonde, dont on mélange d'ailleurs, parfois, les vins. Les vins de la Côte-Brune sont très corsés et de très longue garde; ceux de la Côte-Blonde ont moins d'aptitude à vieillir, mais sont plus légers et plus tendres.

Côtes-de-Provence. Ces vins, classés « V.D.Q.S. », évoquent par leur seul nom le souvenir des vacances ensoleillées. Leur domaine s'étend de Marseille à Nice, sur des terrains de constitution et de relief extrêmement variés : dans cet heureux pays, c'est le soleil qui conditionne le vin, le sol n'ayant qu'une importance relative. C'est ainsi que la vigne escalade les coteaux ou s'alanguit en plaine, plonge ses racines dans les terres calcaires comme dans les sables grossiers mêlés de silex. Trois régions principales produisent les Côtes-de-Provence : la Côte (de La Ciotat à Saint-Tropez), la bordure nord du massif des Maures et la vallée de l'Argens.
Les rosés sont sans doute les plus populaires : leur vogue est due pour une bonne part à l'engouement des touristes, qui les identifient au soleil. C'est le bon roi René qui encouragea les vignerons à vinifier de cette façon. Ce sont d'excellents vins secs, fruités, assez corsés, bien bouquetés, dont la jolie robe claire se teinte parfois de reflets d'or. Ils conviennent spécialement comme vin unique sur la cuisine méridionale.
Les vins rouges, moins connus, sont corsés, avec une belle robe rutilante et un bouquet savoureux. Leurs caractères dépendent de leur région d'origine : par exemple, les vins de Taradeau, de Pierrefeu et de Puget-Ville sont particulièrement capiteux; ceux de Saint-Tropez et de Gonfaron sont agréablement souples. Ils sont issus d'un grand nombre de cépages : Grenache, Cinsault, Mourvèdre, Carignan, Pécoui-Touar, Œillade, etc.
Ils vieillissent bien, mais se dégustent jeunes.
Les vins blancs, issus principalement de la Clairette et de l'Ugni blanc, sont secs, corsés, fruités, couleur d'or pâle. Ils madérisent assez vite et il faut les boire

jeunes. Il existe un classement officiel des crus des Côtes de Provence, dont les principaux sont : les Domaines des Moulières, de l'Aumerade, de Minuty, de la Croix; les Châteaux de Selle, de Sainte-Roseline; les Clos Mireille, Cigonne, de la Bastide-Verte, etc.

Côtes de Toul. Cet étroit vignoble, une des deux appellations de Lorraine*, est accroché sur des coteaux argilo-calcaires dominant la Moselle autour de la ville de Toul. Neuf communes, dont Lucey, Bruley, Ecrouves, produisent les vins classés V.D.Q.S. Les cépages utilisés sont les Pinot noir et meunier, le Gamay de Toul et de Liverdun, avec 20 p. 100 au maximum de cépages secondaires : Aubin blanc, Aligoté. En réalité, le Gamay de Liverdun, variété acclimatée du Gamay du Beaujolais, est devenu le cépage principal à l'heure actuelle, remplaçant de plus en plus les Pinots, qui étaient jadis les cépages traditionnels de Lorraine.
La région fournissait autrefois sa récolte pour le Champagne, avant la délimitation légale de l'aire de production de celui-ci.

Vignoble à La Croix-Valmer, au lieu-dit « la Bouillabaisse ». Vins de vacances, vins de soleil, les Côtes-de-Provence évoquent en nos mémoires des souvenirs parfumés de senteurs marines et d'herbes aromatiques. Phot. Mackiewicz.

Actuellement, les raisins sont pressés directement après foulage, et l'on obtient ainsi un vin gris, d'une couleur parfois fort pâle, très léger, car le degré minimal de 8,5° fixé par la loi est rarement dépassé. Il est préférable de le consommer jeune, bien qu'il puisse se garder quelques années. C'est un vin fort agréable, très particulier, frais, parfumé et fruité, mais toujours très acidulé. On l'apprécie beaucoup dans la région. Les vins rouges et les vins blancs sont beaucoup plus rares, et pratiquement introuvables.

Côtes du Forez, une des appellations du Lyonnais*, qui a droit au label V.D.Q.S. – Les vins rouges, parfois rosés, proviennent du Gamay. Ils sont consommés localement.

Côtes-du-Jura. Cette appellation contrôlée régionale s'applique à des vins récoltés sur les marnes et les graviers des coteaux du Jura*, et couvre douze cantons : Villers-Farlay, Salins, Arbois, Poligny, Sellières, Voiteur, Bletterans, Conliège, Lons-le-Saunier, Beaufort, Saint-Julien et Saint-Amour (ne pas confondre avec Saint-Amour, cru du Beaujolais). L'appellation définit des vins blancs secs, corsés, avec un parfum particulier, et des vins rouges généreux, bouquetés et fins. Lorsque le Poulsard domine, ces vins rouges sont peu colorés, mais très fins; le Trousseau, lui, donne plus de couleur et de corps. Les rosés sont secs et fruités, mais ont peut-être moins de caractère que les rouges. On trouve encore sous cette appellation des vins jaunes*, des vins de paille* et des vins mousseux.

Côtes du Luberon. A l'est d'Avignon et au nord de la Durance, sur les pentes du Luberon, s'accroche ce vignoble, qui n'est pas sans analogie avec celui, tout proche, des Côtes du Ventoux*. Les vignerons ont accompli ici les mêmes efforts couronnés de succès que leurs voisins du Ventoux : c'est ainsi, par exemple, que le vignoble s'équilibre au fur et à mesure des renouvellements grâce au remplacement du Carignan, en trop forte proportion, par le Grenache et le Cinsault. Les Côtes-du-Luberon ont droit au label V.D.Q.S.

Les vins rouges et rosés ressemblent à ceux du Ventoux et proviennent des mêmes cépages : le rosé est particulièrement délicieux. Les vins blancs, issus de la Clairette et du Bourboulenc, sont produits en assez grande quantité. Ce sont des vins fruités qu'il faut boire jeunes.

Côtes du Marmandais. Les vins de cette appellation du Sud-Ouest*, classés V.D.Q.S., sont produits sur les deux rives de la Garonne, dans les cantons de Marmande et de Seyches. Cette région est en quelque sorte la prolongation du terroir de l'Entre-deux-Mers, situé sur la rive droite de la Garonne, et du Sauternais (dont elle a la structure graveleuse), situé sur la rive gauche. Les cépages, plantés sur des coteaux ensoleillés, sont très variés. Les vins rouges et blancs, de bonne qualité, ont jusqu'à présent un intérêt surtout local.

Côtes du Rhône. De Vienne à Avignon, planté sur les coteaux des deux rives du Rhône, s'étire le vignoble des Côtes du Rhône, trait d'union bienheureux entre la Bourgogne et la Provence. Aucun vignoble n'offre autant de diversité que celui-ci au dégustateur. Plus de cent communes, situées sur six départements, bénéficient de l'appellation générale « Côtes du Rhône », et elles produisent des vins qui, la plupart du temps, n'ont en commun que cette appellation. Blancs secs, blancs liquoreux, rouges légers, rouges robustes, rosés, mousseux, vins doux naturels*, vins de paille*. Cette région offre au dégustateur une éblouissante symphonie de couleurs, de bouquets et de saveurs.

Le vignoble se divise nettement en deux parties, séparées par une région sans vignes entre Valence et le défilé de Donzère : les Côtes du Rhône septentrionales, sur une bande étroite de coteaux dominant le Rhône, de Vienne à Valence; les Côtes du Rhône méridionales, dont le vignoble, fort différent, s'étale très largement de chaque côté du fleuve jusqu'au département du Gard, à droite, et ceux de Vaucluse et de la Drôme, à gauche.

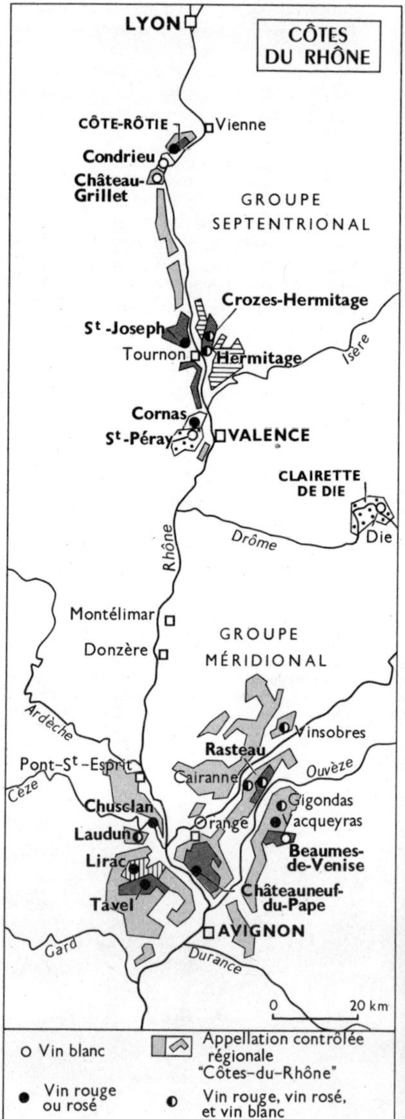

Ci-dessus :
Vignoble des Côtes du Rhône septentrionales à Tain-l'Hermitage. La vigne occupe la plaine et les flancs de coteaux. Phot. Ray-Delvert.

Étiquette de Côtes-du-Rhône.

Ci-dessous :
Vignoble arlésien des Côtes du Rhône méridionales. Phot. Ray-Delvert.

Les terrains sont de nature fort différente. Le vignoble de la partie septentrionale monte à l'assaut des pentes escarpées, tandis que celui de la partie méridionale, planté sur un sol aride de cailloux roulés, semble un incroyable défi à la Nature.

Quant aux cépages utilisés, ils sont extrêmement variés; une vingtaine de cépages sont autorisés : Syrah, Grenache, Mourvèdre, Cinsault, Clairette, Roussanne, Marsanne, Viognier, etc.

Sur la route des vacances, saluons au passage les crus des Côtes du Rhône septentrionales, avec le respect dû à des seigneurs de haute lignée : sur la rive droite, Côte-Rôtie*, Condrieu*, Chateau-Grillet*, Saint-Joseph*, Cornas*, Saint-Péray*; sur la rive gauche, Hermitage* et Crozes-Hermitage*.

Mais les Côtes du Rhône méridionales ne demeurent certes pas en reste, en nous présentant, drapés de velours pourpre ou de satin rose et or, sur la rive gauche, Châteauneuf-du-Pape, Gigondas*, Vacqueyras, Cairanne, Vinsobres, Rasteau*, Beaumes-de-Venise*, Die et sa Clairette* et, sur la rive droite, Tavel*, Lirac*, Chusclan*, Laudun*. Notons qu'en dehors de ces brillantes appellations contrôlées « Côtes-du-Rhône » cette même région de la vallée du Rhône offre encore à l'œnophile un certain nombre de bien sympathiques « vins délimités de qualité supérieure* », qui n'ont jamais droit à l'appellation « Côtes-du-Rhône » et sont vendus sous leur propre nom : sur la rive gauche, Châtillon-en-Diois*, Haut-Comtat*, Coteaux-du-Tricastin*, Côtes-du-Ventoux*, Côtes-du-Luberon*; sur la rive droite, Côtes-du-Vivarais*, Costières-du-Gard*.

Côtes-du-Rhône : appellation. L'appellation « Côtes-du-Rhône », sans autre indication, présente une grande quantité de vins, toujours généreux et capiteux, et qui, bien vinifiés, sont d'agréables vins de table, convenant spécialement à la cuisine du Midi ou aux plats relevés. Ces vins blancs, rouges ou rosés peuvent provenir d'un mélange de vins des Côtes du Rhône septentrionales ou méridionales, ou encore d'un assemblage de vins des deux régions. Toutefois, actuellement, les vins vendus sous la seule appellation « Côtes-du-Rhône » proviennent presque tous de la partie méridionale : Vaucluse, Drôme, Gard.

Les vins les plus célèbres des Côtes du Rhône se glorifient, eux, de leur propre appellation. Il est à remarquer, à ce propos, que certaines communes ont droit à leur propre nom : par exemple, Châteauneuf-du-Pape, Tavel. Par contre, certaines communes ne peuvent employer leur nom que précédé de l'appellation « Côtes-du-Rhône » : par exemple, Gigondas, Cairanne, Chusclan, Laudun, etc.

Côtes du Ventoux. L'appellation suffit à situer géographiquement le vignoble! C'est en effet sur les pentes mêmes de ce mont imposant du département de Vaucluse que pousse la vigne, dans les endroits bien abrités des vents froids et exposés au soleil. Grâce aux efforts des vignerons, qui ont cherché à améliorer l'encépagement et à rationaliser les méthodes de vinification, le vin des Côtes du Ventoux est devenu un des meilleurs vins classés V.D.Q.S. de la vallée du Rhône.

Les vins rouges et rosés proviennent du Carignan (pas plus de 50 p. 100), du Grenache, de la Syrah, du Mourvèdre et du Cinsault.

Les rosés sont bouquetés, fruités et nerveux, avec beaucoup de finesse et de fraîcheur. Les rouges ont une jolie teinte rubis clair. Les vins blancs, issus principalement de la Clairette et du Bourboulenc, sont produits en quantité assez peu importante.

Côtes du Vivarais, vignoble de l'Ardèche, situé sur la rive droite de la vallée du Rhône, aux environs d'Orgnac, dont l'aven attire les touristes. — Il produit des vins rouges, rosés et blancs, issus des cépages classiques de la région, c'est-à-dire Grenache, Syrah, Mourvèdre et Cinsault pour les rouges et rosés, Clairette, Marsanne, Bourboulenc, Picpoul pour les blancs. Les Côtes-du-Vivarais, frais et bouquetés, sont des vins classés V.D.Q.S. Lorsque les encépagements sont plus rigoureusement observés et lorsque les vins titrent au moins 11°, le nom de la commune peut suivre l'appellation « Côtes-du-Vivarais » : Orgnac, Saint-Montant, Saint-Remèze.

Côtes du Zaccar. On rangeait sous cette appellation des vins d'Algérie* produits autour de Miliana, au sud-ouest d'Alger, et qui bénéficiaient, avant l'Indépendance, du label V.D.Q.S.*. Les vins, récoltés sur des terrains argilo-calcaires, à une altitude de 400 à 900 m, sont rouges, rosés et blancs, et possèdent en commun un fin bouquet assez particulier. Les rouges, colorés, corsés, charnus, avec parfois un parfum fruité de framboise, comptaient parmi les meilleurs d'Algérie. Les blancs, issus principalement du Faranah, étaient généralement excellents, fruités et très bouquetés.

coulant (vin), vin qui donne une impression de fluidité. — On dit aussi qu'il est « glissant ». Riche en glycérine, harmonieux, bien équilibré, on le boit en effet fort facilement, car tous ses éléments sont bien fondus sans qu'aucun d'eux (alcool, tanin ou acidité) ne prenne, à la dégustation, plus de valeur que les autres.

Coulée-de-Serrant. C'est, avec la Roche-aux-Moines*, le plus exquis des vins délicieux de Savennières*. L'appellation « Coulée-de-Serrant » doit être précédée de Savennières. Le domaine, entouré de murs comme un précieux trésor, n'a guère plus de 3 ha. Le Pineau de la Loire, dans le sol schisteux de la colline admirablement exposée, va donner ici le meilleur de lui-même. Rien d'étonnant que ce prestigieux nectar ait fait les délices de Louis XIV et, plus tard, de l'impératrice Joséphine! Autrefois, le vin était vinifié en demi-sec ou en moelleux, et l'on vendangeait tard, pour que les raisins soient confits par le soleil. Actuellement, le vin est vinifié en sec. Qui s'en plaindrait? Il a gardé sa délicatesse, sa plénitude, son élégance, son éblouissante splendeur et acquis plus de nervosité.
Vin hors classe, vin royal, la Coulée-de-Serrant est un vin qu'on boit toujours avec regret, dans la crainte qu'il devienne introuvable.

coulure. Le mauvais temps, à l'époque de la floraison de la vigne, provoque parfois l'absence de fécondation des fleurs. Celles-ci se dessèchent et tombent. Certains cépages, comme le Chardonnay, sont prédisposés à cette affection.

coupage (vins de). Bâtards de plusieurs pères, les vins de coupage n'ont pas d'origine déterminée. Leur lieu de naissance se situe dans les locaux des négociants en vins. Ils résultent de dosages et de mélanges plus ou moins savants. Les vins d'Algérie ont longtemps apporté aux coupages leur degré alcoolique. Les vins de coupage proviennent toujours de cépages communs : les hybrides* sont évidemment permis. Leur degré alcoolique doit être supérieur à 9,5°. Beaucoup de vins de coupage sont des vins « de marque* ».

court en bouche (vin), vin qui peut être excellent, mais qui déçoit forcément, en raison de la sensation trop fugitive qu'il procure.

courtier, intermédiaire indispensable entre la multitude de producteurs et les négociants* en vins. Dès le début du XVe siècle, le corps des courtiers était déjà constitué. C'est ainsi que les jurats de Bordeaux reconnurent juridiquement cet office au XVIe siècle. La profession a été de nos jours réglementée par la loi du 31 décembre 1949. Le courtier est donc l'héritier d'une grande tradition. Son rôle est important : c'est le courtier qui assure la prospection des vignobles et propose les vins intéressants aux négociants, moyennant un pourcentage. Inutile de préciser que le courtier est toujours un très fin connaisseur. Le métier de courtier exige de patientes observations, une grande pratique et un jugement droit. De nombreuses « histoires de courtiers », prouvant leur infaillibilité, réjouissent les œnophiles. La plus savoureuse est celle d'une barrique de Médoc,

Dégustation dans une cave sous la Restauration. (Gravure anonyme.) De nos jours, les courtiers gourmets-piqueurs de vins de Paris, qui doivent prêter serment devant le tribunal de commerce de la Seine, mettent à la disposition des pouvoirs publics un groupement de cinquante experts-dégustateurs au jugement infaillible. Phot. Roger-Viollet.

dont on n'arrivait pas à déterminer un certain goût indéfinissable. Le courtier dégusta le vin et y découvrit le goût de fer, le goût de ficelle, le goût de carton et le goût d'encre. On vida la barrique, au fond de laquelle on trouva la clé en fer du chai, tombée par mégarde, reliée par une ficelle à une étiquette de carton sur laquelle était écrit, à l'encre, « clé du chai ».

courtier gourmet-piqueur de vins. La Compagnie des courtiers gourmets-piqueurs de vins de Paris groupe les experts attachés aux entrepôts des vins de Paris, à Bercy. C'est une des plus anciennes corporations existant encore à l'heure actuelle.

Les gourmets, « magistrats de la vigne », étaient des jurés patentés élus, qui surveillaient le commerce des vins et lui imposaient un code d'honneur et de droiture. Les sanctions qu'ils avaient le droit d'appliquer contre les abus étaient sévères et pittoresques (si on en juge par les archives des communes!). Le rôle du gourmet consistait d'abord à servir d'intermédiaire entre producteurs et acheteurs, puis il surveillait le chargement et accompagnait le vin au cours du transport. Il avait l'obligation de tenir un registre précis des entrées et des sorties des vins, soumis au contrôle de la municipalité et de la corporation des vignerons.

Si la fonction de gourmet a disparu, le mot est resté attaché au titre de nos modernes courtiers, qui le portent avec une fierté légitime.

crémant, Champagne qui mousse moins que le Champagne habituel. — Sa mousse forme une « crème » au-dessus du verre (d'où il tire son nom); cette crème se dissipe assez vite. Le crémant est en quelque sorte l'intermédiaire entre le Mousseux et le pétillant*. En effet, sa pression est inférieure à la moyenne des vins mousseux (2,5 à 3 kg au lieu de 5 environ pour le Mousseux).

Un crémant bien réussi est un vin de grande qualité, qui a l'avantage, sur le Champagne normal, de garder beaucoup mieux son goût du vin et un certain moelleux apprécié. Un crémant devrait, par conséquent, provenir en principe des meilleures cuvées; c'est un vin assez rare, qui était autrefois très recherché et se vendait fort cher. En fait, très peu de maisons préparent encore le crémant traditionnel, et il arrive souvent que ce mot ne signifie plus grand-chose, ce qui est bien regrettable.

Il ne faut pas, évidemment, confondre crémant avec le nom de la commune de Cramant, cru de la Côte des Blancs*, au sud-est d'Epernay. Cette confusion peut se faire d'autant plus facilement que Cramant est justement un des rares noms de crus de Champagne, et donc employé assez souvent. Il est amusant de savoir qu'il existe un crémant de Cramant.

crème de tête, expression qui désignait autrefois, dans le Sauternais, les vins les plus riches qu'on obtenait par la première trie, particulièrement soignée, de la vendange. — Cette première trie, peu abondante, était composée presque exclusivement de grains « pourris », qui atteignaient une richesse en sucre exceptionnelle, allant jusqu'à 500 g par litre. Les tries suivantes, d'un meilleur rendement en quantité, étaient composées d'un mélange de grains plus ou moins pourris (la dernière, appelée « queue* », comprenait très peu de raisins atteints par la pourriture noble*). Actuellement, tous les grands crus de Sauternes assemblent et unifient la portion de leur récolte qu'ils jugent digne de porter le nom, le reste n'étant pas vendu sous le nom du château. Cette expression *crème de tête* a donc perdu tout à fait son importance, puisque les grands crus ne vendent jamais leur première trie sous ce nom.

Crépy. Les vins de cette appellation contrôlée de Savoie* se récoltent sur les rives du lac Léman. Ce sont les plus connus des vins savoyards et les seuls dégustés, depuis longtemps, en dehors de la région. Le vignoble occupe des coteaux calcaires, exposés au sud et au sud-ouest, sur le territoire des communes de Loisin, de Douvaine et de Ballaison. Il est d'origine fort ancienne. Le Crépy provient du Chasselas* roux et vert, qui est, en Suisse, le célèbre Fendant. Il rappelle beaucoup les vins suisses voisins. C'est un vin délicieux, très sec, qui conserve le léger pétillement naturel recherché dans les vins perlants*. Il doit titrer légalement 9,5° au minimum, mais les dépasse souvent. Clair, d'un or très pâle nuancé de vert, il est élégant et plein de charme, avec du corps et une agréable acidité. Cette acidité lui assure d'ailleurs une étonnante vitalité. Sans madériser, il s'améliore même avec l'âge : il perd alors son acidité et sa fraîcheur, mais gagne un parfum subtil et une saveur de noisette et de violette qui imprègne bien la bouche.

Crozes-Hermitage, appellation des Côtes du Rhône* qui désigne des vins rouges et blancs produits par une dizaine de communes voisines du célèbre coteau de l'Hermitage*, sur la rive gauche du Rhône.
Les vins rouges, issus de la Syrah, sont proches cousins des Hermitages, mais avec moins de couleur et de finesse. Leur arôme d'aubépine sauvage et de framboise leur donne un charme incontestable. Ils se conservent moins longtemps que les Hermitages et se décolorent avec le temps.
Les vins blancs, provenant de la Roussanne et de la Marsanne, ont moins de distinction, de parfum et de corps que les Hermitages. Très pâles, légers, ils ont une odeur et une saveur agréables de noisette. D'abord moelleux dans leur jeunesse, ils deviennent secs en vieillissant.

cru. Appliqué au vin, ce mot, qui dérive du verbe *croître* , désigne un terroir particulier et le vin produit par ce terroir. Dans le Bordelais, le mot *cru* a un sens fort restreint : il désigne le « château* », à qui on reconnaît donc une personnalité, une individualité dans le cadre de la commune. L'expression *vin de cru* implique nécessairement la notion de renommée et de qualité supérieure. Le « château » du Bordelais trouve son synonyme dans le « climat* » de Bourgogne.

cru (grand). On a mis longtemps à réglementer cette qualification de façon précise, sauf en ce qui concernait le Chablis*. Elle pouvait s'appliquer à tous les vins à appellation d'origine : elle ne signifiait donc, en général, pas grand-chose. Mais un décret du 27 juin 1964 a maintenant mis les choses au point. Désormais, l'emploi de l'expression *grand cru* est

interdite, sauf en ce qui concerne le Chablis, le Saint-Émilion*, le Banyuls*, ainsi que le vin d'Alsace*, et cet emploi doit répondre à des normes précises fixées par la loi. Les Chablis « Grand Cru » sont toujours les meilleurs de l'appellation (Le Clos, Vaudésir, etc.).
Par contre, les Saint-Émilions « Grand Cru » sont des vins qui ne proviennent pas de crus classés, mais qui ont été jugés dignes, après avis de la commission de dégustation, d'être classés au-dessus des vins ne bénéficiant que de l'appellation « Saint-Émilion ».

cru (premier), expression strictement réservée aux vins d'appellation contrôlée, dont la réglementation prévoit, pour les premiers crus, un classement particulier. — Les appellations bourguignonnes sont dans ce cas et, notamment, toutes les appellations communales de la Côte de Nuits et de la Côte de Beaune, ainsi que Chablis, Mercurey, Givry, Rully et Montagny.
En Gironde, il est d'usage de désigner par « premiers crus classés » les quatre premiers crus rouges classés en 1855 (Lafite, Margaux, Latour, Haut-Brion) et les premiers crus de Sauternes, classés également en 1855.
« Premier grand cru classé » est autorisé pour certains domaines de Saint-Émilion, classés par le décret de 1954 : Ausone, Cheval-Blanc, etc.

cru classé, expression réservée aux crus qui ont fait l'objet d'un classement consacré officiellement par l'Institut national des appellations d'origine*. — Les crus du Bordelais qui ont été classés en 1855 ont droit de même à l'expression *cru classé.* Celle-ci s'applique en résumé aux vins bordelais d'appellation contrôlée : Médoc, Sauternes, Graves, Saint-Émilion et aussi aux V.D.Q.S. des Côtes de Provence* qui ont été l'objet d'un classement.

cuit (vin), vin obtenu par concentration du moût chauffé dans un chaudron. — Le vin cuit de Palette*, friandise des noëls provençaux, est excellent. Mais le « goût de cuit » est un défaut qu'on trouve parfois dans certains vins qu'on a chauffé à la cuve pour qu'ils achèvent leur fermentation ou qui proviennent de vendanges trop mûres.

cuvage, endroit où l'on met les cuves (on l'appelle encore « cuverie » ou « chai* »). — Mais on appelle aussi « cuvage » l'action de cuver le vin, c'est-à-dire la cuvaison*.

cuvaison ou **cuvage,** action de faire cuver le vin, c'est-à-dire de laisser séjourner la vendange dans la cuve en vue de la fermentation. — Cette opération est extrêmement importante, puisqu'elle détermine la nature et la qualité du vin. La première phase de la cuvaison est celle qui consiste à déverser la vendange* dans les cuves, opération plus délicate que ne le pense le profane. En effet, il était tentant de décharger mécaniquement les bennes et les tombereaux dans les cuves, d'où emploi de divers procédés : élévateur à godets, tapis roulant, vis sans fin, foulo-pompe, etc. La foulo-pompe se généralisa entre 1930 et 1950, surtout dans les caves coopératives. Hélas! elle martyrise le raisin, qu'il faut broyer entre des rouleaux cannelés, afin de pouvoir le refouler dans les tuyaux, et le vin réagit contre ce traitement, indigne de lui, en devenant banal et commun. Aussi beaucoup de vignobles durent abandonner le système.
Le choix même de la cuve* et de sa capacité sont loin d'être sans importance! Il faut toujours que l'homme de l'art puisse surveiller la fermentation alcoolique* et intervenir si nécessaire, car la cuvaison n'est pas, comme on pourrait se l'imaginer, un moment d'attente paresseuse où le vigneron laisse les levures accomplir leur travail! Plusieurs fois par jour, tel un praticien, le vigneron ausculte sa cuve : mustimètre et tasse à vin sont ses stéthoscopes! La cuvaison varie, suivant les régions, de deux jours à trois semaines. Elle dépend étroitement de la nature du vin et de la destinée qui sera la sienne. Les vins qui seront bus jeunes sont, évidemment, cuvés moins longtemps que les vins de garde. Actuellement,

Alignement de foudres en chêne de Russie, près de Béziers. Phot. Mackiewicz.

les cuvaisons sont plus courtes qu'autrefois. Ainsi, à Châteauneuf-du-Pape, la cuvaison durait jadis jusqu'à Noël, ce qui donnait des vins tanniques et longs à se dépouiller. Ils se conservaient, bien sûr, admirablement, mais, pour arriver à stabiliser des vins aussi chargés, il fallait trois ans de séjour en fût avant la mise en bouteilles, ce qui risquait de les dessécher. La réussite du vin dépend étroitement du rapport équilibré entre la durée de la cuvaison et le séjour en fût durant l'élevage*. Mais, bientôt, un bien beau moment attend le vigneron, celui de la décuvaison*, lorsque la fermentation sera terminée.

cuve. Les cuves, de nos jours, sont en bois, en ciment ou en acier inoxydable. Le bois, évidemment, est le matériau traditionnel, utilisé de temps immémorial, et beaucoup de vignobles de qualité continuent à l'employer.

Les cuves en bois ont quelques inconvénients : leur prix élevé à l'achat, qui cause des problèmes au moment de leur remplacement; leur entretien onéreux et leur préparation minutieuse avant emploi, qui exigent beaucoup de main-d'œuvre; le fait, enfin, qu'elles demandent, pour les vins blancs, l'emploi de tonneaux ou de cuves verrées pour loger le vin après la fermentation (donc double matériel). Si on veut les utiliser pour conserver les vins après fermentation, on doit les fermer pour abriter le vin de l'air, les peindre ou les vernir à l'extérieur pour empêcher les pertes par évaporation : d'où certaines difficultés techniques. Mais elles ont de tels avantages! Les vins blancs y fermentent bien, s'affinent, s'éclaircissent plus vite et peuvent être vendus plus rapidement que ceux qui sont faits en cuves de ciment. Pour les vins rouges, ces cuves en bois sont nettement supérieures, puisque ceux-ci ont besoin d'une aération modérée afin de s'affiner en cuve avant d'être mis en bouteilles.

Les cuves en ciment sont beaucoup moins onéreuses à l'achat. Leur entretien et leur hygiène sont bien plus faciles. Elles permettent le logement du vin blanc après fermentation sans risque d'oxydation et évitent des manipulations. D'ailleurs, leur encombrement est aussi plus faible que celui des cuves en bois. Mais elles risquent d'enrichir le vin en fer (casse ferrique*) et montrent parfois une certaine porosité. On peut surtout leur reprocher le fait que leurs architectes, entre 1925 et 1950, ont été atteints de délire de grandeur. Si la cuve en bois a toujours une capacité forcément limitée (d'ailleurs, lorsqu'il s'agit de vins fins, il ne faudrait guère dépasser 100 hl), la cuve de ciment, elle, peut prendre des proportions gigantesques : 600 à 800 hl. Beaucoup de caves coopératives ont ainsi été dotées, pour leur malheur, de batteries de cuves pour Gargantua. Le résultat ne s'est pas fait attendre. Plus question de rester maître d'une telle masse en fermentation : on a assisté à de prodigieuses élévations de températures, suivies d'arrêts de fermentation, puisque,

Cuves modernes émaillées et tubes en inox dans un château du Médoc. Phot. Mackiewicz.

au-dessus de 30 °C, les fermentations s'arrêtent ou, tout au moins (ce qui ne vaut guère mieux), sont supplantées par des bactéries : *Mycoderma aceti**, *Mycoderma vini**, bactéries de la graisse, s'en donnèrent à cœur joie dans ces cuves, qu'on avait oublié d'équiper d'un système de refroidissement...
Il existe maintenant des cuves modernes en acier inoxydable ou en acier vitrifié. Très chères à l'achat, elles sont encore l'exclusivité des grands vignobles. Elles sont d'un entretien extrêmement facile et donnent la possibilité de refroidir rapidement le moût, par arrosage extérieur ou par chemisage de tissu humide.

cuve close, méthode de fabrication des vins mousseux, encore appelée « procédé Charmat », qui permet d'obtenir des vins considérablement moins chers que ceux qui sont élaborés par la méthode champenoise*. — On ajoute à du vin sec une solution de sucre et des levures pour obtenir une seconde fermentation. Mais celle-ci ne se fait pas en bouteilles comme lors de la méthode champenoise : la prise de mousse est réalisée dans un récipient de vaste capacité hermétiquement clos (d'où le nom de cuve close). Il va de soi que les parois de cette cuve sont calculées pour résister à la pression considérable qui se développe durant cette seconde fermentation. Dans cette méthode, la cuve est considérée, en quelque sorte, comme une bouteille géante. Pour obtenir la clarification du vin, on filtre celui-ci sous contre-pression et on remplit immédiatement les bouteilles dès qu'il sort du filtre. Les vins mousseux sont fabriqués, par ce procédé, en deux ou trois semaines, et les manipulations délicates et onéreuses de la méthode champenoise sont supprimées. Economie de temps, économie de main-d'œuvre, certes, mais le vin s'en moque, et les Mousseux obtenus, inutile de le préciser, sont de qualité bien inférieure à ceux qui sont donnés par la seconde fermentation en bouteilles, lente et à basse température, de la méthode de dom Pérignon*. Cette méthode est parfois employée dans le Midi pour fabriquer des Muscats* mousseux, à base de vin ordinaire aromatisé avec du vin provenant de Muscat de Hambourg (qui n'a pu être vendu comme raisin de table), mais elle est interdite en France pour les vins à appellation d'origine.

cuve fermée, procédé employé presque partout en Gironde pour la fermentation des vins rouges. — La fermentation des raisins provenant des cépages bordelais est plus délicate que celle du pinot noir de Bourgogne (la Bourgogne emploie la « cuve ouverte »). Les volumes de vendanges sont aussi plus considérables qu'en Bourgogne. La cuve fermée permet d'obtenir au-dessus du chapeau une sorte de matelas de gaz carbonique qui protège le moût des risques de piqûre. On aère ce moût par des remontages du chapeau au début de la fermentation, afin de lancer les levures. S'il faut réfrigérer le moût, le système employé est ici un serpentin extérieur à la cuve.

cuve ouverte, procédé utilisé généralement en Bourgogne durant le temps de la fermentation alcoolique* (celle-ci est facilitée par une forte aération). — Le chapeau* flottant est foulé de temps en temps. On utilise des cuves de bois, généralement équipées d'un drapeau*, qui permet de réchauffer ou de réfrigérer les moûts.

cuvé. Un vin trop cuvé, qui est resté trop longtemps à fermenter dans la cuve, a dissous trop de tanin; il est alors astringent* et dur*, et il faut du temps pour qu'il s'améliore.

cuvée, quantité de vin qui se fait à la fois dans une cuve, autrement dit ensemble du vin fermenté dans une même cuve.
Mais on appelle aussi « cuvée » l'assemblage des vins de plusieurs cuves, mais ayant la même provenance, la même origine. « Première cuvée », « seconde cuvée » sont des expressions qui désignent la classe, la qualité relatives des vins.

cuver, en parlant de la vendange, séjourner dans la cuve le temps que dure la fermentation alcoolique*.

D

débourbage. Lorsqu'il s'agit de vins blancs, le débourbage est l'opération qui consiste à séparer le moût des bourbes, c'est-à-dire des matières en suspension, avant de le faire fermenter. On appelle aussi « débourbage » le premier soutirage* après la vinification. Il se pratique généralement à la cuverie vers le mois de décembre. La première lie, séparée du vin clair, est alors très épaisse et abondante.

décantation ou **décantage,** opération fort délicate qui a pour but de transvaser le vin de sa bouteille d'origine dans une carafe, préalablement rincée au vin, pour le séparer de ses dépôts. — Elle se fait généralement à la lumière d'une bougie, placée derrière le col de la bouteille, afin d'arrêter le transvasement dès que le vin apparaît un peu trouble. La décantation est, en somme, une sorte de soutirage* appliqué à l'échelle réduite de la bouteille. Malgré les progrès apportés à la stabilisation* des vins, il est impossible d'empêcher le dépôt des tanins* et de la matière colorante*, avec l'âge. Ces dépôts, en se déposant sur la langue, nuiraient à la dégustation. Le vin à décanter est presque toujours un vin rouge et toujours un vin vieux.
La décantation a autant de partisans que d'adversaires. En effet, même si l'opération se fait avec une infinie délicatesse et la respectueuse lenteur obligatoire, il se produit à ce moment une oxydation, chimiquement assez violente, qui risque d'anéantir un très vieux vin, dont l'équilibre est toujours d'une extrême fragilité. En réalité, chaque vin pose un problème particulier. Le mieux est de monter le vin de la cave deux heures au moins avant le repas et de déterminer s'il aura ou non besoin d'être décanté (dans le cas où l'on est partisan de la décantation). Celle-ci se fera au dernier moment, juste avant la dégustation pour les vins fragiles, et un peu avant le repas pour les vins solides, qui tireront bénéfice d'une aération prudente et modérée (cas de certains Médocs, de certains Graves restés un peu « austères* »). La décantation a un côté spectaculaire qui plaît beaucoup aux amateurs de mise en scène : regarder le sommelier officier ou opérer eux-mêmes devant les convives doublent le plaisir qu'ils retirent d'une vieille bouteille. En revanche, la décantation prive l'amateur de la contemplation amoureuse d'un vénérable flacon tout au long de sa respectueuse dégustation.
Les adversaires de la décantation préfèrent ne pas courir le risque de tuer un vin. Ils préfèrent le monter de la cave deux heures avant la dégustation environ et le déboucher. Ensuite, religieusement, avec d'infinies précautions, lorsque l'heure H est venue, ils le versent dans les verres, en n'hésitant pas à sacrifier le fond de la bouteille. Si le vin a besoin d'aération pour développer toutes les subtilités de son bouquet, il subira naturellement la très légère oxydation nécessaire au cours du versement dans le verre.

décanter, flacon très luxueux et très raffiné dans lequel le Porto Vintage*, vieilli en bouteilles, est versé avant d'être servi. — Après des années de claustration en bouteilles, le Porto a besoin d'être aéré et décanté. L'opération se fait avec un luxe de précautions bien compréhensibles quand on connaît la valeur d'un vin si admirable. Le Porto repose ensuite quelques heures dans le décanter avant d'être dégusté, jusqu'à la dernière goutte, avec toute la dévotion requise. Le décanter ancien de cristal taillé est parfois garni d'incrustations d'or ou contenu dans un coffret de bois précieux. Il porte souvent une médaille d'argent pendue aù goulot. C'est un objet de valeur qu'il est encore possible de trouver chez l'antiquaire. Certaines maisons spécialisées dans les beaux objets pour cadeaux font des modèles de décanter modernes, toujours très élégants.

décharné (vin), vin maigre, fatigué, manquant de tout, qui plonge l'œnophile dans la tristesse. — Des traitements trop brutaux et appliqués sans discernement sont souvent la cause de cette disgrâce physique du vin. C'est pourquoi il faut se méfier des collages* et des filtrations* trop énergiques, pratiqués en vue d'obtenir une impeccable limpidité*, car ils malmènent souvent le vin. Il en est de même d'un séjour trop long en fûts qui l'épuise.

décoloré (vin), vin qui, à l'œil, montre une décoloration très nette, même pour un œil peu exercé. — On sent que sa teinte est passée, fanée. Dans les très vieux vins rouges, la décoloration est de règle, puisque le temps fait se précipiter les matières colorantes* du vin. Mais la décoloration est aussi due parfois à un traitement au noir animal ou à un excès d'anhydride sulfureux*.

décuvaison ou **décuvage,** transvasement du vin de la cuve, où il vient de subir la fermentation alcoolique*, dans les tonneaux. — On peut décuver lorsque la plus grande partie du sucre a été transformée en alcool.

définition du vin. Elle nous est donnée par l'article premier du décret du 3 septembre 1907: « Aucune boisson ne peut être détenue ou transportée en vue de la vente, mise en vente ou vendue sous le nom de vin, que si elle provient exclusivement de la fermentation du raisin frais ou du jus de raisin frais. » Cette définition légale française exclut, il va sans dire, les boissons préparées avec des fruits autres que le raisin. Mais elle exclut aussi les vins préparés avec des raisins secs — ce qui est plus important. De tels vins étaient, en effet, préparés par les fraudeurs. Toutefois, des vins de raisins secs sont encore préparés en Grèce et en Italie.

dégorgement, une des dernières manipulations nécessitées par l'emploi de la méthode champenoise*. — Le Champagne (ou le vin mousseux), après avoir subi la seconde fermentation, est troublé par des dépôts que l'habile tour de main du remuage* a peu à peu assemblés sur le bouchon. Il s'agit maintenant d'expulser ce dépôt. Autrefois, cette opération se faisait « à la volée » et, malgré l'habileté des ouvriers, elle était loin d'être sans risque : perte de gaz, perte d'une certaine quantité de vin au moment du débouchage. Actuellement, elle est grandement

Opération du dégorgement. Le bouchon, retiré à l'aide de la pince, est violemment expulsé en entraînant avec lui le dépôt. Phot. Laurent-Perrier.

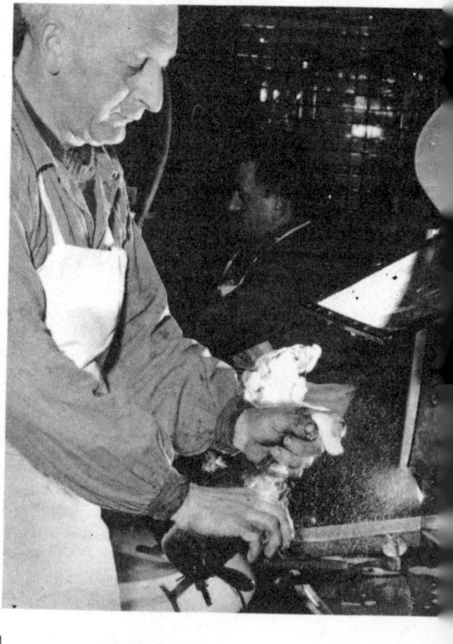

facilitée par l'emploi du froid artificiel. Le goulot de la bouteille est plongé, tête en bas, dans un mélange réfrigérant à −16 °C ou −18 °C. En quelques minutes, le dépôt est enrobé dans un glaçon. Le spécialiste enlève alors l'agrafe du bouchon, puis retire celui-ci à l'aide d'une pince : poussé par la pression, le bouchon est violemment expulsé en entraînant avec lui le dépôt. La perte de pression et de vin par ce procédé est insignifiante. Le vide laissé par le départ du dépôt est immédiatement comblé par la liqueur d'expédition* : c'est l'opération du dosage*.

dégustation. Elle est une opération à la fois très simple et extrêmement complexe. C'est un art; une science peut-être, mais c'est surtout un acte d'amour. Si le lyrisme des amateurs de musique, de poésie, de peinture bénéficie du préjugé favorable de la culture, celui, tout aussi louable, des œnophiles est souvent blâmé : depuis bien longtemps, les sens du goût et de l'odorat, jugés trop matériels, sont traités en parents pauvres et privés de toute éducation.
Pourtant, le langage qui traduit l'émotion des amateurs de concerts et d'expositions est relativement assez pauvre, et il faut bien admettre que celui des œnophiles est bien plus précis, même s'il peut sembler bizarre, prétentieux et ridicule aux profanes.
La dégustation n'est pas seulement une source de joie pour l'œnophile, un moyen de communiquer avec ses semblables par son intermédiaire, c'est aussi, plus prosaïquement, le moyen d'appréciation le plus simple et le plus sûr que possèdent les vignerons, les négociants*, les sommeliers*. C'est par les dégustations successives qu'ils surveillent l'état du vin, observent son évolution et sont certains ainsi de la qualité du produit livré à la consommation.
La dégustation fait appel à trois organes : l'œil, le nez, le palais. L'œil examine la robe* et la limpidité* du vin; le nez apprécie l'arôme*, le bouquet*; le palais perçoit les sensations diverses que lui procure l'équilibre plus ou moins réussi des éléments qui composent le vin (sucre*, acidité*, alcool*, tanin*, glycérine*, etc.) et la persistance* de ces sensations. Enfin, la dégustation exige de l'œnophile une participation mentale : attention et mémoire sont sollicitées. Le plus difficile est de garder l'intégralité et la rectitude du jugement; pour y parvenir, l'œnophile doit essayer d'écarter l'accoutumance et la suggestion, ce qui n'est pas chose facile.

L'heure de la dégustation dans les caves des Hospices de Beaune. Pipette et tastevin en main, les experts sont en plein travail. Phot. J. Niepce.

dentelle. Ce terme désigne un vin très fin, très délicat, offrant des parfums très subtils. Seul le mot *dentelle* convient pour exprimer tant de raffinement. Il s'agit généralement d'un vin blanc ou, mieux encore, d'un Champagne qui brode autour du verre son feston mousseux.
Certains vieux vignerons disent parfois d'un vin « qu'il tombe *en* dentelle », ce qui est tout autre chose, puisque cela signifie qu'il est anéanti par l'âge et part en lambeaux comme un vieux vêtement.

dépouillé. Les dépôts solides contenus dans le vin après la fermentation se précipitent peu à peu au fond du tonneau au cours de l'hiver, en formant les lies*. Lorsque le vin est devenu clair, on dit alors qu'il est « dépouillé ».

désacidification. Il arrive fréquemment, en année froide et pluvieuse, que le raisin n'ait pas réussi à mûrir normalement. Il donnerait alors un vin trop acide. La désacidification vise donc à neutraliser une partie de cette acidité excessive; elle n'est permise qu'exceptionnellement et sur autorisation du ministre de l'Agriculture. On ajoute au moût du carbonate de calcium pur et précipité. Ce produit est naturel, et l'opération, bien pratiquée, ne nuit pas à la qualité du vin.

dessert (vins de). Bien délaissés aujourd'hui, les vins de dessert faisaient les délices de nos pères, qui ne concevaient pas de repas de cérémonie sans leur fastueux point final. Les grands vins blancs liquoreux*, les vins de liqueur*, les Champagnes et les vins mousseux* demi-secs peuvent être présentés au dessert. Les vins blancs liquoreux seront servis d'autant plus frais qu'ils sont plus riches en sucre, et les vins mousseux très frais, mais non frappés.

Dézaley, un des meilleurs vins blancs* secs* de Suisse*. — Il est récolté sur des terrasses escarpées, face au lac de Genève, à l'est de Lausanne, dans le canton de Vaud. Issu du Chasselas, il montre une remarquable finesse et beaucoup de distinction. Sa réputation est tout à fait méritée.

distingué. Un vin distingué est constitué d'éléments purs et nobles qui s'unissent en un tout parfaitement équilibré.

Dôle, vin rouge suisse, produit dans le canton du Valais, le long de la rocheuse vallée du Rhône. — Issu du Pinot noir, auquel on ajoute souvent du Gamay et diverses variétés locales, c'est sûrement le meilleur vin rouge de Suisse. Bien coloré, corsé, de bonne garde, il évoque un peu le Bourgogne et parfois même le Côte-Rôtie.

dosage, opération qui consiste à introduire dans le Champagne qui vient de subir le dégorgement* une certaine quantité de sucre, grâce à la liqueur d'expédition*. — On distingue ainsi :

— le brut, qui contient de 0 à 0,25 ou 0,5 p. 100 de liqueur;
— l'extra-dry, de 1 à 2 p. 100;
— le sec, de 3 à 5 p. 100, dit également goût américain;
— le demi-sec, de 6 à 10 p. 100;
— le doux, de 8 à 14 p. 100.

En principe, le brut ne contient pas de liqueur. Toutefois, il est parfois nécessaire de lui ajouter une dose de 0,25 à 0,5 p. 100 lorsqu'il semble un peu dur. Autrefois, le Champagne brut était peu prisé, mais, actuellement, il a de plus en plus d'amateurs. La France semble préférer le Champagne léger et brut, l'Angleterre le Champagne très corsé et sec, les pays nordiques le Champagne demi-sec ou même doux. Les Etats-Unis, jadis amateurs de vin sec (baptisé d'ailleurs « goût américain »), consomment de plus en plus le Champagne brut. Il faut avouer que celui-ci met pleinement en valeur les merveilleuses qualités de finesse et d'harmonie tant appréciées dans ce vin de fête. C'est aussi un vin absolument sincère. Un Champagne médiocre masque plus facilement ses défauts grâce à la douceur de son sucre. Le dosage s'opère maintenant très vite, automatiquement, au moyen de machines spéciales de cristal et de cuivre argenté. Autrefois, la liqueur était introduite à la main à l'aide de petites mesures.

doux. En général, le mot *doux* caractérise une saveur agréable. Lorsqu'il s'agit de vin, ce mot indique essentiellement que la présence de sucre, en quantité plus ou moins élevée, se révèle à la dégustation. Mais il prend un sens différent selon les vins auxquels il s'applique. La douceur d'un vin, issu de vendanges atteintes par la pourriture noble*, tel un Sauternes ou un Beerenauslese, est quelque chose de merveilleux qu'on ne trouve que dans des conditions climatiques tout à fait exceptionnelles et particulières. Mais il peut aussi demeurer dans le vin du sucre naturel non fermenté parce qu'on a essayé de le sauvegarder en ajoutant des doses massives d'anhydride sulfureux*. Ce procédé, utilisé pour certains Bordeaux blancs et Liebfraumilch bon marché, est à l'origine de la désaffection du consommateur pour les vins doux. Parfois, le sucre naturel restant dans le vin provient de l'arrêt de la fermentation alcoolique par adjonction d'alcool : c'est le cas du

Porto et de nos vins mutés à l'alcool, désignés légalement sous le vocable « vins doux naturels* ». Ils sont doux à cause du sucre, mais il sont aussi très corsés en alcool, et mieux vaut ne pas se fier à cette douceur-là. D'autres fois encore, la douceur du vin est donnée par l'addition d'un jus de raisin extrêmement concentré et sucré (Marsala). En somme, le mot *doux* appliqué au vin est quelque chose de très vague et d'imprécis, qui n'est ni un compliment, ni un reproche : tout dépend du vin auquel il s'applique. Les mots *demi-sec, moelleux* et *liquoreux* permettent déjà de préciser un peu mieux la sensation éprouvée à la dégustation.

doux naturels (vins). Cette expression a en France une valeur essentiellement fiscale. Il s'agit de vins, naturellement riches en sucre, obtenus par addition d'alcool en cours de fermentation et qui bénéficient donc d'un régime fiscal particulier. Ces vins sont tous fils du soleil méditerranéen. Ce sont, en France, les Banyuls, Maury, Côtes-d'Agly, Côtes-de-Haut-Roussillon, Grand-Roussillon, Rivesaltes, Rasteau, ainsi que nos merveilleux Muscats*, qu'ils soient de Frontignan ou de Beaumes-de-Venise. Les cépages sont les nobles plants de Grenache, Muscat, Macabéo, Malvoisie, d'origine sans doute espagnole ou orientale, qui poussent sur des coteaux arides, brûlés de soleil, où le travail de la terre est fort rude et ingrat. Les habitants de ces régions, qui, sans la vigne, seraient désertiques, se sont livrés depuis la plus haute antiquité à la production de ces vins spéciaux, de tout temps fort appréciés.
Les vins doux naturels, qu'ils soient rouges, rosés ou blancs, sont liquoreux, mais aussi très corsés. Les moûts doivent posséder au départ une richesse en sucre de 250 g par litre. On arrête la fermentation par l'opération du mutage*, c'est-à-dire qu'on sature les moûts par adjonction d'alcool. Le vin garde ainsi tout son fruit, une forte proportion de son sucre naturel, mais, évidemment, titre un degré alcoolique assez élevé : parfois 22° ou 23°. Cette méthode particulière serait d'origine sarrasine. Elle n'est pas sans analogie avec la recette de la Carthagène*, ce vin de liqueur du Midi dont l'origine se perd dans la nuit des temps.
Un vin doux naturel ne doit pas accuser, à la dégustation, de rupture entre la saveur du vin et celle de l'alcool : celui-ci doit, en quelque sorte, se fondre avec le bouquet du vin. On laisse parfois vieillir le vin en fûts, dehors, au soleil. Vieillir au soleil se révèle, à ce qu'il paraît, aussi bénéfique pour le vin que pour l'homme. On obtient alors le « Rancio* », exquis, délicat, qui a ses fanatiques. Les vins doux naturels sont soumis à un contrôle très sévère, et leur élaboration ne peut jamais être effectuée que par les vignerons.
Evidemment, il ne faut pas confondre les vins doux naturels, toujours mutés à l'alcool, avec les grands vins blancs liquoreux* ou moelleux produits en Bordelais et dans la région de la Loire (Sauternes, Quarts-de-Chaume, Vouvray, etc.) et aussi en Allemagne (sur les rives du Rhin et de la Moselle). Ceux-ci ne subissent jamais l'opération du mutage : ils sont l'exquis résultat de la fermentation de jus de raisin naturellement concentré par l'atteinte de la pourriture noble*.
Les vins doux naturels appartiennent à la famille des « vins de liqueur », mais n'ont pas le même régime fiscal que ceux-ci. Ils sont soumis, pour la plupart, au régime fiscal des vins avec, toutefois, un statut particulier. Ils circulent donc avec les pièces de régie spéciales au vin.

drapeau, appareil à circulation d'eau utilisé en Bourgogne, que l'on plonge dans les cuves en fermentation afin de réchauffer les moûts en année froide et de les refroidir en année chaude. — Ce système s'est largement répandu en Bourgogne, à la suite des difficultés rencontrées pour vinifier en 1947 et en 1949, qui furent des années exceptionnellement chaudes et précoces.

dur, terme qui qualifie un vin trop chargé en acidité ou en tanin. — L'acidité trop forte, n'étant pas équilibrée par une teneur en alcool suffisante, donne une impression désagréable. Ce défaut est très fréquent dans les vins jeunes.

E

éclaircissage, méthode de vendange spéciale au Sauternais. – Les vendangeurs passent une première fois, à pleine maturité, et enlèvent à la vigne la moitié de ses grappes. Ce travail est fait avec adresse, de façon à favoriser l'aération des grappes qui restent. Celles-ci mûrissent alors plus parfaitement; la pourriture noble* peut aussi les attaquer avec plus de régularité. Le résultat est excellent, et la méthode procure un gain appréciable de main-d'œuvre. La première récolte sert à faire un excellent vin blanc sec.

Edelzwicker, vin blanc d'Alsace résultant uniquement du mélange de cépages nobles (Traminer, Riesling, Sylvaner, Pinot, etc.). – Les bons assemblages bien réussis méritent d'être appréciés des amateurs. L'Edelzwicker est évidemment supérieur au Zwicker, le mot allemand *edel* voulant dire précisément « noble », « supérieur ». Les Alsaciens l'appellent d'ailleurs parfois « Gentil », ce mot ayant un sens français équivalent, que l'on retrouve dans *gentilhomme.*

L'Edelzwicker est plus généreux et plus parfumé que le Zwicker, tout en restant léger et facile à boire. C'est un bien sympathique vin de carafe, qui fait merveille sur la choucroute.

égrappage. Pratiqué depuis longtemps en Gironde si on en croit des documents du XVIIIe siècle, l'égrappage semble être beaucoup plus récent en Côte-d'Or, où sa pratique ne s'est généralisée que depuis trente ou quarante ans. On égrappe aussi dans la vallée de la Loire (Bourgueil, Chinon, Champigny), dans les Côtes du Rhône (Hermitage, Cornas, Côte-Rôtie), ainsi que les raisins destinés au Chianti. Par contre, l'égrappage n'est pas pratiqué dans le Beaujolais, où il serait d'ailleurs parfaitement inutile, puisque les vins sont obtenus par cuvaison courte.

Ce procédé est surtout employé pour des vins provenant de cépages riches en tanin (Cabernet, Pinot, Syrah, cépages italiens). Il permet d'obtenir des vins moins astringents* et qui peuvent être bus plus rapidement.

Le Bordelais, dont les cépages sont tanniques, est d'autant plus astreint à l'égrappage que la durée de cuvaison des vins est, traditionnellement, très longue.

Il arrive d'ailleurs qu'on n'égrappe qu'une partie de la vendange ou qu'on égrappe

Égrappage à la main au Château Palmer, dans le Médoc. Pratiqué depuis longtemps dans la région, l'égrappage permet d'obtenir des vins moins astringents et plus vite prêts à la dégustation.
Phot. Mackiewicz.

selon la maturité des raisins, tout cela étant affaire de terroirs, de cépages ou d'années.
L'égrappage permet de diminuer le volume total de la vendange et des marcs à presser, ce qui est déjà appréciable. Il donne au vin plus de moelleux, plus de finesse et aussi plus de couleur; il apporte une augmentation d'environ un demi-degré alcoolique. On se garde d'égrapper, par contre, là où on récolte ordinairement des vins mous* et plats, afin de leur donner plus de fermeté* et de vinosité*.
L'égrappage est pratiqué mécaniquement grâce au fouloir-égrappoir, appareil qui foule d'abord le raisin (c'est-à-dire l'écrase pour en faire sortir le jus), puis éjecte les rafles, après avoir séparé celles-ci du jus et des peaux.

élégant. Tous les vins de grands crus sont des vins élégants, ce qui ne veut pas dire que les vins moins racés ne peuvent l'être. L'élégance du vin est comparable à celle de l'homme : elle est faite de la classe des différents éléments, unis en une indiscutable harmonie.

élevage, ensemble de soins qu'il faut apporter au vin nouvellement fait, afin d'aider la bonne nature à améliorer sa qualité, à l'amener vers la perfection et à lui assurer une longue vie. — L'élevage consiste d'abord à prodiguer des soins au vin en fûts, puis à procéder à la mise en bouteilles* et, enfin, à le laisser vieillir en bouteilles jusqu'au moment où il atteint toute la perfection désirée.
Le vin nouveau encore chaud n'est pas descendu immédiatement à la cave. Il doit encore être maintenu à une température supérieure à 20 °C, afin d'achever son activité fermentaire. D'abord, le sucre résiduel qu'il contient doit finir de se transformer, sous peine de refermentation* ultérieure. Ensuite, le vin doit faire sa fermentation malo-lactique*, qui assurera sa stabilité.
Dès la fin des fermentations, on peut descendre les tonneaux en cave fraîche : c'est la période de maturation ou d'affinage. Une série de soins simples sera alors appliquée au vin jusqu'à sa mise en bouteilles; ouillages*, débourbages*, soutirages*, collages*, et enfin filtration avant la mise en bouteilles*.
Le séjour en fûts est variable suivant la nature du vin et le type de vin que l'on désire obtenir. Certains vins doivent attendre patiemment (2 ans parfois) que leur bouquet se révèle (Grands Bourgognes, Médoc). D'autres, comme le Beaujolais et le Muscadet, sont appréciés surtout pour leur fruit, et quelques mois leur suffisent. D'autre part, plus la cuvaison* a été longue, plus le vin doit attendre en fûts, afin de se dépouiller de son excès de tanin*. Toutefois, les vins demeurent, de nos jours, moins longtemps en fûts qu'autrefois. On a remarqué que les vins qui subissent un séjour en fûts trop prolongé se dessèchent et perdent une partie de leur bouquet, par des phénomènes d'oxydation.

élevé (vin), vin prêt pour être mis en bouteilles.

éleveur. L'emploi de ce mot est relativement récent. Il fait même sourire les profanes, qui pensent qu'on peut élever du bétail et de la volaille, mais non du vin. Pourtant, le vin n'est pas une matière inerte qu'il suffit d'entreposer et de laisser vieillir dans l'attente de la vente, comme des objets d'art chez l'antiquaire. Il faut le soigner, mettre en œuvre tout le talent, toutes les connaissances de spécialistes qualifiés, afin de le conduire à son épanouissement. Il faut tenir compte, pour y réussir, de la personnalité, du caractère, de l'année de naissance, de l'origine de chaque vin. N'est-ce pas là, au sens propre, véritablement élever le vin?

ennemis de la vigne. On frémit en pensant aux ennemis innombrables qui guettent la vigne. Heureusement, celle-ci est vaillante, et les viticulteurs, par définition, sont des hommes courageux et obstinés! Mais la lutte contre les maladies n'en demeure pas moins un des grands problèmes de la viticulture. Parmi les ennemis acharnés à sa perte, la vigne compte d'abord les insectes, des papillons innocents aux chenilles et larves voraces (cochylis, eudémis, pyrale, noctuelle), les hannetons, les araignées rouges et surtout le phylloxéra*, dont le nom seul évoque le terrible cauchemar qu'a vécu notre vignoble. Puis il y a les maladies cryptogamiques, causées par des champignons : la pourriture grise*, l'esca (ou apoplexie), le mildiou* et l'oïdium*, qui ne sont que trop tristement connus. Enfin, la vigne peut être atteinte de maladies physiologiques : chlorose, rougeot, coulure*, millerandage*, grillage*, court-noué. Ce n'est pas tout : les foudres du ciel ne sont pas toujours épargnées à notre vigne courageuse, et la grêle* est un de ses pires fléaux. Puis il y a les gelées*, dont on ne sait laquelle est la plus néfaste, la blanche ou la noire.

Entre-deux-Mers, vaste région qui occupe le triangle formé par la Garonne et la Dordogne, depuis leur confluent au bec d'Ambès jusqu'aux confins du département de la Gironde, à l'est. — En réalité, c'est « Entre-deux-Fleuves » qu'il conviendrait d'appeler plus modestement cette région. Mais ne sommes-nous pas ici au cœur du pays de Gascogne, à l'imagination si charmante?
Il est à noter que certaines régions qui font partie géographiquement de l'Entre-deux-Mers donnent des vins à appellation spéciale : « Premières-Côtes-de-Bordeaux* », « Loupiac* », « Sainte-Croix-du-Mont* », « Côtes-de-Bordeaux-Saint-Macaire* », « Graves-de-Vayres* », « Sainte-Foy-Bordeaux* ».
L'appellation « Entre-deux-Mers » s'applique uniquement à des vins blancs secs, titrant au moins 11,5°, produits sur des terrains argilo-calcaires, argilo-siliceux et graveleux, et provenant des cépages nobles du Bordelais. Les vins sont redevenus des vins blancs secs d'excellente qualité depuis que les vignerons ont repris la vinification traditionnelle en sec, abandonnant le moelleux artificiel qu'ils avaient essayé de maintenir quelque temps, pour répondre à une demande passagère du consommateur.
L'Entre-deux-Mers est un vin frais, fruité, avec une sève bien particulière. Il convient remarquablement aux poissons, aux hors-d'œuvre, aux entrées et surtout aux huîtres. Il existe d'ailleurs une jolie devise parfaitement justifiée et fort agréable à appliquer : « Entre-deux-Huîtres — Entre-deux-Mers! » La région produit aussi un peu de vin rouge, qui n'a jamais droit à l'appellation « Entre-deux-Mers », mais est vendu sous l'appellation « Bordeaux » ou « Bordeaux supérieur* ».

entreillage. Après avoir reçu la liqueur de tirage*, les bouteilles de champagne sont empilées en tas, dans les caves, en position horizontale. Entre chaque rangée, de minces lattes de bois ont été habilement posées par les cavistes (on appelle parfois l'entreillage « mise sur lattes »). C'est là que la seconde fermentation va s'établir lentement, à une température constante de 10 °C environ. Cette lenteur est indispensable pour obtenir la mousse

Alignées et empilées avec une habileté extraordinaire dans une cave champenoise, ces bouteilles seront bientôt exportées dans le monde entier sous le signe de la qualité française.
Phot. Société Photec.

fine, aérienne, persistante qui est l'âme même du Champagne. Le sucre contenu dans le vin va peu à peu se décomposer en alcool et en gaz carbonique, qui, ne pouvant s'échapper, va rester dissous dans le vin pour notre plaisir futur. Cette opération dure de deux à quatre mois environ. On laisse ensuite le vin se reposer quelque temps encore, afin qu'au contact des dépôts et des lies constitués par les levures mortes il puisse épanouir pleinement toutes ses qualités.
Il faudra ensuite éliminer les dépôts qui troublent la limpidité du vin. Ce sera le but des opérations de remuage et de dégorgement*.

enveloppé (vin), vin dont les reliefs sont estompés, les contours atténués. — Cette sensation se produit lorsque l'alcool* et la glycérine* dominent par rapport aux autres constituants du vin : ces deux corps forment comme une enveloppe qui entoure les autres éléments et empêche de les percevoir avec toute la subtilité désirable. Le vin enveloppé provient de raisins riches en sucre.

épanoui, terme qui, généralement, s'applique au bouquet* d'un vin. — Le bouquet épanoui se perçoit peu à peu en s'élargissant en éventail jusqu'à ce qu'il se révèle dans toute sa plénitude.

épluchage, opération qui consiste à trier les grappes à la main, au moment de la vendange, avant qu'elles soient foulées ou pressées, afin d'en éliminer les raisins abîmés. — Cette pratique est courante lorsqu'on vise à obtenir des vins de qualité. C'est une opération fort coûteuse, étant donné le prix de revient de la main-d'œuvre, mais qui se révèle obligatoire certaines années. Lorsque l'ensemble de la récolte est sain et que les grappes sont mûres de façon égale, les trieuses se contentent d'enlever rapidement les grains verts qui peuvent subsister. Or, ce n'est pas toujours le cas, surtout en Champagne. Sous ce climat septentrional, le raisin mûrit parfois difficilement, et il faut éliminer les raisins non mûrs, trop acides et trop pauvres en sucre, afin

Épluchage dans les vignes en Champagne. Les raisins à trier sont versés sur des claies d'osier que supportent deux paniers « mannequins ».
Phot. Mackiewicz.

d'obtenir un vin suffisamment alcoolique. D'autre part, ce qui est encore plus grave, les raisins pourris ou moisis risquent de donner des odeurs et des saveurs désagréables, dont le développement serait favorisé par la prise de mousse. L'épluchage est donc, en Champagne, une sujétion fort onéreuse, mais impérative. L'opération se fait au bord même de la vigne. Les raisins sont versés sur des claies d'osier supportées par deux paniers « mannequins » de 80 kg. Les trieuses épluchent les grappes à la pointe des ciseaux et mettent dans un des paniers les grappes soigneusement épluchées, jetant dans l'autre les grains verts, pourris ou simplement abîmés.

équilibré (vin), vin dont les différents éléments sont bien à leur place et existent en proportions heureuses. Dans un tel vin, alcool, acidité, sucre, extrait sec réussissent un accord parfait, car aucun d'eux ne domine par rapport aux autres.
On dit aussi d'un tel vin, avec une gentillesse familière, qu'il est « bien balancé ». Et comme le résultat final est l'harmonie, but suprême d'un vin de qualité, on le dit encore « harmonieux ».
Quand un vin présente un excès ou un manque d'un des éléments constitutifs, on le dit « déséquilibré ».

Tapisserie espagnole du XVIIIe s., d'après Goya. (Musée du Prado, Madrid.) La plupart des vins espagnols sont des vins ordinaires. C'est surtout par ses vins de liqueur remarquables que l'Espagne est connue à l'étranger. Phot. Bulloz.

Espagne. Bien qu'il y ait des vignes un peu partout en Espagne et que le vignoble occupe une superficie relativement étendue, le volume des vins espagnols est moins important que celui de France ou d'Italie. Le sol aride et le climat ingrat limitent la production, qui atteint 25 millions d'hectolitres environ (ce qui représente en gros le tiers de la production française et la moitié de la production italienne).

Pour le profane, le vin d'Espagne, c'est le Xérès. Celui-ci ne représente, en réalité, que 2 p. 100 environ de la production totale espagnole, et, à côté de ce vin de renommée mondiale, l'Espagne produit toute une gamme de vins rouges, rosés, blancs, mousseux, de vins de liqueur et de mistelles.

Sauf dans quelques régions viticoles évoluées, les procédés de vinification sont encore trop souvent primitifs, et la plupart des vins espagnols sont des vins de table communs et riches en alcool, consommés localement. Ils ne sont pas mis en bouteilles. Leur qualité est variable et dépend des soins et de la conscience du producteur. Très bon marché, ces vins étonnent souvent le touriste par leur originalité. Les régions de Valence et d'Aragon produisent des vins très corsés, très colorés, destinés généralement à l'exportation. Vendus en tonneaux, en Suisse surtout, ils peuvent donner plus de couleur et d'alcool à des vins un peu anémiques.

Les meilleurs vins espagnols (surtout les rouges) proviennent en grande partie de la région de Rioja*, non loin de la frontière française, dans la haute vallée de l'Ebre. Les plus fins de ces vins présentent une ressemblance singulière avec nos bons Bordeaux. Toute la région atlantique de l'Espagne, de la Galice à la province basque, produit d'ailleurs les vins les plus renommés d'Espagne. Puis vient l'importante région productrice de Valdepeñas*, au sud de Madrid, en Nouvelle-Castille, suivie par la région d'Alicante, au sud de Valence, qui donne un gros volume de vins rouges ordinaires, issus du cépage Grenache, et quelques bons rosés à Yecla, sur les collines situées à l'ouest. Quelques vins rouges et blancs de bonne qualité sont encore récoltés autour de Barcelone (Panadès, Perelada, Alella) et en Galice, où la vallée du Minho, à la frontière portugaise, donne quelques bons vins rouges, rosés et blancs.

La Catalogne produit, au sud-ouest de Barcelone, un mousseux, souvent étiqueté « Xampañ » (prononcer « Champagne »!). Il y eut même un certain « Spanish Champagne », contre lequel eut lieu, il y a quelques années, le fameux procès de Londres, intenté et gagné par notre I.N.A.O. De toute façon, les palais français se montrent réticents à l'égard de ce Xampañ-là...

C'est essentiellement à ses vins de liqueur que l'Espagne doit sa renommée à l'étranger : le Xérès*, surtout, est sa légitime fierté. Le Manzanilla*, le Montilla* sont très appréciés aussi, mais surtout des Espagnols. Tarragone, au sud de Barcelone, sur la côte méditerranéenne, produit un bon vin de liqueur, rouge et corsé, généralement appelé « Priorato » en Espagne et « Tarragona » lorsqu'il est exporté. Le Tarragona, comme le Malaga* d'ailleurs, a perdu de son importance commerciale d'autrefois : tous deux demeurent cependant des vins fort agréables.

Estaing, petit vignoble du Sud-Ouest*, situé dans la vallée du Lot et n'occupant que trois communes : Estaing, Coubisou et Sebrazac. — Ce vignoble couvre des terrasses aménagées autrefois par les vignerons, au cours des âges, sur les versants de petites vallées profondes. Il grimpe jusqu'à 300 et 450 m d'altitude, et, s'il bénéficie des étés chauds et secs, il pâtit aussi parfois des hivers rudes du climat continental. Les vins rouges sont issus principalement du Fer*, appelé ici « Mansois », et de ses compagnons Gamay, Merlot, Cabernet, Négrette, Jurançon noir. Ils sont en général excellents, très délicats et bouquetés.
Les vins blancs proviennent du Chenin blanc et du Rousselou (ce sont les meilleurs), ainsi que du Mauzac. Ils sont secs et fins, fort plaisants. Très appréciés localement et par les touristes, comme d'ailleurs leurs voisins et jumeaux d'Entraygues, les vins d'Estaing sont classés V.D.Q.S.

Est Est Est, vin blanc italien, léger et demi-sec. — Il est produit autour des villages de Montefiascone et de Bolsena, au nord de Rome, à partir du cépage Moscatello (ou Moscato di Canelli), qui donne l'Asti Spumante et les Vermouths italiens. Son nom curieux lui vient de l'aventure, souvent racontée, survenue à un évêque allemand, œnophile de surcroît, qui, en route pour Rome, s'était fait précéder par son serviteur (dont la mission d'éclaireur consistait, en fait, en dégustations préalables). Le domestique avait l'ordre d'écrire sur les murs de chaque auberge dont le vin lui avait semblé spécialement délectable le mot latin « Est », qui signalait à son maître que le vin « est » bon. En passant à Montefiascone, le valet ne s'était pas contenté d'écrire « Est », mais avait écrit « Est! Est!! Est!!! ». Le pauvre évêque, dès son arrivée, n'eut rien de plus pressé que de s'enivrer à mort : sa tombe, dont l'épitaphe en latin raconte l'histoire, a été pieusement conservée.

Etats-Unis. Quand on pense au vignoble des Etats-Unis, un nom vient immédiatement à l'esprit : Californie*. Le vignoble californien est, de loin, le plus important, puisqu'il produit à lui seul 80 p. 100 de tout le vin consommé aux Etats-Unis. Toutefois, d'autres régions viticoles, moins connues, apportent leur quote-part à la production et fournissent environ 14 p. 100 de la consommation (le reste est importé) : à l'est, du côté de l'Atlantique, les deux Etats presque voisins de New York* et de l'Ohio*; à l'ouest, du côté du Pacifique, l'Etat de Washington*, à la frontière canadienne, séparé de la prolifique Californie par l'Etat d'Oregon.

Etna. Les vins de l'Etna sont les meilleurs vins de table de Sicile. Les vignes, qui couvrent les pentes est du volcan, donnent des vins rouges ou blancs de très bonne qualité. Les vins provenant des vignobles en altitude, autour, par exemple, des villages de Nicolosi, de Trecastagni et de Zafferana, pas trop corsés, ont une race certaine.

Etoile (L'). Cette commune du Jura*, dotée d'une appellation contrôlée communale, est le royaume du vin blanc. Ici, on ne produit ni vins rouges ni vins rosés. Les vins blancs secs ont les caractères habituels de ceux de la région, mais ils sont d'une exceptionnelle qualité, d'une grande délicatesse et comptent parmi les meilleurs.
Les mousseux sont très fins et élégants. L'Etoile produit aussi un peu de vin jaune* et de vin de paille*.

évent, mot qui veut dire « air libre ». — On se doute qu'un vin exposé à l'air prend un goût altéré; et dire d'un vin qu'il a le goût d'évent est loin d'être un compliment. On dit encore qu'il est « mâché ». Le goût d'évent peut se produire au moment de la mise en bouteilles, lorsque le vin est malencontreusement aéré à cette occasion. C'est la « maladie de bouteille ». Le vin paraît rugueux, déséquilibré et prend le goût spécial de mâché. Ce goût disparaîtra après un long repos au calme, à l'abri de l'air évidemment.

F G H

Art romain : « Bacchus se rendant chez Icarios », bas-relief. On peut supposer que le Falerne, le plus célèbre des vins de l'Antiquité romaine, fit les frais de la cérémonie. Phot. Alinari-Giraudon.

Fagon, médecin de Louis XIV. — Ce n'est pas à cette honorable fonction que Fagon doit sa célébrité. Si Fagon n'est pas, comme tant d'autres, tombé dans l'oubli, c'est à cause de sa condamnation, aussi injuste que péremptoire, du vin de Champagne. Les termes dans lesquels Fagon a flétri le Champagne sont bien dignes du charabia des médecins de Molière. En revanche, Fagon garde le mérite d'avoir recommandé le Bourgogne, vin de roi, à son illustre client.

faible (vin), vin qui manque de couleur, d'alcool, d'extrait sec. — Ces vins anémiques sont produits dans les mauvaises années. Décevants, ils sont toutefois assez acceptables, mais ne laissent après eux aucun souvenir.

Falerne, le plus célèbre vin de l'Antiquité romaine. — Chanté avec enthousiasme par Pline et Horace, il avait, de plus, la réputation d'être immortel ou presque, puisqu'on prétendait qu'il gardait parfois sa splendeur après un siècle. Il ne révélait, paraît-il, son inimitable et merveilleux bouquet qu'après dix ans. Cette réputation traversa les siècles, et le plus beau compliment qu'on pouvait faire d'un vin était de le comparer au Falerne. C'est ainsi que Grégoire de Tours, au VIe siècle, admirant les coteaux des environs de Dijon, disait d'eux « qu'ils étaient couverts de vignes dont les habitants tirent un Falerne de haute classe ».

Le Falerne existe toujours : il est produit actuellement sur les flancs montagneux de la côte située au nord de Naples. A part le nom, on ne voit pas très bien en quoi il peut rappeler le divin nectar célébré autrefois d'aussi délirante façon. Le rouge est un bon vin solide; le blanc, sec, pâle et fruité, est agréable.

fatigué. Le vin n'a rien d'un sportif, et quand il passe par les épreuves nécessaires à son élaboration, il prend le temps, après chacune d'elles, de se remettre de ses émotions. Il en est ainsi après le filtrage*, la mise en bouteilles*, le pompage. Mais un vin robuste reprend gaillardement le dessus après chaque épreuve.

Faugères. Les vins rouges de cette appellation sont groupés dans les Coteaux-du-Languedoc* classés V.D.Q.S. Ils sont produits au nord de Béziers, non loin de Saint-Chinian*, autre appellation des Coteaux-du-Languedoc. Ce sont d'excellents vins rouges corsés, issus principalement du Carignan, du Grenache et du Cinsault. On les apprécie beaucoup dans la région. Faugères produit aussi des vins blancs, provenant surtout de la Clairette.

féminin. Un vin féminin est un vin plein de grâce, de charme et d'élégance. On cite le Musigny comme type des vins féminins. On oppose évidemment à ce qualificatif le terme *viril**.

Fendant, nom donné, en Suisse*, au cépage Chasselas*. – Ce cépage est loin d'être un producteur de vins remarquables, sauf à Pouilly-sur-Loire*, où il donne le meilleur de lui-même. Dans le sympathique canton du Valais, il donne des vins bien agréables, clairs, très frais*, et souvent fins* et délicats. Mis en bouteilles précocement, dès la fin de l'hiver qui suit la récolte, ces vins gardent un léger pétillement fort plaisant, grâce au gaz carbonique* dissous dans le vin nouveau. Les amateurs vérifieront qu'ils ne sont pas sans analogie avec notre Crépy* savoyard, qui provient, lui aussi, du Chasselas.

Fer, cépage cultivé à travers tout le Bassin aquitain, du Béarn à l'Aveyron, des Landes à la Haute-Garonne. – Son nom viendrait, paraît-il, de la dureté de son bois. On l'appelle encore « Fer Servadou ». Nommé « Pinenc » dans la région des Basses-Pyrénées (Madiran*, Tursan*), il est un cépage complémentaire du Tannat et du Cabernet franc. On l'appelle encore « Mansois » dans l'Aveyron (Estaing*, Entraygues, Marcillac*), où il est le cépage rouge caractéristique.
Bien soignés, les vins provenant de ce cépage sont de grande qualité avec un agréable bouquet et un indéniable accent de pays.

ferme. Un vin ferme est un vin à la fois corsé*, vigoureux et tannique, et qui doit encore attendre pour se révéler pleinement.

fermentation alcoolique, processus qui permet au jus de raisin de devenir du vin, en transformant en alcool* et en gaz carbonique* le sucre contenu dans le moût, selon l'équation de Gay-Lussac $C_6H_{12}O_6 = 2C_2H_5OH + 2CO_2$ (glucose = alcool éthylique + gaz carbonique).
Mais d'autres éléments naissent au cours de cette fermentation à côté de ces corps principaux : glycérine, acide succinique, acides volatils, esters, corps du bouquet, etc.
Bien qu'on ait, depuis longtemps, observé et utilisé la fermentation, on pensait, jusqu'à Pasteur, qu'il s'agissait là d'un phénomène entièrement spontané : « Le vin est tel que le Bon Dieu l'a fait. »
Pasteur démontra, en 1857, que la fermentation était due au travail d'organismes vivants : les levures. Depuis, la technique moderne a encore évolué, et la fermentation n'est plus laissée au hasard et à la chance, mais elle est soigneusement contrôlée. La température des moûts et des celliers est surveillée. D'autres pratiques sont aussi employées : utilisation de levures sélectionnées, stérilisation à l'anhydride sulfureux, etc. La fermentation de la plupart des vins dure, pratiquement, jusqu'à ce que tout le sucre du moût soit épuisé : de toute façon, la fermentation se ralentit d'elle-même peu à peu et finit par s'arrêter quand le vin a atteint 14 ou 15° d'alcool. Elle peut parfois aussi être stoppée par un apport d'alcool étranger (mutage* à l'alcool) ou par stérilisation à l'anhydride sulfureux* (vins blancs liquoreux*).

fermentation malo-lactique. Ce phénomène est encore appelé « rétrogradation malo-lactique ». Il survient parfois immédiatement après la fermentation alcoolique*. Mais on le constate surtout à la fin du printemps : lorsque la « sève monte », le vin se met « à travailler ». Sous l'action de bactéries spéciales, l'acide malique contenu normalement dans le vin se transforme en acide lactique et en gaz carbonique*. Le vin devient alors très légèrement effervescent et trouble. La fermentation malo-lactique a pour résultat la désacidification* biologique du vin, puisque le taux d'acide malique se trouve réduit. Surveillé de près, ce processus biologique est fort utile dans le cas des vins « verts* », qui contiennent un taux trop élevé d'acide malique et dont l'acidité se trouvera ainsi diminuée (cas des vins suisses, alsaciens). On en profite même pour mettre certains vins en bouteilles juste après le phénomène, afin qu'ils conservent

un très léger pétillement dû au gaz carbonique. (Gaillac perlant*, Crépy*, vins du Valais, vins verts du Portugal). Malheureusement, on ne gouverne pas aussi bien cette fermentation secondaire que la fermentation alcoolique.
Lorsque l'acidité est normale, le résultat est plutôt désavantageux. D'autre part, la fermentation malo-lactique ne doit pas faire naître dans le vin une saveur d'acide lactique résultant de la dégradation de l'acide malique et qui serait perceptible à la dégustation.

feuillette, mesure utilisée dans l'Yonne, à Chablis, où elle vaut de 132 à 136 litres. En Saône-et-Loire et en Côte-d'Or, elle jauge 114 litres.

filtration, une des opérations nécessaires pour assurer la limpidité* du vin. — Elle permet d'arrêter dans les filtres non seulement les dépôts, mais aussi les ferments indésirables. Elle assainit le vin, tue les germes microbiens dans une certaine mesure et permet même d'arrêter l'évolution des maladies. Il est préférable de l'utiliser en même temps que le collage* : en effet, la filtration laisse passer une certaine partie des substances protéiques du vin, qui coagulent ensuite de façon apparente dans les bouteilles.
Plusieurs types de filtres sont employés : le filtre à bougies, type Chamberland, peu utilisé à cause de la lenteur de son débit; le filtre à manche, en trame de coton, qui sert surtout à clarifier les vins très chargés; le filtre à pâte, qui est constitué par des grilles métalliques supportant une pâte filtrante.

fin. En France, l'expression « vin fin » est devenue le synonyme d'un vin à appellation d'origine. Un vin fin possède toujours, sans erreur possible, une inhérente supériorité due à son origine, à son cépage et à d'autres facteurs qui lui procurent d'évidentes qualités. Mais on emploie aussi ce terme dans le sens « qui a de la finesse ». Un tel vin a un goût délicat et un parfum subtil. La finesse apporte toujours classe et distinction à un vin. Ainsi, un vin corsé qui a de la finesse peut être souvent considéré comme un grand vin; sans finesse, il n'est rien d'autre qu'un vin lourd et commun.

Modèle de filtre. Seule la filtration permet d'assurer au vin une agréable limpidité, très prisée du consommateur.
Phot. Mackiewicz.

Fitou, appellation contrôlée du Languedoc*, qui désigne un vin rouge produit au sud de Narbonne par les meilleures communes des Corbières* : Fitou, Caves-de-Treille, Leucate, Paziols, Tuchan, Cascatel, Villeneuve-des-Corbières. Le Fitou provient surtout du Grenache et du Carignan (75 p. 100 au moins), unis aux cépages accessoires classiques du Midi. C'est un vin d'une belle couleur rubis foncé, généreux, puissant et charnu. Il doit obligatoirement séjourner au moins de dix-huit mois à deux ans en fûts, avant d'être mis en bouteilles. Il s'affine rapidement avec l'âge, se dépouille de sa rudesse tannique et prend un beau bouquet très particulier. Après cinq ou six ans, il est tout à fait remarquable.

Fixin. Ce village, le plus au nord de la Côte de Nuits, produit des « vins fins de la Côte de Nuits* », mais aussi quelques grands vins rouges, peut-être insuffisamment connus, dont certains, par leurs caractères, rappellent les vins de Gevrey-Chambertin, tout proche.
L'appellation « Fixin » peut-être suivie de l'expression « Premier Cru » ou du nom du climat pour les parcelles suivantes : les Hervelets, la Perrière, Clos du Chapitre, les Arvelets.

fleur (vins de). On appelle ainsi un groupe de vins de grande réputation, dont l'affinement très particulier est dû a des levures spéciales qui forment un voile épais (ou « fleur ») à la surface du fût. Les vins demeurent ainsi six ans et plus sous le voile, sans remplissage du fût. Ils gagnent, durant cette longue attente, un bouquet suave et puissant, extrêmement original. Ce procédé est employé en Espagne pour le célèbre Xérès et en France, dans le Jura, où ces vins rares et recherchés prennent le nom de « vins jaunes* ».

Fleurie. Léger et parfumé, le Fleurie évoque un printemps en fleurs. C'est un Beaujolais* très fruité qu'il faut boire frais et jeune pour en apprécier l'arôme et le goût de raisin frais. Toutefois, certaines années, le Fleurie peut vieillir en beauté, tout comme le Morgon* et le Moulin-à-Vent*.

fondu, terme qui s'applique à un vin harmonieux, dont tous les éléments se combinent en un tout parfait, sans aucune note dominante ni discordante.

foulage, une des premières opérations que subit la vendange en arrivant au cuvage ou au chai. — Les peuples vignerons de l'Antiquité ont tous pratiqué le foulage : Grecs, Egyptiens, Hébreux, Romains, Gaulois. Le foulage doit surtout éviter d'écraser les pépins et les rafles, très riches en tanins et en huiles nuisibles à la finesse du vin. C'est pourquoi le foulage aux pieds est encore pratiqué pour certains vins (Porto, par exemple), car il est doux et contrôlé, bien

Fouloir ancien, au musée du Vin de Rochecorbon. On distingue, au fond, la pente le long de laquelle on faisait glisser la vendange et, à droite, la niche aménagée pour le repos des vendangeurs. Ceux-ci foulaient le raisin sur le plateau central; le moût s'échappait par les deux trous qu'on voit nettement à gauche, et était mis en tonneau.
Phot. Mackiewicz.

mieux que le foulage mécanique. Le foulage est toujours pratiqué pour les vins blancs*, afin de favoriser le pressurage* des raisins : sans cette précaution préalable, le jus s'écoulerait avec difficulté. Le fouloir-égrappoir permet à la fois de pratiquer le foulage, en écrasant les raisins, et l'égrappage*, en les séparant des rafles. On évite de fouler en Beaujolais, afin d'obtenir des vins tendres et peu tanniques.

fourré. Un vin fourré est un vin qui donne une sensation précieuse d'onctuosité et de velouté*. Il s'agit toujours d'un vin gras*, dont la richesse naturelle en glycérine est élevée.

frais. Un vin frais procure une agréable sensation de fraîcheur au palais. Il est généralement jeune* ou, en tout cas, il l'est resté puisqu'il a les qualités mêmes de la jeunesse : fruité, vivacité, agréable acidité et simplicité.
Les vins frais doivent aussi être servis frais, pour mieux faire ressortir leurs qualités.

franc. Un vin franc est un vin net, qui procure au nez et à la bouche des sensations agréables et bien marquées. Aucune anomalie, aucun excès, aucune faiblesse n'affectent le bouquet ni le goût. On dit encore « droit de goût ».

Franconie, région viticole allemande, d'importance secondaire, située dans la haute vallée du Main, aux environs de Wurzbourg.
Les meilleurs vignobles se situent autour des communes de Wurzbourg, d'Escherndorf, d'Iphofen, de Randersacker et de Rödelsee, et appartiennent à l'Etat allemand, à cinq ou six familles nobles ou à des fondations charitables. Comme en pays de Bade, quelques coopératives vinicoles font un effort considérable vers le progrès.
Les vins de Franconie sont secs, puissants, toujours assez corsés, parfois âpres, avec un goût de terroir assez prononcé. Ils proviennent du Riesling, du Sylvaner (qui donne ici, bien souvent, les meilleurs vins) et du Müller-Thurgau, espèce de métis de Sylvaner et de Riesling, qui donne des vins communs. Wurzbourg produit, sous le nom de Steinwein, un des meilleurs vins de la région, issu du Riesling ou du Sylvaner et récolté sur les pentes escarpées des bords du Main. Les bons Steinweine sont secs, corsés, bien équilibrés et fort agréables. Les vins de Franconie sont traditionnellement logés dans leur bouteille spéciale, le Bocksbeutel. Le nom du cépage est indiqué, ainsi que celui de la commune et du vignoble de production.

Frangy. La délicieuse Roussette de Frangy est un vin blanc de Savoie* fort apprécié. Le vin doit, obligatoirement, provenir, comme toutes les authentiques Roussettes, du cépage Roussette (encore appelé « Altesse »), de la Petite-Sainte-Marie et de la Mondeuse blanche, avec une tolérance de 10 p. 100 de Marsanne au maximum. Le cépage Roussette est surtout cultivé à Seyssel*, ainsi qu'à Marestel, Monterminod, Monthoux, etc. La production de Roussette véritable, certifiée par le label V.D.Q.S., est très faible en Savoie, sauf à Seyssel. La Roussette de Frangy est un vin frais, parfumé, très agréable et coulant, sans égaler, toutefois, son voisin le Seyssel.

Frascati, un des vins blancs les plus renommés et les meilleurs des Castelli Romani*, produit autour de la petite ville de Frascati, au sud-est de Rome. Ce blanc sec, doré, corsé, titrant environ 12°, agréable vin de table, est la coqueluche de Rome. On le met souvent en bouteilles pour l'exportation : il rappelle aux nostalgiques le souvenir de leurs « vacances romaines ».

Freisa, vin rouge d'Italie, produit dans la région montagneuse située à l'est de Turin, dans le Piémont, et issu du cépage de même nom. — La Freisa se présente sous deux aspects : elle peut être un vin rouge fruité, souvent un peu acide et rude dans sa jeunesse, qui prend rapidement un bouquet remarquable et particulier, et qui se révèle excellent vers l'âge de trois

Frontignan. Le vignoble. Récolté sur le sol aride et pierreux de ces coteaux ensoleillés, le suave Muscat de Frontignan, « vin de soleil enchanté » comme l'a écrit Paul Géraldy, a toujours joui d'une grande réputation. Phot. Mackiewicz.

ans; elle peut aussi être un vin à la fois demi-sec et mousseux, bouqueté et fruité, qui plaît beaucoup aux Italiens, mais beaucoup moins aux gourmets étrangers qui n'en ont pas l'habitude; elle est rarement exportée sous cette forme.
La Freisa de Chieri est spécialement renommée.

Fronsac. Sur la rive droite de la Dordogne, près de Libourne, le vignoble de Fronsac, qui s'étend aussi sur quelques communes voisines, domine de ses coteaux un magnifique et verdoyant panorama. Célèbre par son tertre, que, jadis, Charlemagne couronna d'un château, Fronsac l'est aussi par ses vins colorés et robustes, fort estimés, surtout dans le nord de l'Europe. Le duc de Richelieu, petit-neveu du célèbre ministre de Louis XIII, les appréciait fort et contribua ainsi à introduire la mode du Bordeaux à la cour de France (il était aussi, d'ailleurs, duc de Fronsac).
L'appellation « Fronsac » n'existe pas sur le plan légal. Deux appellations contrôlées s'appliquent à deux territoires distincts : Côtes de Canon-Fronsac* et Côtes de Fronsac*.

Frontignan. Cette ville du Languedoc* est célèbre, à juste titre, pour son incomparable Muscat*, le premier de tous. Les coteaux, au sol pierreux, sont plantés uniquement de Muscat doré à petits grains, appelé d'ailleurs « Muscat doré de Frontignan ». La renommée du Frontignan a toujours été fort grande. Rabelais le vante par la bouche de Panurge, Olivier de Serres le cite dans son *Théâtre d'agriculture,* et Voltaire en fait sa panacée de santé : ne prétend-il pas, en effet, que le Frontignan « lui conserve la vie »? Comme tous les vins doux naturels, le Frontignan est muté à l'alcool (fermentation des moûts arrêtée par adjonction d'alcool). Ce procédé est spécialement heureux pour le Muscat : c'est grâce à lui qu'il garde intégralement son goût fruité si délicat et particulier. Très généreux, le Frontignan titre au moins 15°, et souvent plus. C'est « un vin de soleil enchanté », comme l'a écrit le poète Paul Géraldy. Sa belle robe d'or et de topaze, son parfum suave, sa saveur, où se mêlent le goût du raisin et du miel, en font un vin de grande classe et de réelle distinction.

Fronton. Cette appellation, qui s'applique à des V.D.Q.S. du Sud-Ouest*, concerne un petit vignoble situé au nord de Toulouse, autour de la ville de Fronton. Celui-ci a été très éprouvé par les terribles gelées de 1956, ainsi d'ailleurs que son voisin Villaudric*. Les communes productrices se trouvent dans les départements de Haute-Garonne (Fronton, Castelnau-d'Estrefonds, Vacquiers, Saint-Rustice) et de Tarn-et-Garonne (Nohic, Argueil, Campsas, etc.).
Les vins rouges sont bien charpentés, très

colorés : ils proviennent du cépage Négrette, avec association de Gamay, de Cabernet, de Fer, de Syrah et de Malbec. Les vins blancs, issus des cépages Mauzac, Chalosse, Sémillon, sont produits en quantité infime.

fruité. Un vin fruité possède l'arôme et le goût particulier du fruit frais. Ce mot s'emploie surtout pour les vins jeunes*, car, avec le temps, le « fruit » s'estompe pour faire place au bouquet*. Cette particularité est spécifique à chaque cépage, par définition, et varie avec la nature de celui-ci. Les vins fruités les plus connus sont le Beaujolais, les vins d'Alsace, le Muscadet, le Bourgueil, le Chinon, les vins de Californie issus du cépage Zinfandel, et, en moins prononcé, le Riesling, le Sylvaner et le Pinot de Californie. Les Muscats ont aussi un goût fruité très prononcé. Pour eux, on emploie le mot *musqué** ou *muscaté.*

fumet, odeur qui émane du vin et révèle sa présence sans qu'il soit nécessaire de la rechercher. — Un vin doté de fumet est un vin qui ne manque certes pas de personnalité. C'est le cas, par exemple, du Châteauneuf-du-Pape.

G

Gaillac. La région de Gaillac, dans le Sud-Ouest*, semble avoir une vocation viticole datant, sans nul doute, d'avant l'ère chrétienne. On affirme même que le vignoble de Gaillac serait « le père probable de celui du Bordelais ». Gaillac, surtout connu pour son vin mousseux, donne aussi des vins « perlés » et des vins tranquilles, tantôt secs, tantôt doux, qui ont droit à l'appellation d'origine contrôlée. Ils proviennent du Mauzac (le cépage de la Blanquette de Limoux*) et d'un cépage au nom curieux, l'En de l'El (loin de l'œil), auxquels s'ajoutent les cépages blancs classiques de la région. Le Tarn coupe en deux cette région, qui jouit d'un climat quasi méditerranéen : les vins provenant des coteaux calcaires de la rive droite sont moelleux et bouquetés; ceux qui proviennent des sols granitiques de la rive gauche sont secs, vifs, nerveux. Cela explique la diversité des vins blancs de Gaillac, tous bien séduisants et très bien vinifiés. Les raisins, pressés sans foulage avec des presses horizontales, donnent des vins très fins et bouquetés.

Le Gaillac mousseux est préparé par la méthode rurale traditionnelle dite « gaillacoise ». La mousse du vin est obtenue de façon absolument naturelle, sans aucune addition de sucre. La fermentation est arrêtée peu à peu par des filtrations successives. On laisse vieillir deux ou trois ans. Le vin est alors moelleux, fruité, avec un arôme délicat et très original. C'est un de nos meilleurs vins mousseux qu'on est en train de redécouvrir. La méthode champenoise* donne un vin qui a beaucoup moins de charme et de fruit.

Le Gaillac perlé est obtenu d'une façon toute différente. Le moût est d'abord mis à fermenter à basse température jusqu'à l'obtention d'un vin sec*, ne contenant plus que très peu de sucre naturel. Il est conservé plusieurs mois sans soutirage, jusqu'à ce que se produise la fermentation malo-lactique*. C'est à ce moment qu'il est mis en bouteilles. Le Gaillac perlé est léger, fruité, frais, avec un parfum particulier né lors de la fermentation.

Les vins ayant droit à l'appellation « Gaillac » et « Gaillac mousseux » ont un degré minimal de 10,5°; ceux qui ont droit à l'appellation « Gaillac-Premières-Côtes » titrent 11,5° au minimum.

Depuis quelque temps, on essaie d'obtenir de nouveau à Gaillac, par macération carbonique*, des vins rouges et rosés de qualité, tels que la région en produisait autrefois (ceux de Cunac, de Labastide étaient les plus renommés).

Gamay, cépage rouge à jus blanc, cultivé à peu près seul dans le Beaujolais*. – Il porte le nom d'un hameau des environs de Puligny-Montrachet. Il donne, sur les coteaux granitiques du Beaujolais, des vins pleins de charme et de jeunesse, dont notre époque raffole. En 1395, Philippe le Hardi ordonna d'extirper du royaume le « très déloyaulx plant nommé Gamay ». Heureusement pour nous, ses sujets ne lui obéirent point! C'est le sol granitique – tel qu'il le trouve en Beaujolais – que le Gamay exige pour donner des vins fins et bouquetés. Dans les terrains argilo-calcaires du reste de la Bourgogne, il ne produit que des vins ordinaires : il n'est donc jamais planté dans les très bons vignobles, où le Pinot noir* jouit d'une incontestable suprématie; mêlé à un tiers de Pinot noir, il donne alors le Bourgogne passe-tous-grains*. Le Gamay entre dans l'encépagement des vins du Lyonnais*, de Saint-Pourçain*, d'Auvergne*, de Châteaumeillant*, du Giennois*, mais aucun de ces vins n'atteint jamais la finesse et le bouquet des Beaujolais. Dans les vignobles de Californie*, le Gamay donne – surtout dans les comtés de Napa* et de San Benito* – des vins agréables, parfois même supérieurs à ceux qui sont issus du Pinot noir. Ils sont toujours vendus sous le nom de « Gamay du Beaujolais ».

Gattinara, très beau vin rouge italien issu du cépage Nebbiolo, comme le Barolo* et le Barbaresco*. – Il est produit aussi dans le Piémont, comme ces deux derniers, mais dans une région différente, autour du petit village de Gattinara, entre Turin et le lac Majeur. Excellent vin, qui peut se comparer à nos meilleurs Côtes-du-Rhône, corsé, avec un bouquet très fin, il a une saveur bien enveloppante, qui imprègne délicieusement la bouche. C'est un vin de longue garde, qu'il ne faut surtout pas boire trop tôt. Malheureusement, la production en est fort restreinte.

gaz carbonique (CO_2). Ce gaz est un produit de déchet qui s'élimine par dégagement. Nous le rencontrons aux diverses étapes de la vie du vin.
Il est présent au cours de la fermentation alcoolique* : le sucre du raisin se décompose en alcool et en une quantité relativement importante de gaz carbonique. Ainsi, 1 hl de moût dégage, en se vinifiant, environ 4,5 hl de gaz carbonique! Ce gaz, étant plus lourd que l'air, stagne dans les caves. On comprend, dès lors, pourquoi il est nécessaire d'aérer largement celles-ci au cours de la fermentation, afin d'éviter les accidents.
Nous retrouvons le gaz carbonique au cours de la fermentation malo-lactique*. La légère effervescence due à sa présence est parfois élégamment embouteillée à ce moment dans certains vins : le Crépy*, le Gaillac perlé*, etc. Le gaz carbonique procure de même la légère moustille des vins mis en bouteilles sur lies*. C'est encore lui qui cause la mousse* du Champagne et des vins mousseux traités par différentes méthodes : champenoise*, rurale*, allemande*, de cuve close*, procédé d'Asti*. C'est lui aussi, hélas !, qu'on envoie artificiellement, sous pression, dans les mousseux gazéifiés.

gelée blanche. Elle est une des angoisses qui hantent les nuits du vigneron. Beaucoup des meilleurs vins du monde sont produits à la limite septentrionale de production de la vigne. Théoriquement, le danger existe durant environ six semaines pour les vignobles français et allemands, du 1er avril au 15 mai, jusqu'à ce que les saints de glace* soient passés. Il existe néanmoins de mémorables exceptions : le vignoble de Pouilly-sur-Loire* fut ravagé le 28 mai 1961, et on a vu parfois le vignoble de Chablis* geler en juin. Il est désespérant de penser qu'à peine 3 ou 4 °C, durant ces semaines critiques, suffisent à détruire partiellement ou totalement le travail de toute une année et à compromettre les récoltes futures. Aussi, les vignobles les plus menacés s'organisent peu à peu en conséquence : Chablis, les vignobles de Loire et de Moselle sont équipés de chauffages au mazout. Les vignobles des bas de pente sont plus exposés que ceux des coteaux. Ils produisent aussi des vins beaucoup moins fins.

Le vigneron délaisse peu à peu ces lieux, ce qui aboutit, en fin de compte, à une sélection de la qualité.

gelée noire. On appelle ainsi la gelée qui se produit en plein hiver. Malgré les buttages, le froid est parfois tellement intense que les bourgeons gèlent et que le cep lui-même peut éclater. C'est ainsi que le mois de février 1956 fut un véritable désastre pour le Bordelais, pour Saint-Émilion et surtout Pomerol. Le froid très vif (–25 °C), survenant après une période de jours tièdes, fit périr des milliers de pieds de vigne.

gelée (vin de). On appelait ainsi, autrefois, le vin jaune du Jura. En effet, pour obtenir celui-ci, on laissait les grappes de Savagnin longtemps sur les ceps et, la plupart du temps, jusqu'aux premières neiges et gelées. Le raisin se flétrit peu à peu et on obtient ainsi une concentration naturelle du jus (passerillage*).

généreux. Riche en alcool et en éléments nobles, un vin généreux est un vin chaud* et vigoureux qui donne à l'organisme une agréable sensation de bien-être, en même temps qu'il produit un effet tonique. C'est le cas, par exemple, du Chambertin. Le vin généreux, toutefois, n'est pas capiteux*.

En Espagne et au Portugal, les vins généreux sont des vins mutés à l'alcool, ce qui est, somme toute, plus significatif que notre expression française légale, assez ambiguë, de *vins doux naturels**.

Géorgie. C'est la région viticole de l'U.R.S.S. qui fournit le plus grand nombre de vins d'excellente qualité. Elle occupe la troisième place au point de vue de la superficie et donne 20 p. 100 de toute la production soviétique. Dans ce pays fabuleux (n'est-ce pas là que Jason alla chercher la Toison d'or?), la treille aux riches couleurs de pourpre et d'émeraude, d'or et de rubis, a toujours servi de toile de fond aux paysages géorgiens traditionnels, et la vigne a toujours été un facteur de richesse. Il suffisait, pour ruiner le pays, de détruire les vignobles, comme l'ordonnèrent à leurs soldats certains bar-

« Jason assoupit le dragon et enlève la Toison d'or », tapisserie des Gobelins du XVIIIe s., d'après Jean-François de Troy (château royal de Stockholm). Selon la tradition, la Géorgie, terre des merveilles, renommée depuis toujours pour la beauté de ses femmes et l'excellence de ses vins, fut le théâtre des exploits des Argonautes, partis à la conquête de la Toison d'or.

Phot. National Museets fotografiska avdelning.

bares envahisseurs, tels le Tartare Timur Lang et le roi de Perse Abbas Ier le Grand.
A Tchoudari existe un cep de vigne de 0,55 m de diamètre, dont les sarments, à 2 m du sol, couvrent de leur ombre 80 m² : il donne chaque année 500 kg de raisin !
La vigne est cultivée de 1 000 à 1 340 m d'altitude : cela corrige l'effet défavorable de la latitude et explique la grande qualité des vins géorgiens.
Quatre cents variétés de raisins sont cultivées, dont seize seulement sont destinées à produire du vin. La vigne est parfois conduite sur perches horizontales, selon une méthode appelée « talavéri ». Chaque province de Géorgie a ses traditions viticoles et ses méthodes particulières.
La Kakhétie, partie orientale de la Géorgie, est assez sèche, et l'irrigation s'avère nécessaire. Le vignoble s'étend au flanc des montagnes qui entourent la vallée de l'Alazani, sur environ 100 km, de Signakhi à Akhméta, avec les centres importants de Tsinandali et de Moukouzani. Cette région produit des vins remarquables (Kardanakhi, Mtsvane, Teliani), de très bons vins blancs (Naparéouli, Gourdjaani n° 3, Tsolikaouri n° 7 et Rkatsitéli) et d'excellents vins rouges (Sapéravi, Teliani n° 2, et surtout Moukouzani n° 4, l'un des meilleurs de Kakhétie, qui fait penser aux bourgognes). Quant au Tsinandali, c'est le plus fameux des vins de Kakhétie et même de toute la Géorgie. Il comporte plusieurs sortes de vins rouges et blancs numérotés : le Tsinandali blanc n° 1, par exemple, est un délicieux vin sec.
La Kartélie est la région de Tbilissi. On y récolte le Tchinouri, le vin blanc Gorouli-Mtsvane.
L'Imérétie (région de Koutaïsi) produit surtout des vins blancs, désignés sous le nom de leur cépage : Krakhouna, Tsitska, Tsolikaouri. Mais elle produit aussi le rouge Khvantchkara, qui fut le préféré de Staline.
La Gourie, région occidentale située près de Makharadzé, produit également des vins blancs : Djani, Tchkhavéri.
L'Abkhazie, située sur le littoral, près de Soukhoumi, a remplacé, à la fin du siècle dernier, ses cépages locaux par l'Isabelle. Cependant, dans la vallée du Bzyb, le Tsolikaouri d'Imérétie accompagne maintenant l'Isabelle.
Enfin, la Géorgie produit un vin mousseux : le Soviétskoïé.

Gevrey-Chambertin. Cette commune porte un nom prestigieux, puisqu'on y trouve le mot *Chambertin,* qui, pour le monde entier et depuis fort longtemps, représente le grand vin de France dans toute sa noblesse. Les vins qu'elle produit sont un mélange admirable de grâce et de vigueur, de force et de finesse. Leur bouquet très caractéristique rappelle un peu la réglisse. Les grands crus vieillissent admirablement. Les climats sont les suivants : Chambertin, Chambertin-Clos de Bèze, Charmes-Chambertin (ou Mazoyères-Chambertin), Chapelle-Chambertin, Griotte-Chambertin, Latricières-Chambertin, Mazis-Chambertin, Ruchottes-Chambertin.

Gewurztraminer, terme qui désigne les vins de Traminer spécialement parfumés et capiteux. — *Gewurztraminer* veut dire « Traminer épicé ». Ces vins sont excellents, très originaux et ont, au plus haut point, les séduisantes qualités des Traminers. Leur « nez », leur goût extrêmement aromatiques sont d'une extraordinaire richesse, parfois presque trop exubérants. Ces qualités sont encore plus marquées après des vendanges tardives. Toutefois, en Alsace, les Gewurztraminers n'atteignent jamais l'élégance et le panache des Rieslings, qui restent les grands seigneurs d'Alsace.
L'Allemagne et le Tyrol produisent des Gewurztraminers souvent excellents. La Californie donne aussi ce type de vin, mais qui ne possède jamais, toutefois, un parfum aussi prononcé.

Giennois (Coteaux du). De nos jours, la petite ville de Gien, au bord de la Loire*, est plus célèbre par ses faïences que par ses vins. Qui se douterait qu'elle fut autrefois, et jusqu'au siècle dernier, une importante commune viticole, puisqu'on y

Pittoresque village provençal, accroché au flanc des célèbres « Dentelles de Montmirail », Gigondas s'enorgueillit de n'avoir comme habitants que des vignerons. Phot. Mackiewicz.

comptait huit cents vignerons? La vigne obstinée s'accroche encore aujourd'hui sur quelques coteaux et terrasses, çà et là aux environs de Gien, et particulièrement à Bonny-sur-Loire, à Beaulieu, à Ousson, à Gien et à Châtillon-sur-Loire.

Les vins rouges, rosés et blancs, tous consommés sur place, ont droit au label V.D.Q.S., mais une très faible partie en bénéficie (200 à 300 hl). Les vins blancs, issus du Sauvignon, sont généralement les meilleurs : ils sont légers et agréables. Les rouges et les rosés proviennent du Gamay et sont plus ordinaires.

Gigondas. Le vin provenant de ce charmant village provençal, accroché au flanc nord des célèbres dentelles de Montmirail, n'a pas droit à une appellation contrôlée particulière, mais le nom de « Gigondas » peut-être accolé à celui de « Côtes du Rhône* », en caractères semblables, sur l'étiquette. Le vignoble se situe entre Orange et le massif du Ventoux; il jouit donc d'un climat nettement méridional, sec et fortement ensoleillé. Il semble bien que Gigondas, si l'on en croit Pline le naturaliste, ait toujours eu une vocation viticole, encouragée ensuite par les moines, puis par les évêques d'Orange. D'ailleurs, actuellement, ses habitants sont tous vignerons.

Les cépages sont nombreux, comme pour toutes les Côtes du Rhône méridionales : Grenache en premier, puis Bourboulenc, Clairette, Cinsault, Mourvèdre, Picpoul, etc. Notons, toutefois, que les vignerons de Gigondas ont supprimé le Carignan, afin d'assurer plus de souplesse à leur vin.

Gigondas produit des vins rouges, rosés et blancs. Le rosé, sec, fruité, original, est fort agréable dans sa jeunesse, mais montre une certaine tendance à la madérisation.

Le Gigondas rouge est excellent : c'est un vin corsé, puissant, d'une belle couleur de pourpre, avec une finesse et une élégance certaines. Un peu rude dans sa prime jeunesse, il gagne beaucoup à se faire attendre au moins deux ans.

Givry. Sur les coteaux de la Côte chalonnaise*, Givry produit surtout des vins rouges excellents, s'apparentant aux Mercureys*. Ils ont le même bouquet, la même finesse que ceux-ci, mais avec plus de légèreté. Ils mériteraient d'être mieux connus.

Glacier, vin blanc suisse, très original, produit dans le val d'Anniviers, haute vallée alpine du canton du Valais. Ce vin subit un traitement très particulier. On le remonte en montagne, en altitude, et on l'y laisse vieillir longuement, dix ou quinze ans, dans des petits fûts de mélèze contenant 37 litres. Le Glacier est un vin très spécial et surprenant; assez agréable, il a une certaine amertume déroutante à la première dégustation.

glycérine, un des éléments du vin, qui donne à celui-ci onctuosité et moelleux. — La glycérine apparaît au moment de la fermentation alcoolique*, et la quantité normale contenue dans le vin est de 6 à 8 g par litre. Les vins provenant de fermentation lente ont une richesse plus grande en glycérine. Les vins blancs liquoreux* en contiennent jusqu'à 20 g par litre, mais la glycérine ne provient pas alors uniquement de la fermentation alcoolique : *Botrytis cinerea,* agent de la pourriture noble*, en a déjà élaboré dans le grain de raisin par son activité propre, et 1 litre de moût provenant de grains très atteints contient déjà 12 g de glycérine avant fermentation.

gouleyant. C'est un terme dont on abuse un peu dans les milieux œnophiles, sans doute parce qu'il sonne bien à l'oreille et aussi, peut-être, parce qu'il semble hermétique aux profanes. Il désigne simplement un vin frais et léger, qui glisse facilement et agréablement dans le gosier.

gourmet, celui qui se connaît en vins, qui sait les goûter. — C'est par extension que ce mot signifie le plus souvent désormais « fin gourmand ». On retrouve le mot *gourmet,* avec son sens primitif, dans l'expression *courtier gourmet-piqueur de vins**.

goutte. Lorsqu'il s'agit de vins blancs, on appelle « moût de goutte » le jus qui s'écoule naturellement du raisin après foulage, avant que le raisin soit passé au pressoir.
Lorsqu'il s'agit de vins rouges, on appelle « vin de goutte » le vin qui s'écoule des cuves lorsque la fermentation est terminée. Ce premier jus peut représenter jusqu'à 85 p. 100 du volume. Le reste est constitué par le marc, qu'on porte au pressoir afin d'en extraire le vin de presse*.

graisse, maladie qui atteint les vins blancs mal constitués ou mal soignés, pauvres en alcool et en tanin. — Les vins deviennent huileux*, filants, se versent dans le verre véritablement comme de l'huile. Ils ont une teinte louche, et leur goût est plat et fade.
Le traitement consiste à essayer de tuer les bactéries du vin atteint par l'anhydride sulfureux* et à tenter de ramener sa limpidité par des collages* énergiques avec tannisage*.

Grand-Roussillon. Cette appellation contrôlée du Roussillon* coiffe en quelque sorte les autres appellations de vins doux naturels* : « Côtes-d'Agly », « Côtes-de-Haut-Roussillon », « Maury », « Rivesaltes », qui peuvent se déclasser en « Grand-Roussillon ».

gras. La glycérine* est un des éléments constitutifs du vin, auquel elle apporte moelleux et onctuosité. Certains vins contiennent beaucoup de glycérine et, tout spécialement, ceux qui proviennent de raisins atteints par la pourriture noble*. Les vins paraissent très onctueux, très glissants, et laissent sur les parois du verre des traînées apparentes : on dit qu'ils « pleurent » sur les verres.

gravelle, dépôt qui ressemble à du sable très fin. — Ce dépôt est surtout visible dans les vins blancs et, bien que déplaisant, ne doit pas être considéré comme un défaut. En effet, il s'agit simplement de cristaux de bitartrate de potassium provenant de l'acide tartrique, un des acides organiques du raisin qui précipite sous l'action du froid. Habituellement, ce dépôt se fait dans les barriques en hiver, mais il arrive parfois qu'une partie du bitartrate de potassium ne s'insolubilise pas. Le vin restera donc saturé de ce sel, qui déposera par la suite dans les bouteilles. La précipitation du bitartrate de potassium (ou crème de tartre) améliore le vin, puisque celui-ci perd ainsi une partie de son acidité due à l'acide tartrique.

Graves. Il semble bien que le vignoble des Graves soit le berceau des vins de Bordeaux*. Les vins de Graves, de réputation fort ancienne, ont toujours eu le droit de s'appeler « vins de Bordeaux ».
La région des Graves s'étend le long de la rive gauche de la Garonne, entre le fleuve, à l'est, et la forêt des Landes, à l'ouest. Elle commence, au nord, à la Jalle de Blanquefort, frontière du Médoc, et descend, au sud, jusqu'à Langon, après avoir contourné le Sauternais. La largeur moyenne du vignoble n'excède guère 12 km sur une longueur de 60 km.
Le nom de la région provient du terrain : un terrain particulier fait d'un mélange de cailloux siliceux, de sable, d'un peu d'argile, appelé « grave ».
Le vignoble des Graves se distingue des autres vignobles bordelais parce qu'il produit à la fois des vins rouges et des vins blancs (secs ou moelleux).
Pour plus de commodité, on a coutume de diviser le vignoble des Graves en deux parties : les Graves rouges au nord, les Graves blancs au sud.
Mais, en réalité, la séparation n'est pas aussi nette : la partie nord produit aussi des vins blancs de grande qualité, et la partie sud produit aussi des vins rouges. En fait, c'est la nature du sol qui détermine le vignoble, plus qu'un classement topographique un peu simpliste : les graves pures sont plus favorables à la vigne rouges, les graves mêlées sont plus favorables à la vigne blanche.
Les Graves rouges. Ils ne sont pas sans rappeler leurs voisins du Médoc. Les cépages, d'ailleurs, sont les mêmes : Cabernet franc, Cabernet-Sauvignon, Merlot et un peu de Petit-Verdot et de Malbec. Les Graves rouges, très bouquetés, sont des vins élégants et de bonne garde. Ils sont plus corsés, plus nerveux que les Médocs, mais ne possèdent pas la saveur moelleuse et délicatement fondue de ceux-ci.
Pessac et Léognan (qui produisent aussi d'excellents Graves blancs) sont les deux grands centres de production des Graves rouges. Mais, contrairement au Médoc, les communes des Graves ne bénéficient pas d'appellation particulière.
La gloire des Graves rouges est le Château-Haut-Brion, « seigneur incontesté des Graves », classé « Premier Grand Cru » en 1855. Mais d'autres crus sont aussi très réputés : Châteaux Pape-Clément, La Mission Haut-Brion, Haut-Bailly, etc.
Les Graves blancs. Récoltés surtout dans la partie sud, ils sont issus des cépages Sémillon, Sauvignon et Muscadelle, les mêmes que ceux de la région voisine du Sauternais. Les Graves blancs présentent une gamme unique de vins, allant des vins secs aux vins moelleux (ils deviennent de plus en plus moelleux vers le sud, près du Sauternais).
Ce sont des vins de race, fort estimés parce qu'ils sont fins, bouquetés, puissants et nerveux, sans jamais être acides comme le sont certains vins secs. Dans les belles années, ils vieillissent avec bonheur et ne madérisent que fort rarement.
Comme les Graves rouges, les Graves blancs n'ont pas d'appellation communale.
Les grands crus sont nombreux et réputés : Château Carbonnieux, Domaine de Chevalier, Château Olivier, etc. (V. Index.)

Fait d'un mélange de cailloux siliceux, de sable et d'un peu d'argile, voici le sol de « graves » qui produit des vins rouges et blancs de réputation très ancienne. Phot. Mackiewicz.

Graves, appellation « Graves ». Elle s'applique à des vins rouges de la région, titrant au minimum 10°, et a des vins blancs titrant au minimum 11°. Ces vins d'appellation régionale, achetés chez des fournisseurs honnêtes, sont de bonne qualité.

Graves supérieurs. Cette appellation ne s'applique qu'aux vins blancs titrant 12° au moins (les rouges ne bénéficient jamais de cette appellation). — Ces vins sont généralement vendus avec l'indication du nom du vignoble de production et avec la garantie d'authenticité de la « mise en bouteilles au château ». Mais, souvent, les étiquettes de certains crus réputés dédaignent l'appellation « Graves supérieurs »...

Graves de Vayres. Cette région du Bordelais, qui fait géographiquement partie de l'Entre-deux-Mers*, occupe la rive gauche de la Dordogne, au sud-ouest de Libourne. Elle s'étend sur les communes de Vayres et d'Arveyres, dont les terrains graveleux ont donné leur nom à l'appellation.
La région produit surtout des vins blancs assez fins et moelleux, avec une sève bien personnelle.
Les vins rouges, souples et agréables, sont appréciés pour leur aptitude à se faire rapidement et rappellent les seconds crus de Pomerol.

Grèce. La Grèce ancienne avait porté l'amour du vin à un point extrême; la vigne était considérée chez les Grecs comme un signe de civilisation : toute la littérature, la religion et l'art grecs en sont imprégnés, et le premier soin des colons grecs était de planter la vigne là où ils s'installaient. Si l'usage de boire des boissons fermentées se perd dans la nuit des temps, la Grèce ancienne peut être, indubitablement, considérée comme la mère de la viticulture : ce sont les Grecs qui inventèrent la taille de la vigne et remarquèrent que les terres les plus ingrates, impropres aux autres cultures, donnaient, paradoxalement, les meilleurs vins.
Il semble assez difficile d'admettre, de nos jours, cette supériorité dont les Grecs étaient si fiers : le vin résiné actuel donnant une piètre idée de l'art vinicole en Grèce.

Vendanges en Grèce. Phot. Vagn-Hansen-Rapho.

La vigne pousse partout en Grèce, mais une bonne partie de la récolte est exportée comme raisin frais ou comme raisin sec (le célèbre raisin de Corinthe). A peu près 5 millions d'hectolitres de vin sont produits annuellement, selon des procédés archaïques la plupart du temps, surtout dans les régions suivantes : Attique, Péloponnèse, Crète, Épire, Thrace, Corfou, îles de la mer Égée. Dans le Péloponnèse, sur une mince bande de terre cultivée qui suit le littoral, la vigne, associée aux jardins d'agrumes, occupe 50 p. 100 de la surface.
Le plus souvent, le vin grec est résiné : c'est le fameux Retsina, vin blanc ou rouge ordinaire auquel on a mélangé de la résine mastic. Cette résine donne au vin un goût âpre qui rappelle à la fois le bois brûlé et la térébenthine. Il est pratiquement imbuvable pour un amateur non habitué. Une bonne moitié du vin grec est résinée, car le procédé lui permet de se conserver dans la chaleur du climat.

Cependant, il existe quelques vins non résinés, qui proviennent du Péloponnèse (région d'Achaïe et de Messénie), d'Arcadie (autour de Tégée) et des îles de Céphalonie, de Santorin, de Samos, de Corfou et de Zante. Ces vins conviennent à nos palais — ce qui ne veut pas dire qu'ils atteignent l'excellence pour autant. La latitude défavorable et le climat chaud donnent des vins lourds, trop riches en alcool et trop corsés, manquant totalement de finesse, surtout dans les vins blancs.
Les vins grecs les plus connus sont les suivants. Dans le Péloponnèse : les vins blancs secs Demesticha, Santa Helena, Antika et Santa Laoura; le Mantineia, vin blanc bien équilibré; le Mavrodaphni rouge et le Muscat de Patras blanc; le Némée, vin rouge corsé. Dans l'Attique, outre le Retsina, l'Hymette et le Marco, on trouve le Pallini, peu abondant, mais qui est le meilleur vin blanc de Grèce. La Macédoine, quant à elle, produit le meilleur vin rouge : le Naoussa.
La Grèce prend sa revanche avec les vins de dessert, souvent remarquables. Le plus connu est sans doute le célèbre Muscat de Samos, vin blanc sec, très alcoolisé (18°). Le Mavrodaphni, produit dans plusieurs régions avec le cépage de même nom, est généralement très bon, lui aussi, surtout celui de Patras.

greffage, procédé employé pour reproduire la vigne, depuis le phylloxéra*, et qui consiste à fixer un greffon (sarment du cépage qu'on désire obtenir) sur un porte-greffe d'origine américaine (Riparia, Rupestris, Vialla, Berlandieri), réputé résistant vis-à-vis du prédateur. — La greffe la plus répandue est la greffe anglaise*. Les vignes américaines donnent un vin déplaisant, qui renarde*. Aussi, à l'époque des essais y eut-il des polémiques passionnées; on craignait que leur mariage avec nos ceps ne dénaturent nos vins. Les œnologues et les vignerons français sont parvenus à classer et à trier les porte-greffes selon leurs aptitudes, leurs préférences (précocité, affinité avec le greffon, exposition, sol, climat, etc.). Mais il y eut, avant d'arriver à cette science moderne du greffage, de grosses déceptions, des échecs pénibles, et la partie ne fut vraiment gagnée que quarante ans après les premiers greffages, à la seconde reconstitution.
Certains vignobles fameux s'efforcèrent même de résister le plus longtemps possible au greffage. Le prestigieux vignoble de Romanée-Conti, par exemple, pratiqua jusqu'à la Seconde Guerre mondiale les injections de sulfure de carbone dans le sol, mais fut dans l'obligation de greffer quand le sulfure manqua durant l'Occupation.
On peut affirmer que le greffage n'a pas d'influence sur la qualité de nos vins. Son influence se borne à donner au greffon une vigueur plus ou moins grande et à hâter ou retarder la maturité des grappes. Les conséquences du greffage sont plutôt d'ordre économique et technique : augmentation du prix de revient, modification du système de culture de la vigne.

Greffe « en fente ». La photo montre bien que greffon et porte-greffe, fendus selon le même angle, s'emboîtent parfaitement l'un dans l'autre.
Phot. Mackiewicz.

greffe anglaise. Ce système de greffe de la vigne est très répandu. Le greffon et le porte-greffe sont sectionnés selon le même angle, soit avec une machine à greffer, soit avec une sorte de couteau (greffoir), afin qu'ils s'emboîtent bien l'un dans l'autre.

grêle. Elle est une des catastrophes naturelles qui guettent le vignoble. Si une tempête de grêle ne détruit pas toujours entièrement le vignoble, elle n'en est pas moins redoutable pour la qualité du vin qui sera issu des grappes mutilées. En effet, en année humide, le mildiou* s'insinuera plus facilement dans les grains par les blessures ouvertes. En année sèche, les grains vont, au contraire, se dessécher, se momifier, et le vin (surtout le rouge) prendra un goût de « grêle », un goût de séché, facilement reconnaissable par les amateurs. De plus, les grêlons, par leur violence, ont non seulement haché grappes et feuilles, mais aussi parfois abîmé les sarments : le vigneron est alors obligé de modifier la taille de sa vigne, ce qui peut avoir une mauvaise répercussion sur la qualité du vin de l'année suivante. On essaie de lutter contre ce fléau par les fusées et les canons paragrêles, les fumées d'iodure d'argent, destinées à empêcher la formation des grêlons.

Grignolino, excellent vin rouge italien, issu du cépage de même nom et produit dans le Piémont, au nord de la ville d'Asti*, dans la région montagneuse de Monferrato. — Lorsqu'il est authentique (car la production est bien faible par rapport au vin commercialisé), le Grignolino est un vin très particulier, possédant une saveur spéciale et un bouquet inimitable. D'une couleur tuilée, il donne une impression trompeuse de légèreté, car il titre souvent, en réalité, 13 ou 14°.

grillage. Il est causé par un soleil trop ardent avant la véraison*. Les raisins qui n'ont pas encore atteint leur développement normal se dessèchent, deviennent noirâtres et tombent. On les dit « grillés ».

gris (vin), vin rosé à peine teinté, obtenu en traitant la vendange rouge comme une vendange blanche. — Cette façon de procéder est surtout employée en Bourgogne, mais aussi dans le Val de Loire (rosés de Saumur*, rosés de Cabernet*) et dans l'est de la France (Côtes de Toul*). Jusqu'au XVIIIe siècle, faute de moyens, les vignerons devaient se contenter d'obtenir uniquement ce type de vin (vins clairets*).
Les raisins, à leur arrivée au cuvage, sont immédiatement foulés et pressurés, mais avec moins de rapidité que lorsqu'on veut obtenir du vin blanc. Le moût obtenu est très faiblement rosé puisque, par ce procédé de foulage* et de pressurage rapides, on peut même obtenir des vins tout à fait blancs avec des raisins rouges (c'est le cas du Champagne*, où l'on se sert, de plus, de pressoirs spéciaux à très grande surface pour les raisins de Pinot noir). Le moût est traité comme un moût de raisins blancs, aseptisé à l'anhydride sulfureux*, mis de 24 à 48 heures dans les cuves de débourbage*, puis mis à fermenter sans peaux ni pépins ni rafles. Le vin gris obtenu a une couleur intermédiaire entre celle du vin blanc et celle du vin rosé; il est frais, fin et fruité, et sa composition se rapproche nettement de celle des vins blancs. Le vin gris n'est pas défini légalement. Toutefois, si l'on peut ajouter dans certains cas une petite proportion de raisins blancs aux raisins rouges, le vin gris ne peut jamais provenir d'un assemblage de vin rosé et de vin blanc.

Gros-Plant du pays nantais. Ce vin blanc très sec, réservé autrefois à la consommation familiale et locale, commence à se faire connaître depuis une vingtaine d'années, sous l'impulsion des producteurs. Il a droit au label V.D.Q.S. Le Gros-Plant (ou Folle-Blanche) est issu du cépage du même nom, peut-être plus ancien dans le pays que le Muscadet*. Ce cépage est sans doute venu des Charentes, où il servait à la production du Cognac : très sensible à la pourriture, il est pratiquement abandonné de nos jours dans sa région d'origine. En Loire-Atlantique, ce cépage a survécu dans ses endroits de prédilection, le principal étant situé sur les terrains siliceux qui entourent le lac de Grandlieu (Saint-Philbert, Bouaye, Legé, Machecoul). Mais on le rencontre aussi autour de Loroux-Bottereau, de Liré, de Champtoceaux et dans le pays de Retz en même temps que le Muscadet. Le Gros-Plant est un vin presque incolore, frais et léger, titrant généralement de 9° à 11°. Il peut se conserver, mais doit être bu jeune. Il possède toujours une certaine verdeur et n'a pas la finesse du Muscadet.

Grappe de Gros-Plant. Ce cépage, ainsi appelé dans la région nantaise, où il donne un vin du même nom, n'est autre que la Folle-Blanche, qui sert en Charente à l'élaboration du Cognac, mondialement connu. Phot. Mackiewicz.

H

Haut-Brion (Château-), l'un des quatre grands vins rouges du Bordelais, le seul Graves* classé officiellement en tête, lors du classement de 1855, en compagnie des trois seigneurs du Médoc* : Lafite*, Latour* et Margaux*. — C'est un vin généreux et puissant, mais fin et élégant, avec une note très originale et nuancée dans la saveur, rappelant le goût de fumé. Les bonnes années donnent de splendides bouteilles qui vieillissent admirablement. Notons qu'il existe aussi une faible quantité de Château-Haut-Brion blanc, qui est très corsé et très puissant.

Haut-Comtat, vignoble de la rive gauche de la vallée du Rhône, qui s'étend sur six communes de la Drôme, autour de la petite ville de Nyons, célèbre par ses oliviers et ses lavandes. — Protégée des vents froids par la montagne préalpine, la vigne pousse dans un sol aride au milieu des plantes parfumées. Le cépage dominant est le Grenache (50 p. 100 au moins), flanqué de ses compagnons habituels du Midi : Carignan, Mourvèdre, Cinsault, Syrah.

Les vins rosés et rouges sont fort agréables, très fruités, bien étoffés, avec un bouquet spécial un peu aromatique. Ils sont classés dans les « Vins délimités de qualité supérieure* ».

Haut-Dahra. On range sous cette appellation des vins d'Algérie* produits dans le département d'Alger, à l'ouest de cette ville, entre la côte et le fleuve Chélif, et qui avaient droit au label V.D.Q.S.* avant 1958. Le vignoble occupe des terrains de nature variée, situés à 600 m d'altitude moyenne. Ces vins sont des vins rouges bien colorés, puissants, moelleux et charnus qui titrent 12° au moins.

Hermitage ou **Ermitage,** appellation qui s'applique à des vins célèbres des Côtes du Rhône*, rouges et blancs, produits par les vignobles en terrasses qui dominent Tain-l'Hermitage. — Le nom provient d'un ermitage bâti sous le règne de Blanche de Castille par le chevalier Gaspard de Stérimberg.
L'Hermitage rouge, issu de la Syrah, est un vin généreux et puissant, doté, dans sa

jeunesse, de l'amertume caractéristique des vins provenant de ce cépage. D'une riche couleur pourpre, il possède un bouquet pénétrant, et sa chaude saveur parfume longtemps la bouche. On a tort, comme on le fait parfois, de boire trop jeune un vin de cette valeur, car seules les années permettent à son bouquet et à son goût d'atteindre leur amplitude et leur perfection.

L'Hermitage blanc, issu de la Roussanne et de la Marsanne, est un vin corsé et fin, d'une belle couleur d'or, avec un riche parfum aromatique très caractéristique. La région produit encore, de moins en moins malheureusement, une petite quantité de cette délicieuse gourmandise dorée qu'est le vin de paille*, titrant 15° d'alcool et provenant de raisins séchés durant au moins deux mois sur un lit de paille.

Hesse rhénane, importante région viticole d'Allemagne, dont Mayence est la capitale, limitée à l'est et au nord par le Rhin, au sud par le Palatinat* et à l'ouest par la vallée de la Nahe*. — Cent cinquante-cinq villages se consacrent à la vigne (parmi eux, quelqu'un en a dénombré 120 dont le nom finit en « heim »!), mais dix seulement produisent des vins d'une qualité réellement remarquable : Nierstein, Nackenheim, Oppenheim, Bingen, Dienheim, Bodenheim, Laubenheim, Guntersblum, Alsheim et Worms. Les vins de qualité moindre sont vendus comme vins de carafe ou encore comme Liebfraumilch* ou Domtal (ces deux noms de vignobles célèbres sont devenus maintenant des appellations génériques). Le cépage dominant est le Sylvaner, mais les meilleurs vins proviennent du Riesling.

Les vins communs de la Hesse rhénane sont souvent quelconques : mous, douceâtres et flairant l'anhydride sulfureux*. Mais les vins fins récoltés sur les meilleures communes sont généralement excellents, avec beaucoup de classe et de distinction. Issus généralement du Riesling, parfois du Sylvaner, ils sont très fruités et parfumés, distingués, épanouis et se haussent à la hauteur des plus fins vins du Rheingau*. Les meilleurs portent, comme toujours, le nom du vignoble de production. Les vins appelés Beerenauslesen sont, comme dans le Rheingau, de splendides vins de dessert, comparables à nos Sauternes.

Hippocrate (vers 460-vers 375 av. J.-C.), pour tout le monde, le plus grand médecin de l'Antiquité et le « père de la médecine ». — Pour les œnophiles, Hippocrate est le médecin savant et sage qui n'a pas craint de dire : « Le vin est chose merveilleusement appropriée à l'homme si, en santé comme en maladie, on l'administre avec à-propos et juste mesure. »

Hongrie. Traditionnellement, la Hongrie est la plus grande région viticole de l'est de l'Europe, qui a toujours produit des vins excellents, de grande réputation. Depuis bien longtemps, la viticulture existait dans le pays, lorsque au XVIIe siècle les rois de Hongrie y établirent des colons wallons et lorrains, qui introduisirent des méthodes plus évoluées. Bien que dépassé actuellement en rendement par les vignobles de l'U.R.S.S. et de la Roumanie, le vignoble hongrois est en pleine expansion, puisque le plan de 1959 prévoyait de nouvelles plantations. Il se répartit en trois grandes régions.

— Au nord se trouve la *région des montagnes* avec, d'abord, le centre viticole de Gyöngyös, à 40 km au nord-est de Budapest, entouré des villages d'Abasár, de Visorita, de Varkaz, de Domoszló et de Verpelét. Gyöngyös produit un vin blanc de Chasselas, doux comme le miel. A Gyöngyöstarjan, il existe une cave construite en 1740 par les prisonniers de guerre français : même en temps de guerre, la Hongrie ne perdait pas ses vins de vue. Cette région se prolonge, toujours en direction nord-est, par l'importante zone viticole d'Eger, célèbre par son Bikavér* et son Egri Kádárka, tous deux rouge sombre, corsés et de longue garde, mais aussi par son Egri Leányka, un vin blanc (dont le nom signifie la « fillette d'Eger »), et son Muscat*. La région des montagnes se termine enfin, en apothéose, près de la frontière soviétique par le plus célèbre vignoble de Hongrie, l'extraordinaire Tokaji-Hegyalja. (V. TOKAY.)

Hongrie. Le vignoble du Tokaj au bord du Bodrog, affluent du Danube. La Hongrie est un pays à vocation viticole, dont les vins ont toujours eu une grande renommée. Phot. Rapho.

— La *grande plaine centrale,* entre le Danube et la Tisza, a pour centre la ville de Kecskemèt, qui donne un bon vin blanc, le Kecskemeti Léányka. La vigne est cultivée sur un ancien désert envahi par les sables mouvants. La région fournit de 200 000 à 300 000 hl de vin, mais elle est surtout renommée pour ses eaux-de-vie.

— La *région des collines,* ou *Badacsony**, à l'ouest du lac Balaton, donne des vins remarquables, renommés depuis des siècles.

Il existe une quatrième région, qui se situe à 60 km au nord-est de Pecs, la *région de Szekszárd,* surtout renommée pour son Fleuré de Decs (produit dans un petit village de même nom), son Riesling de Szekszárd et son vin rouge de Kádárka. On y prépare aussi des jus de Muscat pressé.

Les vins de Hongrie portent généralement le nom de la ville ou de la région d'origine, plus une terminaison en « i » : Badacsonyi, Egri, Szekszárdi, Gyöngyösi. Le nom du cépage est parfois adjoint. Ces cépages sont, pour les vins rouges, le Vörös et l'excellent Kádárka, qui donne la plupart des grands vins rouges, classés officiellement dans les premiers crus. Pour les vins blancs, par ordre de qualité, ce sont les cépages Furmint, Hárslevelü, Rizling (Riesling), Veltelini, Kéknyelü, Muskotály, Ezerjó et Leányka.

honneur (vin d'), vénérable institution, sans doute aussi vieille que le vin lui-même. — L'« offrande du vin », toujours pratiquée sous l'Ancien Régime chaque fois qu'on désirait honorer quelqu'un, a subsisté de nos jours, bien qu'elle ait perdu son caractère à la fois grandiose et bon enfant. Chaque fois qu'ils recevaient un hôte de marque ou le roi lui-même, dès le haut Moyen Age les évêques viticulteurs offraient leurs meilleurs vins. Cette coutume contribuait d'ailleurs largement, en ces temps de communications difficiles, à diffuser le vin et à consacrer la renommée d'un terroir viticole. C'est souvent après avoir été apprécié lors d'un « vin d'honneur » qu'un cru était versé ensuite sur la table royale, d'où sa gloire se répandait à travers tout le royaume. Chez les plus humbles, d'ailleurs, il y avait toujours en réserve le vin destiné à désaltérer un hôte de passage, et manquer à cette coutume eût été manquer à l'honneur. De nos jours encore, à la campagne, la bouteille de « derrière les fagots » attend d'être sacrifiée pour le visiteur qu'on désire cordialement accueillir.

huileux. Un vin huileux, dont l'aspect et la consistance rappellent ceux de l'huile, est un vin malade. Il a été atteint par la maladie de la graisse*, qui l'a rendu filant. Il ne faut pas évidemment le confondre avec un vin gras*, qui possède des qualités d'onctuosité dues à sa teneur élevée en glycérine*.

hybride, en viticulture, résultat du croisement de deux variétés de cépages. – Au point de vue botanique, l'idée est assez neuve, puisqu'elle date à peine de deux cents ans. Appliquée à la vigne, elle est totalement révolutionnaire. Si, parfois, la création d'hybride est un essai ayant pour objet de combiner et d'additionner les qualités de deux cépages différents, en France cette innovation fut uniquement un moyen de lutte contre le phylloxéra. Après la catastrophe phylloxérique, Laliman de Beaune eut l'idée de reconstituer notre vignoble avec des vignes américaines, puisque celles-ci résistaient parfaitement à ce fléau. Les plants directs américains firent donc leur apparition chez nous (Noah, Clinton, Elvira, Othello, etc.) : essais tout à fait décevants. On essaya ensuite de croiser nos vignes françaises avec ces plants américains. On obtint ainsi les hybrides producteurs directs, très robustes, très et parfois même trop prolifiques. Après bien des tâtonnements, des essais et des erreurs, on entreprit enfin le greffage*, tout à fait satisfaisant, de nos vignes françaises sur les robustes hybrides.

Les hybrides, en France, portent habituellement le nom de leur « inventeur », plus un numéro de série (Seibel 5279, Couderc 4401, Baco, Müller-Thurgau, etc.). Malheureusement, dans d'autres pays, les hybrides, ces enfants illégitimes, ont tendance à réclamer le nom de parents illustres, dont ils prétendent posséder quelque caractère, ou à s'attribuer un nom qui rappelle une noble parenté. Il en résulte une bien regrettable confusion dans l'esprit du public : c'est le cas de L'Emerald Riesling et du Ruby Cabernet aux Etats-Unis et, en Allemagne, du Goldriesling, du Mainriesling et du Müller-Thurgau (présenté parfois sous le nom de *Riesling und Sylvaner,* ou même de *Riesling-Sylvaner,* alors qu'il n'est pas prouvé que le Müller-Thurgau soit le résultat du croisement du Riesling et du Sylvaner).

En France, les hybrides producteurs directs sont nettement en régression; ils s'éliminent, pour ainsi dire, d'eux-mêmes. Leurs vins sont communs et ne sont guère prisés de nos partenaires du Marché commun. De plus, le procédé appelé « chromatographie » permet de déceler, sans erreur possible, la présence de vins provenant d'hybrides.

Les vignerons remplacent donc de plus en plus leurs hybrides par des « viniféras » (vignes indigènes), de crainte de ne pouvoir commercialiser leur production.

hypocras, boisson, généralement à base de vin, fort en honneur au Moyen Age et dont la grande faveur dura jusqu'à Louis XIV. L'hypocras était un mélange de vin, rouge ou blanc, de sucre et d'épices (cannelle, girofle, muscade, etc.), dont le fameux Taillevent, maître queux de Charles VII, nous a laissé une des recettes. Il se faisait aussi avec de la bière ou du cidre chez les pauvres. Les grands ont toujours préféré l'hypocras au vin, rehaussé de framboise et d'ingrédients coûteux comme l'ambre. Le mélange était clarifié dans un filtre spécial (la chausse d'hypocras) et conservé à l'abri de l'air.

I J

Institut national des appellations d'origine (I.N.A.O.). Créé par le décret-loi du 30 juillet 1935, sur proposition du sénateur Capus, ancien ministre de l'Agriculture, cet organisme est unique en son genre. Délégué de pouvoir de l'Etat, l'I.N.A.O. reste un organisme privé. Il a l'originalité de réunir les représentants d'administrations officielles (Agriculture, Contributions indirectes, Justice, Répression des fraudes) avec des professionnels du vin (viticulteurs, négociants). Il a comme objectif le maintien et l'amélioration de la qualité de nos vins et eaux-de-vie, et son rôle consista d'abord à définir les règles auxquelles seraient soumis les vignobles et les vins pour obtenir l'appellation d'origine contrôlée*. Tout fut codifié, depuis l'encépagement jusqu'aux méthodes de vinification. Un travail aussi considérable suscite l'admiration.
Actuellement, l'I.N.A.O. surveille et contrôle la production à tous les stades, instruit, encourage, défend le consommateur comme le producteur; sous son impulsion, nos vignerons se sont imposé une discipline très sévère. Sa mission se prolonge à l'étranger, où l'I.N.A.O. lutte courageusement et opiniâtrement pour la protection de nos appellations : chacun se souvient de l'affaire du « Spanish Champagne », à Londres, où l'I.N.A.O. se battit pour sauvegarder l'appellation « Champagne ». Après trois ans de lutte, il remporta la victoire.

Irancy. Autour de ce village, situé au sud-ouest de Chablis*, s'étend, sur les versants bien exposés, un petit vignoble qui, autrefois, a joui d'une très grande renommée. Déjà, au XIIe siècle, les vins de cette région étaient réclamés par l'exportation, et on ne tarissait pas d'éloges sur ces vins « incomparables ». Actuellement, les vins rouges et rosés d'Irancy sont encore d'excellents vins (surtout le cru Palotte), mais, hélas!, il ne reste plus que des parcelles de l'ancien vignoble, et la production est fort limitée : les meilleurs restaurants de la région ne peuvent même plus répondre à la demande de la clientèle.
Le vin d'Irancy, comme les autres rouges et rosés de Bourgogne, provient surtout du Pinot noir : en effet, les autres cépages régionaux, César et Tressot, disparaissent peu à peu. Le vin rouge, dans les bonnes années, est excellent et mérite la faveur des amateurs. D'une belle couleur de pourpre, il est corsé, très fin, avec une saveur toute particulière. Il vieillit très bien en épanouissant un beau bouquet. Malheureusement, la maturité du Pinot n'est pas toujours parfaite dans cette partie septentrionale de la Bourgogne. Il est préférable, dans les mauvaises années, de boire alors l'Irancy vinifié en rosé, qui est frais, très fruité, avec un agréable goût de terroir.
L'Irancy n'a droit qu'à l'appellation régionale « Bourgogne* », avec la faculté d'y joindre le nom de la commune.

Irouléguy. Ce sympathique V.D.Q.S. est le vin typique du Pays basque. Il est produit par un très petit vignoble situé à l'ouest de Saint-Jean-Pied-de-Port et de la vallée de la Nive, et s'étendant sur sept communes, dont les principales sont Saint-Etienne-de-Baïgorry et Irouléguy. Les vignes s'étagent sur les coteaux de 100 à 400 m, non loin de la frontière espagnole, et sont conduites en *hautains comme à Jurançon**. Ce vignoble exigu et très morcelé, de 40 ha environ, ne produit pas beaucoup plus de 1 500 hl annuels de vins rouges et rosés, vinifiés à la cave coopérative d'Irouléguy. Le rouge plaît beaucoup par sa belle couleur; il est chaud et fruité : c'est « un vin qui fait danser les filles », a dit Curnonsky. Il est, comme les autres vins rouges du Béarn, issu surtout du Tannat, associé au Bouchy et au Fer*.

Israël. La jeune viticulture d'Israël ne s'est véritablement organisée et développée que depuis la reconnaissance de l'Etat en 1949. C'est ainsi qu'en six ans, de 1955 à 1961, la production de vin avait triplé (2 700 000 hl) et accusait déjà un excès de production. Mais cette viticulture ressuscitée possède des racines bien plus profondes : elle existait déjà aux temps bibliques. Après un millénaire d'occupation musulmane, elle fut relancée vers 1890, sous l'impulsion du baron Edmond de Rothschild, qui aménagea une exploitation viticole à Rishon-le-Zion, au sud-est de Tel-Aviv.
Actuellement, les deux vignobles principaux sont ceux de Rishon-le-Zion, déjà nommé, et de Zichron Jacob, au sud-est d'Haïfa. Assez récemment, de la vigne à été plantée plus au sud, dans les régions de Lachish, d'Ascalon et de Beersheba. Les cépages sont ceux qui conviennent au climat chaud et sec d'Israël, c'est-à-dire, pour les vins rouges, principalement l'Alicante, le Grenache, le Carignan, l'Alicante Bouschet, et, pour les vins blancs, la Clairette et le Muscat d'Alexandrie et de Frontignan; il existe néanmoins un peu de Cabernet-Sauvignon, de Sémillon, de Malbec et d'Ugni blanc.
Israël possède des techniciens qualifiés et une vingtaine d'installations vinicoles modernes (coopératives surtout), dont la plus importante est la « Société coopérative vigneronne des grandes caves ». Les vins sont bien vinifiés, assez bons, d'un prix abordable; ils ne sont jamais, néanmoins, extraordinaires (on peut, toutefois, remarquer le beau résultat obtenu pour les vins blancs).
La production est généralement écoulée sur place. Seule une petite partie est exportée (6 p. 100 environ) et consommée par les israélites pratiquants.

Italie. « Pays du vin » de temps immémorial, l'Italie le demeure à notre époque, puisqu'elle produit environ 20 p. 100 du vin du monde et rivalise avec la France au point de vue de la production. Il n'est pas de région d'Italie qui ne produise de vin et, des Alpes à la Sicile, l'Italie possède une remarquable variété de climats, de sols, de cépages et de traditions vinicoles. Beaucoup de ces vins sont ordinaires, sans appellation. Ils sont parfois meilleurs que certains vins de consommation courante provenant du Midi français. Si, depuis ces dernières années, la vigne italienne descend des coteaux pour envahir les plaines, en échange, de grands progrès ont été accomplis dans les méthodes de vinification et, spécialement, par les coopératives. Le résultat final est un meilleur équilibre dans la qualité, d'autant que les hybrides* sont très rares en Italie. On assiste aussi, comme en France, à une modification du goût du consommateur, qui délaisse les vins lourds et alcoolisés au profit des vins plus légers, des rosés ou des vins pétillants.
En ce qui concerne les vins fins, depuis le 12 juillet 1962 un décret a enfin organisé et contrôlé les appellations. Le système italien s'est inspiré du système français et prévoit des vins à appellation d'origine simple (équivalant à peu près à nos V.D.Q.S.), des vins à appellation contrôlée et des vins à appellation contrôlée garantie, placés sous le strict contrôle gouvernemental, avec application des règles habituelles impératives : aire de production, encépagement, rendement maximal, degré minimal.
Bien que la vigne soit cultivée un peu partout en Italie, certaines régions sont plus notablement viticoles. Citons, par ordre de volume de production : la région des Pouilles, talon de la botte italienne, qui produit surtout des vins communs, très colorés et alcoolisés, et quelques vins de dessert; le Piémont, second en production, mais premier en qualité, qui s'enorgueillit de son Asti Spumante* et du célèbre Barolo*; la Sicile, qui, à côté de vins ordinaires, produit surtout des vins de dessert et le célèbre Marsala*; la Toscane, qui est pour chacun la patrie du Chianti*; la Vénétie, dont les meilleurs vins sont produits autour de Vérone; la Campanie, tout

« Vendanges », détail d'une fresque de Benozzo Gozzoli (XVe s.). [Campo Santo de Pise.] Cette scène de vendanges, vive et animée, montre la manière bien italienne de cultiver la vigne, en hauteur, sur pergolas, ainsi qu'on le fait toujours pour le Soave et l'Orvieto.

Phot. Brogi-Giraudon.

auréolée de sa gloire passée d'avoir enfanté le Falerne*, considéré comme le meilleur vin du monde, et le fameux Lacryma Christi*.

Enumérer les vins italiens est une tâche assez ardue, étant donné le grand nombre de ceux-ci. Ils prennent généralement le nom de la ville ou de la province d'origine, ou encore le nom du cépage (avec quelques exceptions, comme l'Est Est Est et le Chiaretto).

Les principaux vins rouges sont : le Barolo, la Gattinara*, le Barbaresco*, (issus de l'excellent cépage Nebbiolo), la Barbera*, la Freisa*, le Grignolino*, tous du Piémont; la Valtellina* de Lombardie; le Bardolino*, la Valpolicella* de Vérone; la Santa Maddalena*, le Lago di Caldaro*, la Santa Giustina du Tyrol italien; le Lambrusco de Bologne, curieux et moustillant, dont le picotement plaît toujours; le célèbre Chianti* de Toscane; le Gragnano de Naples.

Les vins blancs sont secs ou demi-secs. En général, à cause de la latitude, ils semblent lourds à nos palais, sauf ceux du Tyrol italien, plus septentrionaux. On trouve le Cortese* du Piémont, le Lugana* du lac de Garde, le Soave* de Vérone, le Terlano* et le Traminer du Tyrol, l'Orvieto* et l'Est Est Est du nord de Rome, les Castelli Romani* (comme le Frascati*), le Capri* et le Lacryma Christi* des environs de Naples, l'Etna* de Sicile.

Les vins rosés sont représentés par le Chiaretto* du lac de Garde et le délicieux Lagrein rosato* du Tyrol.

Parmi les vins de dessert, le plus célèbre est le fameux Marsala*. Mais l'Aleatico* de l'île d'Elbe est excellent, ainsi, d'ailleurs, que le Vino Santo*, produit surtout en Toscane, mais aussi dans le Trentin. Il existe enfin une bonne demi-douzaine de Muscats*.

Les vins mousseux ont un souverain incontesté, le fameux Asti Spumante*, mais Asti prépare aussi d'autres mousseux, selon la méthode champenoise, avec du Pinot blanc ou gris.

Enfin, il est à remarquer qu'en ce qui concerne les Italiens eux-mêmes ils attachent fort peu d'importance au millésime. D'ailleurs, les différences de qualité d'une année à l'autre, bien qu'elles existent, sont beaucoup moins marquées que pour les vins français. De plus, à part une douzaine d'exceptions, les vins italiens n'ont rien à gagner au-delà de trois ans. Seuls les vins issus du cépage Nebbiolo (Barolo, Barbaresco, Gattinara, Ghemme, Valtellina) se bonifient avec l'âge. Il en est de même des bons Chiantis.

J

Jasnières, vin blanc des Coteaux du Loir*, produit sur le territoire des communes de Lhomme et de Ruillé-sur-Loir. — Issu du Pineau de la Loire, c'est un vin généralement sec, mais qui, dans les années chaudes et en vieillissant, s'arrondit admirablement. C'est alors un vin d'une belle couleur jaune d'or, moelleux, délicat, avec un parfum développé très fruité. Il fait penser parfois à certains vins des Coteaux de la Loire*, mais en moins corsé.

jaune (vin). Cet original vin du Jura*, gloire de Château-Chalon*, provient d'un cépage spécial à la région, le Savagnin. La vendange doit se faire fort tard, afin d'obtenir une maturation complète des grappes et une véritable concentration du jus de raisin sur pied. La récolte se fait souvent après les premières neiges (on appelait autrefois le vin jaune « vin de gelée »).

La vinification du vin jaune est tout à fait particulière et semble même un défi aux règles de l'œnologie. Après les fermentations alcooliques, un an après la récolte, le vin est soutiré dans des fûts de chêne épais. Il va y demeurer au moins six ans sans ouillage*. C'est pendant ce vieillissement minimal, fixé par décret, qu'il va acquérir l'inimitable « goût de jaune ». Le vin se recouvre d'un voile épais, grisâtre, formé de levures spéciales à la région du Jura. Partout ailleurs, un vin laissé dans de telles conditions deviendrait du vinaigre! Ici, dans cette région privilégiée, il va se transformer en un merveilleux vin d'or et d'ambre d'un jaune superbe, au bouquet curieux, à la saveur capiteuse et puissante, évoquant la noix. C'est là le miracle du mystérieux vin jaune.

Notons qu'un procédé semblable est utilisé en Espagne méridionale (Xérès, Manzanilla, Montilla).

Les vins jaunes sont assez rares et, bien que relativement onéreux, devraient en fait coûter plus cher. En effet, en dehors des conditions particulières et déjà difficiles de la culture du Savagnin, ils doivent attendre au moins six ans avant la mise en bouteilles, ce qui immobilise des capitaux importants. De plus, le fût est parfois inexpliquablement envahi par des bactéries nocives qui gâchent irrémédiablement le vin. Enfin, le contenu du fût subit par évaporation une forte diminution de volume. Souhaitons que, grâce aux progrès de la science œnologique, le viticulteur puisse provoquer et contrôler de mieux en mieux la naissance de ce superbe enfant du hasard qu'est le vin jaune.

Il arrive que cet orgueilleux ne plaise pas toujours lors de la première dégustation, à cause de son originalité même, mais il a vite fait la conquête de l'homme de goût. Sa personnalité est telle que ce serait une imprudence de le servir au début d'un repas, si l'on néglige de « se refaire le palais » ensuite : il est si puissant, corsé et pénétrant que même les vins rouges perdent après lui bouquet et saveur.

jeune. Ce qualificatif prend un sens différent selon le vin auquel il s'applique. Si le vin est capable de vieillir, on le dira jeune, trop jeune même, avec au fond du cœur le regret de n'avoir pas attendu l'épanouissement de ses qualités : somme toute, on lui reprochera sa jeunesse. Si le vin est d'un « certain âge » et qu'il se révèle aussi fougueux et fruité qu'un benjamin, on le dira jeune aussi, mais avec admiration.

Certains vins doivent obligatoirement être consommés jeunes, car ils prennent très vite leur personnalité et leurs qualités; celles-ci ne se développeront plus. Il est donc inutile, sinon périlleux, d'attendre trop longtemps ces vins-là. Tout compte fait, beaucoup de vins doivent être bus dans leur jeunesse : on a trop longtemps considéré l'âge d'un vin comme critère de qualité, comme si la vieillesse en elle-même était une vertu.

Les vins suivants doivent être bus (en général) pour leur troisième anniversaire et certainement avant cinq ans : tous les

Cave à « vin jaune » du Jura (Arbois). C'est ici que s'accomplit, dans le recueillement, le miracle du vin jaune, laissé à lui-même pendant six ans au moins, sans ouillage. Phot. Mackiewicz.

rosés, qu'ils soient de France ou d'ailleurs; les blancs secs de la Loire et d'Alsace; les Bourgognes blancs, sauf ceux des grandes appellations; les Bordeaux blancs, sauf les liquoreux et les Graves de grande année; la majorité des vins blancs, sauf exceptions particulières. Les vins rouges des grandes appellations s'attendent, cela va de soi, avec respect, sauf dans les petites années. Les autres vins rouges peuvent presque tous être dégustés jeunes, sauf en années exceptionnelles. Presque tous les vins italiens doivent être bus dans leur jeunesse, sauf les grands rouges issus du noble cépage Nebbiolo (Barolo, Gattinara, Barbaresco) et quelques rares Chiantis.
Un vin jeune ne signifie pas « vin de primeur* ».

Johannisberg, vignoble fameux d'Allemagne, en Rheingau*, situé sur un des versants les plus accidentés des montagnes dominant le Rhin. — La production est insignifiante par rapport à la renommée mondiale du Johannisberg, qui est considéré depuis très longtemps déjà comme synonyme d'élégance raffinée et de grande race. Il est vrai que ce vin est tout cela, à condition de s'assurer que les indications habituelles (nom du vignoble, nom du producteur) sont bien spécifiées à côté du mot *Johannisberg* (le mot *Dorf* à côté de ce dernier n'apporte rien de plus, puisqu'il signifie simplement « village » en allemand).
Les vignobles renommés sont : Klaus, Vogelsang, Kläuserpfad, Kläuserberg, Hölle. Le plus fameux est le célèbre Château de Johannisberg (Schloss Johannisberg), qui fut, selon la légende, planté sur l'ordre de Charlemagne. L'empereur d'Autriche fit don du domaine à Metternich après le congrès de Vienne. Le Schloss Johannisberger est vendu sous deux étiquettes : l'une, la plus connue, porte le blason de la famille de Metternich; l'autre représente en couleurs le château et le vignoble. Des capsules de couleurs différentes permettent de distinguer les différents vins : capsule de couleur rouge pour les vins secs et meilleur marché; capsule de couleur verte pour les vins provenant de raisins cueillis à surmaturation; capsule de couleur rose pour les vins de pourriture noble*, rares et coûteux, produits certaines années seulement. Certains experts pensent que le Schloss Johannisberger n'est plus tout à fait, actuellement, l'incomparable et merveilleux nectar d'autrefois, et que certains vins du Rheingau le dépassent parfois. Ce n'est sans doute qu'une baisse passagère dans la qualité d'un vin au prestige si ancien.

Juliénas. Des documents révèlent que Juliénas se consacrait déjà à la vigne alors que le reste du Beaujolais* était encore boisé. Cette belle vocation ne s'est jamais démentie! Le Juliénas est frais et fruité, mais avec une robe plus foncée et plus de corps que le Saint-Amour, son voisin. Il se boit jeune, comme la plupart des Beaujolais, bien que certaines années donnent des bouteilles qui peuvent vieillir sans dommage — bien au contraire.

Jullien, auteur d'un précieux ouvrage écrit en 1816, auquel se réfèrent tous les auteurs, et intitulé *la Topographie de tous les vignobles connus.* — Cet ouvrage fut réédité en 1822 et en 1832. Jullien y donne un classement fort complet de tous nos crus existant alors, qui permet de suivre l'évolution de notre vignoble jusqu'à nos jours (on sait que le vignoble subit un remaniement profond, surtout à la suite de la crise phylloxérique). Jullien tenait beaucoup à la situation topographique des vignobles, qui lui servit d'ailleurs de base de classement. Par exemple : « les vins secs proviennent généralement des vignobles situés au-dessus du 47e degré de latitude »; « les vins de liqueur sont faits ordinairement dans les vignobles situés au-dessous du 39e degré de latitude, et ils sont d'autant plus chargés de parties sucrées qu'ils ont été récoltés plus près de l'équateur », etc. Enfin, Jullien distinguait aussi les « vins fins », les « vins d'ordinaire » et les « vins communs ».

Jura. C'est dans les limites de ce département, de Port-Lesney à Saint-Amour, que se trouve la région viticole de l'ancienne province de Franche-Comté. Le vignoble couvre des coteaux bien orientés, en bordure de la plaine de la Bresse, sur une ligne parallèle à la Côte d'Or, avec Arbois comme noyau important. Long de 80 km sur 6 km de largeur environ, il n'est guère étendu, mais quelle originalité ! Les vins du Jura sont sans doute les seuls au monde à convenir à tous les goûts. Et que de couleurs : vin rouge, vin blanc, vin rosé, vin mousseux, vin jaune*, vin de paille*. Rien de surprenant que les vins du Jura aient toujours eu d'illustres et fervents amateurs : Charles Quint, François Ier, Henri IV, Pasteur entre autres. Le vignoble est situé à une altitude moyenne de 300 m et occupe des terrains calcaires et marneux issus du secondaire. Trois cépages nobles sont particuliers à la région du Jura : en rouge, le Trousseau et le Poulsard; en blanc, le Savagnin, ou Naturé, qui donne l'extraordinaire vin jaune et qui, en Alsace, se nomme « Traminer ». Mais on cultive aussi le Pinot noirien en rouge et le Chardonnay en blanc (tous deux cépages nobles de la Bourgogne et de la Champagne).

Le Jura possède quatre appellations contrôlées :

Côtes du Jura* (vins blancs, vins rouges, vins rosés, vins jaunes, vins de paille, vins mousseux);

Arbois* (vins blancs, vins rouges, vins rosés, vins jaunes, vins de paille, vin mousseux);

L'Etoile* (vins blancs, vins jaunes, vins de paille, vins mousseux);

Château-Chalon* (vins jaunes).

Jurançon. C'est certainement la plus illustre des appellations contrôlées du Sud-Ouest*, à la fois historique et légendaire. Qui ne connaît l'anecdote du roi de Navarre humectant de Jurançon les lèvres de son fils, le futur Henri IV? La gloire du Jurançon était telle, à cette époque, qu'elle atteignait toute l'Europe du Nord, grâce aux négociants hollandais, et qu'elle demeura intacte jusqu'à la Révolution française. Le Jurançon, perle du Béarn, est produit au sud et à l'ouest de Pau. Les vignobles, d'un accès difficile, occupent des parcelles de faibles superficies, en

Étiquette de Côtes-du-Jura.

plein flanc de coteau, bien exposées au sud et au sud-est. Les sols, variés, qu'ils soient calcaires, sablonneux, caillouteux ou argileux, sont plantés de cépages qu'on ne trouve nulle part ailleurs : Petit-Manseng, Gros-Manseng, Courbu. La vigne est conduite en hautains, sur tuteurs de châtaignier de 1,50 à 2 m de haut. Le rendement, très faible, ne dépasse guère 25 hl à l'hectare. La vendange se fait très tard, de façon à obtenir des raisins « passerillés » sur pied, ayant déjà subi une concentration naturelle de leur jus.

Le Jurançon, qu'on rencontre si rarement, hélas !, sur les cartes des vins, est un vin extraordinaire, à nul autre pareil, et qui mérite largement sa réputation. C'est un nectar moelleux, original, à la robe dorée, à la sève généreuse, très parfumé, avec un goût légèrement épicé de cannelle et de girofle. Il donne curieusement l'impression de cacher une pointe d'acidité sous le moelleux de son sucre : petit coup de griffe excitant sous la patte de velours ! Le Jurançon est un vin de longue garde et qui voyage fort bien. Parfois aussi, on vendange les raisins bien mûrs, mais non passerillés, ce qui permet d'obtenir des vins secs, nerveux, fruités et frais, et qu'on boit généralement dans l'année suivant la récolte.

Il existe un peu de Jurançon rouge, consommé surtout dans le pays même. Il est, comme le blanc, d'origine ancienne, puisque les documents rapportent le don fait par Jeanne d'Albret en 1564 « d'une vigne de Jurançon rouge et blanche » à l'une de ses dames d'atour.

K L

Knipperlé. Ce cépage à petits grains est un des cépages courants d'Alsace*, où, d'ailleurs, il perd du terrain chaque année devant les plants nobles et aussi à cause de sa tendance naturelle à la pourriture. Il donne un vin de bonne qualité, fruité et souple.
Il est cultivé aussi en Allemagne et en Suisse sous le nom de « Räuschling », mais, partout, il est surtout consommé localement.

Château Lafite-Rothschild, premier grand cru classé. Phot. Mackiewicz.

Lacryma Christi, célèbre vin blanc d'Italie, récolté sur les pentes volcaniques du mont Vésuve (un peu de rouge est aussi produit). – Son bouquet et sa saveur rappellent peut-être un peu les Graves, comme sa couleur d'or pâle. Ce vin, dont le nom signifie « larmes du Christ », est extrêmement rare. Déjà en 1816, Jullien constatait qu'il s'en faisait fort peu; réservé à la table du roi de Naples, il était d'ailleurs introuvable dans le commerce.
De nos jours, il n'y a pratiquement plus de vignes sur les pentes du Vésuve; aussi est-il prudent de ne pas trop croire à des larmes si abondantes.

Lafite-Rothschild (Château). Ce premier grand cru classé du Médoc* jouit, depuis le XVIIe siècle, d'une extraordinaire renommée (son propriétaire, M. de Ségur, fut alors surnommé « le Prince des vignes »). Il fut acheté en 1858 pour 5 millions par le baron James de Rothschild, et l'admirable noblesse du vin ne s'est jamais démentie. De nombreux amateurs estiment que le Château-Lafite est le meilleur de tous les vins rouges, et, en tout cas, le chef-d'œuvre du haut Médoc. C'est aussi l'opinion des experts les plus impartiaux.
Tout en nuances subtiles, c'est un vin qui atteint la perfection. Brillant, velouté, généreux, il possède une saveur délicate et suave et une finesse exquise. De très longue garde, il peut conserver toutes ses qualités après quarante ans de bouteille, et il arrive même à quelques heureux élus d'être admis à déguster des bouteilles centenaires! Seules les meilleures cuvées du domaine ont droit à l'appellation « Château-Lafite »; le reste, encore de qualité, est vendu sous le nom de « Carruades-de-Château-Lafite-Rothschild ».

Lago di Caldaro, excellent vin rouge produit sur les versants ouest et nord du petit lac du même nom, situé non loin de Bolzano, dans le Tyrol italien. — Issu du cépage Schiava Gentile, c'est un vin léger, vif, plein de charme, un des meilleurs de la région.

Lagrein rosato, délicieux vin rosé, plein de fraîcheur et de vivacité, produit autour de Bolzano, dans le Tyrol italien. — Il est issu du cépage local Lagrein et doit se boire jeune. On l'appelait « Lagreiner Kaetzer » avant la Grande Guerre, lorsque la région appartenait à l'Autriche.

Lalande-de-Pomerol, vignoble situé au nord de Pomerol*, sur des terrains graveleux ou sablo-graveleux à pente légère, et qui produit des vins d'appellation contrôlée « Lalande-de-Pomerol ». — Ces vins sont généreux et nerveux, et ressemblent aux Pomerols, mais ils ont moins de finesse. Les meilleurs crus, qui peuvent se comparer aux seconds crus de Pomerol, sont le Château de Bel-Air (à ne pas confondre avec le Château Belair, premier grand cru de Saint-Émilion), les Châteaux Grand-Ormeau, de la Commanderie, les Cluzelles, Perron, etc.

Languedoc, ancienne province française, qui s'étend du delta du Rhône jusqu'au-delà de Narbonne et comprend la bordure côtière du département du Gard, l'Hérault et l'Aude. — Ces deux derniers départements sont, en volume, les plus importants producteurs de vin de toute la France, dont la plus grosse partie consiste en vins de consommation courante* : on appelle souvent ceux-ci « vins du Midi* ». Mais, à côté de ces vins ordinaires, la région produit aussi des vins à appellation d'origine contrôlée : le Fitou*, la Blanquette de Limoux*, de réputation fort ancienne, la Clairette du Languedoc* et les Muscats* suaves de Frontignan*, de Lunel*, de Mireval et de Saint-Jean-de-Minervois*. D'autres vins appréciés ont reçu le label V.D.Q.S. : Corbières*, Corbières supérieurs*, Minervois*, Picpoul-de-Pinet* et Coteaux-du-Languedoc* : cette dernière appellation en englobe treize autres, bien sympathiques, qu'on a grand plaisir à découvrir au cours d'un voyage.

Languedoc (Coteaux-du-). Sous cette appellation, qui a droit au label V.D.Q.S.,

Languedoc. Vue aérienne de vignobles dans le delta du Rhône. La région produit une grosse quantité de « vins du Midi », fils ardents du soleil. Phot. Mackiewicz.

se groupent treize appellations de vins provenant des coteaux de l'Aude et de l'Hérault. Ces vins sont rosés ou rouges, les vins blancs n'ayant pas droit à l'appellation. Ils peuvent être vendus soit sous l'appellation « Coteaux-du-Languedoc », soit sous cette même appellation accompagnée de leur nom propre, soit sous leur nom propre seulement. Les vins proviennent en majorité des cépages de base (Carignan, Cinsault, Grenache) et doivent titrer 11° au minimum. Les appellations sont les suivantes : Cabrières*, Coteaux-de-Vérargues, Faugères*, Coteaux-de-la-Méjanelle, Montpeyroux*, Pic-Saint-Loup, Saint-Chinian*, Saint-Christol, Saint-Drézéry, Saint-Georges-d'Orques* et Saint-Saturnin dans l'Hérault; la Clape* et Quatourze* dans l'Aude.
Ces vins sont d'excellente qualité et jouissent parfois d'une notoriété fort ancienne. Saint-Saturnin est renommé pour son « vin d'une nuit », léger et agréable. Saint-Christol, Saint-Drézéry, les Coteaux de Vérargues et de la Méjanelle produisent surtout des vins rosés. Les trois premières appellations étaient, au siècle dernier, avec Saint-Georges-d'Orques, les plus réputées de la région.

Latour (Château-). Ce premier grand cru classé de Pauillac* est, avec ses rivaux le Château-Lafite-Rothschild* et le Château-Margaux*, un des trois grands seigneurs du Médoc*. Le sol aride, sec, caillouteux du vignoble, planté en cépages nobles du Bordelais (donc à faible rendement), ne donne qu'une production réduite, mais de quelle qualité !
Le Château-Latour est toujours un vin robuste et complet, même dans les années moyennes. Il se révèle d'une exceptionnelle richesse dans les belles années.
C'est un vin rouge, coloré, corsé, astringent dans sa jeunesse, comme tous les grands vins, avec un imperceptible goût de résine. Il développe, en vieillissant, un splendide bouquet. C'est un vin de très longue garde, dont les admirables qualités affrontent facilement le demi-siècle.
Qui a bu une seule fois dans sa vie le Château-Latour ne peut le confondre avec un autre. Il existe en France, et spécialement en Bordelais, une foule de crus dont le nom comprend « Tour » ou « La Tour » : l'étiquette du grand Château-Latour porte une tour stylisée, surmontée d'un lion.

Laudun. Le vignoble de ce village des Côtes du Rhône* se trouve sur la rive droite du Rhône, au nord de Tavel* et de Lirac*, et donne de très bons vins élégants et fruités. Il produit à la fois des vins rouges, des vins rosés qui rappellent les Tavels et les Liracs, et des vins blancs d'excellente qualité.
Laudun ne bénéficie pas d'une appellation contrôlée propre, mais son nom peut être ajouté, en mêmes caractères, sur l'étiquette à côté de Côtes du Rhône.

Lavilledieu, appellation qui s'applique à des V.D.Q.S. du Sud-Ouest*, dont on ne peut plus guère parler actuellement, l'hiver 1956 ayant fait ici, comme dans les autres vignobles de la région, des ravages particulièrement terribles. — L'aire de production se situe entre Moissac et Montauban, dans le triangle formé par le Tarn et la Garonne, et occupe les communes de Lavilledieu, Montech et Castelsarrasin.
Les vins rouges, comparables à ceux de Fronton, jouissaient d'une bonne renommée locale.

Layon (Coteaux du). Les vignobles de cette appellation d'Anjou* couvrent les coteaux bordant la petite rivière du Layon, qui se jette dans la Loire à Chalonnes. Seul le cours inférieur du Layon produit les vins blancs qui ont droit à l'appellation, depuis Chavagnes et Thouarcé sur la rive droite, et depuis Rablay sur la rive gauche. Les Coteaux du Layon sont, en abondance et en qualité, la première région productrice de vins de l'Anjou. Ces vins sont aussi très connus du public. Le Pineau de la Loire mûrit ses grains, jusqu'en octobre et au-delà, dans des sites bien abrités. Le raisin se ride sur pied et est souvent envahi par la pourriture noble*. Les vins vont du sec au liquoreux, selon les vignobles et les années, mais ils sont généralement

liquoreux. Tendres et onctueux, très fins et parfumés, ce sont alors de beaux vins dorés, harmonieux et corsés. Ils peuvent se hausser au niveau des Sauternes*, des Barsacs* et des vins liquoreux allemands du Rhin, tout en gardant le fruit particulier des vins de la Loire.
Les meilleures communes sont Beaulieu, Faye, Rablay, Rochefort, Saint-Aubin-de-Luigné. Quarts-de-Chaume* et Bonnezeaux*, les crus les plus fameux des Coteaux du Layon, ont droit à une appellation d'origine distincte.
La partie moyenne du Layon produit des vins blancs, vendus simplement sous l'appellation « Anjou », et aussi d'excellents rosés, qui ont droit soit à l'appellation « Rosé d'Anjou* », soit à celle de « Cabernet d'Anjou ».

léger. Ce qualificatif, appliqué à un vin, est l'opposé de *corsé**, mais aussi de *lourd**, et c'est alors un compliment. Un vin léger contient toujours peu d'alcool, ce qui le rend précieux en certaines circonstances puisqu'il est facile à boire et ne porte pas à conséquence.

levures, micro-organismes unicellulaires grâce auxquels le jus de raisin devient du vin en subissant la fermentation alcoolique*. — Les levures existent naturellement sur la pellicule du raisin, où elles restent collées à la substance cireuse de la pruine*. La fermentation alcoolique est donc spontanée le plus souvent, et le rôle du vigneron consiste à surveiller leur travail et à leur assurer un milieu favorable. Il existe plusieurs familles de levures, travaillant de façon différente, et qui se relaient au cours de la fermentation. Certaines sont capables de travailler à basse température, mais une bonne fermentation se fait entre 25 et 28 °C, ce qui explique la nécessité de réchauffer ou de refroidir les moûts selon les climats. Elles s'intoxiquent peu à peu par l'alcool produit au cours de la fermentation, et leur travail s'arrête quand le titre du vin atteint 15°. Cette propriété est utilisée pour le mutage* à l'alcool des vins doux naturels*. Toutefois, le travail des levures ne consiste pas uniquement à transformer le sucre en alcool. Les levures attaquent bien d'autres substances et donnent ainsi naissance à des acides aminés, à de la glycérine, à des éthers, à des aldéhydes, à des alcools supérieurs. Tous ces éléments donnent à chaque vin son caractère et son arôme particuliers. Ainsi, une race spéciale de levures donne aux vins de « fleur* » leur goût si original.

levures sélectionnées. Le commerce vend des cultures de levures sous le nom de régions viticoles célèbres : Bourgogne, Beaujolais, Champagne. Certains ont pensé pouvoir communiquer ainsi aux vins les caractères particuliers recherchés. L'industrie a échoué là où la nature réussit si bien : en effet, chaque cépage, chaque terroir possède un ensemble complexe de levures dans des proportions inconnues, que l'industrie ne peut avoir la prétention de reproduire. Si les vins ainsi élaborés présentent peut-être, dans les premières semaines, certains caractères de ceux qu'ils veulent imiter, ces qualités artificiellement acquises ont vite fait de s'évanouir. Il vaut bien mieux s'assurer une bonne fermentation en la lançant avec un beau « pied de cuve* ». Les levures sélectionnées sont surtout utiles en cas de vendanges blanches défectueuses, ayant nécessité une addition importante d'anhydride sulfureux*, afin d'assurer la lancée de la fermentation et le maintien de celle-ci.

lie, dépôt jaunâtre qui se dépose dans le fond des tonneaux et que le viticulteur retire au moment des soutirages*. — On l'appelle encore « mère du vin ». Elle est formée d'impuretés et de cellules de levures*. L'odeur de la lie rappelle d'ailleurs un peu celle de la levure de boulanger. Les vins jeunes en barriques ont parfois un « goût de lie » assez prononcé, qui disparaît d'ailleurs après le soutirage. Le goût de lie n'est pas un grave défaut; beaucoup de connaisseurs de Muscadet et de vins suisses le considèrent même comme une vertu.

Liebfraumilch. Ce nom allemand, qui veut dire « lait de Notre-Dame », est certainement la plus connue des appellations de vins d'Allemagne*. Pourtant, elle ne signifie plus grand-chose. Elle devait, à l'origine, s'appliquer au vin produit par le vignoble de Liebfrauenstift, près de la cathédrale gothique de Worms, dans la Hesse rhénane*. La vigne, qu'on montre toujours à Worms, est située dans la ville sur un sol d'alluvions, non loin de la rivière, mais elle ne doit pas produire un vin bien remarquable. Quoi qu'il en soit, le mot *Liebfraumilch* est tombé dans le domaine public et est devenu vaguement synonyme de *vin du Rhin :* ce n'est plus une appellation d'origine, et elle ne s'applique sûrement pas à une qualité particulière. Généralement, les vins bon marché et médiocres de la Hesse rhénane sont vendus sous ce nom, et même quelquefois ceux du Palatinat*. Toutefois, certains vins de qualité s'offrent parfois comme « Liebfraumilch » : le nom du vendeur est alors la seule indication pour l'amateur.

lies (sur). La mise en bouteilles sur lies est une technique artisanale, toujours réservée aux vins blancs à consommer jeunes et qui, grâce à elle, conservent leur fraîcheur et leur fruité. La mise sur lies est connue dans le public, surtout depuis que le populaire Muscadet s'en est fait le porte-drapeau. Le but essentiel de cette méthode est de conserver le fruité et la juvénilité du vin, lequel, de plus, présente un léger dégagement de gaz carbonique qui picote agréablement la langue.

Habituellement, on procède à la mise en bouteilles du vin lorsque celui-ci est devenu tout à fait clair. On obtient ce résultat en le débarrassant de ses lies par une série de soutirages. Les lies sont constituées par des levures mortes ou devenues inactives faute de sucre. Lorsqu'on conserve les vins sur leurs lies, les levures empruntent au vin l'oxygène qui est nécessaire à leur survie : elles protègent ainsi le vin de l'oxydation, et par conséquent du jaunissement et du vieillissement.

D'autre part, le vin ainsi conservé sur lies saines est facilement le siège d'une fermentation malo-lactique secondaire, accompagnée d'un dégagement de gaz carbonique qui reste en partie dissous dans le vin. Or, le vin conservé sur lies contient déjà, à la base, plus de gaz carbonique qu'un autre : ce gaz, provenant de la fermentation alcoolique, n'a pas été éliminé par les opérations successives de soutirage, et c'est lui qui donne le très léger et juvénile pétillement caractéristique des vins « mis sur lies ».

Il est à remarquer que les vins mis en bouteilles très tôt et par temps froid ont les mêmes caractères : le gaz carbonique est très soluble à froid et demeure alors en partie dans le vin. Il en est de même des vins mis en bouteilles dès la fin de la fermentation malo-lactique*.

Le Crépy* de Savoie, le Gaillac* perlé, certains vins d'Alsace s'inspirent de cette méthode spéciale, ainsi que les vins suisses du Valais et du pays de Vaud, où cette façon de procéder est appelée « méthode neuchâtelloise ». La conservation sur lies ne peut se faire que dans les bonnes années, car des fermentations secondaires sont toujours à redouter et on risque des altérations du vin, des maladies et des mauvais goûts.

limpidité. C'est, pour le consommateur, une des qualités premières qu'il exige impérativement d'un vin. Certes, il est plaisant de faire miroiter dans son verre un vin d'or ou de rubis que rien ne trouble, pas même un coquin petit voltigeur*. Mais l'homme de l'art sait, par expérience, combien il doit agir avec subtilité et légèreté pour que son vin ait la limpidité tant prônée, sans avoir perdu pour autant son charme et ses nuances. Car c'est ainsi que se présente le problème : chaque opération nécessaire pour assurer la limpidité du vin fait toujours perdre à celui-ci un peu de son arôme et de son bouquet. Un vin limpide est d'ailleurs toujours à la merci d'un trouble ultérieur (changement de température, de pression, etc.). L'équilibre, si fragile, d'un vin tient du miracle. Pour arriver à cette limpidité nécessaire, sans porter atteinte aux qualités gustatives du vin, le vigneron utilise, avec mesure, une série de procédés : les soutirages*, le collage*, la filtration*. Dans la centrifu-

Cave coopérative de Saint-Genis-des-Malgoires dans le Languedoc : un centrifugeur. Phot. Mackiewicz.

gation, on utilise la force centrifuge pour rassembler et éliminer les dépôts en suspension. Ce procédé trop brutal diminue le bouquet des vins qui y sont soumis et n'est pas utilisé pour les grands vins.

liqueur (vin de). On classe sous ce nom des vins qui ont gardé une grande partie de leur sucre naturel grâce au mutage* des moûts à l'alcool. Le chef de file de ces vins est le Porto*. Certains Madères*, provenant du cépage Malvoisie, peuvent être classés dans cette catégorie.
En France, le nom *vin de liqueur* a un sens très précis. Il ne peut s'appliquer légalement qu'à des vins obtenus à partir de moûts de raisins crus ou cuits, concentrés ou non. Leur richesse alcoolique ne doit pas dépasser 23°. Toutes nos appellations contrôlées de « vins doux naturels* » existent aussi en « vins de liqueur » : Banyuls, Côtes-d'Agly, Frontignan, etc. Mais le régime fiscal des vins doux naturels et des vins de liqueur est différent : ces derniers sont soumis au régime des spiritueux, alors que les vins doux naturels sont soumis au régime fiscal des vins. Le mutage des vins de liqueur à appellation d'origine contrôlée doit se faire avant ou pendant la fermentation, la proportion d'alcool ajouté variant évidemment selon l'appellation. Les vins de liqueur sans appellation peuvent être mutés à l'alcool avant, pendant ou après la fermentation.
Le degré alcoolique doit toujours être mentionné sur l'étiquette des vins de liqueur, mais pas obligatoirement sur celle des vins doux naturels.

liqueur de tirage. Elle provoque la prise de mousse du Champagne* et des vins mousseux* obtenus par la méthode champenoise*. On commence par mesurer la quantité de sucre naturel contenu encore dans le vin tranquille*; on complète alors par la quantité de sucre de canne nécessaire, dissous dans du vin vieux : c'est la liqueur de tirage. On estime qu'une bonne prise de mousse sera obtenue lorsque le vin contient environ 25 g de sucre par litre : si le vin ne contient pas assez de sucre, sa mousse sera insuffisante; s'il en contient trop, elle sera exubérante et fera éclater la bouteille. Jadis, on ignorait la quantité exacte de liqueur de tirage à ajouter au vin, car on ne possédait pas les moyens techniques permettant de mesurer le sucre naturel resté dans celui-ci. Il y avait beaucoup de déboires dans la préparation du Champagne et, surtout, une casse importante, qui atteignait certaines années des proportions catastrophiques. Une bouteille ordinaire ne supporterait pas la pression de 5 à 6 atmosphères, qui est celle des vins mousseux : il faut donc des bouteilles spéciales, sans défaut, et ayant une parfaite régularité d'épaisseur. On remplit soigneusement les bouteilles avec le vin mélangé à la liqueur de tirage, on les bouche avec le bouchon provisoire de tirage, de bonne qualité et muni d'une solide agrafe. Et les voici prêtes pour l'entreillage*.

liqueur d'expédition, mélange de vieux vin de Champagne et de sucre de canne que l'on ajoute dans la bouteille immédiatement après l'opération du dégorgement*. La « liqueur » a pour but de combler le vide laissé par l'expulsion du dépôt qui s'était amassé contre le bouchon et que le dégorgement* a éliminé

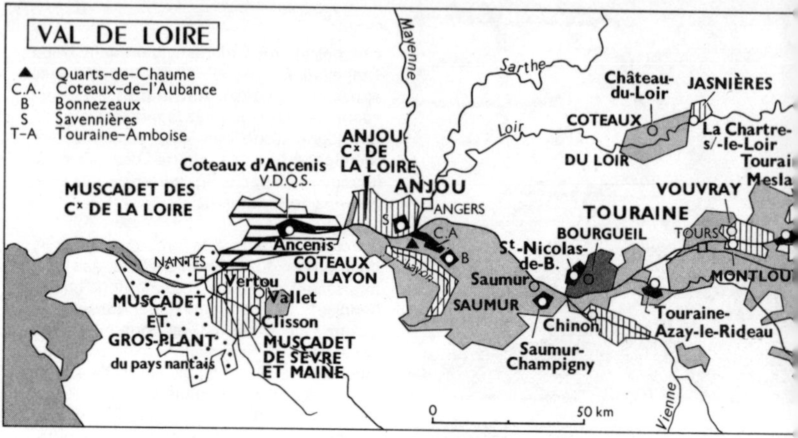

(5 à 6 cl). Par l'intermédiaire de cette liqueur, on procède aussi au dosage* du Champagne, afin de lui donner le goût désiré par le consommateur; il suffit de doser le sucre selon le goût recherché : brut, extra-dry, sec, demi-sec, doux. Parfois, certaines marques de Champagne corsent la liqueur avec de l'esprit-de-Cognac (Cognac redistillé entre 80 et 85°).
Cette liqueur est appelée liqueur d'expédition parce qu'elle est ajoutée au cours d'une des dernières manipulations du Champagne, lorsque celui-ci est prêt a être « expédié » (en réalité, il devra encore se reposer quelques semaines avant d'être habillé et emballé). Il ne faut pas confondre la liqueur d'expédition, point final d'une merveilleuse élaboration, avec la liqueur de tirage*.

Lirac. Le vignoble de ce village des Côtes du Rhône* occupe les coteaux secs et caillouteux au nord de Tavel*, son voisin. L'appellation « Lirac » s'applique à d'excellents vins rosés, séveux et parfumés, très proches des Tavels, mais un peu éclipsés par ceux-ci. Le Lirac provient des mêmes cépages que le Tavel, avec en plus la Syrah, le Mourvèdre, l'Ugni blanc. Il est vinifié tout aussi soigneusement que son réputé voisin, que ce soit au Château de Segries, au Château de Clary ou à la cave coopérative. Lirac produit aussi, à partir des mêmes cépages que ses rosés, des vins rouges puissants et généreux, au bouquet très prononcé, et des vins blancs fins et parfumés, provenant surtout de la Clairette.

Listrac. Cette commune du haut Médoc* produit des vins rouges qui, sans être de très grande classe, n'en sont pas moins de très bons vins d'une jolie couleur rubis, charnus, nerveux, avec une certaine finesse et un bouquet agréable. Le Listrac est, en France, le vin favori de la Compagnie internationale des wagons-lits, ce qui a largement contribué à sa popularité.
Listrac a quelques bons crus bourgeois supérieurs (Châteaux Fonréaud, Fourcas-Dupré, Lestage, Sémeillan, Clarke) et quelques bons crus bourgeois. La cave coopérative de Listrac vinifie un vin comparable aux crus bourgeois supérieurs.

Loir (Coteaux du). Ce vignoble occupe les coteaux bien exposés, bordant le Loir, à une quarantaine de kilomètres au nord de Tours, dans les départements de la Sarthe et d'Indre-et-Loire. Situé à la limite de la Touraine, de l'Anjou et du Maine, c'est surtout, en réalité, au vignoble de Touraine* qu'il peut être comparé : même sol, même climat et même encépagement. On y retrouve

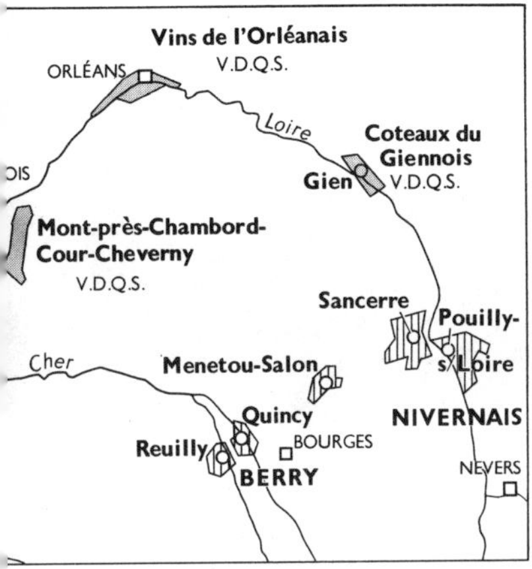

Étiquette de Vouvray (en haut), de Chinon (en bas).

même les caves, creusées dans le tuffeau. Le vignoble, autrefois bien plus important qu'aujourd'hui, donne des vins renommés. Ronsard et Rabelais ont chanté les vins de La Chartre, et Henri IV exigeait les vins du pays lorsqu'il venait chasser dans la forêt de Bercé. Les vins blancs, issus du Pineau de la Loire, sont les plus renommés. D'une belle couleur dorée, frais, fins et fruités, parfois pétillants, ils se conservent fort bien et ne sont pas sans rappeler les Vouvrays. Ils titrent environ 10° et sont produits surtout par les communes de Château-du-Loir, Saint-Paterne, Chahaignes, Bueil, Vouvray-sur-Loir (attention! il ne s'agit pas du Vouvray, beaucoup plus connu, qui se trouve en Touraine, au bord de la Loire).
Les vins rouges sont colorés, généreux et bouquetés. Saint-Aubin, Chenu, Nogent, Saint-Pierre-de-Chevillé en produisent de fort bons.
Depuis quelques années, la région fournit aussi quelques vins rosés. Une vingtaine de communes donnent les vins des Coteaux du Loir, qui possèdent un cru renommé : Jasnières*.

Loire. Le plus long fleuve de France ne se contente pas de la royale parure de ses prestigieux châteaux. La Loire, coquette, habille aussi ses rives et celles de ses affluents d'un riche et chatoyant manteau de vignes. L'expression *vins de Loire* s'applique à beaucoup de vins, car elle englobe tous ceux qui sont produits le long des rives du fleuve et de ses affluents, depuis la source jusqu'à l'Océan, soit, en tout, plus de 200 000 ha de vignes. Il n'y a aucune homogénéité entre les différents vignobles; climat, terrains, cépages sont fort variés. Seul le fleuve aimable est le lien imperceptible mais réel, le trait d'union lumineux, qui donne à ces vins si divers un air de famille. Tout au long de son cours et de ses affluents s'égrènent des crus prestigieux ou de gentils petits vins qui possèdent en commun l'élégance, la grâce infinie et le charme aimable de la « doulce France ».
Honneur aux Grands! Voici les appellations d'origine contrôlées : celles du Nivernais et du Berry*, en plein fief du

Lorraine. Vignoble à Ancy. Quelques courageux vignerons ont réussi à sauvegarder, à force de foi et d'amour, certains lambeaux de ce qui fut autrefois le riche et prospère vignoble lorrain.
Phot. Mackiewicz.

Sauvignon*, avec Pouilly-sur-Loire*, Sancerre*, Menetou-Salon*, Quincy*, Reuilly*; celles de Touraine* avec Vouvray*, Montlouis*, Chinon*, Bourgueil*; celles d'Anjou* avec Saumur*, Coteaux-de-la-Loire*, Coteaux-du-Layon*, Coteaux-de-l'Aubance*; enfin, en pays nantais, l'espiègle Muscadet*.
Les V.D.Q.S., fort nombreux, s'égaillent joyeusement de l'Auvergne au pays nantais : vins d'Auvergne*, Saint-Pourçain*, Châteaumeillant*, Coteaux-du-Giennois*, vins de l'Orléanais*, Mont*-près-Chambord-Cour-Cheverny, Coteaux-d'Ancenis* et Gros-Plant du pays nantais*.

Loire (Coteaux de la). L'appellation contrôlée Anjou-Coteaux de la Loire est réservée à des communes échelonnées sur les bords de la Loire*, aux environs d'Angers : Saint-Barthélemy, Brain-sur-l'Authion, Bouchemaine, Savennières*, La Possonnière, Saint-Georges, Champtocé et Ingrandes sur la rive droite; Montjean, La Pommeraye et une partie de Chalonnes sur la rive gauche. La vigne occupe, aux bords immédiats du fleuve, les pentes rocheuses bien exposées. Vignoble peu étendu, peut-être, mais qui bénéficie d'une excellente situation. Les vins blancs, provenant du Pineau de la Loire, sont moins doux que ceux du Layon*. Fins, nerveux, ils sont secs ou demi-secs, avec toujours beaucoup d'élégance et un parfum délicatement fruité. Ils doivent titrer 12° minimum. Le village de Savennières* a droit à une appellation contrôlée particulière.
La région produit aussi des vins rouges et rosés de Cabernet qui ont droit à l'appellation « Anjou* ».
Enfin l'expression *Coteaux de la Loire* fait également partie d'une des trois appellations contrôlées du pays nantais : le « Muscadet des Coteaux de la Loire* ».

Lorraine. Les vins de Lorraine, comme ceux d'Alsace, ont connu autrefois une très grande vogue. Signalé dès le VIe siècle, le vignoble était déjà fort renommé au VIIIe siècle, et les grands ordres religieux de Flandre, de Brabant et d'Allemagne y possédaient des parcelles fort prospères. Hélas! beaucoup de vicissitudes ont atteint au cours des âges le vignoble lorrain, qui n'est plus, de nos jours, que l'ombre de lui-même; les guerres, le phylloxéra, l'abandon du métier de vigneron par la jeunesse et, surtout, le remplacement entre 1904 et 1911 de la plupart des vignes par des arbres fruitiers, plus rentables, tout cela a sonné le glas des charmants vins de Lorraine. De nos jours, on peut dire que l'ennemi n° 1 du vignoble lorrain est la mirabelle. Mais la vigne a toujours trouvé, pour la défendre, d'opiniâtres vignerons : il s'est trouvé ici une poignée de ces braves, décidés à lutter pour ces vins de Lorraine dont on

a dit : « Ce sont les dernières fleurs des vins de l'Ancienne France. »
Si le vignoble lorrain n'occupe plus, actuellement, que la dixième partie de sa superficie d'il y a cent ans, il produit de nouveau des vins de qualité, qui peuvent bénéficier du label V.D.Q.S. après décision de la commission de dégustation désignée par l'I.N.A.O. Deux appellations désignent les vins de Lorraine : « Vins de la Moselle* » (Moselle) et « Côtes-de-Toul* » (Meurthe-et-Moselle).

louche. Un vin louche est un vin trouble, mais faiblement. Cet aspect peu engageant peut provenir d'une fermentation alcoolique* inachevée, ou d'une fermentation malo-lactique* en cours, ou encore d'un début de maladie microbienne (casse).

Loupiac. Sur la rive droite de la Garonne, face à Barsac*, se situe la commune de Loupiac. Bien que faisant partie géographiquement des Premières Côtes de Bordeaux*, elle forme une région bien distincte qui a droit à sa propre appellation.
Le Loupiac est un vin du type Sauternes*, obtenu par les mêmes procédés rigoureux que celui-ci et digne de figurer honorablement à ses côtés. Il s'apparente, par ses qualités, à son voisin le Sainte-Croix-du-Mont*. Corsé, parfumé et fin, le Loupiac est un excellent vin blanc liquoreux, dont les principaux crus sont les Châteaux de Ricaud, du Cros, Loupiac-Gaudiet et de Rondillon.

lourd. Un vin lourd est tout le contraire d'un vin harmonieux et équilibré*. C'est un vin qui manque totalement de finesse, qui est trop alcoolique, parfois trop riche aussi en tanin, mais qui ne possède rien d'autre! L'arôme* et le bouquet* (si tant est qu'il en possède) sont complètement masqués, et un tel vin pèse sur la langue, comme sur l'estomac. Malheureusement, beaucoup de vins ordinaires, de provenance incertaine, peuvent être lourds.

loyal. En dégustation, un vin loyal est un vin honnête et sincère, qui se livre sans réticence. On peut encore le dire « franc » ou « droit de goût ».
Au point de vue commercial, l'expression désigne un vin qui peut être livré à la vente en toute quiétude, car l'analyse n'y révèle aucun vice apparent ou caché. L'expression consacrée est *« vin loyal et marchand »*.

Lugana, vin blanc sec, fort plaisant, produit sur la rive sud du lac de Garde, au nord de l'Italie, autour du petit village de Lugana. — C'est en général le meilleur vin blanc de la région du lac. Il est issu du cépage Trebbiano, connu en France sous le nom d'Ugni blanc (cépage du vin blanc de Cassis). Ce cépage est aussi, en Italie, une des deux variétés principales qui donnent le Soave* et c'est de lui qu'est issu le Chianti* blanc.
Le vin est d'une couleur d'or pâle, corsé, bien équilibré.

Lunel. Entre Nîmes et Montpellier, cette petite ville du Languedoc* produit un excellent Muscat* d'appellation contrôlée. L'aire de production s'étend sur les terrains caillouteux de Lunel, de Lunel-Viel et de Vérargues. Ce vin est issu, comme le Frontignan*, du Muscat doré. C'est un vin doux naturel* de haute qualité et de réputation justifiée, délicat et élégant. Moins liquoreux que le Frontignan, il possède, comme celui-ci, l'arôme et la saveur « musqués », si spéciaux, du raisin.

Lussac-Saint-Émilion. Le vignoble de la commune de Lussac, qui a le droit d'ajouter Saint-Émilion* à son propre nom, se trouve presque entièrement sur les coteaux bien exposés de cette région accidentée. Le vin de Lussac-Saint-Émilion est coloré, corsé et, dans les bons crus, il n'est pas sans finesse. Les principaux Châteaux sont les Châteaux du Lyonnat, Bellevue, les Vieux-Chênes, Lion-Perruchon. Lussac produit aussi un volume assez important de vin blanc vendu sous l'appellation « Bordeaux » ou « Bordeaux supérieur* ».

Luxembourg. Après avoir quitté la France et donné son nom à certains vins de Lorraine*, la Moselle pénètre dans le

grand-duché de Luxembourg. Elle va y signer son passage d'un paraphe de vignobles, avant d'atteindre l'Allemagne, où elle donnera naissance aux fameux vins de Moselle*. Bien que très peu connus de la plupart des Français, les vins de la Moselle luxembourgeoise sont loin d'être négligeables. Ancien Etat de la Confédération germanique, le Luxembourg a accédé à l'indépendance en 1866 avec l'accession au trône du grand-duc Adolphe de Nassau. Depuis, le Luxembourg n'a cessé de fournir des efforts tenaces pour améliorer la qualité de ses vins. La viticulture est désormais prospère, et la production s'écoule aisément : 70 p. 100 environ est consommée sur place, le reste étant surtout acheté par la Belgique. Depuis 1935, l'Etat a créé une marque nationale, qui n'est accordée qu'après dégustations sévères et intègres d'experts-dégustateurs; tout est minutieusement surveillé, la mise en bouteilles se faisant en présence d'un contrôleur du gouvernement. La petite collerette, emblème de la qualité, est donc accordée après un sévère contrôle. Et pourtant 60 p. 100 des vins luxembourgeois du commerce l'arborent fièrement : c'est dire le niveau de qualité obtenu actuellement!
Comme en Alsace, les vins du Luxembourg, presque tous blancs, sont désignés par le nom du cépage. Ce sont des vins légers et clairs, peu alcoolisés, qui doivent se boire frais. On rencontre l'Elbling, vin de consommation courante, très populaire, sec et rafraîchissant; le Riesling-Sylvaner, léger, plus mou que l'Elbling, avec un parfum assez spécial; l'Auxerrois, souple et tendre (dont la saveur est d'ailleurs très variable d'une année à l'autre), mais qui ne présente, par dommage, aucun arôme; le Pinot blanc, légèrement acide, très frais et très fruité; le Ruländer (Pinot gris), aromatique et corsé, surtout en années ensoleillées; le Traminer, corsé et très parfumé, avec une trace de douceur; le Riesling, enfin, vin de classe, frais, très distingué, de bonne garde, avec un bouquet discret, et qui accuse une certaine ressemblance avec ses frères de la Moselle allemande.
Les communes productrices les plus connues sont Wormeldingen, Remich, Wintringen, Ehnen, Grevenmacher et Wasserbillig.
Le Luxembourg produit aussi un peu de vin pétillant.

Lyon, troisième ville de France et une de nos capitales gastronomiques. — Véritable carrefour d'abondance, cette « porte d'or et de soie » s'ouvre sur les vignobles du Beaujolais* et des Côtes du Rhône*. Dès son origine, la ville romaine de Lugdunum (43 av. J.-C.) devint par excellence la cité du vin et le demeura jusqu'à l'avènement du chemin de fer. Son fondateur, Plancus, était lui-même porté sur le jus de la treille. Il eut une vie assez tumultueuse, et son ami Horace, pour lui faire oublier ses déboires, lui écrivait en lui recommandant le vin comme dérivatif de ses soucis : « N'oublie pas que tu y trouveras un adoucissement à tes misères et une nouvelle source de félicité. » Il est dit souvent que Lyon est arrosé non pas par deux rivières, mais par trois : le Rhône, la Saône et le Beaujolais. (Léon Daudet a sans doute été le premier à lancer cette boutade.)

Lyonnais. La région du Lyonnais produit des vins qui ne sont pas sans évoquer ceux de son proche voisin le Beaujolais* : sols de nature assez semblable, même situation géographique, même climat et aussi même cépage : le Gamay noir à jus blanc, du Beaujolais.
Trois appellations pour ces vins classés V.D.Q.S. : « Vins du Lyonnais » dans le département du Rhône, « Vins de Renaison-Côte roannaise* » et « Côtes-du-Forez* » dans le département de la Loire.
Les vins rouges de l'appellation « Vins du Lyonnais » sont frais, fruités, légers, mais, tout en étant du même type, ne valent pas les Beaujolais. Les rosés sont agréables. L'appellation comprend aussi des vins blancs issus du Chardonnay et de l'Aligoté.

M N

Macadam. C'est sous ce nom, pour le moins original, qu'on vendait autrefois les vins blancs doux de Bergerac*. Une bonne partie de ces vins, à peine sortis du pressoir, doux et bourrus, était acheminée vers Paris et certaines grandes villes. Tendres, moelleux, fort agréables, ils étaient très recherchés au comptoir.

macération carbonique, méthode de vinification des vins rouges, employée surtout dans le Beaujolais*. — Les raisins sont introduits dans la cuve sans foulage* et laissés à l'abri de l'air. Il se produit alors une fermentation intracellulaire qui transforme une partie du sucre en alcool sans le secours des levures. A cette fermentation s'ajoute la fermentation alcoolique du peu de moût qui se trouve au fond de la cuve et s'écoulant des raisins écrasés par la masse. Le contenu de la pellicule se diffuse peu à peu dans la pulpe du raisin, et des substances aromatiques prennent naissance, qui n'auraient pas été révélées par la vinification habituelle. Après quelques jours de macération, les raisins sont foulés, pressurés, et la fermentation normale se termine en barriques. Cette méthode permet d'obtenir des vins bien bouquetés, ayant une très faible acidité volatile*, très vite prêts à la consommation et qui se conservent très bien. Elle est précieuse d'autre part parce qu'elle permet d'obtenir des vins sans sucre résiduaire. Or, les moûts très riches en sucre (Côtes-du-Rhône par exemple) donnent parfois des vins qui contiennent encore de 2 à 4 g de sucre par litre, ce qui rend improbable leur stabilité. La macération carbonique permet d'obtenir des vins qui ne refermentent pas en bouteilles.

Mâcon et Mâcon supérieur. Cette appellation désigne à la fois des vins rouges, rosés et blancs. Les vins blancs, issus du Chardonnay et du Pinot blanc, sont secs, fruités, agréables. Ils ne sont pas sans rappeler les Pouillys, mais avec moins de finesse et de corps.
Les vins rouges et rosés proviennent du Gamay noir à jus blanc, du Pinot gris ou du Pinot noir. Toutefois, on tolère 15 p. 100 au maximum d'adjonction de Gamay à jus coloré ou 15 p. 100 de plants blancs (Gamay blanc, Aligoté, Pinot-Chardonnay). Ils font des vins de carafe fort agréables, fruités comme le Beaujolais, mais plus corsés.

Mâcon-Villages. Cette appellation ne doit jamais être utilisée pour les vins rouges. Dans certains cas, les vins bénéficiant de cette appellation peuvent parfois y adjoindre le nom de la commune d'origine (exemple : Mâcon — Viré).

Mâconnais. Autour de la ville de Mâcon, où s'exerça toujours un important commerce de vins, s'étend le vignoble du Mâconnais, qui ne connaît plus, de nos jours, la réputation qui fut la sienne jusqu'au XVIIe siècle. Le Mâconnais commence peu après Tournus et s'étend dans le département de Saône-et-Loire jusqu'à la limite du Beaujolais.
La production du vignoble est à prédominance de vin blanc; toutefois, les vins rouges et rosés font d'excellents vins de table, assez corsés, mais agréablement fruités. Il est préférable, pour mieux les apprécier, de les consommer jeunes, bien qu'ils se conservent longtemps.
Mais la gloire du Mâconnais est le Pouilly-Fuissé*, grand vin célèbre, issu du cépage Chardonnay. Les deux appellations voisines « Pouilly-Vinzelles* » et « Pouilly-Loché* », bien que très proches en caractères et en qualités, n'atteignent pas la réputation du Pouilly-Fuissé. Depuis le décret du 6 janvier 1971, le Mâconnais possède une nouvelle appellation : Saint-Véran*.

Les autres appellations du Mâconnais sont « Mâcon », « Mâcon supérieur » pour les vins rouges, rosés et blancs, et « Mâcon-Villages » pour les vins blancs seulement.

Madère, vin qui provient d'une île portugaise de l'Atlantique, où le vignoble représente le quart de la surface cultivée et occupe des parcelles parfois fort étroites, entre 350 et 600 m d'altitude. — La vigne est tantôt basse, tantôt cultivée en espalier. Le Madère, célèbre depuis plus de quatre cents ans, jouissait d'une grande faveur auprès des Américains à l'époque coloniale. Les bateaux faisaient escale dans l'île, en revenant d'Europe, et ramenaient les tonneaux de Madère à Charleston, Philadelphie, New York, Boston. Le voyage par mer avait d'ailleurs la réputation d'améliorer encore le Madère. Les officiers britanniques, de retour chez eux après la guerre d'indépendance des Etats-Unis, firent partager leur enthousiasme pour ce vin qu'ils avaient connu là-bas. Malheureusement, l'oïdium et le phylloxéra ravagèrent le vignoble.

Actuellement, l'Amérique et les pays scandinaves sont les principaux importateurs de Madère. La France est aussi un bon client : chez nous, on emploie surtout le Madère pour des usages culinaires, en oubliant parfois que le Madère est aussi un grand vin.

Le Madère est muté à l'alcool, comme nos vins doux naturels*. Le négoce se charge des opérations successives qui aboutissent à l'élaboration d'un vin de qualité suivie. Le vieillissement et le bouquet caractéristiques du Madère s'obtiennent par séjour dans des celliers spéciaux, appelés « estufas », où règne une haute température.

Il existe de nombreux types de Madère, allant du très sec au très doux, du vin pâle, couleur de paille (Rainwater), au vin d'or sombre (Malmsey), comme il existe des Madères médiocres et d'autres d'une extraordinaire qualité. Le Sercial, le plus sec de tous, possède souvent un magnifique bouquet, très spécial. Il est excellent servi frais, à l'apéritif. On rencontre aussi le Verdelho, cousin du Sercial, mais moins brillant que lui, le Boal, plus doux et plus doré, et enfin le Malvagia (Malvoisie), suave et parfumé, qui se boit au dessert, à la température de la pièce.

Madère du Périgord. Les Hollandais appelaient ainsi notre Monbazillac, dont ils étaient fort friands et qui était pour eux, dès le XIVe siècle, l'objet d'un important commerce. La révocation de l'édit de Nantes, provoquant l'expatriation en Hollande de 40 000 protestants de la région, ne fit qu'accroître le goût des Hollandais pour notre « Madère du Périgord », tout en leur ouvrant de nouvelles possibilités de se procurer la merveilleuse liqueur, les émigrés servant d'intermédiaires avec leurs parents et amis demeurés au pays. D'où vient ce surnom donné au Monbazillac? Peut-être de la couleur de plus en plus ambrée, tirant même sur l'acajou, que prennent les vieux vins.

madérisé. Un vin madérisé est un vin oxydé, et un savant œnologue a dit, d'ailleurs, que la madérisation est au vin ce que le rancissement est au beurre! L'expression s'emploie surtout pour les vins blancs et rosés. Le vin madérisé se révèle déjà au coup d'œil : le vin blanc prend une teinte ambrée* caractéristique, et le vin rosé n'est plus d'un beau rose franc, mais prend une teinte tuilée. Le goût, évidemment, est lui aussi altéré : le vin prend une saveur spéciale, rappelant un peu le Madère, d'où le nom de « madérisé » (mais cela n'est guère flatteur pour le vrai Madère).

Madiran. Ce puissant vin rouge du Sud-Ouest* est produit au nord-est de Pau et au nord-ouest de Tarbes, dans les Basses- et Hautes-Pyrénées, sur le territoire des mêmes communes que le Pacherenc-du-Vic-Bihl*. Le vin rouge de Madiran, autrefois réputé, avait été abandonné par le consommateur et commence seulement à retrouver sa vogue. Les collines abruptes, au sol caillouteux où pousse le vignoble, sont de nouveau, depuis ces vingt dernières années, plantées selon la tradition. Durant longtemps, le Tannat, cépage caractéristique de la région, donnait au vin de Madiran sa couleur foncée et sa générosité, tandis que le Bouchy (ou Cabernet franc) lui apportait sa finesse. Mais, dès le début du XIXe siècle, le Tannat fut cultivé presque seul parce que son tanin (d'où il tire son nom), son corps et sa couleur permettaient les coupages plus ou moins honnêtes. Les viticulteurs sont revenus, ces dernières années, vers l'encépagement traditionnel, afin de rendre au vin de Madiran son ancienne notoriété. L'appellation contrôlée est accordée aux vins provenant du Tannat (30 à 50 p. 100), du Bouchy (50 p. 100 parfois) et du Pinenc (ou Fer*) et titrant 11° d'alcool. Le Tannat donne un vin âpre dans sa jeunesse, mais de longue conservation. Il a été imposé d'abord un vieillissement en tonneaux de trente-trois mois, mais, actuellement, celui-ci a été ramené à vingt mois. Le Madiran, vin vigoureux, a été parfois comparé aux Bourgognes. C'est un vin de longue garde, dont les qualités et le bon goût se développent avec le temps.

magnum, bouteille ayant une capacité double de celle de la bouteille normale. — Cette présentation est relativement courante pour les vins rouges et le Champagne.

On a remarqué que le vin rouge évoluait d'autant plus lentement et pouvait donc se conserver d'autant plus longtemps que la bouteille était plus grande : il est donc fréquent de mettre en magnums les vins rouges des grandes années. Lors de son vieillissement en bouteilles, le vin est le siège de nombreux phénomènes, et le volume d'air emprisonné dans la bouteille, entre le vin et le bouchon, ainsi que le rapport entre ce volume et celui du vin jouent un rôle considérable dans son évolution. Il est d'ailleurs déconseillé de mettre en demi-bouteilles des vins qu'on désire conserver longtemps. Il est souvent amusant de constater, au cours d'un même repas, qu'un vin en magnum et le même vin en bouteille normale de la même année présentent de nettes différences à la dégustation.

Le problème est tout à fait différent lorsqu'il s'agit du Champagne*. La méthode champenoise* exige une série de manipulations, de tours de main fort délicats et qui sont loin d'être sans risques. Les quarts de bouteille, les magnums et, évidemment, les tailles supérieures ne sont pas manipulées, car le verre ne résisterait pas à la pression : ils sont donc remplis après l'opération de dégorgement*. Il existe néanmoins une ou deux grandes marques qui font fabriquer spécialement les magnums, afin que la prise de mousse puisse s'y effectuer directement, comme dans les bouteilles ordinaires.

Prétendre que le Champagne est meilleur dans un magnum est donc bien souvent un mythe ou un snobisme, puisque le Champagne risque, au contraire, d'être fatigué et de passer plus vite que dans une bouteille normale. Mais le magnum apporte aux réceptions un élément de faste et de panache inégalable.

maladies du vin. Elles sont dues à des bactéries qui attaquent insidieusement le vin. La maladie de l'aigre*, qui rend les vins piqués, se produit toujours en présence d'air, mais nombre de fermentations bactériennes se développent dans des fûts pleins et bouchés. Elles causent toujours au vin des altérations profondes, souvent irrémédiables. L'hygiène des caves et du matériel, de plus en plus poussée, les progrès de la technique œnologique, les contrôles bactériologiques ont réduit considérablement les risques de maladies. On distingue la maladie de la tourne*, l'amertume*, la graisse* et la mannite*.

Malaga, vin espagnol bien connu, produit sur les pentes des collines autour de la ville de Malaga, en Andalousie, dans le sud de l'Espagne. — C'est un vin liquoreux, parfumé, généreux, d'une couleur brune assez foncée, issu des cépages Pedro Ximénez et Muscat à gros grains. Les meilleurs d'entre eux sont sucrés par addition de vin (le fameux P.X.) provenant de raisins de Pedro Ximénez, séchés au soleil. Pour sucrer le Malaga bon marché, on se contente de lui ajouter une certaine proportion d'*arrope,* jus de raisin concentré par ébullition jusqu'à un cinquième de son volume primitif et qui communique au vin une teinte brune et un goût de caramel. Le Malaga, comme le Xérès*, est assemblé et mûri dans les *soleras.* Vin « fortifiant » populaire, favori de nos grand-mères, il a bien perdu en France de sa vogue d'autrefois.

Malte. C'est surtout sur la côte sud de cette île qu'on rencontre des vignobles dont la plus grande partie produit des raisins de table. Les vins maltais, qu'ils soient blancs ou rouges, sont des vins ordinaires souvent astringents et rudes, manquant totalement de moelleux. L'été torride, précédé de pluies torrentielles, n'est guère favorable, en effet, à l'obtention de vins de qualité. L'île s'efforce néanmoins de produire actuellement un vin de dessert, issu du Muscat, doux et corsé, qu'elle destine à l'exportation vers le Royaume-Uni.

Malvoisie. À l'origine, le vin portant ce nom était exporté de Monemvasia, en Grèce*, et provenait d'une variété de cépage de cette région. Ce cépage se répandit ensuite sur le pourtour de la Méditerranée et son nom s'adapta à son pays d'adoption : Malvoisie en France, il est Malvagia en Espagne et Malvasia en Italie. « Malvoisie » n'est donc pas une appellation d'origine, mais désigne un type de vin fait avec du raisin Malvoisie, qu'il vienne de Grèce, de Crète ou de Madère* (le plus célèbre, de nos jours, provient d'ailleurs de Madère).
En Angleterre, le vin de Malvoisie est le Malmsey, célèbre déjà au temps de Shakespeare, puisqu'on relève son nom dans des écrits de cette époque. Une légende raconte d'ailleurs que le duc de Clarence, condamné à mort en 1478 pour avoir trahi son frère Edouard IV, demanda à être noyé dans un tonneau de Malvoisie. Ce Malvoisie mortel provenait sans doute de Crète alors que, de nos jours, le Malmsey est l'appellation d'une variété de Madère, faite évidemment avec des vins du cépage Malvoisie, très corsé et généreux. Sucré, possédant un riche bouquet, il montre un équilibre remarquable et se boit au dessert ou au goûter avec des pâtisseries.

mannite. Peu fréquente dans les régions septentrionales, cette maladie du vin se développait surtout, autrefois, dans les régions chaudes du Midi ou de l'Algérie, où elle causait des pertes parfois importantes. Elle se produisait à la cuve; à la faveur des températures trop élevées qui règnent parfois dans ces vignobles, les bactéries de la maladie supplantaient les levures, affaiblies par un milieu trop chaud pour elles. Les vins présentaient une curieuse saveur, à la fois aigre et douceâtre.
On procède maintenant à la réfrigération* des cuves pendant la fermentation.

Manzanilla. Bien qu'ayant droit légalement au nom de « Xérès* », le Manzanilla est un vin tout différent de ce dernier, quoiqu'il soit issu des mêmes cépages et obtenu selon les mêmes méthodes. On prétend que son originalité lui vient de la brise marine qui souffle de l'Atlantique sur les vignes et à travers les « bodegas » : l'aire de production du Manzanilla est située, en effet, à l'ouest de Jerez, autour de la petite ville de Sanlucar de Barrameda et non loin de l'embouchure du Guadalquivir, d'où Christophe Colomb cingla vers les Amériques, et Magellan vers le Pacifique.
Le mot *Manzanilla* est le diminutif de *manzana,* qui signifie à la fois « pomme » et « camomille ». Pourtant, le Manzanilla n'a aucun rapport avec le cidre et encore moins avec la camomille. Lorsqu'il n'est pas préparé en vue de l'exportation, le Manzanilla est un vin très clair, titrant de 15 à 17°, possédant un bouquet très spécial et prononcé, une saveur un peu amère, que certains qualifient même de salée. C'est un vin extrêmement sec, si sec que sa faveur n'a jamais dépassé beaucoup son pays de production. C'est le vin des toreros, dont on raffole à Séville, où on le boit dans les petits verres spéciaux appelés « canas ». Comme le Xérès, le Manzanilla prend une teinte plus foncée, et son titre alcoolique augmente lorsqu'il vieillit en fûts (certains Manzanillas, bruns et corsés, peuvent atteindre 21°).

On distingue deux types de Manzanilla :
— le Manzanilla fina, qui est un vin suave à saveur légèrement amère, surtout dans l'arrière-goût. Très léger, il est aussi extrêmement sec : c'est un vin jeune, qu'on n'a pas laissé vieillir;
— le Manzanilla posada, qui a acquis en vieillissant un goût particulier; son arôme, devenu plus intense, l'apparente presque au type Oloroso des vins de Xérès, mais sa saveur reste sèche et garde les caractéristiques du Manzanilla.

Marcillac. Les vins provenant de ce vignoble du Sud-Ouest*, situé au nord-ouest de Rodez, ont reçu assez récemment le label V.D.Q.S. Ils le méritent bien, surtout les vins rouges. Très renommé autrefois localement, le vignoble a subi, comme tous ceux de la région, les désastres des hivers rigoureux. De plus, la raréfaction de la main-d'œuvre rend problématique une culture qui doit se faire à la main ou au mototreuil, sur les coteaux abrupts de cette région si pittoresque. Le vignoble s'étend sur onze communes, dont Marcillac-Vallon, Balsac, Clairvaux, Saint-Christophe-Vallon. A flanc de montagne, il subsiste encore d'amusantes petites granges où jadis se faisait le vin, qu'on descendait ensuite à dos d'âne.
Le vin rouge est excellent, d'une belle couleur, bien coulant, avec un bouquet fruité de framboise. Il vieillit fort bien. Il provient du Fer*, qu'on appelle ici, dans l'Aveyron, le « Mansois », auquel on ajoute Gamay, Jurançon noir, Merlot, Cabernet.
Les vins rosés sont beaucoup moins racés. Il en est de même des vins blancs secs issus des cépages Sémillon, Mauzac, Clairette et Muscat.

Marcobrunn, célèbre vignoble d'Allemagne, un des meilleurs du Rheingau*. — Il tire son nom de la *Marcobrunnen,* charmante petite fontaine de grès rouge, qui marque la limite entre les villages d'Erbach et d'Hattenheim. Les vignobles sont situés sur chaque village, mais la fontaine est sur Erbach, et un poète local a écrit : « Laissez l'eau à Erbach. Donnez le vin à Hattenheim. » Le Marcobrunner est un vin admirable, fruité, racé, corsé, avec un bouquet étonnant. Celui qui provient d'Erbach est généralement vendu comme « Erbacher Marcobrunn » et celui d'Hattenheim simplement sous le nom de « Marcobrunner ».

Margaux. L'appellation Margaux, célèbre appellation communale du Médoc*, s'applique à la commune elle-même, mais aussi aux vins produits par les communes voisines de Cantenac, de Soussans, d'Arsac et de Labarde.
Les Margaux ont un bouquet suave et une délicatesse exceptionnelle qui n'appartient qu'à eux. Veloutés et élégants, ils savent être généreux sans être trop corsés. Le premier cru est le Château-Margaux*, de renommée mondiale, suivi par ses illustres cousins : Châteaux Rauzan-Ségla, Rauzan-Gassies, Durfort-Vivens. (Voir Index.)

Margaux (Château-). C'est le premier cru classé de la commune de Margaux et un des plus grands vins de Bordeaux. Le Château-Margaux a véritablement une incomparable distinction et une grande classe : délicat, velouté, suave, bien équilibré, son bouquet ne se compare à aucun autre vin rouge.
Notons que le vignoble de Château Margaux produit aussi une petite quantité de vin blanc sec vendu sous le nom de « Pavillon-Blanc-de-Château-Margaux ».

Marne (Vallée de la). Cet important vignoble de Champagne* s'étend entre Epernay et Dormans*, sur les deux rives de la rivière, et se prolonge dans le département de l'Aisne. Les « vins de la rivière » sont tendres et légers, et il s'en faisait un important commerce dès le IXᵉ siècle dans les célèbres foires à vins de Champagne (Troyes, Bar-sur-Aube). Ay est le cru le plus fameux. Henri IV en appréciait tellement le vin, qu'il se proclamait volontiers « sire d'Ay ». Mais d'autres crus sont bien connus : Mareuil-sur-Ay, Avenay, Cumières, Damery et Hautvillers, qui a l'honneur d'être le berceau du Champagne, puisque c'est dans son abbaye que dom Pérignon* mit au point la méthode champenoise*.

Maroc. La Mauritanie Tingitane, nom donné par les Romains à leur colonie du Maroc, faisait déjà du vin dans l'Antiquité, dont une partie était destinée à Rome. Avec l'invasion arabe, on cessa de produire du vin pour se contenter du raisin de table. L'établissement du protectorat français en 1912 donna à la vigne une impulsion nouvelle.
Depuis l'indépendance, la superficie et la production du vignoble n'ont guère varié. Les principales régions viticoles se situent à l'est, aux environs de Berkane et d'Oujda; autour de Taza, Fez et Meknès; autour de Rabat et de Casablanca. D'autres vignobles s'éparpillent dans le Sud marocain : entre Safi et Mogador; le long de l'oued Tensift ainsi qu'à Bou-Assida, sur les versants du Haut Atlas.
Il n'y a pas de grands crus au Maroc. La plupart des vins sont rouges ou rosés. Les vins blancs, produits en faible quantité, ont tendance à madériser à cause du climat chaud : ils sont issus de la Clairette, du Pedro Ximenez, — dit « PX » — et du Grenache. Le Maroc produit aussi du vin mousseux, des vins de dessert et des vins gris* au sud de Casablanca et à l'est de Marrakech (vin gris de Demnate). Dans l'ensemble, les vins marocains sont des rouges capiteux très bouquetés, issus du Cinsault, du Corignan, du Grenache et de l'Alicante-Bouschet, et des rosés très agréables dans leur jeunesse, fort populaires dans le pays. La région du Nord-Est donne le Muscat de Berkane et des vins rosés excellents, rappelant ceux de l'ouest de l'Algérie. Au centre, si Taza produit un vin rouge surtout valable pour les coupages, Fez donne de bons vins rouges et rosés, et aussi des blancs couleur de paille; Meknès, quant à elle, produit les vins rouges les plus réputés du Maroc, corsés, colorés et de saveur caractéristique. Rabat produit à l'est, sur les coteaux du Daïet (ou Roumi), de bons vins rouges et, plus au nord, un vin haut en couleur, le Dar-bel-Hamri, cultivé autour de Sidi Slimane. Les vins rouges de la région de Casablanca, consommés trop rapidement, gagneraient pourtant à vieillir un peu; les rosés présentent une robe agréable, tirant sur la pelure d'oignon*; au sud de Casablanca, des vins gris, secs et fruités, considérés comme une spécialité du pays, sont produits à Boulaouane et à El-Jadida. Signalons que quelques appellations d'origine figurent sur les étiquettes des vins marocains, mais elles n'ont rien de commun avec les appellations du système français. Le ministère de l'Agriculture marocain a instauré un contrôle de la qualité des cépages et des vins. La loi interdit l'exportation des vins inférieurs aux normes : les vins doivent être sains et titrer au moins 11 degrés (en réalité, les rouges, sous ce climat si chaleureux, titrent facilement de 12 à 14 degrés).

marque (vin de). Les vins de marque sont évidemment des vins sans appellation d'origine* et proviennent de coupages. Toutefois, étant donné que la marque commerciale qui les présente est responsable de leur qualité, ils sont issus généralement de cépages de meilleure qualité que les simples vins de coupage*. Sélectionnés par le négociant, les vins proviennent de diverses régions et sont mélangés selon un dosage particulier à chaque marque.
La marque, qui figure en gros caractères sur l'étiquette, la rédaction et les enjolivements de celle-ci nous laissent généralement espérer de belles voluptés vineuses. Toutefois, pour éviter de regrettables confusions avec des appellations d'origine*, certains mots sont interdits : *clos, château, tour, domaine, cru, mont, moulin, côte, camp* (une tolérance existe pour le mot *monopole*). Le degré alcoolique doit être mentionné obligatoirement. En principe, il n'y a pas d'obligation absolue de faire figurer sur l'étiquette le nom et l'adresse du négociant. Mais si cette adresse est justement celle d'une appellation renommée, le négociant ne s'en prive pas. Un vin de marque préparé par un négociant habitant Beaune ou Bordeaux n'est pas forcément un vin de Beaune ou de Bordeaux (sauf si l'appellation contrôlée figure sur l'étiquette).

Marsala, le plus connu des vins de liqueur italiens, obtenu, comme nos vins doux naturels*, par mutage des moûts à l'alcool. — Il est produit autour de la ville de Marsala, à l'extrémité ouest de la Sicile. C'est dans la seconde moitié du XVIIIe siècle que quelques familles anglaises, installées dans l'île, désirant se procurer sur place un vin rappelant le Porto ou le Sherry (dont les Anglais sont si friands), créèrent le Marsala, qui rappelle un peu le Sherry (v. XÉRÈS).

D'une belle couleur ambrée, le Marsala, parfois sec, mais souvent plus ou moins doux, est maintenant produit dans une région strictement délimitée, à partir de certains cépages seulement (Grillo, Catarratto, Inzolia).

A l'origine, le Marsala est un vin sec, titrant 17 ou 18°, résultant d'assemblages et vieilli en fûts. Ce Marsala sec est appelé « Marsala Vergini » ou encore « Solera ». On obtient un vin plus ou moins doux en ajoutant une dose plus ou moins élevée de jus de raisin, réduit au tiers, très concentré, très sucré, de consistance sirupeuse, appelé *sifone*.

Les différents types de Marsalas sont définis légalement. A côté du Marsala Vergini, on trouve l'« Italia », le plus léger et le meilleur marché des Marsalas, qui contient 5 p. 100 de *sifone* et titre 17°. On l'appelle encore « Marsala Fini » ou « Italia Particolare » (ou I.P.). Beaucoup de Marsalas exportés sont des « Marsalas superiori », qui titrent 18°. Ils peuvent être secs ou doux (par addition de 10 p. 100 de jus concentré).

Bien des apéritifs italiens, réputés pour être fortifiants, sont à base de Marsala : Marsala Chinato (avec addition de quinine), Marsala all'uovo (avec des œufs).

Marsannay-la-Côte, village de la Côte-d'Or, célèbre par son vin rosé* provenant du Pinot noir et qui est un des plus légers, des plus frais et des plus délicieux rosés de France. — L'appellation contrôlée est « Bourgogne-Marsannay-la-Côte ».

Mascara, appellation s'appliquant à des vins d'Algérie* produits au sud-est d'Oran, et qui bénéficiaient du label V.D.Q.S.* avant l'Indépendance. — L'appellation « Mascara » donnait, sur des terrains calcaires situés à 200 m d'altitude environ, des vins rouges et rosés, généreux et corsés, mais manquant de finesse, et des vins blancs assez communs.

L'appellation « Coteaux-de-Mascara » s'appliquait à des vins de coteaux produits, entre 600 à 800 m d'altitude, sur des sols calcaires. Ces vins sont fort renommés à juste titre. Les rouges, bien colorés, corsés, capiteux et veloutés, ont un parfum de violette et s'affinent encore avec le temps. Les rosés, comme les blancs, sont parfumés et fruités.

maturation (contrôle de). Il permet aux viticulteurs de tirer le meilleur parti de leur récolte en leur faisant connaître le moment optimal pour vendanger. Ce contrôle se généralise, depuis ces dernières années, grâce aux efforts de l'I.N.A.O.* et de l'Institut technique du vin. Des équipes de professionnels prélèvent régulièrement des raisins dans diverses parcelles de vigne, selon des règles formelles et trois semaines avant la date supposée des vendanges. Les échantillons sont analysés par le laboratoire, les renseignements affichés en mairie et publiés dans la presse locale. Deux courbes représentent l'évolution de la maturité : l'une, décroissante, est celle de l'acidité; l'autre, croissante, est celle de la teneur en sucre. L'indice de maturité est le rapport entre le sucre et l'acidité, rapport différent selon les cépages et selon les années. Cette institution moderne a remplacé le ban des vendanges du seigneur d'autrefois. En effet, il n'est pas si simple qu'on se l'imagine de déterminer le moment de la cueillette, car le grain prend très vite un aspect mûr, dès la véraison*, et pour le vigneron le dilemme commence! Pris entre la tentation de vendanger vite pour éviter les risques, et la sagesse d'attendre pour faire un vin meilleur, le vigneron vivait autrefois des heures d'angoisse. Dans les régions d'appellation, le législateur, aujourd'hui, décide pour lui. Durant les derniers jours de maturation, le jus de raisin gagne souvent de 10 à 20 g de sucre par litre et par jour, d'où l'importance de cette décision.

Maury. Perchée sur une colline, dans une vallée aride bordée par les crêtes des Corbières et de l'Albèze, la petite cité de Maury donne son nom à un célèbre vin doux naturel* du Roussillon*. Les coteaux qu'occupe le vignoble, schisteux et pierreux, brûlés par un soleil implacable, ont souvent été, au cours des âges, dévastés par les invasions : le territoire de Maury, en effet, est une grande voie de passage entre le Roussillon et la haute vallée de l'Aude. Mais ses valeureux vignerons ne se sont jamais avoués vaincus! Célèbre aux IIe et IIIe siècles, apprécié par le Roi-Soleil, recherché par les négociants allemands, le Maury est un grand vin, souvent vinifié en rouge, qui se classe parmi nos premiers vins doux naturels. Il provient d'un cépage noble : le Grenache noir, cueilli à maturité complète. C'est un beau vin de velours sombre, à la fois doux et puissant, moelleux et vigoureux.

maux de tête. Nous n'envisageons nullement ici le vulgaire mal aux cheveux, qui n'atteint jamais le véritable œnophile, puisqu'il respecte, par définition, l'aphorisme de Brillat-Savarin : « Ceux qui s'indigèrent ou qui s'enivrent ne savent ni boire ni manger. » Pourtant, certaines personnes souffrent de maux de tête après consommation, même très limitée, de certains vins blancs. L'anhydride sulfureux* en est le seul responsable. Le soufre libre en excès se combine avec le sang et provoque ces désagréments. Il a été constaté, d'ailleurs, que certaines personnes souffrent d'une sensibilité particulière à l'égard de l'anhydride sulfureux (de 10 à 20 p. 100 des consommateurs) et qu'elles éprouvent maux de tête et d'estomac, alors que l'entourage ne ressent rien et que la dose de soufre libre existant dans le vin n'est pas exagérée. Pour ces infortunés, la dose légale de 100 mg par litre de soufre libre est nettement exagérée et devrait être inférieure de plus de la moitié. Par ailleurs, la sensibilité à l'égard de l'alcool varie aussi d'un individu à l'autre. Les vins rouges ou blancs un peu trop riches doivent être remplacés par des vins légers pour le dégustateur sensible à des doses mêmes faibles d'alcool, sinon gare aux malaises divers, dont le fameux « casque migraineux ». D'autre part, certains vins, pourtant modérément alcoolisés, donnent aussi des maux de tête. Cette singularité a été constatée depuis longtemps. Faute d'explication valable, il ne nous reste qu'à nous référer à Jullien, qui signalait, dans sa *Topographie de tous les vignobles connus,* des vins qu'il qualifiait de « fumeux » et « dont les parties spiritueuses se volatilisent promptement et montent au cerveau ».

méchage, opération qui consiste à provoquer le dégagement d'anhydride sulfureux* par combustion de soufre. Le méchage des amphores était déjà pratiqué par les Romains et, pendant longtemps, il fut la seule source d'anhydride sulfureux, bien imprécise, dont disposait le vigneron. Actuellement, le méchage est encore utilisé pour stériliser les fûts. Chaque fois que le vin est transvasé dans un fût, celui-ci a été méché au préalable par la combustion d'environ 3 g de soufre par hectolitre de capacité.
Que ce soit pour traiter la vigne, le matériel vinaire ou le vin lui-même, ainsi le soufre est l'agent d'hygiène indispensable dont le vigneron ne peut se passer.

Médéa (Coteaux-de-). Cette appellation désignait des vins d'Algérie produits au sud d'Alger et qui bénéficiaient du label V.D.Q.S.* avant 1958. Le vignoble, qui occupe des terrains sablonneux ou marneux, entre 600 et 1 200 m d'altitude, donne des vins rouges corsés, bien charpentés, avec de la finesse et un agréable bouquet. Les vins blancs sont loin d'égaler les rouges, tout en étant assez plaisants.

médecin (vin), vin qui sert dans les coupages pour remonter des vins faibles. — Il a donc des caractères très affirmés : couleur très prononcée, grande richesse en alcool, proportion élevée d'extrait sec. Le type même du vin médecin est le vin d'Algérie.
Les Corbières* du Roussillon furent longtemps recherchés comme vins médecins avant de se faire apprécier sous leur propre appellation. Le Raboso, cépage de

plaine de Vénétie, très acide et fortement coloré, est aussi utilisé, à la dose de 10 p. 100. Enfin, autrefois, les vins rouges de Cahors*, de moindre qualité, servaient à faire des vins médecins. On les préparait en faisant concentrer sur le feu une partie du moût avant de l'ajouter au reste de la vendange. On les appelait les « vins noirs ». Ils étaient de couleur sombre, très corsés et très alcoolisés.

médicinaux (vins). Ces vins furent longtemps, avec les vins épicés et les vins de liqueur, la grande spécialité du Languedoc : dès 1251, un document nous prouve que le roi d'Angleterre commandait à Montpellier ce genre de breuvage. On préparait le vin giroflé (parfumé au girofle) et le vin muscadé. Il semble que la renommée de Montpellier fut fort grande pour la préparation de ces vins, grâce, sans doute, à son école de médecine, si célèbre au Moyen Age et qui s'inspirait elle-même beaucoup de la médecine arabe. De nos jours, on fait encore usage de vins médicinaux. Les plus connus sont le vin aromatique, pour l'usage externe, les vins de coca, de kola, de quinquina, de gentiane, le vin iodotannique phosphaté, le vin de Trousseau, le vin de la Charité. La proportion de vin entrant dans ces vins médicinaux, fixée par la loi, est de 80 p. 100.

Médoc. Le Médoc occupe une presqu'île triangulaire comprise entre l'Atlantique à l'ouest, l'estuaire de la Gironde à l'est, et délimitée au sud par une ligne reliant Arcachon à Bordeaux. Le vignoble n'occupe que la partie orientale du Médoc, le long de la Gironde, sur une longueur de 80 km et une largeur d'une dizaine de kilomètres environ. Le Médoc se divise en deux régions : le haut Médoc, de Blanquefort à Saint-Seurin-de-Cadourne; le bas Médoc, qui prolonge le haut Médoc jusqu'à la pointe nord de la presqu'île et dont le centre est Lesparre.

Le sous-sol du Médoc, formé d'argile, de silice, de calcaire dur, est recouvert par une couche de cailloux, appelée « grave », très peu fertile, mais convenant, par contre, tout spécialement à la vigne. C'est sur les croupes graveleuses regardant le fleuve que celle-ci donne le meilleur vin (les vins, blancs et rouges, récoltés dans les terrains d'alluvions récentes du bord du fleuve, n'ont pas droit à l'appellation « Médoc » et se vendent comme Bordeaux* ou Bordeaux supérieur*).

Les cépages principaux sont le Cabernet franc, le Cabernet-Sauvignon, le Merlot, le Malbec.

Le Médoc donne des vins, rouges uniquement, de noble réputation. Un peu astringents en primeur, à cause de leur richesse en tanin, ils sont séveux, bouquetés avec beaucoup de finesse, et se conservent fort bien. Toutes ces qualités sont fondues en une parfaite harmonie. Ils possèdent aussi certaines vertus diététiques qui font d'eux les amis du médecin.

Il n'y a pas d'appellation « Bas-Médoc ». Les vins produits par cette région ont droit à l'appellation « Médoc ».

Les vins du haut Médoc, en principe supérieurs aux Médocs, ont droit à l'appellation « Haut-Médoc ».

Les meilleures régions du haut Médoc, où se classent les crus illustres, ont droit, de plus, à une appellation communale. Ces appellations réputées sont : « Margaux* », « Saint-Julien* », « Pauillac* », « Saint-Estèphe* », « Listrac* », « Moulis* ». (V. Index de classement des crus.)

Menetou-Salon, appellation d'origine contrôlée qui s'applique aux vins provenant de cette commune, située au sud-ouest de Sancerre*, et de quelques communes environnantes : Morogues, Parassy, Aubinges, Soulangis. — Le Sauvignon* réussit fort bien sur les collines calcaires de ce vignoble de Loire* et donne des vins qui rappellent beaucoup ceux de Sancerre, avec, toutefois, moins de finesse. La qualité est en progrès constant grâce à la persévérance des viticulteurs. L'appellation peut s'appliquer aussi aux vins rouges et rosés de Pinot, mais leur production est encore assez insignifiante.

mer (vins pour la). On appelait ainsi autrefois les meilleurs vins de Loire, produits entre Blois et l'Océan, et destinés à l'exportation.

Jusqu'en 1789, la douane d'Ingrandes frappait de lourdes taxes tous les vins qui transitaient vers Nantes et, de là, vers l'étranger. Cela obligeait les vignerons intéressés de Touraine, d'Anjou et de l'Orléanais à n'envoyer vers la mer que des vins d'excellente qualité, puisqu'ils coûtaient très cher.
Les Hollandais, les Belges remontaient la Loire en barque jusqu'à leurs comptoirs de Rochefort et de Ponts-de-Cé et repartaient ensuite vers la mer avec leur cargaison de vins précieux. Les « vins pour la mer », les meilleurs, partaient donc pour l'étranger. Les « vins de terre », de qualité inférieure, partaient pour Paris, où ils servaient aux coupages. C'est ainsi que la France a longtemps ignoré les meilleurs vins de Saumur et d'Anjou. Elle a regagné, depuis, le temps perdu.

Mercurey. Les vins qui ont droit à l'appellation « Mercurey » sont produits sur les communes de Mercurey, de Saint-Martin-sous-Montaigu et de Bourgneuf-Val-d'Or, dans la Côte chalonnaise*. Ils sont rouges presque exclusivement.
Ils ont une jolie robe, un bouquet rappelant le cassis, de la chaleur, de la vivacité tout en restant légers. Leur finesse et leur distinction les rapprochent de certains vins de la Côte de Beaune*. L'appellation « Mercurey » peut être suivie, sous certaines conditions, de l'expression « premier cru » ou du nom du climat d'origine. (V. Index.)
Le vin blanc, pratiquement introuvable dans le commerce, est parfois très délicat.

Mesland. Le vignoble de Mesland, qui se trouve en Loir-et-Cher, est le point final du vignoble tourangeau. Il s'étend sur Mesland, Monteaux, Onzain et Chouzy, et donne un important volume de vins blancs, rouges et rosés qui ont droit à l'appellation « Touraine » suivie du nom de Mesland. Les vins blancs de Pineau, clairs, légers et fins, sont délicieux en primeur, mais leur production est assez restreinte. Cette région est surtout vouée aux vins rosés, qui ont une réputation méritée. Ils sont issus du Gamay, qui peut, ici, s'exprimer avec délicatesse grâce aux sables granitiques qui recouvrent le tuffeau. Les rosés de Touraine-Mesland sont clairs, légers et fruités, surtout dans leur prime jeunesse. Les meilleurs sont secs : les rosés moelleux perdent l'essentiel de leur caractère. Les vins blancs et rosés doivent titrer 10,5°, et les vins rouges 10°.

mesures. Officiellement, le litre est la seule mesure de capacité, avec ses multiples, reconnue par la loi. Mais l'habitude de se servir des mesures de la France d'autrefois subsiste chez les gens de métier : ces mesures sont, en effet, mieux adaptées aux problèmes concrets de rendement et aux différenciations régionales. A la base de chaque unité de mesure, il y avait l'« ouvrée », c'est-à-dire le produit récolté par le travail journalier d'un homme; variable évidemment suivant les vignobles. Cela explique les différences parfois considérables d'une région à une autre, entre les capacités d'une même mesure. Toutes les mesures devaient toujours être multiples de cette mesure de base, afin que les fûts soient toujours pleins. C'est ainsi qu'on emploie encore les termes *barrique**, *muid**, *pièce**, *tonneau**, *feuillette**, *tierçon**.

Meursault. Le grand vignoble blanc de Bourgogne commence à Meursault. La Côte de Nuits* et les communes de la Côte de Beaune* situées au nord de Meursault produisent, certes, des vins blancs de grande classe, mais c'est à Meursault que commence vraiment le règne du Pinot-Chardonnay*. Les vins blancs de Meursault, qui se classent parmi les plus célèbres vins de France, réussissent le miracle d'être à la fois secs et moelleux. D'une belle couleur d'or pâle, limpides et brillants, corsés et développant un riche bouquet, ils sont réputés pour leur suavité.
Les meilleurs climats sont les Perrières, les Genévrières, les Charmes, Goutte-d'Or. (V. Index.)
Meursault produit également de grands vins rouges, fins, riches en bouquet et très puissants. Eclipsés par la renommée des vins blancs, ils sont relativement peu

connus (notons que les vins rouges bénéficiant de l'appellation « Volnay-Santenots » proviennent de Meursault).

Mexique. La vigne occupe 10 000 ha environ, mais la production du vin ne dépasse guère 40 000 hl par an, les trois quarts de la production étant consommés comme raisin de table : la boisson nationale du peuple mexicain est, en effet, à base d'alcool de canne à sucre.
Le climat tropical n'est guère favorable à la culture de la vigne. Les vignobles se trouvent surtout dans la presqu'île de la Basse-Californie. Quelques-uns réussissent toutefois à s'implanter dans la Sierra Madre, où l'altitude élevée permet quelque peu de corriger le climat (autour de Durango, Chihuahua).
Les vins mexicains sont, dans l'ensemble, de qualité très médiocre, sauf peut-être ceux qui sont produits à Ensenada, à la frontière des États-Unis*, autour de la vieille Mission espagnole de Santo Tomás — et encore, ceux-ci ne sont-ils rien d'autre que des vins ordinaires, assez lourds.

Midi (vin du). Un vin du Midi désigne habituellement un vin ordinaire, généralement rouge, provenant de la région viticole à grand rendement Languedoc*-Roussillon*, couvrant les départements de l'Aude, de l'Hérault, des Pyrénées-Orientales et du Gard. Cette région donne à elle seule près de la moitié de la production totale française. La vigne commença à se multiplier en Languedoc-Roussillon à la fin du XVIIIe siècle, chassant les autres cultures; les cépages vigoureux et à grand rendement (Aramon, Carignan, Œillade, Petit-Bouschet) refoulèrent parfois les cépages nobles de jadis (Muscat, Grenache, Macabéo, Malvoisie). L'avènement du chemin de fer, en ouvrant de nouveaux débouchés, ne fit qu'augmenter le flux des vins du Midi, qui prit parfois de telles proportions qu'on a parlé du « fléau de l'abondance ». Mais cette expression *vin du Midi* n'est pas obligatoirement péjorative. Bien vinifiés, honnêtement préparés, ces vins constituent une boisson saine et familiale.

Mildiou. Attaque de la grappe entière avant la floraison. La déformation en S de la rafle, trait caractéristique de cette maladie, est très visible sur la photo. Phot. Mackiewicz.

mildiou. C'est un cadeau empoisonné que l'Amérique fit à nos vignes, après l'oïdium* et le phylloxéra*. — Ce perfide champignon fut signalé pour la première fois en 1878. Il s'attaque à la face interne des feuilles, qui se dessèchent et tombent. Les grains de raisin brunissent et tombent aussi; les survivants donnent des vins acides et privés d'alcool. Pendant longtemps, la lutte fut sans merci, et, dans bien des vignobles, ce troisième fléau a achevé le désastre que l'oïdium et le phylloxéra avaient déjà commencé. Le traitement consiste en sulfatages de sels de cuivre. Le traitement à base de cuivre fut, dit-on, découvert très empiriquement. Un vigneron qui craignait les rapines avant les vendanges avait pris l'habitude de « bleuir » ses vignes au sulfate de cuivre. Il constata que seuls ses raisins résistaient au mildiou. Il avait, sans le savoir, inventé la célèbre bouillie bordelaise, qui associe le cuivre et la chaux. Pendant l'Occupation, la rareté du cuivre faillit, une fois encore, tout compromettre. Les produits organiques de synthèse (Captane, Dithane), découverts depuis, se montrent eux aussi fort efficaces, mais, au moindre retard de traitement, le terrible mildiou recommence ses ravages.

millerandage, affection causée par la fécondation incomplète des fleurs de vigne, et qui donne des raisins à grains très petits, dépourvus de pépins, clairsemés (appelés « raisins millerands »).

millésime. L'année de naissance du vin permet de guider le choix du gourmet*. Il est des années prestigieuses qui laissent dans la mémoire des œnophiles* un souvenir ébloui. Telles furent 1921, la superbe 1929, 1947 et 1949. **(V. tableau p. 35.)**
Certains spécialistes n'ont pas été sans remarquer que les très grandes années portent un nombre impair. En effet, à côté des quatre années exceptionnelles qui viennent d'être citées, nous trouvons encore les excellents millésimes 1943, 1945, 1953, 1955, 1957, 1959, 1961. Néanmoins, ne soyons pas injustes, et quelques bons millésimes pairs peuvent aussi être remarqués : 1942, 1950, 1952, 1962. D'autre part, la distribution des bons millésimes paraît assez constante et à peu près régulière dans le temps, et les œnophiles n'ont sans doute pas à craindre une série d'années noires que nulle bouteille marquante ne jalonnerait! Dans l'ensemble, on estime qu'il existe, en dix ans, de trois à cinq excellents millésimes, dont un exceptionnel.
Toutefois, le véritable amateur ne se laisse pas obnubiler par le millésime et, surtout, il se garde bien d'assigner une valeur péremptoire et définitive au millésime qui vient de naître. Certaines années peuvent passer inaperçues à leur entrée dans le monde et se révéler par la suite : celles qui succèdent à des années fameuses sont souvent ainsi déconsidérées à tort. D'autres, au contraire, surtout si elles viennent après quelques années médiocres, peuvent être surestimées, faire un départ en flèche et ne pas tenir leurs promesses.
Voici le conseil judicieux qu'un de nos très grands connaisseurs en vin glisse dans l'oreille de l'œnophile qui désire se constituer une belle cave, à bon prix : « Achetez le petit cru dans les grandes années et le grand cru dans les petites années. »

mince, terme qui qualifie un vin léger en alcool*, qui serait, tout compte fait, relativement correct, mais dont le bouquet et le goût sont insuffisants.
Comme pour les hommes, un vin dont la minceur est exagérée est dit « maigre » ou « grêle ».

Minervois. Cette appellation du Languedoc*, dotée du label V.D.Q.S., tire son nom de Minerve, sa capitale historique. Le Minervois constitue une espèce d'immense cirque arrondi, entouré de montagnes, au nord des Corbières et à l'ouest et au nord-ouest de Narbonne. Le vignoble occupe des collines et des vallons bien exposés, jouissant d'un climat chaud et sec. Les légionnaires romains, qui colonisèrent la Narbonnaise, introduisirent la culture de la vigne dans le Minervois, et les vins furent très réputés dès cette époque : Pline le Jeune signala les vins du Minervois; Cicéron prononça un plaidoyer en faveur du proconsul de Narbonne, accusé de percevoir des droits illicites sur les vins du Minervois destinés à être envoyés à Rome.
Si le Minervois produit quelques vins blancs et quelques vins rosés secs et fruités, les meilleurs et les plus réputés sont les vins rouges, qui sont, avec les Corbières*, les meilleurs vins de la région. Ils sont issus des cépages variés habituels du Languedoc : Grenache, Cinsault, Carignan.
Le vin rouge du Minervois a une belle robe rouge vif; il est fin, fruité, délicat, bien équilibré, avec un bouquet personnel, une saveur particulière. Il vieillit fort bien.

mise en bouteilles à la propriété. Cette indication sur une étiquette jouit d'une faveur justifiée auprès des amateurs. Elle désigne des vins de qualité dont le tirage en bouteilles s'est fait sur le lieu même de la production, par le récoltant. C'est donc une garantie de qualité et d'authenticité : par exemple, un propriétaire ne peut pas se servir de cette mention lorsque son

vin est mis en bouteilles dans le local d'un embouteilleur.
D'autres expressions similaires ont autant de valeur. Ce sont : *mise en bouteille au domaine* (ou *mise du domaine*); *mise d'origine;* la traduction anglaise *estate bottled;* en Gironde, l'expression bien connue *mise en bouteilles au château**. En Bourgogne, étant donné qu'il y a fort peu de châteaux, c'est généralement au nom de quelques négociants* en vins, bien connus et dont la réputation est grande, que le dégustateur averti se réfère. C'est alors le nom de ces négociants qui constitue pour le consommateur la garantie de qualité et d'authenticité.
Par contre, la mention *mise en bouteille par le propriétaire* ou *mis en bouteille dans nos chais* n'est nullement la garantie d'une mise d'origine au château ou au domaine, et cela même si le vin porte le nom d'un château ou d'un domaine.

mistelle, nom donné aux moûts de raisin auxquels on a ajouté de l'alcool pur pour en arrêter la fermentation, dans la proportion de 5 à 10 p. 100. — Cette opération est sévèrement réglementée, de même que l'utilisation des mistelles. L'Algérie, avant 1958, était grosse productrice de mistelles. Le climat permet, en effet, d'obtenir des raisins très riches en sucre, qui donnent donc des moûts contenant beaucoup d'alcool en puissance. C'est vers 1880 que les premiers essais furent faits à Mostaganem par un fabricant métropolitain, et, dès 1910, l'Algérie était déjà le principal fournisseur de mistelles pour les fabricants français d'apéritifs, de faux « Madères » et de « Malagas » de pacotille. Jusqu'en 1940, l'Algérie se contentait d'envoyer les mistelles aux maisons françaises, mais ne fabriquait pas, ou très peu, de vin de liqueur par ses propres moyens.

moelleux. Un vin blanc moelleux est un vin blanc dont la douceur est intermédiaire entre celle d'un vin blanc liquoreux* et celle d'un vin sec*. Il n'y a pas de réglementation pour l'emploi de ce terme. Toutefois, on peut considérer qu'un vin contenant de 6 à 15 g de sucre naturel non fermenté peut être considéré comme moelleux.

moisi. Certains vins présentent nettement une odeur et un goût de moisi. Ce grave défaut, que rien ne peut effacer, est dû à l'emploi d'un fût mal lavé ou dans lequel l'eau a séjourné et qui a été la proie des moisissures. Le séjour du vin dans un tel fût lui a communiqué cette tare ineffaçable.
A un stade moins avancé, le vin peut avoir le goût de « croupi ». On dit encore parfois que le vin « fûte », lorsqu'il a pris un arrière-goût dû à une futaille mal soignée.
Le goût de moisi peut aussi provenir de vendanges altérées par la pourriture grise.

Moldavie. C'est la seconde région viticole de Russie du point de vue de la superficie. Elle produit environ un tiers des vins de l'U.R.S.S.*.
La vigne est cultivée dans les vallées centrales à tchernoziom, ou terres noires, qui sont des terres fertiles, chargées de débris organiques et de silice. La vallée du Dniestr, très profonde et bien abritée du vent, convient spécialement bien à la viticulture. Le vignoble s'étend autour de Kichinev, le long d'une ligne continue Oungheni - Rezina - Tiraspol - Bendery.
Les hybrides* dominent encore actuellement dans l'encépagement, mais ils sont peu à peu remplacés par des plants européens. Le vin blanc le plus réputé de Moldavie est l'« Aligoté ». Mais la Moldavie produit aussi deux bons vins rouges : le Kaberné, dont l'arôme rappelle la violette, et le « Bordeaux », le meilleur des vins moldaves.

Monbazillac. Ce célèbre vin blanc liquoreux de Dordogne est une des appellations contrôlées du Sud-Ouest*, que les profanes classent parfois, à tort, parmi les Bordeaux. Le vignoble s'étend sur des coteaux qui dominent la rive gauche de la Dordogne, au sud de Bergerac*, et occupe les communes de Monbazillac, de Pomport, de Colombier, de Rouffignac et une partie de Saint-Laurent-des-Vignes. Les

Château de Monbazillac. Son vignoble donne un des plus riches vins liquoreux. Phot. Mackiewicz.

cépages sont les mêmes que ceux du Sauternais : Sémillon, qui donne saveur et moelleux; Sauvignon, qui assure finesse et corps; Muscadelle, qui parfume le tout d'un léger arôme de Muscat.

Comme à Sauternes*, les vendanges sont faites par cueillettes successives, lorsque la pourriture noble* a confit les grains. La fermentation est très lente et dure parfois plusieurs mois : il se produit alors une importante quantité de glycérine qui assure au Monbazillac sa merveilleuse onctuosité.

Le Monbazillac titre 12,5° au minimum, et sa richesse en sucre varie de 30 à 100 g par litre. Toutefois, dans les bonnes années, les Monbazillacs sont les plus riches de nos vins blancs liquoreux : ils titrent de 15 à 16° et atteignent de 80 à 100 g de sucre par litre.

Dès le XIVe siècle, le Monbazillac était renommé et exporté dans le nord de l'Europe. Après la révocation de l'édit de Nantes, les émigrés français de la région, réfugiés en grand nombre en Hollande, contribuèrent à l'extension considérable du commerce : ainsi, au XVIIIe siècle, tout le vin de Monbazillac partait pour la Hollande.

Les vins de Monbazillac sont soumis à l'appréciation d'une commission de dégustation désignée par l'I.N.A.O.*, pour pouvoir bénéficier de l'appellation contrôlée.

Le Monbazillac possède dans sa jeunesse une jolie robe jaune paille : celle-ci devient plus ou moins ambrée avec le temps. C'est un très beau vin liquoreux, fin et moelleux, avec un incomparable parfum de miel et une suavité très particulière. Il gagne à vieillir. On ne doit pas le comparer au Sauternes, avec lequel il a, certes, des affinités, mais dont il diffère par des caractères bien particuliers.

Mondeuse, excellent cépage rouge et blanc, qui pousse presque uniquement en Savoie*, mais aussi dans la région voisine du Bugey*. — La Mondeuse rouge donne un excellent vin de table, très fruité, léger, avec un agréable bouquet qui se développe avec l'âge et évoque alors la violette, la framboise, parfois la truffe. Le délicieux rosé de Montagnieu, vin du Bugey, frais et léger, est issu principalement des Mondeuses.

Montagne-Saint-Émilion. La commune de Montagne a le droit d'ajouter Saint-Émilion* à son propre nom. Deux portions distinctes du territoire de la commune produisent des vins différents : sur les sommets, au terrain calcaire, le vin récolté est corsé, coloré, robuste; plus bas, les terrains silico-argileux donnent un vin plus léger et plus souple qui rappelle le Pomerol* et le vin des graves de Saint-Émilion. Quelques crus, d'ailleurs, mélangent ces deux sortes de vin.

Les meilleurs Châteaux sont Montaiguillon, des Tours, Négrit, Roudier, Corbin.

Montagny. Cette appellation de la Côte chalonnaise* s'applique à des vins blancs qui doivent, obligatoirement, être issus du cépage Chardonnay* pour avoir droit à l'appellation. Le vin de Montagny est frais et léger, avec un bouquet plaisant.

Montesquieu. Vénéré par les Bordelais, il l'est non seulement pour ses *Lettres persanes* et son *Esprit des lois,* mais aussi et d'abord parce qu'il était le seigneur vigneron de La Brède. Écrivain et vigneron, deux sources de bonheur pour Montesquieu, qui se félicitait de ce que ses livres fissent vendre son vin, comme de ce que son vin fît vendre ses livres. Il a écrit fort sagement : « Je n'ai pas aimé faire ma fortune par le moyen de la Cour; j'ai songé à la faire en faisant valoir mes terres. »

Montilla, excellent vin espagnol récolté sur les collines arides et calcaires situées autour des villages de Montilla et de Los Moriles, au sud de Cordoue. — Jusqu'à ces derniers temps, la majeure partie de la production était vendue à Jerez sous le nom de Xérès* (à l'origine, d'ailleurs, le mot *Amontillado* désignait un Xérès ayant le type du vin provenant de Montilla). Désormais, le Montilla bénéficie d'une appellation particulière, et il est regrettable qu'il soit encore trop peu connu.
Le Montilla est issu du cépage Pedro Ximénez : la légende prétend que le plant fut introduit en Espagne au XVIᵉ siècle par un soldat allemand nommé Peter Siemens (d'où le nom espagnol du cépage) et qu'il est, en réalité, le Riesling de la vallée du Rhin. Le vin produit par ce cépage est plus alcoolisé que celui qui provient du Palomino de Xérès; contrairement au Xérès, le Montilla est rarement « fortifié » avec de l'alcool ajouté : le sien lui suffit. Comme le Xérès, c'est un « vin de fleur* » vinifié dans les « bodegas » et mûri dans les « soleras ». Toutefois, il n'est pas gardé en fûts de bois durant sa jeunesse comme le Xérès, mais dans d'énormes jarres, en forme d'amphores romaines, de la hauteur d'un homme, appelées « tinajas ».
Le Montilla peut être du type Fino ou du type Oloroso, comme le Xérès : l'Oloroso, toutefois, est assez rare. Le Montilla est généralement un vin clair et sec, plus facile à boire et peut-être plus agréable que le Manzanilla et le Xérès Fino, bien qu'il possède moins de corps et de bouquet que ceux-ci. Il est délicieux en apéritif et sur les fruits de mer, servi frais, évidemment, comme tous les vins secs de Xérès (certains amateurs prétendent d'ailleurs que tous les Xérès, quels qu'ils soient, doivent être servis frais).

Montlouis. En face de Vouvray*, entre Tours et Amboise, le charmant village de Montlouis se blottit dans un coude de la Loire*, sur la rive gauche. Les vins blancs, issus du Pineau de la Loire, sont frères des Vouvrays : ils étaient d'ailleurs, jusqu'en 1938, vendus sous le nom de Vouvray. Terrain, cépage, méthodes de culture et de vinification sont identiques à Montlouis et à Vouvray, mais la Loire les sépare! Après un long procès, Montlouis s'est vu interdire le droit de donner à ses vins l'appellation « Vouvray ». Le volume de la récolte représente un peu moins de la moitié de celle de Vouvray. Les vins de Montlouis offrent la même gamme que les Vouvrays : secs, demi-secs, liquoreux les années fastes, tranquilles, pétillants, mousseux. Moins corsés, moins séveux que les Vouvrays, avec une saveur aromatique moins épanouie, ils se font aussi plus vite et se conservent tout aussi bien. Certains les préfèrent même aux Vouvrays, à cause de leur légèreté et de leur extrême finesse. Il est regrettable qu'ils soient peu connus.

Montpeyroux, appellation qui fait partie des Coteaux du Languedoc*, classés V.D.Q.S., et donne des vins rouges et rosés produits sur les collines au nord de Béziers. — Ce sont de très bons vins, surtout le rouge, corsés et de belle couleur.

Mont-près-Chambord-Cour-Cheverny. Ce vignoble, dont le nom évoque deux célèbres châteaux de la Loire, s'étend à une douzaine de kilomètres au sud-est de Blois, à la limite de la Sologne. Ses vins ont droit au label V.D.Q.S. depuis 1951. Quatre communes se partagent l'appellation : Mont-près-Chambord, Cour-Cheverny, Cheverny et Huisseau-sur-Cosson. Le cépage caractéristique du vignoble est le Romorantin, qui réussit fort bien dans le sol siliceux. Un apport de Sauvignon et de Pineau de la Loire est cependant autorisé. Ces vins blancs, presque tous vinifiés à la coopérative de Mont, sont légers et dépassent rarement 11°. Secs, parfois demi-secs, ils ont beaucoup de succès dans la région, et leur vente ne dépasse guère les limites du Loir-et-Cher (mais on en trouve parfois à Paris). Ils sont agréables, frais et fruités, surtout dans les bonnes années.

Montrachet. C'est le grand seigneur des vins blancs de Bourgogne, et personne ne songerait à discuter son prestige. Ce vin sec, somptueux, puissant et velouté, est d'une perfection indiscutable. Tout est admirable en lui : sa robe d'or pâle mêlé d'une touche de vert, son bouquet suave, son incomparable et riche saveur. Le Montrachet, en vin blanc sec, est certainement le premier vin de la carte, comme le Château-d'Yquem est le premier en vin blanc liquoreux.

Montravel. Cette appellation contrôlée du Sud-Ouest* groupe des vins blancs dont l'aire de production se situe sur la rive droite de la Dordogne, dans le canton de Vélines. Bien que constituant une enclave en territoire bordelais, Montravel n'est pas une appellation bordelaise. On a dit que la région de Montravel était le « cellier de Montaigne », enfant du pays, né à Saint-Michel, et qui semblait, en effet, être un fervent de ses vins, dont il disait : « En boire peu et modérément, c'est trop restreindre les faveurs de ce Dieu. » Issus du Sémillon, du Sauvignon et de la Muscadelle, les vins blancs de Montravel sont divisés en trois appellations contrôlées : « Montravel », vin de plaine titrant 10,5°, « Côtes-de-Montravel » et « Haut-Montravel », titrant au moins 11°, souvent plus. Ce sont des vins moelleux ou liquoreux, d'un charme indéniable, fins et équilibrés, avec une sève et un parfum particuliers.
Un excellent vin rouge est produit également autour de Vélines sous l'appellation contrôlée « Bergerac* ».

Monts-du-Tessala, appellation comprenant un groupe de vins d'Algérie* produits au sud d'Oran et qui bénéficiaient du label V.D.Q.S.* avant les derniers événements d'Afrique du Nord (Oued Imbert Lauriers Roses, M'Silah, Crêtes des Berkêches, Parmentier). — Les vins récoltés sur des terrains variés, à 600 m d'altitude moyenne, étaient peut-être les plus fins d'Oranie. D'une belle couleur rouge à reflet un peu doré, avec un subtil parfum de framboise, les vins du Tessala sont corsés, certes, comme tous les vins d'Algérie, mais ils sont fins, délicats, fruités, veloutés et bien coulants.

Morey-Saint-Denis. Les grands vins rouges produits par cette commune ont beaucoup de classe et d'étoffe, avec un bouquet très riche de fraise ou de violette, rappelant aussi parfois la truffe.
Les climats renommés sont les Bonnes-Mares, le Clos Saint-Denis, le Clos de la Roche et le Clos de Tart. Le cru Bonnes-Mares appartient à la fois à la commune de Morey-Saint-Denis et à celle de Chambolle-Musigny.

Morgon. Le Morgon se différencie nettement des autres crus du Beaujolais*. Certains le disent « trop Bourgogne, pas assez Beaujolais ». Avec sa robe foncée couleur grenat, son parfum de groseille et de kirsch, sa généreuse et robuste constitution, sa chair pleine et ferme, et son aptitude à vieillir, il occupe évidemment une place à part dans la gamme si nuancée des Beaujolais. D'ailleurs, pour essayer de définir un vin qui possède les qualités du Morgon, on dit qu'il « morgonne ». Le Morgon, moins fruité que les autres Beaujolais, est surtout le plus résistant et peut se boire après un certain nombre d'années. L'orgueil de Morgon est le lieu dit Le Py, sorte de longue montagne garnie de ceps fameux.

Moselle. Avant de se jeter dans le Rhin à Coblence, la Moselle a caressé bien des pieds de vigne! D'abord en France, où elle salue au passage les aimables V.D.Q.S. lorrains, qui ont droit au label « Vins de la Moselle* », puis dans le grand-duché de Luxembourg* », où, déjà, le vignoble prend plus d'importance. Mais c'est surtout en Allemagne que la Moselle donne son nom à un vignoble étendu et de réputation mondiale.
Le vignoble allemand, planté presque exclusivement en Riesling, occupe, depuis Trèves, les pentes d'ardoise escarpées, le long du fleuve; mais les vins les plus estimés proviennent d'une partie de la vallée (Mittel-Mosel), qui va de Trittenheim à Traben-Trarbach, et dont les meilleures communes sont Piesport, Bernkastel,

Une sympathique taverne dans la vallée de la Moselle. Phot. Adelmann.

Graach, Wehlen, Zeltingen, Brauneberg.
Le vignoble de Moselle s'étend aussi dans les vallées de deux petits affluents de la Moselle (Sarre et Ruwer), avec les communes de Wiltingen, de Kanzem, d'Oberemmel, d'Ockfen, d'Ayl (Sarre), de Maximin Grunhaus et d'Eitelsbach (Ruwer). Le nom officiel de cette région viticole est d'ailleurs « Mosel-Saar-Ruwer ».
Dans les mauvaises années, les vins de Moselle, maigres et décevants, sont souvent très acides. Mais ils se rattrapent en bonnes années : ce sont alors, sans doute, les plus parfumés, les plus délicats, les plus racés des vins allemands. Clairs et limpides, avec un bouquet à la fois fleuri et épicé, qui est leur caractéristique, ils montrent aussi une distinction qui n'appartient qu'à eux.
Ils portent les indications habituelles des vins allemands : nom de la commune, nom du vignoble d'origine, indication éventuelle de cueillette sélectionnée ou à surmaturité (Spätlese, Auslese,etc.).

Moselle (vins de la). Cette appellation s'applique à des vins de Lorraine*, qui ont droit au label V.D.Q.S., produits dans le département de la Moselle. Ils proviennent de trois zones de production : la région de Sierck, au nord du département, près de la frontière luxembourgeoise; la région de Metz; la région de Vic-sur-Seille, non loin de Château-Salins. Les vins, issus des cépages Gamay de Liverdun, Auxerrois blanc et gris, Pinot Meunier, Pinot noir et Pinot blanc, Sylvaner, Riesling, sont rouges, rosés et blancs. Ils sont différents selon leur région de production : par exemple, Sierck donne surtout des vins blancs, Metz des vins rosés légers (clairet de Moselle), Vic-sur-Seille des vins gris. Les vins blancs et rosés sont très légers, fruités, avec une acidité qui déconcerte parfois; les vins rouges sont légers, mais ont moins de charme (Vic, Ancy, Jussy).

Mostaganem et Mostaganem-Kenenda. Cette appellation s'appliquait, avant l'Indépendance, à des vins d'Algérie* ayant droit au label V.D.Q.S.* et récoltés près de la côte, à l'est d'Oran, autour de Mostaganem, de Mazagran, de Rivoli, de Cassaigne et dans le Dahra (zone comprise entre la mer et le fleuve Chélif). Les meilleurs vins provenaient des terrains calcaires ou argilo-calcaires, situés à 500 m d'altitude moyenne. Les rouges et les rosés, très corsés, titrant au moins 13°, étaient souples, fruités et délicats.
Ceux qui provenaient de plateaux siliceux, situés entre 100 et 200 m d'altitude, souples et bien constitués comme les précédents, montraient moins de finesse. Dans son livre sur les vins d'Algérie, Paul Reboux a écrit du vin de Saoura (dans le Dahra) qu'il se distinguait par « sa finesse, sa délicatesse, sa puissance », et il ajoute : « De cette bouteille à forme bordelaise, coule un liquide velouté que la Bourgogne ne désavouerait pas. »

mou. Appliqué au vin, cet adjectif a le même sens que pour les hommes. Un vin mou est un vin qui manque totalement de caractère. Faute d'une teneur normale en acidité* et en tanin*, il est plat et insipide.

Moulin-à-Vent. Le Moulin-à-Vent doit son nom au petit moulin ancien, unique en son genre dans la région du Beaujolais*, qui domine de loin le vignoble. L'appellation « Moulin-à-Vent » s'applique à des vins produits à la fois par la commune de Romanèche-Thorins et par celle de Chenas*. Le Moulin-à-Vent est toujours

Moulin-à-Vent. Les vignobles sont groupés autour d'un petit moulin ancien, vieux sans doute de trois cents ans, visible de très loin et qui a donné son nom à l'appellation. Phot. Mackiewicz.

un vin assez corsé, avec une belle robe rubis foncé. Il est généralement considéré comme le premier du Beaujolais. Certaines années donnent des bouteilles splendides, avec un bouquet, un corps et une classe qui rappellent les vins de la Côte d'Or*.

Moulis. Cette appellation s'applique aux vins rouges produits par cette commune du haut Médoc* et par des parcelles de six communes environnantes (Listrac* surtout). Les vins de Moulis ont un caractère très particulier et un accent tout à fait personnel : cela est dû à la présence, dans le sol du vignoble, d'une quantité de calcaire supérieure à la moyenne du reste du Médoc. Les Moulis sont colorés, corsés et robustes. Leur bouquet est développé, et leur saveur accentuée, ce qui n'exclut pas la finesse.

Moulis ne possède pas de crus classés en 1855, mais de très bons crus bourgeois supérieurs (dont l'excellent Château Chasse-Spleen, classé « Cru exceptionnel » en 1932).

mousse. C'est l'âme du Champagne. Elle doit être légère, fine, abondante et prompte à se dissiper sur le verre. Elle doit aussi se conserver dans la bouteille, prête à renouveler notre plaisir chaque fois qu'on remplit les verres. Un Champagne de qualité, rafraîchi à point, n'explose pas bruyamment quand on ouvre la bouteille, ne fait pas sauter le bouchon et ne se projette pas vulgairement au plafond. Le Champagne, élégant et distingué par définition, n'est pas un vin à vous faire de ces plaisanteries de mauvais goût. Une écume grossière, explosive, est l'indice d'une champagnisation mal conduite. Lorsque la mousse est dissipée sur le verre, l'effervescence du vin doit persister en un jaillissement incessant de petites bulles légères, comparables à des perles minuscules. La grosse bulle est tellement laide qu'on l'appelle « œil de crapaud ».

Mousseux. On englobe maladroitement sous ce terme général différentes sortes de vins, dont certains, affreux et de qualité tout à fait inférieure, ont jeté le discrédit sur l'ensemble de la grande famille des Mousseux. Le Champagne, bien qu'il soit mousseux, n'est, en fait, jamais qualifié ainsi; il occupe une place à part : il est « le Champagne ».

Différents procédés sont employés pour obtenir des vins mousseux. Le plus vieux en date est la méthode rurale*, utilisée autrefois dans plusieurs régions, y compris la Champagne, et encore pratiquée à Gaillac*, à Die* et à Limoux. La méthode champenoise* est, par définition, celle qui vit le jour en Champagne; elle est employée pour tous les vins mousseux français à appellation contrôlée : Anjou*, Arbois*, Blanquette de Limoux*, Bordeaux*; Bourgogne*, L'Etoile*, Montlouis*, Saint-Péray*, Saumur*, Seyssel*, Touraine*, Vouvray*.

Il existe aussi une méthode allemande*, grâce à laquelle les opérations de remuage* et de dégorgement* sont supprimées, mais qui ne peut être utilisée que pour les Mousseux sans appellation.

La méthode de la cuve close* (procédé Charmat) permet de fabriquer des Mousseux bon marché; son emploi est interdit pour les Mousseux français à appellation d'origine.

Le procédé utilisé à Asti* est différent, puisqu'il s'agit de vins mousseux obtenus

au cours de la première fermentation : on opère ici à partir du moût et non à partir du vin tranquille*.
Enfin, signalons l'existence de vins mousseux gazéifiés, obtenus par addition sous pression de gaz carbonique, dont les grosses bulles ne rappellent en rien la mousse crémeuse du Champagne, qu'ils prétendent imiter. Aucun de ces Mousseux-là n'est bon; ils coûtent toujours trop cher pour ce qu'ils valent.

Mousseux rosé. Certaines régions préparent des Mousseux rosés qui peuvent être de très bonne qualité. Les Mousseux rosés de Touraine proviennent exclusivement des raisins noirs de Cabernet, comme d'ailleurs ceux de Bordeaux. Il existe aussi des Mousseux rosés de Bourgogne, qui furent longtemps populaires aux États-Unis et en Angleterre : ils n'ont jamais eu le même succès en France.

moustillant, moustiller, termes qui s'emploient à propos d'un vin qui présente un très léger dégagement gazeux. — Ce défaut se rencontre souvent dans les vins jeunes, qui présentent alors, à la dégustation, un léger picotement sur la langue. Certaines personnes acceptent ce picotement lorsqu'il n'est pas exagéré et qu'il se produit dans un vin nouveau (Beaujolais par exemple). Un vin moustillant est le siège d'une refermentation, due soit à des levures, soit aux ferments malo-lactiques, et contient donc un peu de gaz carbonique en solution.
Ce léger dégagement de gaz carbonique est parfois volontairement provoqué lorsqu'il s'agit de vins perlants*.

moût, jus de raisin non fermenté.

muid, mesure utilisée pour la vente du vin en gros et très variable d'une région à l'autre : elle vaut par exemple 685 litres dans l'Hérault, 608 litres à Montpellier, 260 litres dans l'Aisne.

Murfatlar, le plus grand vin de Roumanie*, cultivé et produit à Basarabi, dans la Dobroudja.
Entre 1957 et 1962, le Murfatlar a obtenu 45 médailles à divers concours. Les cépages sont le Pinot gris, le Riesling, le Chardonnay, et, avant 1914, le vin dépassait rarement une teneur en alcool de 15°. Depuis 1945, les méthodes ont changé, et les vins sont désormais doux, avec une forte teneur en alcool (de 16 à 18°).
Murfatlar possède un complexe vinicole moderne (qui fonctionne depuis 1960), remarquablement organisé et mécanisé.

Muscadet. Parti du pays nantais, sa patrie d'origine, vers 1930, le Muscadet a fait la conquête de Paris, de la France et de l'étranger. Son triomphe n'a d'égal que celui du Beaujolais*, son rouge rival. Tous deux, en effet, répondent bien à l'évolution du goût des consommateurs, qui préfèrent désormais les vins légers, souples, fruités, qu'on boit en leur charmante jeunesse. Le cépage qui le produit est le Melon de Bourgogne, qui doit son nom à ses feuilles de forme ronde et qu'on ne cultive pratiquement plus en Bourgogne. Importé en Bretagne au XVIIe siècle, ce cépage fut planté en quantité importante dans la région, après le terrible hiver de 1709, qui détruisit le vignoble. Et ce fut le miracle! Ce cépage, d'assez médiocre qualité en d'autres lieux, devait trouver ici, aux bords de la Loire, son sol et son climat.
On l'appelle ici « Muscadet », sans doute à cause du goût légèrement musqué de son vin, mais il n'a absolument rien à voir avec le cépage Muscadelle du Bordelais, avec lequel il ne faut pas le confondre.
Le Muscadet doit être vendangé tôt, sans jamais attendre la surmaturité, qui donnerait un vin plat et sans bouquet. La fermentation doit être lente, et le vin est conservé longtemps sur ses lies*. Cette façon de vinifier assure le bouquet, la souplesse, le fruité et aussi la teinte très pâle, presque incolore, du vin. Le Muscadet n'est jamais acide, car, en année froide (1963 par exemple), les vignerons réussissent à réduire l'acidité exagérée par fermentation malo-lactique*. Sec, mais sans verdeur, avec beaucoup de finesse, un parfum indéfinissable mais personnel, il charme par son éclatante jeunesse et sa limpide fraîcheur.

Rien d'étonnant qu'il s'en consomme chaque année environ 45 millions de bouteilles.

Muscadet : appellations d'origine contrôlées. La législation distingue trois appellations contrôlées : « Muscadet », « Muscadet de Sèvre et Maine* », « Muscadet des Coteaux de la Loire* ». L'appellation « Muscadet » s'applique à des vins titrant 9,5° avec un rendement de 40 hl à l'hectare et produits sur l'ensemble de l'aire délimitée.
Les deux autres appellations produisent à elles seules 90 p. 100 du Muscadet. Le Muscadet sur lies* n'est pas un vin spécial, résultant d'une méthode de vinification particulière. On ne soutire pas le vin après sa fermentation, on le laisse sur ses lies afin qu'il garde son fruit et son caractère de jeunesse tant appréciés. Le vin conserve alors un peu de gaz carbonique dissous qui picote agréablement la langue.

Muscadet des Coteaux de la Loire. L'aire de production se situe autour d'Ancenis, sur les coteaux pierreux de chaque côté de la Loire. La superficie du vignoble est assez restreinte. Les communes productrices de la rive droite sont situées en Loire-Atlantique (Ancenis, Thouarcé, Mauves, Le Cellier, etc.). Celles de la rive gauche sont en Loire-Atlantique (Saint-Sébastien-sur-Loire, Barbechat) et en Maine-et-Loire (La Varenne, Liré, Champtoceaux). Le Muscadet des Coteaux de la Loire est en général plus corsé, plus sec et plus fruité que le Muscadet de Sèvre et Maine. Il semble parfois un peu plus acide aussi, mais il garde plus longtemps son caractère de jeunesse.

Muscadet de Sèvre et Maine. Située au sud-est de Nantes, la région, qui produit 75 p. 100 de la récolte totale, est véritablement la terre d'élection du Muscadet. Ici, la vigne est reine, occupant des mini-coteaux de 50 m, au sol caillouteux, silico-argileux. La région se divise en quatre cantons principaux : canton de Vertou, canton de Vallet, canton de Clisson et canton de Loroux-Bottereau. C'est elle qui produit le meilleur Muscadet, le plus renommé aussi. Très fin et léger, il séduit par sa délicatesse et son agréable souplesse.

Muscat. Il existe de nombreuses variétés de ce cépage, dont les raisins vont du jaune pâle au bleu-noir. Mais tous possèdent, à un degré variable, le parfum et le goût « musqués », caractéristiques inimitables, tant prisés des amateurs. On trouve, mûrissant au chaud soleil, des Muscats de toutes variétés en Italie, dans le sud de la France, en Espagne, au Portugal, en Grèce, en Tunisie, dans les îles de la Méditerranée (Sardaigne, Sicile, Chypre), dans l'archipel de la mer Égée; mais on les rencontre aussi sous des cieux moins cléments : en Alsace, au Tyrol, en Hongrie. Le plus productif est peut-être le Muscat d'Alexandrie, mais le meilleur est sans doute le Muscat doré de Frontignan. Il y a aussi le Muscat de Hambourg, assez bon raisin de table, mais médiocre cépage à vin, l'Aleatico rouge de l'île d'Elbe, la Muscadelle du Sauternais, le Muscat Ottonel d'Alsace, le Moscatello d'Italie, d'où proviennent l'Asti Spumante et l'Est Est Est.
Les Muscats sont délicats à vinifier, car l'essentiel de leur charme, leur suave parfum du fruit, est assez capricieux et fugitif. Par exemple, il ne faut pas vinifier « à sec » les vins mousseux à base de Muscat (Clairette de Die), c'est-à-dire les laisser achever leur première fermentation avant la mise en bouteilles. C'est pour cette raison que la méthode rurale* est nettement supérieure à la méthode champenoise*, car elle conserve intégralement l'arôme et la saveur du raisin. A Asti*, les vins mousseux sont obtenus par première fermentation, ce qui donne aussi de bons résultats. Quant aux exquis Muscats liquoreux français, ils gardent tout leur parfum grâce au mutage* des moûts à l'alcool, qui interrompt la fermentation.

Muscat (France). Notre région méridionale s'enorgueillit à juste titre de produire des vins doux naturels* parfumés, provenant du raisin Muscat, excellents vins de dessert ou de goûter. Ils proviennent presque tous du Languedoc* et du Roussillon*. Le plus célèbre d'entre eux est,

sans conteste, le Muscat de Frontignan*, dans sa robe de soie dorée. Mais il a, autour de lui, d'excellents rivaux qui ont chacun leurs défenseurs : ce sont les Muscats de Lunel*, de Mireval, de Saint-Jean-de-Minervois* et de Rivesaltes*. N'oublions pas aussi le Muscat de Beaumes-de-Venise*, suave et parfumé, produit sur la rive gauche du Rhône, dans le département de Vaucluse, et qui provient, d'ailleurs, comme le Frontignan, du Muscat doré.
Quant au fin et frais Muscat d'Alsace, c'est un vin blanc sec*, le seul Muscat sec de notre viticulture. Il possède un arôme et un goût musqués très caractéristiques, mais avec une grande délicatesse et beaucoup de distinction.

Muscat (Italie). L'Italie prépare, avec différentes variétés de Muscats, des vins fort appréciés. Ils possèdent tous, plus ou moins prononcés, l'inimitable parfum et le goût si caractéristique du Muscat. L'un d'eux, l'Aleatico, est rouge et donne un vin généralement doux : le meilleur est celui de l'île d'Elbe (Portoferraio). Le Muscat de Canelli est à la base de l'Asti Spumante, des Vermouths italiens et de l'Est Est Est de Montefiascone. Le Muscat Giallo du Trentin et de la région au nord de l'Adige donne un vin blanc liquoreux, du type Sauternes, titrant de 13 à 15° d'alcool. Mais il existe aussi de véritables vins de liqueur, très liquoreux et très corsés (de 15 à 17°), issus des plants locaux de Muscat, en Sardaigne (Muscat de Cagliari), dans l'île de Pantelleria, en Sicile (Muscat de Syracuse), à Bari, dans les Pouilles (Muscat de Trani).

musqué. Un vin possédant l'arôme spécifique des cépages Muscats* est dit « musqué » ou « muscaté ». Cet arôme tout à fait particulier est fort plaisant, mais s'estompe et disparaît même totalement quand le jus de raisin est complètement fermenté, c'est-à-dire lorsqu'il a transformé tout son sucre en alcool. C'est pour cette raison que la fermentation des vins à base de Muscat est toujours stoppée avant d'être terminée, soit par adjonction d'alcool (Muscat de Frontignan*, de Rivesaltes*), soit par emploi de la méthode rurale*, lorsqu'il s'agit de vins mousseux.

mustimètre, appareil qui permet de rechercher la richesse en sucre d'un moût en mesurant la densité de celui-ci. — Une table densimétrique permet de connaître la correspondance entre la densité donnée par l'appareil et la quantité de sucre par litre contenue dans le moût.
Le mustimètre est donc utile au moment des vendanges, puisqu'il permet de noter l'évolution de la teneur en sucre et le moment où, celle-ci restant stationnaire, le temps est venu de vendanger. Cette méthode, assez simple, n'est pas d'une précision rigoureuse. Le contrôle de maturation*, fait par les stations œnologiques*, est beaucoup plus précis, puisqu'il étudie les courbes d'évolution des principaux constituants du moût, non seulement du sucre, mais aussi de l'acidité.

mutage, opération spéciale employée pour obtenir les vins doux naturels*, et par laquelle on rend les moûts muets en arrêtant la fermentation en cours par l'adjonction d'alcool. Les moûts possèdent au départ une richesse en sucre naturel d'au moins 250 g par litre (l'équivalent de 14° d'alcool en puissance). Ils proviennent, en effet, toujours de raisins de cépages déterminés, aux grains très sucrés, ayant subi souvent un véritable passerillage.
On ajoute aux moûts, pour arrêter la fermentation, 6 à 10 p. 100 de leur volume d'alcool pur, titrant au moins 90°. Il reste alors dans le vin une quantité de sucre naturel du raisin (40 à 150 g par litre) qui ne s'est pas transformée en alcool, la fermentation ayant été stoppée. Les vins obtenus sont donc plus ou moins liquoreux, toujours généreux et riches en alcool, certains titrant jusqu'à 23°. Ils ont gardé tout le fruit du raisin frais, puisque la fermentation est arrêtée très tôt : cela est très appréciable pour les Muscats*, qui perdent leur parfum et leur saveur fruités, si appréciés, au fur et à mesure que la fermentation se poursuit.
C'est donc par adjonction d'alcool que s'opère le mutage des vins doux naturels. Mais, dans d'autres cas, l'arrêt de la fer-

mentation ou la prévention de la refermentation s'obtient par traitement légal à l'anhydride sulfureux*.

Mycoderma aceti, bactérie de la « mère du vinaigre », décrite par Pasteur*. — Elle forme un voile grisâtre à la surface du vin en présence d'air (car cette bactérie est aérobie). Puis le voile s'épaissit, se ride, devient rougeâtre. Les bactéries se développent avec une très grande rapidité et transforment peu à peu l'alcool du vin en acide acétique et en eau. C'est *Mycoderma aceti* qui permet d'obtenir le bon vinaigre* de vin. Mais c'est aussi cette bactérie qui donne le vin aigre* ou piqué.

Mycoderma vini. A la surface des vins faiblement alcoolisés se développe parfois un voile blanchâtre de *Mycoderma vini.* Il est facile de lutter contre ce voile, qui ne peut vivre qu'en présence d'air : il suffit de remplir le tonneau. Si l'on n'agit pas immédiatement, l'alcool éthylique est transformé en gaz carbonique et en eau, et l'acidité fixe diminue peu à peu, par oxydation des acides malique, lactique, succinique. Le vin deviendra fade, plat, comme s'il était mouillé. De plus, *Mycoderma vini* est fréquemment accompagné de *Mycoderma aceti** (ou le précède). Cette bactérie, plus redoutable, rend le vin aigre ou piqué.

N

Nahe, importante région viticole d'Allemagne, située autour de Bad Kreuznach, sur les pentes de grès rouge qui dominent la rivière de la Nahe, affluent du Rhin.
Les vins blancs de la Nahe, issus du Riesling et du Sylvaner, assez corsés et riches, sont souvent excellents et mériteraient, dans l'ensemble, d'être mieux connus. Ils peuvent se comparer aux meilleurs vins de la Hesse rhénane*, tels les Niersteiner et les Nackenheimer, avec, en plus, la vivacité qui caractérise les vins de la Nahe. Le plus célèbre vignoble de la région est celui de Schloss Böckelheim, au sud-ouest de Kreuznach, propriété de l'Etat allemand; mais d'autres vins excellents sont produits autour de Bad Kreuznach, Niederhäuser, Norheim, Roxheim, Münster, Bretzenheim, Winzerheim.

nantais (pays). Patrie de l'espiègle Muscadet*, qui a fait, par son charme et sa fraîcheur, la conquête de nos verres et de nos cœurs, la région de Nantes produit aussi deux V.D.Q.S. renommés : le Gros-Plant* et les Coteaux d'Ancenis*. Grâce à ces vins charmants, c'est en beauté que la Loire* termine sa longue promenade parmi les vignes.

Napa, comté de Californie*, aux vins renommés, situé au nord-est de San Francisco. — Les vignobles se trouvent dans la *Napa Valley.* Dominée à son extrémité nord par le mont Sainte-Héléna, souvent encore couvert de neige au mois de mars, la vallée aboutit au sud dans la baie de San Francisco. Les vignobles occupent le sol de graviers de la vallée et le pied des collines voisines.
Napa produit presque uniquement des vins de table et fournit un nombre important des meilleurs vins californiens. D'excellents Cabernets-Sauvignons, de bons Pinots noirs et Pinots-Chardonnays, d'agréables vins de Chenin blanc et bien d'autres sont récoltés dans cette heureuse vallée. Même les vins à appellation générique « Burgundy », « Claret », « Chablis » sont généralement supérieurs à ceux qui sont donnés par les autres régions californiennes. Beaucoup de « wineries » renommées sont installées dans la vallée de Napa : Beaulieu, Inglenook, Charles

Krug, Louis M. Martini, Beringer Bros, toutes vieilles exploitations sérieuses, dont la création remonte, pour certaines, à 1860 environ.
Un peu de Mousseux et de « Sherry » sont aussi élaborés par certains producteurs.

nature (vins nature de la Champagne). On appelle ainsi, légalement, des vins tranquilles* (non mousseux), récoltés sur le territoire délimité de la Champagne viticole et provenant des cépages autorisés. L'expression « Champagne nature » utilisée parfois pour désigner ces vins est tout à fait incorrecte, puisque l'appellation « Champagne » est légalement réservée aux vins de la Champagne rendus mousseux. De plus, un « Champagne nature » est, en fait, un Champagne non mousseux, tout à fait brut, qui n'a reçu aucune adjonction de « liqueur d'expédition* ». Actuellement, la plus grande partie de la récolte sert à la préparation du Champagne, car celui-ci est d'un meilleur rapport. Pourtant, la renommée des vins de Champagne, avant la généralisation des vins mousseux, était fort grande, et il s'agissait alors de vins tranquilles, clairets, blancs, mais surtout rouges.
De nos jours, la majorité des vins blancs nature de la Champagne provient de la Côte des Blancs*. Ils sont donc faits avec des raisins blancs (bien qu'il existe parfois des Blancs de Noirs* tranquilles).
Ce sont des vins secs, rafraîchissants et pleins de charme, surtout dans les bonnes années. Ils doivent être bus jeunes en général. Ceux qui proviennent de Mesnil sont délicieux, fruités et fins; ceux de Cramant sont plus corsés que ces derniers. Certaines grandes marques préparent aussi des vins blancs nature provenant de plusieurs crus de blancs assemblés. Toutefois, la qualité n'est pas toujours régulière, car bien des vins nature sont préparés uniquement avec le jus des première et deuxième presses. De plus, les vins nature sont parfois assez capricieux et instables, et supportent mal le voyage.
Les vins rouges de Champagne furent très célèbres au Moyen Age. En 1816, Jullien les classait encore parmi les meilleurs vins fins du royaume et leur trouvait « beaucoup de finesse et d'agrément ». On a comparé volontiers leur bouquet et leur saveur à ceux des meilleurs vins de Bourgogne, ce qui ne saurait nous étonner, puisqu'ils sont issus du même cépage : le Pinot noir. Certains viticulteurs produisent encore actuellement de bons vins rouges de Cumières, d'Ambonnay et surtout de Bouzy*, les plus réputés. On les boit jeunes, en général, bien qu'ils vieillissent fort honorablement dans les bonnes années. Ils sont tendres, bien coulants et très bouquetés.
N'oublions pas, parmi les vins tranquilles, l'extraordinaire rosé des Riceys*, produit dans l'aire délimitée de la Champagne viticole (dans le département de l'Aube). Ne pas le confondre avec le Champagne rosé*.

Néac. Au nord de Pomerol*, entre Lalande-de-Pomerol* et Montagne-Saint-Émilion*, s'étend ce vignoble, qui a droit à l'appellation contrôlée « Néac ».
Il produit des vins de qualité, colorés, généreux, bouquetés, présentant à la fois la sève des Pomerols* et la richesse des Saint-Émilions*.
Les premiers crus (Châteaux Tournefeuille, Moncets, Siaurac, Belles-Graves, Teysson) ont une valeur sensiblement égale à celle des seconds crus de Pomerol.

négociant en vins. Le négociant n'est pas un simple « marchand de vins ». Son rôle de négociant est multiple. Il doit d'abord savoir choisir les vins et sélectionner judicieusement ses achats dans les domaines, aidé en cela par les courtiers*. Les bons négociants en vins sont des personnages considérables, d'une honnêteté scrupuleuse et d'une extraordinaire compétence, qu'ils tiennent de père en fils. Ils constituent un véritable corps d'élite, grâce auquel nos tables peuvent s'enorgueillir des meilleurs produits de la vigne.
Les risques sont nombreux, car qui peut prévoir, sans erreurs, ce que deviendra un vin au cours de son évolution? Le négociant doit mener à bien l'« élevage* » des vins élus, d'où le nom d'« éleveur* » qu'on

lui donne depuis quelque temps. Cela l'oblige à une grosse immobilisation de capitaux et exige de sa part beaucoup de talent, beaucoup de connaissances. Enfin, il doit répartir le vin, arrivé grâce à lui au sommet de sa qualité, afin que chaque consommateur, à tout moment et en tous lieux, puisse déguster la bouteille de son choix. Certains viticulteurs (dans le Bordelais, par exemple) possèdent parfois un domaine ou un château suffisamment considérable pour qu'ils puissent à la fois assurer la vinification, l'élevage, la mise en bouteilles, l'expédition et la prospection de la clientèle. Ce n'est pas le cas de la plupart de nos vignerons. Sans les négociants, les vignerons risqueraient la mévente, et les consommateurs pourraient ignorer certains vins merveilleux produits par de petits vignobles.

nervosité. Cette qualité d'un vin est liée à son acidité. L'acidité d'un vin, quand elle n'a rien d'excessif et demeure évidemment dans les limites normales, permet à notre goût de percevoir avec plus de vigueur et d'exaltation les différentes sensations que nous procure le vin. Le vin nerveux a toujours du caractère.

New York. Les vignobles de cet Etat ne sont ni nombreux ni très étendus. La production est la seconde des États-Unis*, après celle, énorme, de la Californie*; mais une différence considérable existe, évidemment, entre les volumes produits par la Californie et l'Etat de New York.
On rencontre la vigne dans la région de Buffalo, sur le lac Érié, et dans la vallée de l'Hudson (où elle est, d'ailleurs, en régression). Ces régions produisent surtout du raisin de table, et le vin qu'elles peuvent donner est insignifiant.
La région viticole de quelque importance de l'État de New York est située au sud-est de Rochester : c'est celle des « Finger Lakes », ainsi nommée parce que quatre lacs longs et étroits semblent laisser sur la carte l'empreinte de quatre énormes doigts. La vigne s'étend autour de deux de ces lacs, le lac Canandaiga et surtout le lac Keuka.
Les cépages européens ne peuvent être cultivés de façon rentable dans cette région, et les vins proviennent de cépages indigènes, plantés depuis 1829 (Delaware, Catawba, Elvira, Concorde, Niagara, Isabelle), et aussi, depuis la fin de la prohibition, d'hybrides* d'origine française : Baco, Couderc et Seibel. La région produit presque la moitié du mousseux préparé aux États-Unis, des vins de liqueur et des vins de table. Ils n'hésitent pas, parfois, à prendre des appellations européennes : « Burgundy », « Sauternes », « Port », « Sherry », en plus de leur appellation « New-York-State ».

Nuits-Saint-Georges. Cette commune a donné son nom à la « Côte de Nuits ». Certaines parcelles de vignoble situées sur le territoire du village voisin de Prémeaux sont légalement incluses dans la commune de Nuits. Il y a une faible production de vin blanc, d'ailleurs excellent. Les vins rouges de Nuits sont généreux, bien équilibrés. Ils tiennent un peu le milieu entre les Gevrey-Chambertins et les Chambolle-Musignys. Ils ont moins de fermeté, de vigueur que les Gevreys, mais plus de corps et de couleur que les Chambolle-Musignys. Bien qu'ils soient faits plus tôt que les Gevreys, ils n'en ont pas moins une remarquable faculté. de vieillissement.
Les « climats* », situés sur les deux communes de Nuits et de Prémeaux, sont fort nombreux : les Saint-Georges, les Vaucrains, les Cailles, les Pruliers, les Porrets, Clos de la Maréchale, Clos des Argillières, etc.

O

œil-de-perdrix, couleur très légère, assez indécise, qu'ont les vins gris* très peu colorés.

œnologue (du grec *oinos,* vin, et *logos,* science), technicien dont les connaissances scientifiques sont sanctionnées par un diplôme national. – Le titre d'œnologue est officiellement reconnu par la loi du 19 mars 1955. Le savoir technique et pratique de l'œnologue est étendu. Il lui permet de prendre la responsabilité totale de la vinification et de l'élevage des vins, de procéder aux analyses les plus délicates sur le raisin et le vin, et, évidemment, de faire l'interprétation de ces analyses. L'œnologue se tient constamment au courant des nouvelles acquisitions scientifiques dans le domaine de l'œnologie; il est devenu, de nos jours, le technicien de la vigne et du vin.

Laboratoire œnologique à Mâcon. Technicien diplômé, aux connaissances multiples, l'œnologue est l'auxiliaire moderne dont la vigne et le vin ne peuvent plus se passer. Phot. Mackiewicz.

œnophile, personne qui aime le vin et lui rend hommage. – De tous temps, le peuple de France a été spécialement doué pour cet exercice. Polybe, historien grec et grand voyageur, né vers 210 avant notre ère, avait déjà relaté l'amour des Celtes pour le vin, en même temps que l'existence d'auberges celtiques fort accueillantes, où « le repas ne laisse absolument rien à désirer ». Puis, au Iᵉʳ siècle av. J.-C., l'historien grec Diodore de Sicile constatait que les prospections commerciales des marchands de vin grecs sur toute l'étendue de notre territoire, jusqu'en Belgique, étaient extrêmement rentables « étant donné la philoïnie des indigènes ». D'ailleurs, on sait que la colonie phocéenne de Massalia (Marseille) fournissait du vin aux Gaulois riches six siècles av. J.-C. Dans le fameux « trésor de Vix » de Châtillon-sur-Seine, datant du VIᵉ siècle av. J.-C., les archéologues ont constaté la beauté de la luxueuse vaisselle vinaire, ce qui semble prouver tout l'intérêt que son propriétaire attachait au vin.
Ce que les auteurs grecs appelaient « philoïnie » est devenu le mot moderne *œnophilie,* mais l'amour des Français pour « la plus saine et la plus hygiénique des boissons » ne s'est pas démenti.

œufs pourris. A tous les stades de l'élaboration du vin, le vigneron utilise le soufre comme antiseptique. L'anhydride sulfureux* en excès peut se transformer, par des phénomènes de réduction, en hydrogène sulfuré, qui communique au vin un goût extrêmement désagréable d'œufs pourris. Cet accident est heureusement peu fréquent. On observe surtout ce phénomène dans les premières semaines qui suivent la vinification; il disparaît généralement, heureusement!, après un soutirage* à l'air.

Office international de la vigne et du vin (O.I.V.). Il fut créé en 1924 grâce à l'initiative de onze états viticoles (il groupe actuellement 24 pays représentant plus de 90 p. 100 du vignoble mondial). Cet organisme jouit d'un grand crédit et d'une influence considérable auprès des gouvernements et des milieux œnologiques. Cela se conçoit parfaitement quand on connaît le renom de ses experts, la valeur remarquable de leurs travaux et leur absolue impartialité. Les travaux sont réalisés à l'échelon mondial grâce aux contacts fréquents de ses membres. L'O.I.V. est avant tout un organisme de renseignements qui met à la disposition des gouvernements une documentation considérable, à caractère officiel. C'est aussi un organisme technique au sein duquel s'échangent les résultats des recherches et des expérimentations internationales. C'est enfin un organisme économique dont tous les efforts tendent à uniformiser les législations et les réglementations des différents pays viticoles, afin d'arriver à une politique rationnelle mondiale de la viticulture. Et cela n'est qu'un résumé des activités innombrables et bénéfiques de l'O.I.V. en faveur du vin.

Ohio. Les premiers vignobles de cet État viticole des États-Unis* furent plantés à l'est et à l'ouest de Cincinnati, le long de l'Ohio, par des colons allemands. Les berges escarpées de ce fleuve torrentueux n'étaient pas sans leur rappeler, sans doute, leur Rhin. L'un d'eux, Nicholas Longworth, ne tarda pas à donner à l'exploitation du vignoble et des vins une impulsion considérable, si bien qu'avant la guerre de Sécession (et jusqu'à la traversée du continent américain, de part en part, par le premier chemin de fer) l'Ohio était, de loin, le premier producteur de vin des États-Unis et donnait des vins et des mousseux fort estimés, issus du cépage Catawba.
De nos jours, il n'existe plus grand-chose de ce vignoble historique des bords de l'Ohio. Les vignes de l'État sont maintenant installées sur les rives méridionales du lac Érié, surtout autour de Sandusky, et dans les îles de ce lac, qui a une influence adoucissante sur le climat et épargne au vignoble gelées printanières et froids précoces. Bien que produisant toujours plusieurs dizaines de milliers d'hectolitres, le vignoble de l'Ohio a beaucoup perdu de son importance d'autrefois.

oïdium, maladie d'origine américaine, provoquée par un champignon microscopique et qui s'attaque aux feuilles, aux fleurs et aux grains. — Elle s'abattit sur tout le vignoble français dès 1846 et y fit d'énormes ravages : la récolte passa de 45 millions d'hectolitres en 1850 à 10 millions en 1854; elle s'étendit rapide-

Oïdium. Grappe atteinte par ce champignon. On distingue nettement les grains fendus, desséchés et couverts d'une sorte de poussière farineuse.
Phot. Mackiewicz.

ment à la vallée du Rhin et à tout le vignoble méditerranéen. Elle couvre, d'une poussière farineuse blanchâtre, les organes atteints. Les raisins attaqués se fendent, se dessèchent ou sont envahis par la pourriture grise*. Heureusement, on trouva relativement vite le remède, qui consiste en soufrages préventifs à dates régulières. Mais le mal était fait, et plusieurs de nos vignerons, ruinés, avaient déjà émigré au Canada, en Amérique, en Algérie.

Orléanais. L'origine de ce vignoble est fort ancienne : dès le VIIe siècle, le vin d'Orléans partait à la conquête de Paris. Un vignoble considérable, créé par saint Mesmin, dans le domaine reçu en cadeau de Clovis, aux environs de l'an 500, donnait des vins réputés. Très vite, Orléans devint le grand « marché au vin » de toute la région, et le vignoble orléanais pouvait, sous Louis XIII, être comparé au Bordelais actuel au point de vue de la richesse et de la réputation. A cette époque, le vin rouge surtout était célèbre, bien qu'on nous assure que Villon prisait le vin blanc de Mauves (Meung-sur-Loire).
Très important encore jusqu'à la fin du siècle dernier, le vignoble ne subsiste plus guère actuellement que sur une quinzaine de communes en aval d'Orléans, situées la plupart sur la rive droite (Baule, Messas, Meung-sur-Loire, Beaugency). Et encore, il n'y règne pas en maître : il doit partager avec les légumes, les fruits et les asperges un domaine de 60 km de long sur 3 à 4 de largeur.
Les vins, qui ont droit au label V.D.Q.S., sont blancs, rouges ou rosés. Le Pinot Meunier est de loin le cépage le plus cultivé : on l'appelle « Gris-Meunier ». On rencontre encore le Pinot noir, nommé ici « Auvernat », parce qu'il passait pour être venu d'Auvergne, et qui a été supplanté depuis plus de cent cinquante ans par le Gris-Meunier. Enfin, on trouve encore, en quantité minime, le Chardonnay, le Pinot gris, le Cabernet franc.
Les vins rouges, peu cuvés, sont frais, légers et d'une jolie couleur rouge clair. Ils doivent être bus dans l'année qui suit la récolte.
Mais, depuis une trentaine d'années, le Pinot Meunier est souvent vinifié en rosé : c'est le fameux Gris-Meunier, obtenu par pressurage, après courte macération de la vendange, très bouqueté et fort apprécié sur place ou à Paris, qu'il soit de Beaugency ou d'Orléans.
Enfin, Orléans est redevable au vin d'une industrie qui l'a rendu célèbre : la fabrication du vinaigre*.

Orvieto, vin blanc très populaire en Italie, produit autour de la ville d'Orvieto, en Ombrie. — Les vignobles d'Orvieto sont sûrement uniques au monde. La plupart des raisins proviennent de ce que les Italiens nomment « coltura promiscua » : les vignes font bon ménage avec les arbres, les pommes de terre et les carrés de choux, grimpent au hasard des pergolas ou à l'assaut des murs. Le vin, cependant, est souvent bon, malgré ce mode de culture plutôt fantaisiste. Toujours assez léger, il est généralement *abboccato* (demi-sec), plus rarement *secco* (sec). Il est présenté en petite bouteille trapue gainée de paille : la *pulcianelle.*

ouillage ou **remplissage,** opération qui consiste à tenir constamment les fûts pleins lors de leur séjour en cave. — Le premier ouillage se fait dès que le vin a cessé toute activité fermentaire. On remplit le tonneau avec du vin de même qualité, d'abord environ deux fois par semaine, puis une fois, puis tous les quinze jours. Il se forme, en effet, au sommet des fûts, une poche d'air due à plusieurs raisons : d'abord le vin diminue de volume sous l'influence du froid de la cave; il imbibe aussi le bois du tonneau dans lequel il a été versé; enfin, il se produit une évaporation constante à travers le bois, relativement importante, puisqu'elle est de 1 p. 100 par mois. Les ouillages sont indispensables si l'on veut éviter le développement des ferments nuisibles, qui se manifeste d'abord par un commencement d'altération, qu'on appelle la « fleur », puis par une augmentation dangereuse de l'acidité (piqûre). Ces troubles sont surtout à redouter aux époques de l'année où le vin « travaille » (équinoxes, montée de la sève).

P

Pacherenc-du-Vic-Bihl. C'est le frère blanc du Madiran*, qui partage avec celui-ci le même terroir. Il est issu des cépages Ruffiac, Manseng, Courbu, Sémillon et Sauvignon. Les vignes sont taillées très haut et conduites jusqu'à 2 m et plus, comme pour le Jurançon. C'est de ce procédé que le vin tire son nom : *pachet-en-renc,* dans le dialecte local, veut dire « piquets en rang », et les vignobles qui occupent le petit pays de Vic-Bihl, autour de Portet, ont été les premiers de la région à adopter cette méthode de culture.
Le Pacherenc-du-Vic-Bihl, qui a droit à l'appellation d'origine contrôlée, doit titrer au minimum 12°. Vif et moelleux à la fois, il n'est pas sans évoquer le Jurançon, son glorieux rival, en plus liquoreux généralement. Celui qui est originaire de Portet est sans doute le plus fin.

paille (vin de). Cet étonnant vin de dessert* est produit de nos jours presque uniquement par la région du Jura*. L'Hermitage* a cessé pratiquement sa production, et l'Alsace n'en fait plus. Les raisins, récoltés avec soin et provenant des cépages nobles du Jura (Savagnin, Trousseau, Chardonnay, Poulsard), sont placés sur des lits de paille (d'où le nom donné à ces vins) pendant au moins deux mois, souvent jusqu'à Noël. Une lente concentration des sucres s'effectue durant ce temps. Après la longue et souvent difficile fermentation des moûts exceptionnellement riches en sucre, on obtient un vin liquoreux titrant de 14 à 15°. Le vin de paille est une rareté que seuls quelques privilégiés ont parfois le bonheur de déguster sur place. C'est un nectar suave, très parfumé, au bouquet pénétrant.
Jusqu'au moment où les vins purent voyager facilement, les curés du nord de la France obtenaient leur vin de messe en recourant à cette maturation sur paille, qui leur permettait d'obtenir, surtout en année humide ou froide, des vins honnêtes, moins acides que ceux qu'ils auraient pressés dès la vendange.

Palatinat, une des quatre grandes régions viticoles d'Allemagne* et, dans les bonnes années, bien souvent la première au point de vue de la production. — Le Palatinat avait déjà la réputation d'être le « cellier du Saint Empire romain ». Le nom de Palatinat est dérivé, d'ailleurs, de celui de mont Palatin, une des sept collines de Rome, où les empereurs romains avaient établi leur résidence.
Le Palatinat actuel est limité au nord par la Hesse rhénane*, à l'est par le Rhin, au sud et à l'ouest par l'Alsace et la Lorraine. Les vignobles occupent le bas des pentes d'une chaîne de petites collines (Hardt), espèce de prolongement des Vosges, et une bonne partie de la plaine fertile qui avoisine le Rhin à l'est. Les meilleurs vignobles se trouvent à Wachenheim, à Forst, à Deidesheim et à Ruppertsberg, suivis de près par ceux de Bad Dürkheim, de Kallstadt, de Leistadt et de Königsbach. La région produit surtout des vins ordinaires rouges et blancs avec, évidemment, prédominance des vins blancs. Bien des vins embouteillés pour l'exportation proviennent de la région appelée « Mittel-Hardt », entre Neustadt et Bad Dürkheim : cette région produit quelques vins rouges ordinaires et, surtout, beaucoup de vins blancs; ceux qui méritent d'être signalés sont issus principalement du Riesling, et quelques autres du Sylvaner.
Les Rieslings des meilleurs vignobles sont de très grande qualité et sont presque

comparables aux bons vins du Rheingau*. Corsés et fins, ils sont capiteux, aromatiques, racés, avec un très beau bouquet. Comme dans tous les vignobles allemands, les « Beerenauslesen » et autres atteignent des prix élevés et sont remarquables.

Palette, appellation contrôlée de Provence, qui s'applique à un petit vignoble situé sur une partie des communes de Meyreuil, de Tholonet et d'Aix-en-Provence, et installé dans un cirque protégé des vents, non loin de la montagne Sainte-Victoire, qu'aimait Cézanne.
Les vins sont récoltés sur des sols dérivés de la formation géologique appelée « calcaire de Langesse ».
Les vins rouges et rosés proviennent en majeure partie (pour 50 p. 100 au moins de l'ensemble) du Grenache, du Cinsault et du Mourvèdre. La proportion de Mourvèdre ne peut être inférieure à 10 p. 100.
Les vins blancs proviennent, pour 55 p. 100 au moins, des différentes variétés de Clairettes. Les Palettes sont, dans l'ensemble, des vins fins et élégants, dont la fraîcheur et la légèreté sont fort plaisantes.
Les rouges sont chaleureux, les rosés bouquetés, et les blancs ont beaucoup de distinction. Le meilleur cru est Château-Simone. Le vignoble produit aussi un vin cuit* liquoreux fort apprécié dans la région et qu'on boit traditionnellement à Noël : on l'obtient en concentrant le moût à chaud dans des chaudrons avant de le mettre à fermenter.

palus. Ce mot, qui veut dire « marais », s'emploie dans la région du Bordelais pour désigner le sol fait d'alluvions récentes, qui longe les rives des fleuves.
Peu de terres de cette nature sont plantées en vignoble, et, presque toujours, les palus sont spécifiquement exclus de la zone délimitée des appellations contrôlées. Les vignes qui poussent sur les palus sont habituellement très productives, mais ne donnent jamais de vin de qualité.

panier verseur. L'usage en est fortement recommandé lorsqu'il s'agit d'un vieux vin rouge qui contient toujours un peu de dépôt. Ce dépôt, formé surtout de tanins*, de matière colorante*, de bitartrate de potassium, colle et adhère parfois aux parois de la bouteille, mais, le plus souvent, il tombe au fond de celle-ci : il est alors mobile, et tout changement de position le met en suspension dans le vin. Une bonne précaution, lorsqu'on prépare une vieille bouteille, est donc de déposer celle-ci, avec précaution et à la cave même, dans le panier verseur, en lui conservant la position couchée qu'elle avait dans le caveau. Grâce au panier, chaque verre peut être servi avec toute la délicatesse nécessaire, sans que les dépôts viennent se mêler au vin. Certains de ces paniers, très perfectionnés, permettent même, en actionnant une petite manivelle, d'incliner peu à peu la bouteille, qui livre ainsi, jusqu'à la dernière goutte, son merveilleux secret, en gardant le dépôt.
Toutefois, lorsque la vieille bouteille a été montée à l'avance de la cave et conservée debout, la coucher dans un panier, au moment du service, risquerait de déplacer de nouveau le dépôt : il vaut mieux alors la laisser debout sur la table et verser son contenu précieux avec toute l'onction qu'il mérite (à moins, évidemment, qu'on soit partisan de la décantation*). D'autre part, lorsqu'il s'agit d'un vin jeune, donc sans dépôt, il est superflu de le présenter dans un panier verseur, aussi élégant soit-il.

Panisseau, vin blanc sec produit autour de Sigoulès et qui a droit à l'appellation contrôlée « Bergerac* ». — C'est un des rares vins secs de la région. Contrairement aux vins moelleux du Sud-Ouest, il est vendangé précocement. C'est un vin parfumé, nerveux, très agréable.

Parsac-Saint-Émilion. La commune de Parsac est une des communes qui a le droit d'ajouter Saint-Émilion* à son propre nom. Ses coteaux pierreux produisent des vins colorés, corsés et assez bouquetés.
Les principaux Châteaux sont Langlade, Binet et Piron.

passerillage, surmaturation de la vendange, qui ne peut être réalisée que dans des conditions climatiques exceptionnelles et avec certains cépages à peau épaisse. — Il faut, en effet, laisser le raisin sur souche après l'état de maturation normale. Le raisin se déshydrate et prend alors un aspect flétri. Il se produit une véritable concentration de tous les éléments du raisin et particulièrement du sucre. La qualité du moût est donc remarquable. On recherche la surmaturation pour obtenir des Muscats* fort concentrés, qui serviront ensuite à la préparation des vins doux naturels*. La préparation des vins de paille* exige aussi le passerillage des raisins, non pas sur pied, mais dans des locaux fermés et parfois chauffés. Les grappes sont suspendues à des fils de fer dans les greniers ou étalées sur des claies ou des lits de paille

La surmaturation se produit également, certaines années, à Sauternes*, en Anjou* et en Touraine*, mais les vins obtenus n'ont jamais le caractère ni la qualité de ceux qui proviennent de raisins atteints par la pourriture noble*.

Pasteur (Louis) [1822-1895]. On le considère, à juste titre, comme le père de l'œnologie moderne. Cet illustre savant commença ses études sur le vin à la demande de Napoléon III, qui s'inquiétait des dommages causés aux vins par les altérations nombreuses qu'ils subissaient alors. Il fut le premier à déterminer la vraie nature de la fermentation alcoolique*, grâce à laquelle le vin est obtenu. Il se pencha aussi sur le problème des maladies du vin* et de leur traitement. La somme de ces travaux considérables fut exposée à l'empereur à Compiègne en 1865 : c'est le fameux ouvrage *Etudes sur le vin, ses maladies, causes qui les provoquent : procédés nouveaux pour le conserver et le vieillir,* édité en 1866 chez Masson.

pasteurisation, un des procédés de stabilisation* du vin, étudié d'abord par Pasteur, qui lui donna son nom, mais aussi par Appert et Gayon. — On chauffe les vins pendant une minute à une température de 60 °C environ (55 °C pour les vins riches en acidité et en alcool; 65 °C pour les vins pauvres). Ce procédé détruit les bactéries du vin et s'oppose donc aux maladies dues aux bactéries acétiques et lactiques. Il a été souvent employé non seulement pour stabiliser le vin, mais aussi pour le vieillir artificiellement ou traiter la casse oxydasique. La seule pasteurisation valable est celle qui se fait en bouteilles mises au bain-marie : elle coupe court au développement des bactéries, mais aussi, par la même occasion, aux possibilités d'amélioration du vin. Aussi, ce procédé n'est-il employé que pour des vins de table ordinaires, et son utilisation ne s'est pas généralisée. Il est assez délicat, d'ailleurs, à mettre en pratique, car il faut essayer de garder au vin ses caractères gustatifs, ne pas l'altérer en le chauffant, traiter un vin absolument limpide sous peine d'y découvrir des mauvais goûts dus à la dissolution des dépôts et, enfin, ne traiter que des vins ayant terminé leur fermentation malolactique*. La pasteurisation paraît encore moins utile de nos jours, où la vinification soignée, les contrôles bactériologiques, l'emploi de l'anhydride sulfureux*, la filtration* à l'aide de filtres serrés ont presque supprimé les causes de maladies du vin.

Patrimonio, un des plus connus des vins de Corse*, produit autour de Saint-Florent, entre l'Ile-Rousse et Bastia.

Il existe un peu de vin rouge* de bonne qualité. Le vin blanc*, remarquable, est sec* et parfumé, avec beaucoup de corps. Mais le plus renommé est le vin rosé*, d'une qualité exceptionnelle, et qu'on tient en général pour le meilleur de Corse : assez alcoolisé et corsé*, il est aussi délicieusement parfumé. Depuis 1968, Patrimonio bénéficie de l'A.O.C.* sous certaines conditions. Cépages principaux : Nielluccio pour les rouges et rosés, Vermentino, Ugni Blanc et Rossola pour les blancs.

Pauillac. Entre Saint-Estèphe* et Saint-Julien* se trouve la petite ville de Pauillac, capitale viticole incontestée du Médoc* (l'appellation « Pauillac » s'étend à quelques terroirs de Saint-Estèphe, de Saint-Julien, de Saint-Sauveur et de Cissac).

Les vins rouges de Pauillac jouissent d'une renommée justifiée. Ils ont, dans les bonnes années, le caractère Bordeaux dans le vrai sens du mot. Corsés, moelleux et séveux, avec un bouquet fin et une incomparable distinction, ils sont de très longue garde.

Seule, de toutes les communes bordelaises, Pauillac peut se glorifier de posséder dix-huit Châteaux classés en 1855, dont deux premiers crus : les prestigieux Châteaux Lafite-Rothschild* et Latour*.

Mais d'autres Châteaux ont aussi une grande classe et une grande réputation : Mouton-Rothschild, Pichon-Longueville, Pichon-Longueville-Lalande, Pontet-Canet, Batailley. (V. index.)

paulée, tradition très ancienne en Côte-d'Or, qui consistait à prendre en commun un repas après l'achèvement des vendanges. — Ce repas réunissait à la même table les propriétaires et les vignerons. Chacun, dans chaque village, apportait ses meilleures bouteilles, pour déguster de solides mets régionaux. Après une longue interruption, la paulée de Meursault fut la première à reprendre la tradition en 1923. Créée en 1932, la paulée de Paris réunit de nouveau, depuis 1953, dans un grand restaurant parisien, propriétaires et œnophiles.

pays (vin de), petit vin régional, qui n'a subi aucun coupage et n'est pas soumis aux règles sur les appellations d'origine. — Les vins de pays sont relativement peu connus, et leur consommation reste locale; leur renommée ne dépasse guère les limites de leur terroir; leur degré alcoolique ne doit pas être inférieur à 8,5°.

Il ne faut surtout pas confondre les vins de pays avec les vins à appellation d'origine*. Ils sont dénommés « vins de pays du canton de ... », à moins que le nom du canton soit une appellation d'origine, auquel cas on lui substitue le nom de la commune. Si le nom de la commune est lui-même une appellation d'origine, on le remplace par un nom de localité figurant au cadastre, suivi du nom du département.

Pécharmant, appellation qui s'applique à des vins rouges de Bergerac* produits sur les coteaux proches de cette ville, situés entre la Dordogne et la route de Bergerac-Périgueux. — Certaines parcelles des communes de Saint-Sauveur, de Creysse, de Lembras et de Bergerac ont droit à l'appellation « Pécharmant », qu'on écrit aussi « Pech-Charmant » (c'est-à-dire sommet charmant). Les terrains silico-argileux donnent un vin coloré, corsé, chaleureux, titrant au moins 11°, avec une sève caractéristique.

pelure d'oignon, expression qui désigne, assez irrespectueusement d'ailleurs, la teinte un peu orangée, brun roux ou fauve que certains vins rouges acquièrent avec l'âge. — Toutefois, certains vins rouges légers et certains rosés possèdent aussi cette couleur.

Pérignon (dom). Ce moine fut nommé en 1668 cellérier de l'abbaye d'Hautvillers et occupa ce poste jusqu'à sa mort, en 1715. La tradition populaire lui attribue l'« invention » du Champagne. En réalité, les vins blancs de Champagne n'avaient pas attendu dom Pérignon pour avoir une tendance naturelle à mousser. Cette propriété était même considérée comme un phénomène assez fâcheux par les vignerons, qui essayaient — tant bien que mal — de le limiter. Il faut ajouter que, la vogue étant aux vins rouges, on se préoccupait somme toute assez peu du sort des vins blancs, réservés à la consommation locale. Puis la mode changea, et on se mit à réclamer des vins blancs — qui l'étaient assez peu à l'époque, puisqu'on les qualifiait de « clairets » et « fauvelets ». Dom Pérignon paraît s'être attaché surtout à étudier le comportement de cette effervescence jugée autrefois inopportune, à faire de ce défaut une qualité suprême et à trouver un procédé qui permît d'obtenir à coup sûr une mousse régulière. Le « secret » de dom Pérignon fut sans doute, à la base, l'adjonction au vin tranquille d'une certaine quantité de sucre exactement dosée. Après sa mort, bien des audacieux qui essayèrent de produire le vin blond et joyeux eurent des casses de bouteilles effroyables. Il fallut attendre, un siècle plus tard, les essais de dosage d'un pharmacien œnologue, François de Châlons (au nom bien injustement oublié), pour retrouver la science de dom Pérignon. Le grand mérite de ce dernier — et véritablement authentique — fut aussi d'avoir inventé, ou tout au moins perfectionné, le mélange et le dosage des crus différents, afin d'additionner leurs qualités. Dom Pérignon avait reçu en partage une finesse de goût extraordinaire, qui lui permettait de discerner non seulement les vins, mais même les raisins : il l'utilisa pour obtenir de savants mélanges, donnant des vins d'une incomparable qualité. Il semble aussi qu'il réussit à faire, dès les premières années de son cellériat, un vin tout à fait blanc, alors que, jusqu'à cette époque, on l'obtenait gris ou rosé. Il pensa, dit-on, à utiliser la fraîcheur des caves, des fameuses « crayères » creusées dans la craie à l'époque gallo-romaine, pour obtenir le lent mûrissement des vins. On lui attribue encore une méthode de collage qui permettait d'éclaircir le vin sans le transvaser; cette formule de « collature » à base de sucre candi, de vin et d'eau-de-vie devait, en tout cas, tenir lieu de liqueur de tirage* et contribuer sûrement à la prise de mousse. Certains vont jusqu'à lui attribuer l'invention du verre en forme de flûte, le seul digne en vérité de contenir Monseigneur le Champagne. On lui attribue aussi, sans preuve péremptoire, le remplacement des bouchons de chanvre tordu, imbibé d'huile, qu'on utilisait jusqu'alors, par des bouchons de liège.

perlant, mot qui, n'étant pas légalement défini, veut dire simplement que le vin contient une très légère effervescence gazeuse, beaucoup moins prononcée que celle d'un vin pétillant*. — Les vins perlants les plus connus sont le Fendant du Valais, le Crépy*, le Gaillac perlé*. On pratique la mise en bouteilles au moment de la fermentation malo-lactique*, qui transforme l'acide malique contenu dans les vins jeunes en acide lactique et en acide carbonique. L'acide carbonique reste emprisonné dans le vin, et c'est lui qui donne, à la dégustation, le très léger pétillement, fort agréable et recherché, des vins perlants. On favorise le phénomène en laissant les lies en suspension et en mettant le vin en bouteilles très tôt, par temps froid, après filtration.

Pernand-Vergelesses, petit village de la Côte de Beaune, situé juste à côté d'Aloxe*-Corton. — Certaines parcelles de vignobles de Pernand-Vergelesses, produisant de grands vins blancs ou rouges, ont droit légalement à l'appellation « Corton » et « Corton-Charlemagne ».

Les vins rouges de Pernand-Vergelesses ont du feu, de la fermeté, développent un bouquet de framboise et se conservent longtemps. Les vins rouges produits par le climat Ile des Vergelesses, lorsqu'ils proviennent d'un bon producteur, peuvent, dans les grandes années, se comparer aux meilleurs Cortons.

Les vins blancs ont de la finesse et sont fort estimables.

persistance, qualité d'un vin dont les sensations gustatives se prolongent agréablement au palais. — Si le bouquet* d'un vin provient des éléments volatils, les sensations gustatives sont procurées surtout par les constituants non volatils (sucres, tanins, acides et leurs sels).

Un vin « long » est celui dont la persistance dure longtemps; c'est toujours un grand vin; un vin « court » est toujours un vin quelconque. La connaissance de la durée de perception est un moyen infaillible de caractériser les crus. Le procédé est bien simple : après avoir avalé une gorgée de vin, il suffit de compter mentalement en secondes la durée de l'émotion gustative jusqu'à son évanouissement. Il ne faut pas tenir compte de la sensation tannique, qui se prolonge parfois seule : elle doit être négligée. Les vins rouges ont une persistance gustative moindre que les blancs : un très grand vin rouge dépasse rarement onze secondes.

Il est amusant de connaître l'échelle des valeurs gustatives suivante : vin ordinaire, de 1 à 3 secondes; vin de qualité, de 4 à 5 secondes; grand vin, de 6 à 8 secondes; très grand vin, de 8 à 11 secondes et plus (de 8 à 11 secondes aussi pour les blancs secs); vin blanc liquoreux, 18 secondes; grand Sauternes, Vouvray et Château-Chalon, de 20 à 25 secondes.

pétillant, vin demi-mousseux. — Le pétillant présente une pression en gaz carbonique qui ne dépasse pas 2 kg ou 2,5 kg, à 20 °C, au-dessus de la pression atmosphérique normale, alors que la pression du Mousseux (comme celle du Champagne) doit être au minimum de 4 kg (souvent 5). L'emploi du mot *pétillant* est réglementé de façon précise pour les vins de la Loire à appellation contrôlée (Vouvray, Montlouis, Touraine, Saumur, Anjou), préparés par la méthode champenoise* de seconde fermentation en bouteilles. Il n'en est pas de même pour les vins provenant d'autres vignobles. C'est ainsi que certains vins qu'on a coutume d'appeler « pétillants » ne présentent aucune pression : ils contiennent simplement un peu de gaz carbonique dissous (vins mis en bouteilles sur lies*, vins mis en bouteilles au moment de la fermentation malo-lactique*).

Pétrus (Château-). Bien qu'il n'existe pas de classement officiel des vins de Pomerol*, le grand seigneur de cette région est incontestablement le Château-Pétrus, qui peut s'aligner par sa classe avec les premiers grands crus du Médoc et de Saint-Émilion.
Le Château-Pétrus est un vin complet, velouté, admirablement équilibré, avec beaucoup de corps et de bouquet. Par un rare privilège, la qualité est remarquablement régulière et, même dans les années médiocres, le Château-Pétrus demeure un bon vin, mais qu'il faut se garder, alors, de laisser trop vieillir.

phylloxéra. Ce minuscule puceron, de tous les ennemis de la vigne peut-être le plus ravageur, comme l'indique trop bien son nom *Phylloxera vastatrix,* vient d'Amérique. Les vignes américaines résistent aux mortelles piqûres de l'insecte, qui fut introduit accidentellement en Europe, à la faveur d'essais expérimentaux. Et dès 1864, où sa présence maudite fut signalée dans le Gard, va commencer le calvaire de nos beaux vignobles et de leurs vignerons. Tous furent touchés ou presque, certains ne s'en sont jamais remis. Tout fut essayé, car la persévérance est vertu vigneronne. On pratiqua la submersion* des vignes; on tenta la culture dans les sables*; on essaya d'injecter dans le sol du sulfure de carbone. Ce furent des tentatives courageuses, mais dont le résultat demeura insuffisant. Enfin, on tenta l'expérience du greffage*, avec des vignes américaines aguerries contre l'insecte. On trembla alors pour nos vins, car les vignes américaines ont un goût fauve détestable, et leur vin renarde*.
Quel avenir attendait notre vin français à la suite de cet essai? Tout se passa fort bien heureusement, et le greffage est désormais entré dans nos mœurs. Mais la reconstitution du vignoble avait coûté à l'époque 1 800 milliards de francs-or, entièrement supportés par nos vignerons.
Toute la structure de notre vignoble traditionnel fut remodelée à la suite de cette terrible aventure. Certains vignobles, frappés à mort, ont disparu à jamais ou presque (vignoble de l'Ile-de-France, par exemple). Par contre, le vignoble reconstitué a bénéficié des effets régénérateurs de la technique.

Picpoul-de-Pinet, vin blanc du Languedoc*, classé V.D.Q.S. et provenant presque exclusivement du cépage Picpoul blanc, qui lui a donné son nom (70 p. 100 environ), associé au Terret blanc et à la Clairette. — Il est produit par la commune de Pinet et par quatre ou cinq communes environnantes. C'est un vin sec, mais sans acidité, assez généreux, qui est l'accompagnement rêvé des huîtres de Bouzigues.

pièce, unité de mesure utilisée dans la région bourguignonne et équivalant à peu près à la barrique* (soit 228 litres). — La pièce est de 216 litres à Mâcon, de 214 litres en Beaujolais. A Chablis, on compte en feuillettes*.

pied de cuve. Prévenu, grâce au contrôle de maturation*, de la date des vendanges, le vigneron confectionne auparavant, avec

soin, son pied de cuve. A cet effet, il choisit, dans les meilleurs endroits de la vigne, quelques centaines de kilos de raisins mûrs, beaux et sains. Après égrappage* et foulage*, le raisin est déposé dans un récipient très propre. Si nécessaire, le vigneron chauffe le local (ou une partie de la vendange). Il faut que le moût atteigne de 22 à 25 °C. La fermentation alcoolique* se met en route dans les douze heures, et le vigneron prend soin d'aérer fortement le moût. Il possède alors son « pied de cuve », levain très actif de levures indigènes : ainsi 1 hl de levain fait démarrer 40 hl de vendanges.
On ajoute du moût stérilisé à 70 °C dans le récipient chaque fois qu'on opère un prélèvement.

Pierrevert (Coteaux de). Les vins rouges et rosés de ce vignoble de Provence*, qui sont classés V.D.Q.S.*, proviennent des cépages habituels de la région avec, en plus, la petite Syrah. Les vins blancs issus de la Clairette, de la Marsanne et de la Roussanne font un peu penser aux Côtes-du-Rhône*. L'appellation « Clairet de Pierrevert » s'applique à des vins blancs et rosés, parfois mousseux, à saveur musquée, récoltés à Pierrevert, à Manosque et à Sainte-Tulle.

pinard. Depuis 1943, cette appellation argotique, désignant nos vins ordinaires généralement chargés en couleur et en tanin, est entrée au Dictionnaire de l'Académie. Elle avait conquis au cours de la guerre 1914-1918 ses titres de gloire, puisque le maréchal Joffre, vainqueur de la Marne, appelait le vin de nos poilus « le général Pinard ». Il est vrai que Joffre connaissait mieux que quiconque les vertus de ce général en bouteille, puisqu'il était lui-même fils d'un tonnelier de Rivesaltes. Des chercheurs n'ont pas manqué d'essayer de trouver l'origine de ce mot populaire. Certains ont pensé à *pinô,* qui signifie « boire » dans la langue d'Homère. D'autres rappellent qu'un nommé Jean Pinard représenta pour les Bourguignons, au XVIIe siècle, le type même du vigneron, comme le prouve un livre imprimé en 1607 à Auxerre, qui eut d'ailleurs l'honneur d'une réimpression à Paris en 1851.

pinçant, mot qui s'emploie pour désigner un vin qui semble pincer la langue à cause de son excès d'acidité fixe*. *Pointu* a le même sens.

Pineau d'Aunis, cépage rouge, cultivé surtout dans le Vendômois et en Loir-et-Cher. — On l'appelle également « Chenin noir ». Comme le Chenin blanc, encore appelé « Pineau de la Loire* », il n'a aucun rapport avec la famille des Pinots. Son nom provient de celui du petit hameau d'Aunis, de la commune de Dampierre, non loin de Saumur. Il est admis que c'est du Pineau d'Aunis — descendant sans doute lui-même de vignes sauvages indigènes — que provient le Pineau de la Loire, ou Chenin blanc, résultat de patientes sélections des vignerons du Val de Loire. Le Pineau d'Aunis entre dans l'encépagement des vins rouges et rosés d'Anjou* et de Saumur*.

Pineau de la Loire, cépage qui produit à lui seul les grands vins blancs de Touraine* et d'Anjou*. — On l'appelle encore « Chenin blanc » : c'est sous ce nom de « Chenin » que Rabelais le signalait déjà. On écrit parfois, à tort, « Pinot » de la Loire : cela est une erreur, car ce cépage ne fait pas partie de la famille botanique des Pinots. Le Pineau de la Loire est le plant typique du Val de Loire, au climat duquel il est merveilleusement adapté : tous les terrains lui conviennent, pourvu qu'il soit sous son ciel de prédilection! Ailleurs, par contre, il ne donne jamais de grands vins. C'est au Pineau de la Loire que nous devons le Vouvray*, le Montlouis*, le Saumur*, le Savennières*, les Coteaux-du-Layon* : ce sont là ses titres de noblesse. Ce cépage, dans les grandes années, se prête à l'attaque de la pourriture noble*. On le vendange très tard, parfois après la Toussaint : il nous donne alors de belles bouteilles au parfum d'une exquise délicatesse. Le vin de Chenin blanc prend aussi très bien la mousse. Qui s'en plaindrait, après avoir goûté aux vins mousseux de Vouvray*, de Montlouis* ou de Saumur*?

Pineau des Charentes, vin de liqueur*, doté d'une appellation d'origine contrôlée. — Le Pineau des Charentes est le résultat du mutage* à l'alcool de moûts récoltés dans les Charentes, mais, ici, l'alcool employé est du Cognac. C'est vers le XVIe siècle que ce procédé semble avoir fait son apparition dans la région. Le Pineau des Charentes fut longtemps, comme le Ratafia* de Champagne, un produit de consommation familiale, et ce n'est qu'un peu avant la Seconde Guerre mondiale qu'il fit son apparition dans le commerce. A la fois apéritif et vin de dessert, le Pineau des Charentes est très agréable et fin, à condition d'être servi glacé. Il existe en blanc et en rouge, et titre au moins 16,5° et même jusqu'à 22°. Mieux vaut ne pas trop se fier à sa douceur car elle dissimule une certaine traîtrise.

Pinot gris, cépage d'Alsace, qui appartient à la grande famille des Pinots. — Il est improprement appelé « Tokay », ce qui peut créer une confusion regrettable avec le célèbre vin hongrois. C'est un cépage exigeant, de faible rendement. Il donne un vin blanc corsé, capiteux, puissant, solidement charpenté, mais sans grande délicatesse; il est surtout apprécié dans le pays. Dans les bonnes années, toutefois, il peut se montrer plus gracieux et présenter un agréable velouté. On le rencontre aussi, sous le nom de « Ruländer », en Allemagne, dans le pays de Bade et au nord de l'Italie, où il est un des cépages utilisés pour le Terlano, un des meilleurs vins blancs du Tyrol.

Pinot noir, un des très grands cépages rouges. — Il a fait la renommé des grands vins rouges de Bourgogne* depuis la création du vignoble bourguignon. C'est à lui que nous devons les vins admirables qui ont nom : Romanée-Conti, la Tache, Musigny, Chambertin, Clos-de-Vougeot, Pommard. Mais c'est à lui aussi que nous devons le Champagne*. Car le Pinot noir et le Chardonnay* ont pour destin d'être unis en Bourgogne comme en Champagne! Dès le haut Moyen Age, le Pinot noir était déjà, avec le Chardonnay, le principal cépage de la Champagne. On l'appelait « morillon », sans doute parce qu'il est noir comme un Maure. Il donnait alors des vins rouges réputés, qui pouvaient rivaliser alors avec les vins de Beaune*, et dont seuls le Bouzy* et le Cumières ont survécu. Actuellement, la production de Pinot noir, importante surtout dans la Montagne de Reims*, est environ quatre fois celle du Chardonnay, contrairement à ce qui se passait à l'époque médiévale. Les raisins de Pinot, petits et serrés, sont d'un beau noir bleu. Ils contiennent un jus sucré, incolore et abondant. En Bourgogne, la matière colorante*, contenue dans la peau, se dissout dans le jus au moment de la fermentation pour donner les beaux vins rouges dont nous admirons la couleur. En Champagne, les raisins de Pinot ne sont jamais foulés avant d'être pressés, pour ne pas tacher le jus. Les pressoirs champenois sont de forme particulière, à surface très large, afin que le pressurage* se fasse très rapidement, dans le but de garder au jus sa pureté et sa limpidité.
Le Pinot entre dans l'encépagement des vins rouges de Saint-Pourçain*, de l'Orléanais*, de Châtillon-en-Diois*, du Jura*. C'est lui aussi qui fait les excellents vins rouges d'Alsace* et les vins rosés remarquables de Marsannay-la-Côte*, des Riceys* et de Sancerre*.

piquette. Sorti du pressoir, après avoir fourni le vin de presse*, le marc est remis dans la cuve. On verse alors une certaine quantité d'eau sur ce marc, afin d'obtenir une boisson réservée à la consommation familiale (la loi limite d'ailleurs cette production). Au bout d'une quinzaine de jours, on obtient une première piquette plus ou moins forte. On peut même, en recommençant l'opération, obtenir une seconde piquette. Cette boisson est assez acidulée, d'où son nom de « piquette ». Par dérision, on appelle « piquette » un mauvais vin, pauvre en alcool et riche en acide.

Vendanges dans la vallée du Douro. Les raisins, provenant des ravins brûlés par le soleil, sont remontés à dos d'homme.
Phot. Charles Philippe-Rapho.

plein, terme qui s'applique à un vin riche en alcool, agréablement corsé et bien équilibré.

Pomerol. Aux portes de Libourne se situe, sur la rive droite de la Dordogne, le petit vignoble de Pomerol, qui touche à l'est la région des graves de Saint-Émilion*. La culture de la vigne dans la région de Pomerol remonte à l'époque gallo-romaine mais elle reçut vraiment son impulsion des hospitaliers de Saint-Jean, qui y établirent une commanderie au XIIe siècle. Toutefois, longtemps confondus avec les Saint-Émilions, les vins de Pomerol n'établirent leur grande réputation qu'au XIXe siècle.
Le sol de Pomerol est un excellent sol à vigne : silico-graveleux, argilo-graveleux ou sablonneux, avec un sous-sol ferrugineux, qui donne au vin sa sève particulière.
Les vins, tous rouges, proviennent des cépages nobles : Cabernet franc, Cabernet-Sauvignon (ou Bouchet), Merlot, Malbec (ou Pressac).
Le Pomerol est un très beau vin, d'une brillante couleur rubis foncé, généreux et corsé, avec une sève caractéristique et un velouté exquis et particulier. C'est un vin au charme complet, dont la saveur tient les promesses du bouquet : un amateur célèbre a dit de lui « qu'il est un engrenage de saveurs et d'arômes ».
Il présente une curieuse analogie avec le Bourgogne, mais il est surtout un compromis des plus heureux entre le Médoc*, dont il a la finesse, et le Saint-Émilion*, dont il a la sève et la vigueur.
L'appellation « Pomerol » comprend la commune de Pomerol et une faible partie de la commune de Libourne. Il n'existe pas de classement officiel des crus de Pomerol, mais on a l'habitude de placer en tête le Château Pétrus* (qui mérite indiscutablement cet honneur), puis les Châteaux Certan, Vieux-Certan, la Conseillante, Petit-Village, Trotanoy, l'Evangile, Lafleur, Gazin, La Fleur-Pétrus. (V. Index.)
D'autre part, deux communes voisines prolongent le vignoble de Pomerol et donnent des vins qui ont sensiblement les mêmes caractères. Ce sont Lalande-de-Pomerol* et Néac*.

Pommard. Le vin de Pommard, rouge uniquement, est peut-être le plus connu des vins rouges de Bourgogne, du moins à l'étranger. Cette commune de la Côte de Beaune*, en effet, s'honore de cultiver la vigne depuis fort longtemps, et, au temps où les méthodes de vinification et de conservation étaient encore empiriques, le Pommard se glorifiait de posséder deux qualités fort intéressantes : bien se conserver et voyager sans risque. Il fut donc connu très tôt bien au-delà de la Bourgogne. Mais les vins de Pommard n'ont pas que ces deux qualités : ils possèdent tous du corps, de la vinosité, ils sont colorés et puissants, et prennent en vieillissant un goût de truffe. Ce sont des vins « de mâche », qui emplissent bien la bouche. Ces caractères sont plus ou moins marqués selon le climat : les Argillières sont plus légers, les Rugiens ont beaucoup de corps et de fermeté, les Epenots ont de la finesse et de la race. Citons encore Clos-Blanc, les Arvelets, les Croix-Noires, la Platière. (V. Index.)

Porto, certainement le plus fameux des vins de liqueur et le plus mondialement connu. — Il provient d'une région du Portugal, très strictement délimitée : le haut Douro et ses affluents, comprenant le Cima Corgo et le Baixo Corgo, en amont et en aval du rio Corgo. La région viticole du haut Douro, particulièrement âpre et déshéritée, couvre à peine 2 500 km². Les ravins, brûlants, encaissés dans les montagnes schisteuses et dévorés de soleil, produisent environ 250 000 à 280 000 hl de ce vin prestigieux, universellement apprécié, sévèrement contrôlé par l'Institut du vin de Porto. L'encépagement n'a, dans cette région vraiment spéciale, qu'une importance toute secondaire : on rencontre environ seize cépages rouges, dont l'Avarelhao et le Touriga, et six cépages blancs, dont le Malvasia Fina, le Moscatel, le Rabigato et le Codega, mais on peut affirmer ici que seuls le sol et le climat, auxquels s'ajoute tout l'art de l'homme, font le Porto, ce noble ambassadeur du Portugal.

Concassée, émiettée, défoncée au pic, la roche schisteuse et feuilletée a été étagée en gradins sur chaque rive du rio Douro, afin d'être perméable aux pluies d'hiver et d'offrir à l'infini ses cordons de vigne au grand soleil ardent (c'est dans une fournaise de 40 à 50 °C, sans un souffle d'air, que le « Pays du vin » élabore en été son précieux nectar).

La légende dit que c'est de notre Bourgogne que viennent les ceps producteurs du Porto. Le croisé Henri de Bourgogne, qui s'était illustré au XIᵉ siècle dans la lutte contre les infidèles à côté du Cid, reçut en récompense les pays du Douro et du Minho. Devenu comte de Portugal, Henri eut le louable souci de faire valoir ses terres : il est donc probable qu'en bon Bourguignon il cultiva la vigne et qu'il implanta les cépages de sa Bourgogne natale. Mais bien des années s'écouleront avant que les vignobles du Douro atteignent leur gloire, et, à dire vrai, leur histoire ne commence guère qu'au XVIIIᵉ siècle. Les Anglais furent à l'origine de l'épanouissement du vin de Porto. L'Angleterre avait interdit l'entrée des vins d'Aquitaine après les guerres avec la France de Louis XIV; elle signa ensuite avec le Portugal, en 1703, le traité de Méthuen, qui échangeait le monopole des laines anglaises contre celui des vins portugais. C'est ainsi que, d'abord négociants, les Anglais installés au Portugal se risquèrent à devenir vignerons et veillèrent jalousement sur la qualité des vins, destinés uniquement à la consommation anglaise. Tel fut le cas du fameux baron de Forrester, qui eut le premier l'idée d'amener les fûts du haut Douro jusqu'à Porto en utilisant les barques à fond plat, les *barcos rabelos.*

Le Porto requiert, pour son élaboration, toute une série de soins dévotieux inspirés d'une rigueur fervente et toute la subtilité de l'art humain. C'est d'abord la vendange minutieuse, qui impose l'élimination systématique de chaque grappe du moindre grain malsain ou encore vert. Des équipes de robustes gaillards, les *barracheiros,* ramassent la vendange au bout de chaque rang et portent jusqu'au pressoir, ajustées à leurs épaules et équilibrées sur la tête par un ruban de cuir, des charges de 75 kg de raisin : c'est le seul moyen de transport possible dans ce vignoble abrupt.

Si, de nos jours, le foulage au pied est remplacé peu à peu par un procédé mécanique non traumatisant, le procédé Ducellier — le bien nommé —, le Porto avait jusqu'alors exigé l'épuisant foulage au pied, seul moyen d'extraire de la pulpe toute sa précieuse substance sans broyer les pépins, qui en gâcheraient le goût : une équipe de six hommes mettait vingt heures, jadis, pour extraire dix hectolitres de moût.

Puis vient le moment crucial où il faut stopper la fermentation par une certaine quantité d'alcool vinique naturel provenant obligatoirement des vignobles du haut Douro. On sait que le Porto est un vin muté à l'alcool comme les autres vins de liqueur* ou les vins doux naturels* français. Mais nul de ces vins, peut-être, n'exprime mieux que le Porto ce parfait mariage de la fraîcheur du jus de la treille et du feu de l'eau-de-vie. C'est en vain qu'on rechercherait dans le Porto la morsure de l'alcool, toujours merveilleusement fondu dans un tout harmonieux; jamais ici l'alcool ne se comporte en agresseur des papilles, comme cela se produit parfois dans des vins mal vinifiés et mal équilibrés. Le moment propice de l'adjonction d'alcool comme le dosage de cet alcool dépendent de la richesse en sucre du moût et du produit que l'on désire obtenir : vin liquoreux ou vin sec. Mais le pourcentage d'alcool incorporé, fixé depuis 1907, ne doit jamais être inférieur à 16,5 p. 100.

Bien dosés et assagis, les moûts sont entreposés au frais dans des celliers, et ce n'est qu'au printemps qu'ils entreprendront le voyage vers les chais de Porto (ou plutôt de sa ville jumelle, Vila Nova de Gaia) et vers leur destin. Longtemps ce voyage se fit au moyen de curieuses barques à fond plat, les *barcos rabelos,* menées par un timonier expérimenté capable de les manœuvrer sur le traître Douro, torrent impétueux coupé de rapides, semé d'écueils et de remous mortels.

Selon les caractéristiques qu'il présente, le vin entrera dans l'une ou l'autre des deux grandes dynasties du Porto. Sera-t-il jugé digne de faire une bouteille de prestige, un *Vintage**? Ou deviendra-t-il un *Porto Blend* (appelé aussi *Tawny**), mûri en fûts et résultat de savants mélanges? Les experts hautement qualifiés en décideront au cours d'une surveillance attentive et d'un affinage de trois ans en fûts.

En dehors de cette distinction fondamentale — Blend ou Vintage —, les Portos se classent selon leurs nuances. Les coloris officiels sont blanc pâle, blanc paille, blanc doré, pelure d'oignon, blond doré; les *fulls* sont des Portos assez jeunes, riches, corsés, dont les couleurs vont du rouge rubis au rouge grenat sombre. On distingue aussi les Portos très secs et secs (généralement blancs) et les Portos mi-secs et doux (rouges).

Mais n'importe quel Porto, tout au long de sa lente élaboration, a toujours été, de la part des autorités portugaises, l'objet de la plus grande vigilance. Plusieurs organismes officiels se penchent sur lui, dès sa naissance, pour qu'il soit cultivé, vinifié et commercialisé selon les règles les plus strictes. Et le très sévère *Instituto do Vinho de Porto* coiffe toutes les activités, contrôle, apprécie... Aussi peut-on être assuré de la perfection et de l'authenticité d'une bouteille de Porto portant le cachet de garantie de l'I.V.P.

Qu'il s'agisse de Tawny ou de Vintage, pour déguster le Porto, le gourmet avisé doit, avant tout, proscrire de sa table les verres fantaisistes, parfois de grand prix, baptisés un peu légèrement « verres à porto » et qui sévissent sur trop de table. Un verre classique à pied, de fin cristal, dont le calice en tulipe se referme légèrement, est seul digne de ce grand vin.

La France vient en second, après l'Angleterre, pour l'importation du Porto.

Les Français boivent généralement le Porto à l'apéritif. Anglais et Portugais le servent en fin de repas avec le fromage et les pâtisseries : c'est ainsi que se révèlent le mieux le bouquet, le moelleux, toute la plénitude d'un grand Porto. Seul le Porto blanc, sec et frais, devrait être réservé à la dégustation en apéritif, avec amuse-gueules salés.

Le vin de Porto est exquis et d'une idéale perfection entre vingt et trente ans d'âge. On s'accorde généralement à trouver que son charme se met à décliner après quarante ans; mais il existe de merveilleuses et vénérables exceptions. Une bouteille débouchée doit être achevée : un Porto demeurant au fond d'une bouteille perd tout son arôme.

Portugal. Avec le liège, le vin représente le plus important produit d'exportation du pays. Porto* et Madère* sont depuis longtemps connus et appréciés du monde entier. Le *Vinho Verde,* ou Vin Vert*, d'abord goûté sur place par les touristes, a maintenant fait son apparition en France. Mais, à côté de ces trois représentants, porte-drapeaux de sa viticulture, le Portugal produit encore une quantité considérable de vins ordinaires rouges, blancs et rosés, assez corsés, souvent agréables.

La production totale atteint environ 15 millions d'hectolitres (dont les trois quarts en vin rouge); si la production de Vin Vert atteint 3 millions d'hectolitres environ, celle du Porto n'est guère que de 280 000 hl, et celle du Madère est de 80 000 hl seulement.

Le Portugal comprend quinze régions viticoles, dont celle de Madère, extérieure à la métropole proprement dite, puisqu'elle est située sur une île de l'Atlantique, au large de l'Afrique. Tous les vins portugais sont soumis à une législation vinicole très stricte. Porto, Vin Vert, Madère sont très sévèrement contrôlés. D'autres régions, présentant des types de vins caractéristiques, ont été légalement délimitées et ont droit à une appellation d'origine contrôlée officiellement. Il s'agit des régions du Dao, de Colarès, de Carcavelos, de Setúbal, de Bucelas.

Dao. Une bonne partie des vignes est plantée en terrasse sur les rives du Mondego. Considéré comme le premier vin portugais, le Dao existe en plusieurs variétés, résultant de la grande diversité des sols et des expositions. On trouve de la vigne à plus de 500 m d'altitude, sur les hauteurs de Tarouca et de Castro Daire, dévalant les rives du Mondego, s'étalant en plaine. Tous ces crus sont donc distincts. Les vins produits sont rouges en majorité et issus principalement du cépage « tourigo », qui donne une haute teneur en sucre et une légère astringence. On mélange raisins noirs et raisins blancs, ce qui donne un vin ayant une jolie robe rubis. Peu alcoolisés mais charnus, les vins rouges ont de la suavité et une agréable souplesse, due à l'exceptionnelle teneur en sucre. Ils vieillissent bien. Les vins blancs, peu nombreux, sont issus des cépages Dona Branca et Arinto; ils sont légers, frais, très parfumés, d'une belle couleur blond clair.

Colarès. Le vignoble de cette région est un des plus extraordinaires d'Europe. Á deux pas de Lisbonne, en bordure de mer, il occupe des terrains sablonneux abandonnés par celle-ci. La vigne a résisté au phylloxéra*, puisque cet insecte ne peut vivre dans le sable. Il est très difficile de planter la vigne dans cette région : il faut creuser des tranchées de 5 à 10 m de profondeur dans le sol meuble et fuyant de la surface, afin d'atteindre les couches argileuses du sous-sol où les ceps peuvent s'accrocher. Le cep étale ses racines au fond du sillon, qui est comblé peu à peu au fur et à mesure que croissent les sarments. Ce cep s'allonge sous terre et donne naissance, par marcotte, à de nouveaux plants qui lui restent attachés, de sorte que des rangées entières de vignes ne sont en réalité que le même cep. Les vignobles sont quadrillés de coupe-vents faits de roseaux, de branchages et de bruyère tissés ensemble. Le cépage utilisé est le *ramisco* (le cep des sables), qui donne au Colarès un goût très particulier, à la fois corsé et velouté. Le Colarès exige deux ans de tonneau et même davantage, et il ne possède sa plénitude qu'à partir de cinq ans d'âge. La production, malheureusement, va en s'amenuisant à cause du développement des équipements touristiques de la région de Lisbonne.

Carcavelos. Le vignoble de Carcavelos, situé sur les rives de l'estuaire du Tage, là où le fleuve a accumulé ses sédiments, donne un vin totalement différent de celui de Colarès, puisque le sol est beaucoup moins sec et sablonneux. Le cépage *galego dourado* donne un moût à fermentation rapide. On lui ajoute un vin complètement fermenté (l'*abafado*), sec, très aromatique et doué d'une saveur d'amande caractéristique. On obtient ainsi un vin titrant de 19 à 20°. Fort apprécié depuis le XVIIe siècle, le Carcavelos, comme le Colarès, devient un vin rare, très demandé en Angleterre et dans les pays scandinaves.

Setúbal. Située au sud de Lisbonne, cette région, à côté de vins rouges ordinaires, se glorifie du célèbre Moscatel de Setúbal, de réputation séculaire, déjà fort apprécié à Paris au XVe siècle : Rabelais le mentionne dans sa description du « Temple de la Dive Bouteille », Louis XIV en exigeait pour ses caves de Versailles et Voltaire en faisait venir à Ferney sans doute pour adoucir son exil. Pour obtenir le Moscatel, on laisse séjourner les raffles dans le moût, ce qui procure au vin un arôme très prononcé, une robe très colorée et un goût fruité et parfumé. On le consomme après cinq ou six ans de cave. Selon les experts, le Moscatel de Setúbal est la « quintessence des vins de liqueur ». Moins musqué que le Frontignan*, il est doux et léger et se révèle excellent à l'apéritif, bien rafraîchi. Il est délicieux aussi comme vin de dessert et même en accompagnement des fromages.

Bucelas. Les vins de cette localité du nord de Lisbonne étaient fort connus il y a un siècle environ et exportés en grande quantité. Apprécié par l'armée de Wellington au moment des luttes contre l'invasion napoléonienne, le Bucelas fut ensuite très en faveur en Angleterre. Dickens le cite parmi ses crus préférés en compagnie du Sauternes* et du Xérès*; Byron en loue les qualités, et le roi George III d'Angleterre lui attribue le mérite de l'avoir guéri d'une affection rénale. Issu du cépage *arinto,* c'est un vin sec, un peu astringent, couleur jaune paille, qui prend avec l'âge une riche teinte dorée. D'autres régions vinicoles du Portugal présentent des caractères très intéressants. Huit d'entre elles sont ou seront prochainement délimitées et leur appellation, contrôlée.

La région de Pinhel donne des clairets légers et agréables. Celle de Lafoes donne des vins généralement rouges qui s'apparentent aux vins verts*. La Bairrada, non loin de la région délimitée du Dao, produit entre autres les Anadia, vins pétillants blancs ou rouges, et le Ruby de Bairrada, récolté près de Coïmbre, une des plus vieilles villes universitaires d'Europe. Citons encore les vins de Buçaco, à la fois étoffés, puissants et suaves; les vins de Sangalhos, dont les rouges peuvent rivaliser avec ceux du Dao et les blancs avec ceux d'Anadia; les vins d'Alcobaça, qui proviennent de vignobles plantés sur d'anciennes bandes défrichées au XIIe siècle par des moines cisterciens; les vins du Ribatejo (provenant de vignes hautes sur pied qui échappent ainsi aux crues périodiques du Tage), qui sont en général de bons vins rouges ordinaires, savoureux, nerveux, mais peu alcoolisés, avec en particulier l'Almeirim et le Cartaxo; les vins de Torres Vedras enfin, qui sont des vins rouges de consommation courante ou des vins de coupages, riches en tanin, corsés, assez lourds.

Le Portugal produit également des mousseux, surtout à Lamego, proche du Douro. N'oublions pas aussi les vins rosés du Portugal, qui surclassent tous les autres aux États-Unis et en Angleterre. Ils proviennent surtout de la région des vins verts, du côté du Douro. Le Mateus rosé est tellement demandé dans le monde entier (Europe, États-Unis, Canada, Hongkong, Australie) qu'il absorbe la vendange bien au-delà des frontières du Trás-os-Montes, sa région d'origine, jusqu'aux alentours d'Anadia. Le Faisca est un rosé aimable, d'une teinte ravissante, dont la fraîcheur désaltérante lui assure, à l'étranger, le plus vif succès. Sous le nom de Lancers, il est un des crus les plus demandés aux États-Unis.

Pouilly-Fuissé. Cet excellent vin blanc sec du Mâconnais*, inutile de le préciser, provient du cépage Chardonnay*, qui est celui de tous les grands vins blancs de Bourgogne. Il est produit par les quatre communes de Fuissé, de Solutré-Pouilly, de Vergisson et de Chaintré.

C'est un très beau vin, qui séduit déjà par sa robe d'or vert aux reflets d'émeraude. Mais là ne s'arrêtent pas ses promesses : son bouquet est exquis, fondu et nuancé, avec un caractère très original. Certains, toutefois, lui reprochent d'être un peu lourd et de digestibilité difficile. Sec, mais moelleux, nerveux et vigoureux, le Pouilly-Fuissé supporte le vieillissement : vingt ans de bouteille et plus ne lui font pas peur. Loin de l'épuiser, l'âge le pare au contraire de nouvelles grâces.

Pouilly fumé, appellation d'origine contrôlée qui s'applique à des vins de Pouilly-sur-Loire* provenant uniquement du Sauvignon (ou Blanc fumé). — L'appellation peut être aussi « Blanc fumé de Pouilly ». On ignore pourquoi le Sauvignon a pris à Pouilly le nom de « Blanc fumé »; aucune supposition n'est vraiment valable : couleur de raisin, goût de fumé de la pierre à fusil? Une seule chose est certaine : c'est l'excellence du Pouilly fumé. C'est au Blanc fumé que Pouilly-sur-Loire est redevable de sa renommée ancienne, ce qui ne nous semble pas étonnant. Malheureusement, la production limitée, encore amputée parfois par les gelées printanières, ne permet pas à ce vin racé de connaître tout le succès qu'il mérite. Beau vin clair, titrant 11° au minimum, aux reflets vert pâle, il est fort séduisant et d'une originalité certaine. Il a un parfum prononcé, légèrement épicé et musqué. Bien que sec, il possède toujours une aimable souplesse. Très vite fait, il sait aussi garder longtemps ses qualités. Les meilleurs crus sont les Loges, les Bas-Coins, Château du Nozet, les Bernadats.

Pouilly-Loché, appellation qui s'applique aux vins produits par la commune de Loché, voisine de Pouilly*, dans le Mâconnais*. – Le Pouilly-Loché, sec et fruité, présente les mêmes caractères que le Pouilly-Fuissé.

Pouilly-sur-Loire. Autour de ce village du département de la Nièvre, sur la rive droite de la Loire*, s'étend un vignoble renommé, grand producteur de vins dès le Moyen Age. Les communes de Pouilly-sur-Loire, de Saint-Andelain, de Tracy, de Garchy, de Saint-Laurent, de Saint-Martin et de Mesves ont droit à l'appellation, mais les trois premières sont les plus importantes. Parmi la grande variété de terrains, les marnes et les calcaires du kimméridgien dominent, comme à Chablis*.
L'appellation d'origine contrôlée « Pouilly-sur-Loire » s'applique à des vins issus du Chasselas. L'appellation « Pouilly* fumé » est réservée au vin provenant uniquement du cépage Sauvignon* (ou Blanc fumé). Le Chasselas occupe, la plupart du temps, les terrains argilo-siliceux, qui ne conviennent pas tout à fait au Sauvignon (butte de Saint-Andelain par exemple), tandis que celui-ci s'octroie en maître les meilleures pentes ou, tout au moins, les plus calcaires. Le Chasselas produit ici des vins totalement différents de ceux qu'il donne en Suisse et en Savoie (Crépy*).
La région lui convient à merveille, et un œnologue expert a pu dire à ce sujet : « Le terroir de Pouilly est au Chasselas ce que le Beaujolais est au Gamay. » Le Pouilly-sur-Loire est un vin clair, léger et fruité, très agréable en primeur, mais qui n'a ni le caractère ni la distinction du Pouilly fumé. Il titre 9° au minimum. Peu acide, il est fin et délicat, avec parfois un goût de noisette.

Pouilly-Vinzelles. Les coteaux argilo-calcaires de la commune de Vinzelles, dans le Mâconnais* (comme d'ailleurs ceux de Loché), produisent un vin blanc sec, justement réputé, qui a beaucoup d'analogie avec le Pouilly-Fuissé*. Comme ce dernier, le Pouilly-Vinzelles possède la faculté de se conserver fort longtemps sans rien perdre de son bouquet et de sa saveur.

pourriture grise. *Botrytis cinerea,* agent de la fameuse pourriture noble* qui atteint les raisins mûrs, en s'attaquant au raisin vert va produire cette fois la désastreuse pourriture grise. Celle-ci envahit le vignoble avant la maturité, à la suite d'une longue période d'humidité. Les grains ouverts sont alors nombreux : soit éclatés par l'afflux de la sève, soit perforés par les insectes (cochylis ou eudémis). Le champignon s'installe et se propage très rapidement pour peu que le mauvais temps persiste; les grains atteints brunissent, se recouvrent de poussière grise et tombent. Les dégâts peuvent donc être considérables. De plus, le vin provenant de la vendange altérée sera de mauvaise qualité; il peut prendre le goût de moisi, d'« oxydé », et il sera frappé de sénilité précoce.
On a essayé à plusieurs reprises de tirer parti des vendanges altérées par la pourriture grise. On peut chauffer les moûts à 80 °C, ce qui détruit les oxydases du champignon. Le vin obtenu est quand même moins médiocre si l'opération a été bien faite. Mais, de toute façon, le bouquet

est modifié, et le vin risque néanmoins d'être vieux avant l'âge.
On peut aussi vinifier en rosé*, ce qui diminue les risques de mauvais goût : en effet, le vin ne prend le goût de moisi qu'en restant en contact avec les rafles et les pulpes de la vendange altérée pendant un jour ou deux. Ce n'est donc pas le cas pour la vinification en rosé.

pourriture noble, pourriture provoquée sur les raisins mûrs par le développement d'un champignon, *Botrytis cinerea**, lorsque les conditions de température et d'humidité sont favorables. — D'abord, de petites taches brunes s'étendent peu à peu à la surface du grain : la pellicule devient couleur « patte-de-lièvre » comme on dit dans le Val de Loire, puis brun-violet. On appelle ce stade le « pourri plein ». Puis le grain se ride, se flétrit, devient « rôti ». Tous les raisins n'arrivent pas en même temps au stade recherché. C'est pourquoi il est nécessaire de vendanger par tries successives en ne cueillant que les raisins à point : les vendanges durent parfois de la fin de septembre au début de novembre.
Des modifications importantes interviennent dans la composition du raisin atteint par la pourriture noble : grande concentration du sucre, diminution des acides, formation de gommes, d'acides citrique et glutonique. Une simple surmaturation, ou passerillage*, n'atteint pas les mêmes résultats. Les meilleures conditions sont réalisées quand *Botrytis cinerea* s'attaque à des raisins déjà très mûrs; une pourriture précoce n'a pas d'aussi bons effets.
La fermentation du vin à partir de ces raisins est très lente, de plusieurs semaines à plusieurs mois. Il se produit durant cette longue fermentation en barriques une importante quantité de glycérine, qui donnera au vin une onctuosité remarquable. Les ouillages*, les soutirages* doivent être fréquents, et le vin est mis en bouteilles généralement trois ans après la récolte. Toutes ces conditions difficiles et onéreuses font des grands vins blancs liquoreux de pourriture noble, des vins rares, exquis, précieux et strictement naturels.
C'est à Sauternes* que la pourriture noble se sublime pour donner les plus magnifiques résultats. Mais on produit également des vins de pourriture noble dans les vignobles voisins de Loupiac*, de Cérons*, de Sainte-Croix-du-Mont*, ainsi qu'à Monbazillac*, en Touraine*, en Anjou*, en Alsace* et en Allemagne (dans les vallées du Rhin et de la Moselle).

Premières Côtes de Bordeaux, région qui occupe la rive droite de la Garonne sur une soixantaine de kilomètres, depuis Saint-Maixant jusqu'à Bordeaux. — Une bonne trentaine de communes ont droit à cette appellation. Loupiac* et Sainte-Croix-du-Mont*, qui font géographiquement partie de cette région, ont droit à leur propre appellation contrôlée.
La région produit à la fois des vins rouges et des vins blancs, les rouges se récoltant au nord, les blancs au sud, avec la commune de Cambes comme limite séparant les deux zones.
Les vins blancs sont issus des cépages Sémillon, Sauvignon et Muscadelle. La vendange se fait comme à Sauternes*. Ces vins sont corsés, fins et parfumés, souvent moelleux, parfois liquoreux. On les vinifie aussi en sec; c'est ainsi que les préfèrent certains amateurs. Les communes de Langoiran et de Cadillac produisent sans doute les meilleurs vins blancs de cette région.
Les vins rouges sont chaleureux, colorés, généreux. Ils sont un peu fermes et nerveux en primeur, mais l'âge les assouplit, leur donne du moelleux et les affine.

presse. Dans la vinification en blanc, le « moût de presse » est le jus qui s'écoule des raisins portés au pressoir, après que ceux-ci ont été séparés du moût de goutte*. En Champagne, le dernier jus extrait, appelé « rebêche » (qui représente au moins 7,5 l par hl de moût), n'a jamais droit à l'appellation.
Dans la vinification en rouge, le « vin de presse » est le vin qu'on extrait du marc fermenté porté au pressoir, après avoir « tiré » le vin de goutte*. Le vin de presse est plus chargé en tanin que le vin de goutte. Son acidité volatile* est un peu

plus élevée que celle du vin de goutte, mais son acidité fixe* est plus basse. Le vin de presse est mélangé au vin de goutte dans un pourcentage variable. Ce qui reste est vendu sans appellation. Enfin, pour éviter le surpressurage possible des raisins blancs ou des marcs de vin rouge, une réglementation précise oblige les viticulteurs à distiller les résidus et à fournir l'alcool à l'État.

pressoir. Il existe des types variés de pressoirs. Ceux-ci doivent, en effet, concilier la recherche de la rapidité et de l'économie de main-d'œuvre avec celle de la qualité : un pressoir brutal, en torturant les rafles, risque de communiquer un goût désagréable au vin. L'usage du pressoir remonte à l'Antiquité : poches de toile qu'on tordait; pressoirs à levier, à cabestan, puis pressoir à vis (en l'an 23). Les raisins étaient toujours pressés avant fermentation, et les vins étaient donc peu colorés. Aujourd'hui, il existe des pressoirs hydrauliques, mécaniques, horizontaux, verticaux, à vis sans fin. Il y a même le pressoir pneumatique, qui écrase les raisins contre les parois d'une cage au moyen d'une baudruche gonflée à l'air comprimé.

pressurage, opération qui consiste à extraire le jus de raisin ou le vin par pression à l'aide d'appareils de types divers, appelés « pressoirs* ». Lorsqu'il s'agit de vins blancs* ou de vins gris*, les raisins foulés sont pressés immédiatement après la vendange, sans qu'ils soient fermentés. Lorsqu'il s'agit de vins rouges*, le pressurage permet d'extraire, après fermentation, le vin dont le marc est encore gorgé. Le vin de presse* ainsi obtenu représente environ de 10 à 20 p. 100 du vin de goutte*. Dans certains crus, le marc n'est pressé qu'une seule fois afin d'éviter d'introduire dans le vin du tanin* en excès. Pour cette raison, le pressurage doit être une opération mesurée, afin de ne pas broyer la rafle : celle-ci communiquerait au vin un excès de tanin, astringent, désagréable (goût de rafle).

primeur (vin de). Le vin de l'« année », le vin « nouveau », s'apprécie généralement après le 15 décembre suivant la récolte, date à laquelle il a le droit de sortir des chais. Seuls certains vins peuvent ainsi nous offrir si vite, en primeur, leur tendre fraîcheur : Muscadet, Gros-Plant, Zwicker et Edelzwicker, Sylvaner, Gaillac, Beaujolais (mais pas le Beaujolais de crus), Beaujolais-Villages, Mâcon blanc et rosé, et les vins de café.

privilège de Bordeaux. Bien qu'il fut dépourvu de base légale, ce privilège n'eut pas moins force de loi durant six siècles. Il consistait à interdire aux vins provenant des autres vignobles de l'arrière-pays aquitain l'accès au port de Bordeaux avant une certaine date (11 novembre, 30 novembre et enfin Noël). Or, à ces dates, les navires étrangers mouillés en Gironde avaient fait leurs provisions — en vins de Bordeaux évidemment — depuis belle lurette. Cette mesure revenait donc à interdire pratiquement tout débouché étranger aux vins de Cahors*, de Gaillac*, de Moissac et même du Médoc. Le seul vignoble qui échappait à cette loi draconienne, sorte de véritable droit de banvin* bourgeois, était celui de Bergerac*, qui, grâce à la voie d'eau de la Dordogne, n'était pas obligé de passer par Bordeaux pour écouler son vin vers la mer. Ledit privilège fut aboli par l'édit de 1776 rendu par Louis XVI, après enquête de Turgot. On s'aperçut alors que, en fait, ce prétendu privilège, qui avait eu la vie dure, découlait uniquement de l'interprétation par les bourgeois de Bordeaux d'un statut datant de 1224. Ce statut, accordé par le roi d'Angleterre, donnait simplement aux citoyens de Bordeaux le droit de protéger le commerce de leurs vins personnels, produits uniquement à Bordeaux et dans sa banlieue proche.
L'ostracisme des Bordelais eut des conséquences certaines sur les vignobles ennemis : Moissac, Agen se « reconvertirent » en producteurs de fruits (pruneaux, raisin de table), et Cahors arracha ses vignes.

Provence. La région viticole de Provence, dans la classification moderne, est beaucoup moins étendue que l'ancienne et historique province du même nom. Elle ne s'étend que sur les départements des Bouches-du-Rhône, du Var et des Alpes-

Maritimes. Le vignoble remonte à quelque vingt-cinq siècles, au moment où les premières colonies grecques s'installèrent sur les rives ensoleillées de notre Méditerranée : c'est en effet six cents ans avant notre ère que les Grecs de Phocée fondèrent à Marseille une colonie et y plantèrent leurs vignes. Le vignoble de Provence peut donc se glorifier d'être le plus ancien de France.
Comme dans tous les vignobles méridionaux, les cépages employés sont fort nombreux : Grenache, Cinsault, Mourvèdre, Tibouren, Carignan pour les rouges; Clairette, Ugni blanc, Bourboulenc pour les blancs. L'Institut national des appellations d'origine les a d'ailleurs classés en cépages autorisés et en cépages d'appoint, dont la proportion est limitée par décret.
La Provence s'honore de quatre appellations contrôlées : « Palette* », « Cassis* », « Bandol* » et « Bellet* ». Mais elle possède aussi de bien sympathiques V.D.Q.S. qui chantent dans nos mémoires parmi nos souvenirs de vacances : Côtes-de-Provence*, Coteaux-d'Aix-en-Provence*, Coteaux-des-Baux*, Coteaux-de-Pierre-vert*.

provignage, mode de reproduction de la vigne pratiqué autrefois. — La vigne se multipliait par provins, c'est-à-dire par rejetons (ou marcottes). Un sarment était couché en terre jusqu'à ce qu'il prenne racine, puis il était coupé de la souche mère et replanté comme tout nouveau plant raciné.

pruine, sorte de poussière fine, cireuse, qui recouvre le raisin (et certains fruits comme la prune). — Elle s'efface quand on frotte les grains. Les levures* du vin, qui permettront à la fermentation alcoolique* de s'effectuer, séjournent en permanence dans les vignobles et, portées par le vent ou les insectes, adhèrent à la pruine. Elles envahiront le moût au moment du pressurage* de la vendange. Mais certains ferments nuisibles se déposent aussi sur la pruine en même temps que les levures, d'où l'obligation de stériliser le moût à l'aide d'anhydride sulfureux*.

Puisseguin-Saint-Émilion. La commune de Puisseguin, qui a le droit de faire suivre son propre nom de Saint-Émilion*, produit sur ses coteaux rocailleux des vins colorés, corsés, de ferme tenue et de bonne garde. Ils ont assez de finesse dans les bons crus, dont les principaux sont : Châteaux des Laurets, du Roc-de-Boissac, Teyssier.

Puligny-Montrachet. Ce village de la Côte de Beaune produit, avec le village voisin de Chassagne-Montrachet*, de très grands vins blancs secs, considérés comme étant parmi les meilleurs du monde. Le plus célèbre, le prestigieux Montrachet*, se récolte à la fois sur les deux communes. Il en est de même du Bâtard-Montrachet. Par contre, les crus de Chevalier-Montrachet et de Bienvenues-Bâtard-Montrachet se récoltent uniquement sur Puligny. Le Chevalier-Montrachet n'est pas loin de la qualité exceptionnelle du Montrachet : il est, en moins corsé, aussi délicat que ce grand seigneur. Bienvenues-Bâtard-Montrachet est plus léger que les précédents, mais il possède autant d'élégance et aussi un goût plus fruité, apprécié par certains amateurs. Ces vins admirables sont vendus sous leur nom de cru et ne portent pas le nom de la commune d'origine. Toutefois, d'autres vins de race, mais avec moins de prestige que les premiers cités, portent le nom de Puligny-Montrachet suivi du nom de leur climat d'origine (par exemple, Puligny-Montrachet les Combettes, le Cailleret, les Folatières, les Pucelles, les Chalumeaux). [V. Index.]
Les vins rouges, produits en quantité restreinte (le Cailleret, par exemple), ont du corps et de la finesse, et leur bouquet suave se développe en vieillissant.

QRS

Quarts-de-Chaume, grand cru blanc d'Anjou*, situé dans les coteaux du Layon* et qui possède sa propre appellation contrôlée. — Le vignoble occupe une situation véritablement exceptionnelle, qui explique la supériorité des vins qu'il produit. Situé sur la commune de Rochefort-sur-Loire, il descend depuis le petit village de Chaumes en s'élargissant jusqu'aux bords du Layon. Abrité des vents du nord, de l'est et de l'ouest par des coteaux, ce vignoble privilégié élabore au soleil son merveilleux nectar : les grains mûrissent plus vite, la pourriture noble* se développe mieux ici que dans les vignobles voisins. Même les années moyennes donnent déjà un vin remarquable. Les bonnes années procurent à l'œnophile des joies incomparables (telle l'année 1921, qui a laissé un souvenir ébloui dans les mémoires). Le Quarts-de-Chaume est un vin somptueux, liquoreux, puissant et velouté, qui se livre au nez et à la bouche dans un feu d'artifice incroyable de parfums et de saveurs, fondus en une délicate harmonie. Certains y découvrent l'ambre, le tilleul, l'abricot.
Il possède une légère touche d'amertume qui lui est particulière et qui exalte encore mieux son parfum. Il est préférable d'attendre quelques années pour déguster cette splendeur, qui vieillit d'ailleurs magnifiquement. Les principaux Domaines sont l'Echarderie, Bellerive, Suronde. Quant à la production, inutile de préciser qu'elle est très limitée.
De tous les grands vins d'Anjou, celui-ci est sans doute le plus grand.

Quatourze. Les vins produits par cette appellation font partie des Coteaux du

Quarts-de-Chaume. Nectar merveilleux, ce vin exceptionnel est produit par un vignoble idéalement exposé qui descend du petit village de Chaumes (qu'on voit au fond sur la photo) en s'élargissant en éventail jusqu'au bord du Layon (au premier plan). Phot. Mackiewicz.

Languedoc* et sont classés V.D.Q.S. Ils sont rosés et rouges, mais il existe aussi une faible production de vin blanc. Le vignoble s'étend non loin de la ville de Narbonne, sur un plateau caillouteux. Les rouges, bien étoffés, chauds et puissants, possèdent une certaine finesse et sont certainement les meilleurs. Ils vieillissent très agréablement.

queue. Le « vin de queue » provient du dernier ramassage des raisins du Sauternais. Les vendanges se font par tries, de façon à ne cueillir à chaque reprise que les raisins atteints de pourriture noble*. Au dernier passage, les vendangeurs ne cueillent plus que des grains pour la plupart non atteints et qui ne le seront jamais avec l'arrivée des froids.

On appelle encore « queue » une mesure de capacité qui représente deux pièces (c'est-à-dire deux fois 228 litres). Enfin, la « taille à queue » est une des façons de tailler la vigne.

Quincy. Le petit vignoble de Quincy, qui n'a guère plus de 200 ha, s'étend sur cette commune et sur une partie de Brinay. Situé sur les rives du Cher, à l'ouest de Bourges, il occupe un plateau dont le sol donne aux vins une nette originalité : ancienne terrasse calcaire du Cher préhistorique, ce sol est recouvert par les dépôts de graviers et de sable siliceux de la rivière, sous lesquels se trouve une couche d'argile plus ou moins épaisse. Presque impropres à la culture, ces terrains pauvres conviennent, par contre, fort bien au Sauvignon*, seul cépage de ce vignoble de Loire*, qui a droit à son appellation d'origine contrôlée. Le Sauvignon est greffé ici sur un excellent porte-greffe, le Riparia, qui hâte la maturité : cette particularité procure au vignoble un avantage appréciable sur Sancerre* et Pouilly-sur-Loire* dans les années humides et tardives.

Le Quincy se conserve bien, mais il est si délicieux dans sa jeunesse, si peu répandu, aussi, que mieux vaut le boire dès qu'on le trouve.

C'est un vin très sec, très bouqueté, avec une grande finesse, qu'il puise dans les graviers du sol. Il possède, en plus du caractère des vins de Sauvignon, un goût particulier fort plaisant. Il titre au minimum 10,5°, mais dépasse parfois 11 ou 12°, ce qui nuit alors à la finesse du parfum.

R

racé. Un vin racé possède bien les caractéristiques de sa race, c'est-à-dire de son terroir d'origine, de son cépage. Mais il les possède avec beaucoup d'élégance, de panache et de personnalité.

Le vin qui réunit parfaitement les caractères de son origine (mais sans plus) est dit parfois « typé ».

Rancio, nom qui désigne certains vins qui ont acquis, par le long vieillissement en fûts exposés au soleil, un bouquet particulier et une saveur spéciale. — Ils ont donc subi un genre de madérisation, mais bénéfique, qui leur a apporté une exaltation de leurs qualités, un affinement et un fondu exquis. Le Madère, certains Marsalas ont ces caractéristiques, ainsi que les vieux vins doux naturels* français.

Notons que les vins du type « Rancio » ne sont pas légalement définis. Ce sont, en général, des vins qui, par un vieillissement prolongé, ont pris la couleur et la saveur du Rancio. En principe, ce vieillissement se fait au soleil.

Rasteau, commune de Vaucluse, qui fait partie de la région viticole des Côtes du Rhône* méridionales et produit des vins doux naturels* d'appellation contrôlée. — Le vignoble occupe les coteaux ensoleillés entre l'Aygues et l'Ouvèze, et s'étend sur Rasteau, sur des parcelles de Sablet et de Cairanne. Le Grenache est le cépage prin-

cipal utilisé (90 p. 100). Comme tous les vins doux naturels*, le Rasteau est obtenu par le mutage* des moûts avec de l'alcool durant la fermentation. Les moûts sont mis à fermenter avec ou sans la pulpe, ce qui permet d'obtenir un vin doux naturel rouge ou doré. Le Rasteau est un excellent vin de dessert, généreux et liquoreux, avec un bouquet prononcé.
Rasteau produit aussi, sous l'appellation générique « Côtes-du-Rhône », des vins rouges, rosés et blancs.

Ratafia de Champagne, vin de liqueur qui s'obtient en ajoutant de l'alcool au moût de raisins provenant de la région champenoise. — Cet alcool est soit de l'eau-de-vie de Champagne, soit même de l'alcool neutre. Le Ratafia, parfois très agréable, avec un goût très fruité, est peu commercialisé, car il est frappé de taxes élevées. On lui préfère le Pineau des Charentes*, dont les moûts sont mutés au Cognac et qui bénéficie de l'appellation contrôlée. La Carthagène*, le Riquiqui sont des produits de même genre, préparés encore dans certaines régions pour la consommation personnelle des viticulteurs. (Cette appellation désigne dans plusieurs pays européens, et spécialement en Espagne, des préparations où l'alcool est rajouté au moût pour donner un vin de liqueur.)

rebêche, dernier jus de pressurage des raisins de Champagne. — Les premières presses sont seules utilisées et ont droit à l'appellation « Champagne ». Conformément aux lois en vigueur, 4 000 kg de vendanges mises à presser donnent 26,66 hl de jus ayant droit à l'appellation (dont 20 hl de « cuvée » et 666 litres des première et deuxième « tailles »). Le jus restant encore dans le marc « gras », extrait sous le nom de « rebêche », n'a pas droit à l'appellation : il donne un vin de consommation courante*, servant comme boisson aux viticulteurs ou à leurs ouvriers. Par la suite, on extraira du marc sec restant l'eau-de-vie de marc.

réchauffement du moût. Une bonne fermentation alcoolique* ne peut se produire qu'entre 22 et 30 °C. Au-dessus de cette température, les levures agissent très mal, et le vin peut être altéré : on pratique alors la réfrigération* des moûts. En dessous de 22 °C, les levures agissent lentement ou même, parfois, pas du tout. Il faut alors réchauffer la vendange, ce qui doit souvent se pratiquer dans les pays froids aux hivers précoces. On chauffe alors une partie du moût à 70 °C au maximum ou l'on utilise des radiateurs spéciaux à circulation d'eau chaude, appelés « drapeaux* ».

refermentation, accident qui risque d'atteindre les vins blancs liquoreux*. — L'importante quantité de sucre naturel que ceux-ci contiennent peut toujours se mettre à refermenter, et les conséquences sont bien fâcheuses : vins troubles, goût de lie, bouchons qui coulent ou qui sautent sous l'influence du gaz carbonique*. Le seul stabilisant autorisé par la loi française est l'anhydride sulfureux*. Il doit être utilisé en doses relativement importantes, car il se combine en partie avec le sucre du vin, et nous savons que seule la forme libre de l'anhydride sulfureux est antiseptique. La quantité à employer varie forcément d'un vin à un autre, puisqu'elle dépend de la teneur en sucre du vin. Actuellement, les laboratoires peuvent déterminer cette quantité de façon précise, permettant ainsi d'éviter les conséquences de l'emploi abusif de l'anhydride sulfureux (goût de soufre, maux de tête), qui sont une des causes de la désaffection du consommateur pour les vins blancs liquoreux et moelleux.
Il arrive parfois que des accidents de refermentation se produisent dans des vins rouges que les producteurs ont mis trop rapidement en bouteilles sans attendre d'être assurés de leur stabilité (Beaujolais par exemple). Si ces vins contiennent encore quelques grammes de sucre, celui-ci refermente ensuite, et le vin picote alors désagréablement à la dégustation. Il n'y a pas de solution pour rattraper de tels vins, sinon de les remettre en barriques, mais, de toute façon, ils auront perdu tout leur bouquet dans l'aventure.

réfrigération. Depuis bien longtemps, le vigneron sait que le froid pénétrant dans la cave après la fermentation alcoolique* est son allié : sous son influence, le vin se dépouille, les lies se déposent lentement, les tartres en excès précipitent. A Beaune, on roulait même autrefois les tonneaux au-dehors pendant les grands froids : le vin prenait en glace autour des parois, et il ne restait plus qu'à soutirer le vin non gelé. Depuis ces procédés empiriques, la science est intervenue, et les cuveries frigorifiques ont apporté une aide appréciable et plus sûre. Le vin soumis à une température voisine de 0 °C précipite ses dépôts et, après filtration*, devient limpide : sa stabilisation* est ainsi assurée. Les cuveries frigorifiques sont indispensables dans les pays chauds (Algérie, Midi de la France) au moment de la vinification. En effet, la température ne doit guère dépasser 32 °C pour obtenir un vin sain et de bonne qualité. Si le moût provenant d'une vendange surchauffée par le soleil n'est pas réfrigéré, les levures alcooliques, affaiblies, se laisseront supplanter par des bactéries présentes dans la vendange : le vin obtenu serait gravement altéré, présentant une acidité volatile* élevée et une saveur aigre-douce désagréable.

reginglard, petit vin aigrelet.

Reims. Ville historique dominée par sa prestigieuse cathédrale, Reims est, avec Epernay, un des deux plus gros centres du commerce du Champagne*. La Montagne de Reims, qui s'étend au sud-ouest de la ville, est un des vignobles importants du département de la Marne. La Montagne constitue le contrefort sud de la vallée de la Vesle et est exposée au nord et à l'est. C'est ici, selon la tradition, que saint Remi récoltait le vin dont il fit cadeau à Clovis, afin d'entretenir de bons rapports avec lui, pour l'amener, enfin, à la conversion. La Montagne de Reims comprend la Montagne proprement dite (avec Beaumont-sur-Vesle, Verzenay, Mailly, Sillery); la Petite Montagne de Reims (Hermonville, Saint-Thierry); la Côte de Bouzy*, versant sud-est de la Montagne, qui rejoint la vallée de la Marne* (avec Bouzy, Ambonnay, Louvois, Tours-sur-Marne). Les « vins de Montagne » sont corsés, séveux et bouquetés.

Un « remueur » au travail dans une cave de Champagne. La photographie donne une idée de la dextérité nécessaire pour effectuer la délicate opération du remuage. Un bon remueur opère parfois sur 30 000 bouteilles par jour.

Doc. Laurent Perrier.

remuage, une des opérations essentielles de l'élaboration du Champagne. — Durant la seconde fermentation, un dépôt, constitué par des levures mortes et des sels minéraux, s'est déposé sur le flanc de la bouteille, couchée à l'horizontale. Il s'agit de rassembler ce dépôt vers le bouchon afin de l'expulser. Pour cela, les bouteilles sont déposées sur des « pupitres », sortes de planches percées de trous, à inclinaison variable. Le travail, très délicat et fort ingénieux, est confié à des ouvriers spécialisés, les « remueurs ».
Chaque jour, le remueur saisit chaque bouteille par le culot et lui fait subir un mouvement de rotation d'un quart de tour, accompagné de petites secousses et suivi d'un passage progressif de la position horizontale à la position verticale sur le pupitre. Un bon ouvrier remueur peut parfois opérer sur quelque trente mille bouteilles par jour. Le remuage dure ainsi de deux à trois mois, pendant lesquels le

résultat escompté est enfin atteint : dans les bouteilles placées tête en bas, « sur pointe », le Champagne est devenu limpide, le dépôt étant aggloméré sur le bouchon. Les bouteilles vont ainsi attendre « en masse » durant le temps nécessaire, pour que le vin s'affine et achève sa maturité (parfois plusieurs années).
Une prochaine épreuve les attend : le dégorgement*.

Renaison-Côte roannaise. Les vins de cette appellation du Lyonnais* sont classés V.D.Q.S. Issus du Gamay, ils sont produits par une trentaine de communes autour de Roanne, sur les deux rives de la Loire, dans les départements de la Loire et de Saône-et-Loire. Ce sont de très agréables vins rouges de pays, frais, légers, qu'il faut boire jeunes.

renarder, verbe qui désigne l'odeur et le goût, parfois assez violents, que prennent les vins issus des hybrides* producteurs directs. — La France, en effet, importa des plants américains au moment des ravages du phylloxéra* : certains de ces plants ont naturellement une odeur et un goût particuliers de « sauvage », de « fauve », qu'on retrouve dans le fruit, le jus ou le vin. On dit encore des vins issus d'hybrides producteurs directs qu'ils sont « foxés ».
Mais il arrive que, par suite de maladie, certains vins prennent aussi ce goût très spécial. Il en est de même des Champagnes passés, qui « renardent » d'autant plus rapidement et d'une façon plus désagréable et prononcée qu'ils comprennent une proportion plus élevée de vins de « taille ».

répression des fraudes. Le Service de la répression des fraudes et du contrôle de la qualité, qui dépend du ministère de l'Agriculture, n'est pas uniquement répressif et préoccupé seulement de mettre au point des tracasseries administratives raffinées, destinées à faire passer des nuits blanches aux viticulteurs et aux négociants. Ses attributions reposent sur la loi du 1er août 1905, qui fait de lui un service constructif autant que répressif. Le vin a toujours joué un rôle à la fois historique et civilisateur : la surveillance de sa production est donc une mission fort importante, spécialement en France, où le vin et la gastronomie sont deux éléments puissants de notre prestige. Depuis fort longtemps le Service se préoccupe de la qualité de nos vins, non seulement des nobles vins jouissant d'une appellation d'origine* contrôlée et des V.D.Q.S.*, mais aussi des vins de consommation* courante, qui représentent une part importante de notre production. Plusieurs décrets récents, élevant le degré minimal des vins de pays, sélectionnant l'encépagement, abaissant les limites de l'acidité volatile* et les taux d'anhydride sulfureux*, sont ainsi strictement appliqués. Un « casier vinicole », établi par département, permet à l'Administration d'exploiter les renseignements concernant les vins, de prendre les dispositions immédiates au moment de la récolte et de prévoir l'avenir dans l'intérêt de tous, producteurs et consommateurs.
Le Service, organisé par le décret du 22 janvier 1919, comprend le personnel des laboratoires et le personnel administratif (lui-même divisé en service central, en service extérieur d'inspection et en brigades nationales spécialisées). Il veille à réprimer la tromperie sur les marchandises, la confusion dans les esprits faite sciemment dans un but malhonnête, interdit la publicité mensongère, détermine les « produits d'addition » autorisés. Sa tâche, comme on le voit, est immense et s'élargira encore dans le cadre du Marché commun.

République soviétique fédérative socialiste de Russie (R.S.F.S.R.). Dans la partie européenne de cette République, la vigne s'est implantée depuis longtemps aux bords du Don et du Kouban, à Astrakan', à Stavropol', et au sud de Saratov. Des cépages européens ont été importés par Pierre le Grand. Actuellement, les centres viticoles importants sont Tsimlianski, Derbent (Daghestan), la vallée du Kouban (jusqu'à Maïkop), Rostov-sur-le-Don (qui produit un Mousseux : le Tsimlianskoïé), le littoral de la Nouvelle Russie (Novorossiisk, Touapsé, Stotchi), qui donne l'Abraou-Diourso, vin rouge de bonne qualité.

Reuilly, vignoble qui, ayant droit à l'appellation d'origine contrôlée, est situé sur les rives de l'Arnon, affluent du Cher, où il occupe des terrains variés : tantôt des marnes calcaires comme à Sancerre*, tantôt des sables graveleux comme à Quincy*, commune dont il n'est séparé que par une dizaine de kilomètres. — Les communes de production sont Reuilly et Diou, dans le département de l'Indre, et Chéry et Lazenay, dans celui du Cher. Une longue suite d'années médiocres a découragé les vignerons, et le Reuilly n'est produit qu'en bien faible quantité! Regrettons-le, car ce fils loyal du Sauvignon* possède les caractères de sa race, comme ses frères plus favorisés, avec, peut-être, moins de grâce. Fruité, corsé, sec, il rappelle à la fois le Sancerre et le Quincy. Il est parfois vinifié en demi-sec pour répondre au goût de la clientèle locale.
L'appellation s'applique aussi à des vins rosés provenant du Pinot.

Rheingau, importante région viticole d'Allemagne, qui donne des vins blancs de très grande qualité. — Les vignobles occupent une situation privilégiée, au pied du Taunus, et regardent le Rhin, qui décrit une courbe presque d'est en ouest. Ils bénéficient d'une exposition véritablement idéale, en plein sud, et captent la chaleur des rayons solaires réverbérés par le fleuve. L'appellation s'applique aussi, légalement, aux vignobles de Hochheim, qui regardent le Main, à l'est du Rheingau proprement dit, et aux vins d'Assmannshausen et de Lorch, plus au nord, sur les pentes escarpées des gorges du Rhin. Entre Hochheim, à l'est, et Rüdesheim, à l'ouest, se rencontrent quatorze villages producteurs, dont neuf ou dix ont fort grande réputation : Erbach, Hattenheim, Winkel, Johannisberg, Rüdesheim, etc.
Le cépage dominant est le Riesling (70 p. 100 de l'encépagement). C'est lui qui fait les fameux vins du Rheingau, que certains connaisseurs classent parmi les meilleurs vins du monde.
Les vins bon marché sont généralement chaptalisés, afin d'obtenir le degré alcoolique minimal : ils ont droit uniquement à l'appellation du village de production (ainsi Rüdesheimer, Johannisberger, etc.). Certains vins, mondialement connus, sont assez fameux pour se contenter de leur seule appellation : Steinberg (d'Hattenheim), Schloss Vollrads (de Winkel), Marcobrunn* et Schloss Johannisberg.
Les meilleurs vins du Rheingau, les célèbres et rares Auslesen, Beerenauslesen et Trockenbeerenauslesen sont des vins de dessert admirables, comparables à nos grands Sauternes, quoique moins riches en alcool (vignobles de Steinberg*, de Johannisberg* et de Rüdesheim spécialement). Les autres vins du Rheingau sont secs sans excès, extrêmement fruités, avec un bouquet inimitable et caractéristique.
Un vin rouge de bonne qualité est produit à Assmannshausen en petites quantités, mais le rouge est une exception dans ce royaume du vin blanc.

Riceys (rosé des), excellent vin d'appellation contrôlée, produit sur le territoire de la commune des Riceys, dans le département de l'Aube. Bien que cette commune soit dans l'aire délimitée de production du Champagne* — et qu'elle en produise d'ailleurs en fait —, le rosé des Riceys n'est pas un Champagne rosé*, mais un véritable vin rosé, spécialement délicieux. La vigne fut signalée aux Riceys dès 711, et, de tous les vins produits, le rosé était déjà le plus renommé. La production de ce vin remarquable et tout à fait original est malheureusement, de nos jours, fort restreinte, les vignerons livrant leur récolte pour la préparation du Champagne.
Le vignoble occupe les côtes en pente raide de la vallée de la Laignes, bien exposées au sud et à l'est. Certaines de ces côtes sont renommées dans le pays « pour les vins rosés » : la Velue, la Forêt, Violette. Le sol est très caillouteux, argilo-calcaire, et rappelle celui de Chablis. Beaucoup de vignobles sont équipés de chaufferettes pour lutter contre les gelées.
Le cépage est le noble Pinot noir de la Champagne et de la Bourgogne, auquel on associe une petite quantité de Svégnié

rose : ce dernier, variété rose du Savagnin du Jura et du Traminer d'Alsace, donne de la fermeté, de la nervosité, du bouquet à ce rosé exceptionnel. Puis commence l'aventure de la vinification, fort délicate, du rosé des Riceys. C'est dès que le « goût de rosé » apparaît qu'on arrête la cuvaison, qui peut durer de moins de deux jours à quatre jours. Seul le goût du vigneron détermine donc ce moment propice. Parfois c'est l'échec : un retard d'appréciation de quelques heures donne un vin qui n'est plus du rosé et qui n'est pas du vin rouge. Le vin est mis en bouteilles après dix-huit mois à deux ans de fût; là encore des déboires sont à craindre : le vin qui a trop attendu en fût devient pelure d'oignon et n'aura pas la ravissante couleur rose foncé du rosé des Riceys.
En somme, le rosé des Riceys n'a qu'un défaut : sa rareté. Les amateurs le classent à juste titre parmi les meilleurs rosés de France. C'est un vin de race, original, extrêmement fin et délicat, avec un bouquet ample et un goût exquis où se perçoit la noisette et qui imprègne longtemps la bouche.

Riesling. De tous les cépages nobles d'Alsace*, le Riesling est sûrement le plus noble. La légende veut qu'il ait été introduit dans la région par Louis le Germanique. Ce cépage à petits grains, de faible rendement, est un grand seigneur difficile, qui exige les coteaux les plus ensoleillés et un sol qui lui convienne parfaitement. Alors il donne sa mesure. Sinon, il se venge en donnant un vin acide et dur. Ses terroirs préférés sont Eguisheim, Riquewihr, Ribeauvillé, Guebwiller. Il produit le meilleur vin d'Alsace, celui que tous les Alsaciens préfèrent, à juste raison. Dans les grandes années, le Riesling atteint la perfection et montre une race et une distinction incomparables. Il n'a que des qualités : c'est un vin blanc sec, nerveux, au parfum délicat et subtil, au goût suave, où se fondent en une merveilleuse harmonie le tilleul, l'acacia, la fleur d'oranger, avec parfois une pointe de cannelle. Il se boit très facilement, inutile de le préciser! Mais, avec lui, rien à craindre, il laisse la tête libre et fraîche, la bouche parfumée. Le Riesling est cultivé dans différentes parties du globe où il donne des vins de qualité, à condition que ses exigences naturelles soient respectées. On le rencontre en Allemagne, dans les vignobles de Moselle, de la Hesse et du Palatinat, dans le Tyrol italien, où il donne des vins de qualité. Mais on le voit aussi au Chili, où il donne un vin acceptable, et en Californie, où, sous le nom de « Johannisberg-Riesling », il donne un vin bouqueté et distingué.

Rioja, région viticole d'Espagne, située près de Pampelune et non loin de la frontière française des Pyrénées occidentales. — Elle tire son nom d'un petit affluent de l'Ebre, le rio Oja. La production de cette région favorisée est la plus importante d'Espagne pour les vins de table, et surtout la meilleure du point de vue de la qualité. C'est une région montagneuse, au climat rude : les montagnes, dénudées au nord et au sud de la vallée, sont bien souvent encore blanches de neige à la fin d'avril. L'aire de production, officiellement délimitée, englobe Elciego, Fuenmayor, Cenicero, Ollauri, avec, évidemment, Haro et Logroño, centres principaux du négoce des vins de la Rioja.
Les vins de la Rioja offrent une curieuse ressemblance avec nos vins de Bordeaux, plus marquée d'ailleurs dans les rouges que dans les blancs. Cette similitude est loin d'être une coïncidence! En effet, après la dévastation de leur vignoble par le phylloxéra*, plusieurs centaines de familles de viticulteurs bordelais émigrèrent dans la vallée de l'Ebre, autour de Haro et de Logroño, emmenant avec elles leurs traditions bordelaises et leur science du vin. Les vins de la Rioja sont encore vinifiés actuellement comme on pratiquait à Bordeaux il y a plus de quatre-vingts ans. Les principaux cépages blancs sont le Viura, le Maturana, le Calgrano et le Turrantés. Ils donnent des vins blancs secs, sans grande personnalité et parfois assez communs. Les cépages rouges (Garnacha [Grenache], Graciano, Mazuela et Tempranillo) ne sont pas précisément ce qu'on a coutume d'appeler des « cépages nobles ». Pourtant, ils donnent

Rioja. Vignobles de Najera, aux environs de Logroño, dans la vallée de l'Ebre. Beaucoup de viticulteurs bordelais émigrèrent dans cette région après la dévastation de leur vignoble par le phylloxéra.
Phot. ministère espagnol de l'Information et du Tourisme.

des vins excellents, surtout par rapport à leur prix, toujours abordable. Assez légers et fins, tous ces vins ont néanmoins suffisamment de corps. Malheureusement, il n'y a pas d'appellation particulière, légalement définie, pour eux : il faut se fier au nom du producteur ou à la marque. Les plus connus sont : Marqués de Riscal, Marqués de Murrieta, Federico Paternina, Bodegas Bilbainas, Bodegas Franco-Españolas, La Rioja Alta, généralement unis sous le sigle C.V.N.E. (c'est-à-dire Compañía Vinícola del Norte de España).
On n'attache pratiquement aucune espèce d'importance au millésime, qui est très rarement spécifié. Toutefois, beaucoup de producteurs appellent « Clarete » leurs vins jeunes, légers et bon marché. « Gran Reserva » et « Imperial » s'appliquent toujours aux vins plus vieux, généralement de qualité remarquable.

Ripaille, cru blanc de Savoie*, produit par le Chasselas, près de Thonon-les-Bains. — Frais, sec et acidulé comme la majorité des vins blancs de Savoie, il ne se déguste guère que dans la région.

Rivesaltes, célèbre vignoble, aux terres rouges, du Roussillon*, producteur de vins doux naturels* de qualité, et situé au nord de Perpignan. — Il occupe une douzaine de communes : l'une d'elles, Salses, au centre du vignoble, a toujours produit un vin renommé. Voltaire, écrivant au gouverneur du fort de Salses, disait qu'il éprouvait du plaisir lorsqu'il buvait un coup de vin de Salses, bien que sa faible machine ne fût pas digne de cette liqueur. Rivesaltes produit deux sortes de vins doux naturels : le Rivesaltes et le Muscat de Rivesaltes.
Le Rivesaltes provient des cépages Grenache, Muscat, Malvoisie et Macabéo. Il peut être vinifié en rouge ou en blanc (par fermentation du moût séparé de la pulpe). C'est un très beau vin, qui s'affine encore en vieillissant.
Le Muscat de Rivesaltes provient exclusivement du Muscat doré (ou Muscat de Frontignan) et du Muscat d'Alexandrie. C'est dans la région de Rivesaltes que l'apparition du Muscat, sans doute d'origine espagnole, fut signalée pour la première fois en France, sur la table du pape Benoît XIII en 1394; c'est un vin tout à fait remarquable, très fin, avec un goût très fruité et un parfum exquis, de plus en plus apprécié par les connaisseurs.
La petite ville de Rivesaltes peut être fière de ses vins, comme elle l'est du plus illustre de ses enfants : le maréchal Joffre, fils d'un tonnelier.

robe. Si le profane parle de la couleur d'un vin, l'œnophile, tout naturellement, dira « sa robe », sans être prétentieux pour autant. Le vin, matière vivante et noble, a bien le droit, tel un pur-sang, de porter la robe!
La robe d'un vin provient de la matière colorante* du raisin, dissoute lors de la

fermentation alcoolique; elle est plus ou moins prononcée et offre une gamme de teintes très étendue. Les vins rouges peuvent aller du rouge cerise au rouge sombre jusqu'au rouge tuilé* et au rouge pelure d'oignon*, en passant par les rouges vif, rubis, grenat, pourpre, violacé. Les vins blancs s'échelonnent du blanc au jaune-brun avec les teintes intermédiaires blanc-vert, jaune clair, tilleul, jaune, jaune doré, jaune paille, jaune ambré*. Les vins rosés sont gris*, rosé vif, rosé safrané, rosé tuilé.
Dans les vins rouges, les nuances bleutées signent les vins jeunes (ou provenant de raisins « teinturiers »). La tonalité jaune traduit le vieillissement : fauve, rancio, feuille-morte. Dans les vins blancs, le vert caractérise la jeunesse, et le roux stigmatise la madérisation.

robuste, terme qui s'applique à des vins corsés* et puissants qui donnent l'impression de s'imposer à nous avec énergie et autorité. — On dit aussi, dans le même ordre d'idées, « vigoureux », « solide ».

Roche-aux-Moines, cru de Savennières*, qui a le droit, comme la Coulée-de-Serrant*, d'ajouter son nom à l'appellation « Savennières ». — Les moines de l'abbaye Saint-Nicolas d'Angers, venus au XIIe siècle planter leurs vignes sur le coteau, lui ont donné son nom. Proche de la Coulée-de-Serrant, le cru de la Roche-aux-Moines comprend environ 25 ha. Le vin a beaucoup de ressemblance avec celui de la Coulée-de-Serrant; contrairement à celui-ci, il a toujours été vinifié en sec. Il est moins corsé, moins puissant et, en règle générale, doit se boire plus vite que celui de la Coulée-de-Serrant, mais il possède la même élégance et la même délicatesse.

rondeur. Un vin qui possède cette qualité est un vin toujours très agréable. Suffisamment riche en alcool* et en glycérine*, il ne possède pas une acidité* prononcée, qui risquerait d'offenser le palais. Il donne l'impression d'être franc, loyal, tout à fait comme l'homme qui possède une sympathique rondeur de caractère.

rosé (vin). Après avoir été jusqu'au XVIIIe siècle le seul type de vin qu'on réussissait à obtenir, le vin rosé subit une éclipse lors de la généralisation de la technique du vin rouge au XIXe siècle. Il a repris de nos jours une très grande vogue. Un vin rosé n'est jamais un mélange de vin blanc et de vin rouge. La législation française l'interdit formellement. Il est toutefois permis de mélanger vendanges blanches et rouges, ou les jus provenant de ces vendanges. En effet, les vins rosés sont, le plus souvent, issus de raisins rouges, mais il est d'usage, pour certains rosés, d'incorporer une certaine proportion de raisins blancs.
Plusieurs méthodes sont employées pour obtenir des vins rosés. La première consiste à traiter la vendange rouge comme une vendange blanche, par pressurage* immédiat et fermentation du moût débarrassé des parties solides. On procède ainsi en Bourgogne, où ces vins sont appelés « vins gris* ». Les rosés très pâles de Saumur et du Val de Loire sont obtenus de cette façon. Pour obtenir des rosés proprement dits, possédant une robe plus soutenue, il faut envoyer les raisins foulés dans une cuve et laisser se déclarer la fermentation. La matière colorante* se dissout rapidement dans le jus, car celui-ci s'enrichit en alcool et la température s'élève. Toutes les heures, le vigneron recueille du jus et, lorsqu'il estime la couleur obtenue satisfaisante, il décuve le jus dans un autre récipient, où s'achèvera la fermentation. Le marc restant part au pressurage*, mais donne un jus trop coloré (ce jus part avec les rouges).
Le vigneron peut aussi, après au moins deux heures de fermentation, faire des « saignées », c'est-à-dire ouvrir la cannelle à la base de la cuve et soutirer du jus jusqu'à ce que la couleur devienne trop prononcée. Dans les deux cas, il est souvent très difficile d'apprécier sans erreur la coloration, car la teinte s'accentue après le premier soutirage. La durée de la cuvaison est très variable, cinq ou six heures et même quarante-huit heures comme dans le Jura. C'est ainsi que sont obtenus les rosés de Tavel*, de Provence*, du Jura* et le trop rare Riceys*.

Les vins sont bien colorés, assez corsés et conservent bien les caractères de leurs cépages (les rosés de Pinot, par exemple, qu'ils soient de la Côte-d'Or, d'Alsace ou des Riceys, sont remarquables).
Il est des rosés traditionnels (ceux des Riceys, de Marsannay-la-Côte, etc.), mais d'autres sont apparus assez récemment pour répondre à l'engouement des consommateurs. Le vigneron vinifie aussi en rosé lorsque sa vendange a été fortement atteinte par la pourriture grise*; ainsi, le goût de moisi ne se communique pas au vin.
Il est très difficile d'obtenir un rosé réussi. Veut-on obtenir une jolie teinte un peu soutenue? Le rosé, plus tannique, risque d'y perdre sa légèreté. Veut-on, au contraire, obtenir un rosé pâle? Il y laissera son bouquet. Malgré l'engouement actuel des consommateurs pour ces vins frais, les vins rosés n'ont pas toujours la qualité requise : ils ont quelquefois une couleur saumonée peu agréable quand ils proviennent de vendanges récoltées trop tard et qu'il y a oxydation de la matière colorante. Dans le Midi, on a parfois tendance à ajouter plus de 20 p. 100 de cépages blancs ou à laisser macérer les raisins avant fermentation, ce qui donne des vins décevants pour le dégustateur. D'autre part, les vins rosés ont l'inconvénient de vieillir mal; ils doivent être mis très tôt en bouteilles (février-mars après la récolte) et être bus rapidement, dans les deux ans qui suivent, en général.

Rosette, appellation réservée à des vins blancs récoltés sur des coteaux bien exposés au nord de Bergerac*. — Les trois cépages classiques du Sud-Ouest, Sémillon, Sauvignon et Muscadelle, trouvent là un sol argileux ou silico-argileux qui leur convient particulièrement. Le vin produit par certaines parcelles des communes de Bergerac, Lembras, Creysse, Maurens, Prigourieux et Ginestet a droit à l'appellation « Rosette ». La Rosette est un vin demi-sec, fruité et fin, assez corsé (12° au minimum), avec un caractère très original.

rouge (vin). L'élaboration d'un vin rouge se fait en plusieurs phases. La vendange est d'abord soumise au foulage* et, éventuellement, à l'égrappage*. La vendange foulée est ensuite introduite dans une cuve*, afin d'y subir les phénomènes divers de la fermentation alcoolique* sous l'action des levures* : cette fermentation se fait le plus souvent à cuve ouverte*, mais elle se fait aussi parfois à cuve fermée*. Les levures existent naturellement dans la pruine* des raisins, mais on ensemence parfois le milieu à l'aide de levures sélectionnées*. Le travail du vigneron consiste à surveiller la fermentation et à assurer le travail des levures par une aération suffisante et une température favorable de 25 à 28 °C. C'est pour cela qu'il est parfois nécessaire, suivant les climats, de pratiquer le réchauffement* ou la réfrigération* des moûts. Il faut aussi faire des « remontages » du moût à la pompe, pour aérer celui-ci, stimuler la fermentation et faciliter la diffusion de la matière colorante* en mettant le jus au contact du chapeau*. Enfin, le vigneron doit aussi aseptiser sa vendange par l'adjonction d'anhydride sulfureux*, et il est parfois nécessaire qu'il apporte des corrections* au moût sur les conseils des stations œnologiques*.
La durée de la cuvaison* est variable suivant les régions et le type de vin qu'on désire obtenir : elle varie de deux ou trois jours à trois semaines.
Lorsque le moment sera venu, le vigneron procédera à la décuvaison*; il pourra « tirer » son vin et le séparer du marc : c'est le vin de goutte*. Le marc subira le pressurage*, qui donnera le vin de presse. Après assemblage* dans un foudre, notre jeune et fringant vin nouveau va subir en cave un élevage* plus ou moins long, jusqu'au moment où le vigneron le jugera assez sage pour être mis en bouteilles.

Roumanie. Déjà dans l'Antiquité, les vins de Dacie étaient fameux : des documents du IIIe siècle avant notre ère l'attestent. Au Moyen Age, les pays roumains vendaient du vin à la Russie, à la Pologne, à la république de Venise. Actuellement, la Roumanie compte environ 200 000 ha de vignobles et produit 4,5 millions d'hectolitres de vin dans six régions vinicoles.

— La *Dobroudja* est celle qui a la plus grande superficie. C'est de cette région aussi que provient le plus fameux vin de Roumanie, le Murfatlar*, récolté près de Basarabi et de Nazarcea. La Dobroudja produit aussi des vins renommés : à Ostrov, dans le sud; à Sarica et à Niculiţel, dans le delta du Danube.
— La *Moldavie,* au nord-est du pays, prolongement du vignoble de la Moldavie* russe, donne surtout des vins blancs. Certains vins sont très réputés : Cotnari, Odobeşti, Nicoreşti, Panciu, Huşi et Dealul-Mare (dont le nom veut dire « grande colline »), qui est un vin rouge proche du goût français.
— La *Munthénie,* région de Bucarest et de Ploiesti, produit les vins de Valea Călugărească, d'Urlaţi et de Ceptura.
— L'*Olténie,* dans la vallée de l'Olt, est célèbre par son vin blanc, le Drăgăşani, et par le Segarcea.
— Le *Banat,* région nord-ouest du pays, ne donne qu'un seul cru valable : le vin rouge de Miniş, qui se rapproche du goût français.
— La *Transylvanie,* enfin, région centre-ouest de Roumanie, est représentée par les centres viticoles d'Alba Iulia, d'Aiud, de Bistriţa Năsăud et de Tîrnaveni (dont le vin blanc est fort plaisant).
Dans l'ensemble, la Roumanie produit plus de vin blanc* que de vin rouge*. La latitude, peu favorable à la production des vins blancs, est heureusement corrigée par l'altitude à laquelle ceux-ci sont cultivés. De plus, ces vins accusent un net progrès en qualité depuis ces dernières années. La boisson préférée des Roumains est d'ailleurs un mélange de vin blanc et d'eau de Seltz, servi glacé, le Şpriţ (prononcer Chpritz). Les vins rouges ne sont jamais de grands vins, mais sont généralement de bons vins de table, malgré une astringence prononcée qui choque le goût français. On vinifie de la même manière en Hongrie*, en Bulgarie*. Cette volonté d'obtenir des vins chargés en tanin* se comprend fort bien quand on déguste la cuisine épicée de ces pays. C'est là-bas, dans le pays même, qu'on apprécie les vins à leur juste valeur. Il est amusant de constater, d'ailleurs, que les restaurants de Roumanie n'offrent généralement que les vins de la province dans laquelle ils sont situés, très rarement ceux d'une autre région.

Roussillon. Cette ancienne province française, avec comme centre Perpignan, occupe le département actuel des Pyrénées-Orientales et une partie de celui de l'Aude. Sa production ne manque pas d'analogie avec celle du Languedoc* voisin, qui lui est souvent uni du point de vue viticole. Elle fournit une importante quantité de vin ordinaire et quelques bons vins de table qui bénéficient de l'appellation V.D.Q.S. : Corbières du Roussillon*, Roussillon-Dels-Aspres*. Elle nous donne surtout — et c'est là sa gloire — les trois quarts des vins doux naturels* français, tous d'appellation contrôlée : Banyuls*, Rivesaltes et Muscat de Rivesaltes*, Côtes-d'Agly*, Maury*, Côtes-du-Haut-Roussillon* et Grand-Roussillon*.

Roussillon-Dels-Aspres. Les vins de cette appellation ressemblent beaucoup à leurs voisins, les Corbières* et Corbières du Roussillon. Ils bénéficient, comme ces derniers, du label V.D.Q.S. Corsés, colorés, chaleureux, les vins rouges, issus des mêmes cépages que les Corbières du Roussillon, ont une saveur particulière, due aux différences entre les terroirs. Le degré minimal est de 11° aussi bien pour les rouges que pour les blancs et les rosés.

Rully, commune de la Côte chalonnaise*, qui produit sous l'appellation « Rully » un vin blanc très particulier, sec et fruité, d'une jolie couleur dorée, provenant du cépage Chardonnay. — Ce vin, qui se champagnise remarquablement, a été à l'origine des vins mousseux de Bourgogne, assez estimés, surtout à l'étranger. L'appellation « Rully » peut être suivie de l'expression « Premier Cru » ou du nom du climat d'origine sous certaines conditions. (V. Index.)
Rully produit aussi un peu de vin rouge d'une bonne qualité moyenne.

rurale (méthode), procédé ancien utilisé avant la mise au point de la méthode

champenoise*. — La méthode rurale n'est plus guère employée de nos jours qu'à Gaillac*, à Die* et à Limoux*. C'est uniquement le sucre naturel du raisin resté dans le vin qui fournira le gaz carbonique, sans adjonction de liqueur de tirage. Le procédé consiste à ralentir la première fermentation, qui transforme classiquement le jus de raisin en vin tranquille. Par des filtrations et des soutirages répétés, on arrive peu à peu à diminuer cette fermentation, sans pour autant l'arrêter complètement. On met ensuite en bouteilles ce vin incomplètement fermenté au moment où il lui reste une teneur en sucre jugée satisfaisante pour une bonne prise de mousse. Le vin repart alors lentement en fermentation dans les bouteilles bien bouchées.
Cette méthode rappelle un peu le procédé utilisé à Asti (qui prépare des vins mousseux de première fermentation, mais en cuve). En effet, il ne s'agit pas ici d'une fermentation secondaire provoquée à partir d'un vin tranquille, comme dans la méthode champenoise. Elle donne des mousseux excellents, moelleux et très finement bouquetés. C'est la meilleure méthode pour garder aux vins à base de Muscat* leur arôme si caractéristique (Clairette* de Die). Malheureusement, elle est fort délicate, et les déboires sont nombreux : éclatement des bouteilles ou, au contraire, mousse insuffisante ou nulle, refermentation, qualité irrégulière d'une bouteille à l'autre. De plus, le mousseux obtenu n'est jamais limpide; mais, au contraire, plus ou moins louche. Il ne s'agit pas d'un dépôt net de lies et de levures qu'on peut rassembler sur le bouchon comme dans la méthode champenoise, pour l'éliminer ensuite par le dégorgement*. Le vin présente un trouble général qu'il faut faire disparaître par filtration isobarométrique. Cette filtration se fait à Die de bouteille en bouteille.

S

sables (vin de). Encore une péripétie de la lutte héroïque contre le phylloxéra*. Un vigneron de Vaucluse ayant constaté que l'insecte maudit ne pouvait vivre dans le sable, on s'empressa de planter en vignes tout ce qu'on put découvrir comme sable fin (pourtour de Saint-Laurent-de-la-Salanque dans le Roussillon, bordure du bassin de Thau d'Agde à Sète, dunes des environs d'Aigues-Mortes).
Il y avait encore, il n'y a pas si longtemps, un vin de sables produit dans les Landes, aux environs de Soustons.
Quant aux îles sablonneuses d'Oléron et de Ré, elles n'ont pas attendu cette époque pour donner un vin fort estimé et abondant : dès le XIIIe siècle, leur vin était célèbre, et Jean sans Terre l'appréciait déjà. Actuellement encore, ces deux îles produisent, dans leurs sables mêlés de varech, des vins blancs secs appréciés des touristes (l'île de Ré produit aussi un vin rouge au goût très curieux).

Sables-Saint-Émilion. Les vins ayant droit à cette appellation proviennent de la région située à l'est de Libourne, s'étendant jusqu'au pied des coteaux de Saint-Émilion.
Le terrain, comme son nom l'indique, est sablonneux. Le vin de Sables-Saint-Émilion se situe entre le Pomerol et le Saint-Émilion. Il est généreux comme le Saint-Émilion, avec une souplesse et un bouquet qui évoquent le Pomerol. C'est un vin agréable, qui a l'avantage de se faire vite.
Les Châteaux Cruzeau, Martinet, Doumaine, Gaillard, sont les principaux crus.

Saint-Amour. Cette commune, la plus septentrionale du Beaujolais*, produit un vin rouge fort apprécié. Le Saint-Amour est un des crus les plus aimables du Beaujolais : d'une jolie couleur rubis, avec un bouquet délicat, plutôt léger.

Saint-Chinian. Le vin rouge, excellent, provenant de ce village est groupé avec les autres appellations qui constituent les Coteaux-du-Languedoc* V.D.Q.S. Le vignoble s'étend sur les pentes caillouteuses au nord-ouest de l'Hérault et produit un vin d'une jolie couleur rubis, assez corsé, mais ayant un bouquet délicat qui s'enrichit avec l'âge.

Sainte-Croix-du-Mont. Les coteaux escarpés de cette pittoresque commune dominent la rive droite de la Garonne, en face de la région des Sauternes*.
Les règles de production sont les mêmes – et aussi strictes – que dans le Sauternais, ce qui fait du Sainte-Croix-du-Mont un vin très réputé parmi les grands vins blancs de la rive droite.
D'une belle couleur dorée et limpide, liquoreux et onctueux, fin et fruité, le Sainte-Croix-du-Mont est digne de son vis-à-vis le Sauternes.

Saint-Émilion : les Grandes Murailles. La vieille cité religieuse et guerrière de Saint-Émilion garde les vestiges d'un glorieux passé dans des paysages de vignobles déjà chantés par le poète gallo-romain Ausone. Phot. Boudot-Lamotte.

Sainte-Foy-Bordeaux, région qui occupe l'extrémité nord-est du département de la Gironde, sur la rive gauche de la Dordogne. – Bien qu'elle fasse partie géographiquement de l'Entre-deux-Mers*, elle produit des vins tout à fait différents et a droit à sa propre appellation.
Les vins blancs sont moelleux ou demi-liquoreux, avec un parfum agréable qui les fait parfois surnommer « les Sauternes* du pauvre ». Ils sont aussi parfois, mais plus rarement, vinifiés en secs ou en demi-secs et rappellent alors quelque peu les Anjous* ou les Saumurs*.
Les vins rouges sont colorés, corsés, et vieillissent rapidement.

Saint-Émilion. La région de Saint-Émilion domine de ses coteaux la verte vallée de la Dordogne, sur la rive droite, à quelques kilomètres de Libourne. Le vignoble serait l'un des plus anciens (avec celui des Graves) si l'on en croit le poète Ausone, qui, déjà, le glorifiait au IVe siècle. C'est, en tout cas, le plus important vignoble producteur de vins fins du Bordelais.
L'appellation « Saint-Émilion » s'étend à toutes les communes de l'ancienne juridiction de Saint-Émilion : Saint-Laurent-des-Combes, Saint-Christophe-des-Bardes, Saint-Hippolyte, Saint-Étienne-de-Lisse, Saint Sulpice-de-Faleyrens, Vignonet et Saint-Pey-d'Armens.
Tous les vins de Saint-Émilion sont généreux, corsés, chaleureux, avec une belle robe grenat foncé, un parfum de truffe. Plus puissants que les Médocs, on dit d'eux qu'ils sont les « Bourgognes du Bordelais ». Une richesse moyenne en tanin leur assure une vieillesse heureuse (30 à 40 ans parfois) sans leur donner l'astringence peu agréable des vins trop tanniques.
Louis XIV, en appelant le Saint-Émilion le « nectar des dieux », lui a donné depuis longtemps ses titres de noblesse.
Les amateurs distinguent deux sortes de Saint-Émilion : le vin de côtes et le vin de

graves (il s'agit là du terrain et non de la région des Graves). Le vin de côtes est généreux, corsé, charpenté; le vin de graves a une finesse, une souplesse, un bouquet particulier et se rapproche du Pomerol* (le Château-Ausone*, par exemple, est un vin de côtes, tandis que le Château-Cheval-Blanc* est un vin de graves).
Comme dans tous les vignobles de qualité du Bordelais, les palus sont exclus de l'appellation. Seuls sont cultivés les cépages nobles : Cabernet franc, Cabernet-Sauvignon (ou Bouschet), Merlot, Malbec (ou Pressac). Il est curieux de remarquer que le cépage blanc appelé « Saint-Émilion » (ou « Ugni blanc ») est, malgré son nom, très rare dans la région.
Les premiers grands crus classés sont les Châteaux Ausone et Cheval-Blanc, puis les Châteaux Beauséjour, Bélair, Canon, Figeac, la Gaffelière, Magdelaine, Clos Fourtet, Pavie, Trottevieille. (V. Index.)
D'autre part, six communes situées à la périphérie de Saint-Émilion ont le droit de faire suivre leur nom de celui de Saint-Émilion (mais leur propre nom doit figurer obligatoirement avant Saint-Émilion et en caractères identiques sur les étiquettes). Ce sont : Saint-Georges*, Montagne*, Lussac*, Puisseguin*, Parsac*, au nord de Saint-Émilion; Sables-Saint-Émilion, à l'ouest de Libourne.

Saint-Estèphe, localité du Médoc*, qui produit des vins rouges de grande réputation.
Les grands crus ont beaucoup de finesse (Châteaux Cos-d'Estournel, Montrose, Calon-Ségur). Moins corsés que leurs voisins les Pauillacs*, ils sont plus fruités, plus souples et plus enveloppés que ceux-ci. Ce sont des vins d'une belle couleur rubis, à la fois généreux et tendres.
L'appellation « Saint-Estèphe » s'applique aussi à de nombreux crus secondaires (crus bourgeois, artisans, paysans) qui donnent de fort bons vins, surtout dans les crus bourgeois supérieurs (bien qu'ils n'aient ni la finesse ni la distinction des crus classés).

Saint-Georges d'Orques, appellation qui fait partie des Coteâux-du-Languedoc, vins classés V.D.Q.S. — Le vignoble s'étend sur le village de Saint-Georges et sur quelques parcelles des communes voisines, aux portes de Montpellier. Les vins rouges, provenant surtout du Cinsault et du Carignan, ont de l'étoffe, de la finesse et ont toujours été fort appréciés dans la région. Ils s'améliorent beaucoup avec l'âge.

Saint-Georges-Saint-Émilion. La commune de Saint-Georges a le droit d'ajouter Saint-Émilion* à son propre nom. C'est un fait que les vins de Saint-Georges-Saint-Émilion ont tous les caractères des « vins de côtes ». D'une belle couleur de pourpre, ils sont corsés et puissants, mais sans être communs. Robustes et bien charpentés, ils supportent un long vieillissement en gardant un bouquet remarquable, rappelant la truffe.
Les meilleurs crus sont les Châteaux Saint-Georges-Macquin, Saint-Georges, Saint-André-Corbin, Samion, Tourteau.

Saint-Jean-de-Minervois. Encore assez peu connu, ce Muscat* d'appellation contrôlée de la région du Languedoc est pourtant un vin doux naturel* de classe et de grande qualité. Plus sec que les autres Muscats, il est délicat et élégant.

Saint-Joseph, appellation des Côtes du Rhône* septentrionales, qui concerne les vignobles situés sur la rive droite du Rhône, en face de l'Hermitage*.
Leur production consiste essentiellement en vins rouges*, provenant de la Syrah. Ceux-ci sont très corsés*, fortement colorés et un peu amers dans leur jeunesse; l'âge affine leur bouquet* et en fait souvent de grandes bouteilles. L'appellation produit aussi, mais en petite quantité, des vins rosés* et des vins blancs*, issus de la Marsanne et de la Roussanne. Les blancs, nerveux et parfumés, sont parfois remarquables dans certaines années.

Saint-Julien, petite commune située en plein cœur du haut Médoc* (l'appellation « Saint-Julien » s'étend aussi sur quelques parcelles des communes de Pauillac, de Cussac et de Saint-Laurent).

Le Saint-Julien est un grand vin rouge, souple, fin, très bouqueté. Il est en quelque sorte l'intermédiaire entre le Margaux* et le Pauillac*. Il est plus corsé que le Margaux, tout en ayant sa finesse, mais, s'il a moins de corps que le Pauillac, son bouquet se développe plus rapidement que celui-ci. Il a une excellente tenue en bouteilles. Les Châteaux les plus réputés sont Ducru-Beaucaillou, Gruaud-Larose, Léoville-Las Cases, Léoville-Poyferré, Beychevelle, Talbot. (V. Index.)

Saint-Nicolas-de-Bourgueil, commune de Touraine*, toute proche de Bourgueil*, qui produit des vins semblables à ceux de Bourgueil. — Toutefois, le législateur lui a accordé une appellation contrôlée particulière. En effet, son terrain permet au Cabernet breton d'atteindre l'épanouissement maximal de ses qualités, et l'on classe généralement en tête le Saint-Nicolas-de-Bourgueil, plus tannique et qui vieillit encore mieux que le Bourgueil.

Saint-Péray. Face à Valence, sur la rive droite du Rhône, cette commune des Côtes du Rhône* produit d'excellents vins blancs secs issus de la Roussanne et de la Marsanne. Le Saint-Péray est un vin nerveux et fin, avec un arôme de violette très apprécié.
Au début du siècle dernier, on a appliqué avec bonheur au vin de Saint-Péray la méthode champenoise* de seconde fermentation en bouteilles : il porte alors l'appellation « Saint-Péray-Mousseux » et est beaucoup plus répandu que le Saint-Péray traditionnel. Le Saint-Péray-Mousseux est un des meilleurs vins mousseux français, que certains amateurs placent immédiatement après le Champagne : plus doré, plus corsé que le Champagne, il garde avec élégance son arôme caractéristique de violette.

Saint-Pourçain-sur-Sioule. Le vignoble de Saint-Pourçain s'étend sur une trentaine de kilomètres de coteaux, à une altitude de 300 m environ, sur les rives de la Sioule, de l'Allier et de la Bouble. Une vingtaine de communes produisent le Saint-Pourçain (considéré comme « vin de Loire* »), qui a droit au label V.D.Q.S. Les principales sont Saint-Pourçain, Besson, Bramsat, Contigny, Chemilly, Bresnay. Servis il y a plusieurs siècles à la table des rois de France, les vins de Saint-Pourçain n'ont plus, et depuis longtemps déjà, qu'une réputation régionale.
Les vins blancs sont issus d'un cépage caractéristique, le Tresallier (qui n'est autre que le Sacy de l'Yonne), dont le pourcentage minimal doit être de 50 p. 100. On lui ajoute des cépages complémentaires : Aligoté, Sauvignon, Chardonnay et enfin le Saint-Pierre-Doré, cépage d'ailleurs sans intérêt, dont la proportion ne doit pas dépasser 10 p. 100.
Ces vins blancs sont délicieux, limpides, d'une jolie couleur claire nuancée de vert. Secs et légers, ils sont parfumés et fins; leur saveur fruitée rappelle curieusement la pomme. L'Allemagne en achète une quantité appréciable pour servir à la fabrication de Mousseux.
Les vins rouges et rosés proviennent du Gamay et du Pinot noir. Les rouges sont fort aimables et coulants, et évoquent un peu le Beaujolais, mais avec un agréable goût de terroir. Les rosés sont excellents, frais et fruités, avec une jolie teinte parfois très pâle (vins gris). Les curistes des villes d'eau toutes proches les boivent en été avec agrément. Rouges et rosés doivent se boire jeunes, comme les blancs d'ailleurs.

Saint-Véran. C'est le 6 janvier 1971, après dix-huit ans de gestation, que ce nouveau cru du Mâconnais* a reçu ses lettres de noblesse. Il a déjà fait une entrée remarquée sur le marché du vin. Le petit village qui s'appelait jadis Saint-Véran-des-Vignes occupe la même position que le vignoble voisin de Pouilly-Fuissé*, et l'aire d'appellation regroupe sept communes : Chanes, Chasselas, Davaye, Prisse, Leynes, Saint-Amour, Saint-Véran. Le Saint-Véran s'apparente à son voisin le Pouilly-Fuissé, dont il partage le bouquet subtil et la saveur de noisette.

saints de glace *(Eis Heiligen).* Ce sont, en Allemagne, les patrons des quatre jours de mai durant lesquels les vignerons considèrent que de gros risques de gelée blanche* existent pour leurs vignobles, et spécialement pour ceux de la Moselle et de la Sarre. Du 12 au 15 mai, saint Pancrace, saint Servais, saint Boniface et, finalement, la froide sainte Sophie *(die kalte Sophie)* font trembler les vignerons. En général, après cette date fatidique du 15 mai, il semble bien, en effet, que les gelées ne sont plus à craindre dans les vignobles.

San Benito, comté viticole de Californie*, situé à l'est de la baie de Monterey, au sud de San Francisco. — Les vignobles s'étagent sur les pentes escarpées des collines et occupent les hautes vallées. Ils se sont considérablement étendus depuis ces dernières années, en raison de l'implantation, autour de Paicine, du nouveau vignoble d'Almadén, chassé de Santa Clara* par la construction immobilière. Almadén est actuellement le plus important vignoble de Californie du point de vue de la production de « Premium Wines » (vins fins), de Mousseux et de « Sherry », préparé par l'authentique méthode espagnole. Plus de la moitié des vignes de San Benito est constituée par des plants français ou allemands (Chardonnay, Pinot noir, Cabernet, Gewurztraminer) non greffés, et il semble que cette région soit promise à un bel avenir viticole.

Sancerre. Serrée autour des vestiges de son château féodal et perchée sur une butte de la rive gauche de la Loire*, la petite ville pittoresque de Sancerre domine les eaux du fleuve, presque en face de Pouilly-sur-Loire*. Le vignoble occupe les pentes avoisinantes, où se rencontrent deux types de terrain : l'un constitué de marnes kimméridgiennes et nommé « terres blanches »; l'autre fait de calcaires secs et appelé « caillotes ». L'appellation d'origine contrôlée s'étend sur plusieurs villages autour de Sancerre; ceux d'Amigny, de Bué*, de Champtin, de Chavignol*, de Reigny et de Verdigny produisent les vins les plus renommés. La supériorité de ceux-ci par rapport à ceux qui proviennent du reste du vignoble, bien qu'indéniable, se démontre surtout en années médiocres.
C'est à son vin blanc sec, issu du Sauvignon*, que Sancerre doit sa réputation. Les vins provenant des « terres blanches » sont lents à prendre leur caractère et leur bouquet, mais ils le conservent bien. Fruités et souples, ils ont aussi du corps. Ceux qui proviennent des « caillotes » sont très fins et très bouquetés dès l'année qui suit la récolte, mais leurs charmantes qualités diminuent plus rapidement. Cependant tous nous donnent envie de prononcer le serment des vignerons d'honneur de Bué : « Je jure que je boirai pur le premier verre de vin, le second sans eau, le troisième tel qu'il sort du tonneau. »
Sancerre produit aussi des vins rouges et rosés qui doivent provenir obligatoirement du Pinot noir pour avoir droit à l'appellation. Ces vins de Pinot étaient déjà renommés à la fin du Moyen Age, mais, actuellement, le Pinot n'est cultivé que sur les pentes impropres au Sauvignon. Le rosé est excellent; dans sa robe pâle, fruité, corsé, il est sans doute un de nos meilleurs rosés de Pinot. Le faible volume de vins rouges est surtout consommé localement et n'est produit que dans les bonnes années.

sangria. Dans presque toute l'Espagne, on prépare à partir d'oranges et de citrons coupés, additionnés de vin, une boisson à laquelle on ajoute de la glace pour la servir très fraîche sur la table, ou entre les repas, pendant les grandes chaleurs d'été. Du sucre en poudre est souvent rajouté à la sangria, qui, très fraîche et très agréable, a souvent plus de traîtrise qu'il n'y paraît au premier abord.

Santa Clara, vallée et comté situés au sud de la baie de San Francisco et d'Alameda*, en Californie*. — Le nom provient de celui d'une vieille Mission espagnole installée près de San José. Hélas! il ne restera bientôt plus rien des bons vins renommés de Santa Clara. L'augmentation spectaculaire de la population dans cette partie de la Californie chasse peu à peu les noyers de la vallée et les vignobles des collines environnantes : inexorablement, des habitations les remplacent. De nombreux vignobles ont cessé d'exister, ou d'autres,

comme celui d'Almadén par exemple, ont été dans l'obligation d'être transplantés plus au sud, dans des régions moins populeuses.
Il ne reste plus guère du beau vignoble de Santa Clara qu'un lambeau de l'ancien Almadén, quelques parcelles de vignes sans importance et le vignoble du Novitiate of Los Gatos. Ce dernier, appartenant aux jésuites, produit surtout du vin de messe, un peu de bon vin de table et des vins de dessert *(Muscat Frontignan, Black Muscat).*

Santa Maddalena, excellent vin rouge du Tyrol italien, aussi populaire en Suisse et en Autriche qu'en Italie même. — On le récolte au nord-est de la ville de Bolzano. Il provient principalement de trois variétés du cépage Schiava (Schiava Gentile, Meranese et Grigia).
Le vin, d'un rouge cerise très clair, est frais, tendre, léger, fruité, mais avec suffisamment de corps.

Santenay. C'est à Santenay, vieille cité pittoresque, que se termine la Côte d'Or*. Les vins blancs et surtout les vins rouges, de premier ordre, produits par cette commune permettent vraiment de dire : « A Santenay, la Côte d'Or meurt d'une belle mort. »
La commune produit en majorité des vins rouges excellents, qui ressemblent quelque peu aux Chassagne-Montrachets. Ils sont fermes et corsés, moelleux, avec un bouquet original qui s'affine encore en vieillissant, et ils sont de très bonne garde. Le meilleur cru est les Gravières. (V. Index.)
Les vins blancs, produits en faible quantité, sont secs et fins, mais ne jouissent pas de la même réputation que les vins rouges. Mieux vaut les boire dans leur jeunesse.

Saumur. Bien que le vignoble de Saumur soit classé en Anjou*, il est plutôt le prolongement de la Touraine* : paysages au relief semblable, méthodes identiques de culture et de vinification, et surtout sol de même nature (sous-sol de craie tuffeau, creusé de caves profondes comme à Vouvray*, recouvert de cailloux et sables siliceux). Les vignobles du Saumurois occupent deux lignes de coteaux qui se rejoignent à Saumur et où se trouvent les crus les plus renommés : l'une part de Montsoreau et suit les bords de la Loire; l'autre va de Saix à Saumur, sur les rives du Thouet et de la Dive. Il existe aussi d'autres vignobles : sur la rive droite de la Dive, de Ranton à Pouançay; sur la rive gauche du Thouet, de Montreuil-Bellay à Saint-Hilaire-Saint-Florent; et sur une butte crayeuse située à l'ouest (le Puy-Notre-Dame, le Vaudelnay). Au total, trente-sept communes ont droit à l'appellation d'origine contrôlée « Saumur », dont les plus renommées sont Montsoreau, Turquant, Parnay, Souzay, Dampierre, Saumur, Varrains, Chacé, Saint-Cyr-en-Bourg, Brézé, Épieds (coteau de Bizay) et Saix.

Vendanges aux abords du château de Saumur.
Phot. Yan-Rapho.

Les vins de Saumur jouissaient dès le XIIe siècle d'une très grande renommée et faisaient l'objet d'un important commerce avec les Pays-Bas.
Les vins blancs, issus du Pineau de la Loire, sont toujours secs ou demi-secs (puisque, pour obtenir l'appellation contrôlée « Saumur », ils ne peuvent conserver plus de 10 g de sucre par litre). Ils titrent 10° minimum. Ce sont des vins remarquablement légers et fins, vigoureux et de longue conservation : autrefois, on enterrait les bouteilles des grandes années dans le sable, où elles conservaient très longtemps leur belle jeunesse. Fruités et frais, ils possèdent un parfum suave qui s'amplifie avec l'âge, et aussi un goût particulier, « le goût de tuf », qu'ils doivent au sous-sol et qui les distingue nettement des autres vins d'Anjou. Certaines années fastes, des vins blancs moelleux, très riches et parfumés sont parfois obtenus lorsque le raisin se confit sur pied ou, mieux, lorsqu'il est atteint par la pourriture noble*. A côté des vins blancs tranquilles, Saumur donne aussi, depuis 1830, des vins mousseux renommés, fins et distingués, dont la production vient en tête des vins mousseux français. Il est vrai que Saumur est spécialement doué pour cela : vin léger qui prend facilement la mousse et caves profondes taillées dans la craie réalisent des conditions naturelles éminemment favorables. Ces vins sont obtenus par la méthode champenoise*, de seconde fermentation en bouteilles. Il se prépare aussi, toujours par la méthode champenoise, des vins pétillants*, dont la pression est beaucoup plus faible que celle des Mousseux. Les Saumurs pétillants sont présentés sous le même habillage que les vins tranquilles, avec une agrafe retenant le bouchon.
Saumur produit des vins rouges en quantité très faible (à Turquant, à Montsoreau, à Montreuil-Bellay), issus du Cabernet franc* et du Cabernet-Sauvignon*, et qui ne se récoltent que dans les conditions particulières exigées par ces cépages. Mais le plus connu provient de Champigny* et a droit à l'appellation d'origine contrôlée « Saumur-Champigny ».
Enfin, depuis une cinquantaine d'années, le Cabernet de Saumur est de plus en plus demandé. Fruité et fin, vif et frais, il est issu du Cabernet franc et du Cabernet-Sauvignon, et bénéficie de la vogue actuelle des vins rosés. C'est un vin peu coloré, de teinte très pâle, car la vendange est immédiatement pressée sans foulage. Les yeux fermés, il n'est pas toujours possible, d'ailleurs, au dégustateur d'affirmer qu'il s'agit d'un vin rosé ou d'un vin blanc.

Sauternes. La petite région du Sauternais, qui produit d'illustres vins blancs liquoreux, occupe la rive gauche de la Garonne, à quelques kilomètres de Langon. L'appellation contrôlée « Sauternes » s'applique non seulement à Sauternes, mais aux communes de Bommes, de Preignac, de Fargues et aussi de Barsac*. Le sol, véritablement privilégié, ne peut donner que des vins exceptionnels : c'est un mélange harmonieux de silice (cailloux et sable), qui assure la finesse, de calcaire, qui donne la puissance, et d'argile, qui procure l'onctuosité. Les cépages nobles ne donnent qu'une faible production, encore restreinte par une taille sévère : le Sémillon, cépage dominant, apporte la suavité et l'onctuosité; le Sauvignon, du corps et un arôme spécial; un peu de Muscadelle communique à l'ensemble un bouquet subtil. Mais le grand secret de ce vin exceptionnel réside dans le procédé particulier de vendange : car le Sauternes, vin unique, se vendange d'une manière unique, grain par grain, par tris successifs échelonnés sur un à deux mois. L'automne, chaud et humide, provoque sur les grains le développement d'un champignon, *Botrytis cinerea**, agent de la fameuse « pourriture noble* ».
Les grains atteints présentent une surmaturité spéciale et donnent un moût riche en sucre, en glycérine, en pectines et en bien d'autres substances, d'où naîtront un bouquet et une saveur incomparables. Le vin obtenu est un vin liquoreux, riche en alcool (13° au moins, légalement, mais bien plus la plupart du temps). Il est strictement naturel, sans addition de sucre ni d'alcool : pour le Sauternes, toute opération, même légale, d'enrichissement des

moûts entraînerait automatiquement la perte de l'appellation. Le somptueux Sauternes, véritable fierté nationale, ne peut se comparer à aucun autre vin. C'est un vin d'or, onctueux, liquoreux, d'une rare puissance, mais élégant et fin, très richement et délicatement parfumé dans une gamme évoquant le miel, le tilleul, l'acacia. Les crus de Sauternes ont été classés en 1855 : d'abord le prestigieux Château d'Yquem*, de renommée universelle, puis les Châteaux la Tour-Blanche, Lafaurie-Peyraguey, Clos-Haut-Peyraguey, Rayne-Vigneau, Suduiraut. (V. Index.)

Sauvignon. Ce cépage blanc, qui communique aux vins un goût spécial, un peu épicé, est un de nos meilleurs cépages. C'est surtout dans le Nivernais et le Berry qu'il a trouvé en France son terroir d'élection et, en quelque sorte, son véritable « Royaume ». C'est lui, et lui seul, qui donne naissance à ces célèbres « vins de Sauvignon » : Pouilly-Fumé*, vins blancs de Sancerre*, Ménetou-Salon*, Quincy* et Reuilly*. Il tisse entre ces vins de Loire* des liens de parenté indiscutables et leur donne une commune originalité.
Dans le Bordelais, il s'unit au Sémillon et à la Muscadelle pour nous offrir les Graves et les grands vins liquoreux du Sauternais. Mais on le rencontre aussi à Bergerac, à Vic-Bihl, à Cassis, et sa présence apporte toujours distinction et parfum. En Californie, il donne un vin assez corsé, mais possédant aussi le parfum et la saveur délicate de nos vins de Sauvignon.

Savennières, petit village des Coteaux de la Loire*, qui a droit à sa propre appellation contrôlée. — Sur la rive droite de la Loire, la vigne couvre des coteaux perpendiculaires au fleuve, magnifiquement exposés, entre la Pointe et la Possonnière, et dont les vins jouissent depuis longtemps d'une juste célébrité. Ce sont des vins d'une superbe élégance, nerveux, corsés, délicats et fins dans leur robe d'or. Ils emplissent la bouche d'un parfum exquis de tilleul et de coing. Le plus souvent secs, ils savent parfois être tendres; ils peuvent se livrer vite ou se faire attendre. Savennières possède deux grands crus exceptionnels, depuis longtemps célèbres : la Coulée-de-Serrant* et la Roche-aux-Moines*. Les autres crus les plus renommés sont Bécherelle, la Goutte-d'Or, Clos du Papillon, les Châteaux d'Epiré, de Chamboureau, de Savennières, de la Bizolière.

Savigny-lès-Beaune. Située au nord-ouest de Beaune*, cette commune produit principalement des vins rouges (95 p. 100). Les vins sont légers, tendres et bouquetés avec grâce. Si l'on en croit l'inscription de la porte du cellier du château de Savigny, ils sont aussi « nourrissants, théologiques et morbifuges ». Ils se boivent plutôt jeunes.
Les meilleurs crus sont : Aux Vergelesses, les Marconnets, la Dominode, les Jarrons. La superficie du vignoble fait de celui-ci un des plus importants de Bourgogne.

Savoie. Depuis la généralisation des sports d'hiver, le grand public commence à connaître et à apprécier l'original vignoble de Savoie, pourtant fort ancien. Ne dit-on pas que l'excellent cépage Altesse a été rapporté de Chypre par un croisé, qui le répandit en Savoie?
Il semble incroyable que les grappes réussissent à mûrir si rapidement au pied même des montagnes neigeuses. Il est vrai que les cépages sont exceptionnels, aguerris et adaptés au climat rude. Ce sont : pour les blancs, Altesse et Jacquère, spécifiques de Savoie, Chasselas* (qu'on retrouve en Suisse et à Pouilly-sur-Loire*), Petite-Sainte-Marie (Chardonnay), Mondeuse blanche, Aligoté, Gringet; pour les rouges, Mondeuse, Persan, Gamay noir à jus blanc, Pinot. La région viticole de Savoie s'étend sur les départements de Savoie et de Haute-Savoie. Elle produit surtout des vins blancs secs et légers, vifs et fruités, gentiment acidulés (parfois assez acides en mauvaises années). Mais elle donne aussi de bons vins rouges et rosés, produits surtout autour de Chambéry et dans la Chautagne.

Savoie : les appellations d'origine contrôlées. La Savoie ne possède que deux

appellations contrôlées : « Crépy* » et « Seyssel* ».
La plupart des délicieux vins de Savoie ont été classés V.D.Q.S. Les appellations sont « Vin de Savoie », « Roussette de Savoie » ou « Vin de Savoie Roussette », « Vin de Savoie Mousseux » ou « Mousseux de Savoie ». L'appellation « Roussette de Savoie » ne peut être attribuée qu'à des vins issus de l'Altesse, de la Petite-Sainte-Marie et de la Mondeuse blanche, avec une tolérance maximale de 10 p. 100 de Marsanne. La Roussette de Frangy jouit d'une juste renommée.
On peut joindre à l'appellation le nom du cépage quand le vin n'est issu que d'un seul cépage (par exemple, Mondeuse*). On peut aussi lui ajouter le nom du cru (par exemple, Ayse*). Ces frais et délicieux petits crus savoyards sont fort nombreux, sur la rive gauche du Rhône : Marestel, Monthoux, Chautagne; sur les bords poétiques du Bourget et dans la vallée de Chambéry : Monterminod, Chignin, Charpignat; sur la rive droite de l'Isère et au sud-est de Chambéry : Abymes, Apremont, Montmélian, Arbin, Cruet, Saint-Jean-de-la-Porte.

sec, terme employé pour les vins blancs et désignant un vin qui ne contient pas du tout de sucre ou, du moins, qui ne donne pas l'impression d'en contenir. — En réalité, l'impression sucrée n'apparaît qu'à partir de 5 g par litre pour la plupart des consommateurs; on peut considérer qu'un vin vraiment sec contient malgré tout de 1 à 2 g de sucre par litre. Ainsi, l'Entre-deux-Mers*, qui doit être obligatoirement vinifié en sec pour mériter l'appellation, n'est pas agréé par le contrôle de dégustation s'il contient plus de 3 g de sucre par litre.
D'autre part, l'impression sucrée est en relation étroite avec l'impression acide : ainsi, un vin peu acide paraît moins sec qu'un vin plus acide. De même, un vin riche en glycérine paraîtra presque moelleux même s'il ne contient pas de sucre (cas des vins provenant de vendanges tardives, qui ont fermenté lentement).
Les vins blancs très secs ne risquent pas de faire une refermentation* secondaire en bouteilles, puisqu'ils ne contiennent que très peu de sucre résiduel.
Il n'est donc pas nécessaire de les protéger par une dose importante d'anhydride sulfureux* : ils sont toujours agréables et faciles à boire.
Enfin, lorsqu'il s'agit de Champagne, le mot *sec,* a un sens précis. Le Champagne sec (ou goût américain) contient de 3 à 5 p. 100 de liqueur d'expédition* et n'est donc pas aussi « sec » que l'extra-dry et le brut. Le Champagne demi-sec contient, lui, de 6 à 10 p. 100 de liqueur.

séché, terme qui s'applique à un vin qui a séjourné trop longtemps en tonneau et a perdu sa fraîcheur et son fruit. — Le vin paraît alors fané et sans charme. Parfois même, il laisse un arrière-goût d'amertume.
Il en est de même des très vieux vins, anéantis par trop d'années de bouteille, où la matière colorante s'est insolubilisée, le bouquet et le goût évanouis. Le vin séché donne au palais une sensation d'âcreté desséchante et même irritante, comme celle d'une pomme verte.

séveux. Un vin séveux est un vin qui possède une saveur aromatique prononcée, en même temps qu'une force alcoolique certaine. — Il laisse dans la bouche une impression d'épanouissement. Il s'agit toujours d'un vin dans la force de l'âge, car un vin trop vieux perd sa sève.

Seyssel. Les vins blancs de cette appellation contrôlée de Savoie* se récoltent dans la pittoresque vallée du Rhône, sur le territoire des communes de Seyssel (Haute-Savoie) et de Seyssel-Corbonod (Ain). Le vignoble, très ancien, occupe des coteaux de 200 à 400 m d'altitude, au sol silico-calcaire ou silico-argileux, très bien orientés au sud et au sud-ouest. Ce sol semble, paraît-il, jouir d'une grâce spéciale : il aurait le privilège de faire naître le parfum pénétrant de violette qui caractérise le Seyssel; on en donne comme preuve le fait que l'iris fut longtemps cultivé sur la rive droite du Rhône, cet iris dont les parfumeurs de Grasse extrayaient l'essence de violette. Le seul cépage autorisé est la Roussette. Comme pour le Crépy*, les vendanges se font tard, à maturité totale. Le vin titre 10° au minimum, et le rendement ne dépasse pas 25 hl à l'hectare. Le Seyssel est un vin exquis, couleur d'or pâle, délicat et souple, avec un bouquet fin et caractéristique de violette.

Seyssel mousseux. Lorsqu'il s'agit de cette appellation, les cépages Molette et Bon blanc (ou Chasselas) sont autorisés. Toutefois, le vin doit comporter une proportion minimale de 10 p. 100 de Roussette. Le vin doit titrer 8,5° au minimum, et le rendement maximal à l'hectare est de 40 hl.
Le Seyssel mousseux, obtenu par la méthode champenoise*, est un vin excellent et fin qui a beaucoup d'amateurs.

Soave, un des meilleurs vins blancs secs d'Italie, produit à l'est de Vérone et issu principalement des cépages Garganega (90 p. 100), Trebbiano et Riesling. – La vigne est conduite en hauteur, sur pergolas. Deux communes se partagent la production : la pittoresque petite ville de Soave et le village voisin de Monforte. La récolte est presque entièrement vinifiée par la coopérative locale (Cantina sociale), une des mieux équipées d'Italie. Le Soave, présenté en hautes bouteilles vertes comme celles à vin d'Alsace, a une jolie couleur de paille à reflets verts. Léger et frais, il est sec sans acidité. Ce vin délicieux, où se perçoit un léger goût d'amande, doit être bu dans les trois ans.

sommelier. Dans les restaurants de quelque importance, c'est le personnage compétent chargé de tout ce qui concerne la cave et les boissons. Réception, rangement et surveillance en cave, conseils au client et service en salle sont les attributions du sommelier. Depuis la Belle Epoque, le sommelier porte traditionnellement le grand tablier et la veste courte et noire, frappée sur le revers d'une grappe d'or symbolique. Sa responsabilité est aussi importante que celle du chef cuisinier. Cette honorable charge trouve de moins en moins d'amateurs chez les jeunes et la profession tend à disparaître. Le maître d'hôtel conseille le client sur son menu, mais seul un sommelier peut lui suggérer habilement les vins qui conviendront. Un concours du « meilleur sommelier de France », organisé chaque année, relance cette belle vocation, dont l'origine est fort lointaine : d'aucuns la font remonter à Ganymède, qui versait l'ambroisie aux dieux de l'Olympe. En tout cas, les cours de nos rois mérovingiens et carolingiens s'empressèrent de copier cet important office sur celles de Rome et de Byzance. Toutefois, si la fonction est indiscutée, l'origine du mot reste controversée. Certains prétendent que l'office de sommelier consistait à recevoir le vin qu'apportaient les sommiers, ou bêtes de somme; d'autres que le mot *somme,* en vieux français, signifiait « charge » et qu'un sommelier, dans les grandes maisons, était l'officier qui avait la charge des provisions (il y avait le sommelier de panneterie et le sommelier d'échansonnerie). Quoi qu'il en soit, si les limites ne semblent pas très nettes entre la charge de sommelier et celle d'échanson, aucune grande maison de l'ancienne France ne s'est jamais passée des services d'un personnage aussi considérable.
De nos jours, quand le restaurant moyen ne s'attache pas un sommelier, il est souhaitable que le patron assure cette noble charge.

Sonoma, un des plus importants comtés viticoles du nord de la Californie*, situé au nord de San Francisco, et dont la partie sud est baignée par la baie de San Francisco. – Il tire son nom d'une mission espagnole de moines franciscains, qui y introduisirent la vigne au XVIIIe siècle. Mais il fallut attendre l'arrivée du « père de la viticulture californienne », le pittoresque « Colonel » Haraszthy, pour lancer en grand, à partir du vignoble désormais historique de Buena Vista*, la viticulture dans la région. Sonoma possède des climats et des sols variés, et ne cultive la vigne qu'en certains endroits. La côte ouest, le long du Pacifique, est trop froide et trop pluvieuse pour l'accueillir. La par-

tie nord, dans la vallée de Russian River, de Healdsburg à Asti, jouit d'un climat comparable au centre de l'Italie et récolte, sur ses collines caillouteuses, une grande quantité de vins rouges ordinaires, de bonne qualité, issus des cépages Zinfandel, Carignan, Petite-Syrah, Grenache, Mataro, et quelques vins blancs assez médiocres. La meilleure région est celle de l'intérieur du pays, qui va de la baie de San Francisco à Guerneville, en passant par Sonoma et Santa Rosa. Cette région jouit d'un climat comparable à celui de notre Bourgogne, qui fait d'elle une zone viticole par excellence.
Les grandes « wineries » (exploitations vinicoles) sont celle de Buena Vista* et la winery Korbel, fondée en 1881 par des émigrés tchécoslovaques de ce nom. Cette dernière produit presque uniquement des Mousseux d'excellente qualité, préparés par la méthode champenoise : les frères Korbel avaient emporté avec eux, de Tchécoslovaquie, des méthodes très strictes pour obtenir la qualité (dont l'école de viticulture de Melnik, près de Prague, les avait imprégnés); cette loi est toujours de règle dans l'exploitation.

Soutirage dans une cave du Bordelais. Ce caviste expérimenté procède à cette opération délicate avec toute l'attention requise. Phot. Mackiewicz.

souple. Un vin souple procure au palais une sensation analogue à celle qu'on éprouve en manipulant une étoffe souple. Il donne l'impression très agréable d'être glissant, doux aux muqueuses. Il s'agit toujours d'un vin dont l'équilibre alcool*-acidité* est excellent, qui ne contient pas de tanin* en excès et qui possède une certaine proportion de glycérine* naturelle. C'est le type même du vin que l'on apprécie actuellement.

soutirage, opération par laquelle le vin clair est séparé de ses dépôts (ou lies). — Le premier soutirage se nomme « débourbage* ».
Le soutirage est une opération délicate et patiente. Le vin clair est tiré dans des fûts méchés au soufre. Après les grands froids, en mars-avril, a lieu le deuxième soutirage. Les lies présentent alors un dépôt de cristaux de tartre. Habituellement, le troisième soutirage a lieu vers septembre dans le cas, évidemment, des vins qui doivent encore s'affiner en fûts. Lorsque les vins restent plus d'un an en fûts, on soutire deux ou trois fois et on procède en même temps à l'ouillage* des barriques.

stabilisation. Le vin, noble matière vivante, n'est, en réalité, jamais stable. Tout l'art du vigneron ou du maître de chai* consiste donc à éliminer les ferments du vin, à empêcher leur développement, tout en gardant intégralement les qualités du vin et en n'entravant pas son évolution vers le meilleur.
Le froid de l'hiver a toujours été l'allié naturel du vigneron, qui a maintenant aussi à sa disposition la réfrigération* moderne. Le chaud, par l'intermédiaire de la pasteurisation* et du chauffage infrarouge, est aussi un allié, mais dont il faut se méfier, car il est délicat à employer. Le vigneron dispose encore des soutirages*,

qui séparent le vin clair des lies chargées en ferments. Il dispose surtout du soufre, connu déjà des Romains, compagnon indispensable des travaux de la vigne et du vin.
Mais là ne se borne pas le rôle de l'homme de l'art; la stabilisation est aussi la réalisation, combien difficile, d'un constant équilibre du vin : équilibre de l'acidité présente et future, du sucre, de la couleur; élimination des troubles possibles, des voltigeurs*. Et chaque cuvée, chaque année et dans chaque cru, pose des problèmes différents, qu'il faut toujours traiter avec la plus grande prudence, sous peine de réactions parfois imprévisibles.

Steinberg, célèbre vignoble historique d'Allemagne, situé au cœur du Rheingau*. – Il fut créé au XIIe siècle par l'ordre des Cisterciens. Le même ordre est à l'origine de la création du Clos de Vougeot, et c'est saint Bernard de Clairvaux qui supervisa la création des deux merveilles. La muraille qui entoure le vignoble allemand date de cette époque.
Les vins de Steinberg sont livrés sous différentes appellations, qui présentent entre elles des différences considérables, même parmi les mêmes millésimes : « Steinberger », « Steinberger Kabinett », « Auslese », Trockenbeerenauslese », etc. Toutefois, tous les vins ont un air de famille qui ne trompe pas : ils sont corsés, puissants, avec un bouquet tellement prenant et épanoui qu'on peut parfois leur reprocher de manquer de délicatesse. Ils sont admirables et parfaits les grandes années.

suave. Un vin suave procure toujours à l'œnophile des joies d'esthète. Il possède au maximum des qualités raffinées et exquises : parfum extrêmement délicat, harmonie de tous les constituants et surtout merveilleuse douceur. Ce qualificatif s'applique, avec le plus grand bonheur, à nos grands vins blancs liquoreux*.

submersion. A l'époque héroïque de la lutte contre le phylloxéra, on s'est aperçu que le terrible insecte hibernait sur les racines de la vigne. On eut donc l'idée, partout où cela se révélait possible, de submerger les vignes afin de noyer l'ennemi. On assista alors à la « course à la submersion », les régions favorisées se trouvant être, évidemment, les basses plaines de l'Hérault, de l'Aude, du Gard, des Bouches-du-Rhône. Il existe encore de nos jours, au bord de la Méditerranée, quelques hectares de ces vignes « submersibles ».

sucre. Le jus de raisin contient deux sucres simples, le glucose et le fructose, qui vont se convertir en alcool sous l'action des levures. Il restera toujours dans le vin une certaine quantité de sucre non fermenté (même lorsqu'il s'agit d'un vin « sec* », il reste encore, malgré tout, de 1 à 3 g de sucre par litre). Dans le cas des vins blancs liquoreux*, provenant de moûts très sucrés, une grande quantité de sucre non fermenté demeure dans le vin, car les levures ne peuvent plus continuer leur travail lorsque 15° d'alcool environ sont obtenus. La fermentation cesse donc alors d'elle-même. Dans le cas des vins doux naturels*, c'est l'homme qui arrête le travail des levures en ajoutant de l'alcool au vin, afin de conserver une partie du sucre naturel non fermenté.
Un autre corps, toujours présent dans le vin, donne aussi un goût « sucré » à celui-ci, c'est la glycérine, qui assure avant tout le moelleux du vin, mais contribue aussi à lui donner l'impression de « sucré ».

sucre (vin de). On n'ose donner le beau nom de « vin » à une telle mixture. C'est surtout vers 1903 que de tels breuvages furent fabriqués artificiellement, sans aucun grain de raisin. Les fraudeurs mélangeaient de l'eau, du sucre et de l'acide tartrique. Après fermentation du mélange, ils ajoutaient du tanin et des colorants. La commune d'Aimargues, dans le canton de Nîmes, utilisa à ces fins, de septembre à octobre 1903, près de 450 000 kg de sucre, et elle ne fut pas la seule. Ces tristes méthodes durèrent jusqu'aux manifestations de 1907, déclenchées par des viticulteurs honnêtes. Cette « guerre » du Languedoc aboutit enfin à une loi de juillet 1907 contre le mouillage des vins, et au décret du 3 septembre 1907, qui donnait au vin sa définition* légale. La « guerre » de 1907 eut aussi un effet psychologique : les viticulteurs comprirent qu'il leur fallait s'unir pour défendre leur honnête production, et la « Confédération générale des vignerons », premier organisme professionnel, est née de ces moments difficiles.

Sud-Ouest. La région viticole du Sud-Ouest comprend un ensemble de vins fort différents, provenant de l'ancienne province d'Aquitaine (exception faite de Bordeaux), du Béarn, du Pays basque et même du Languedoc (Gaillac). Cette région ne présente donc aucune unité. La législation vinicole divise les vins du Sud-Ouest en deux catégories : les appellations d'origine contrôlées et les vins délimités de qualité supérieure.
Ont droit à l'appellation d'origine contrôlée les vins de Dordogne (Monbazillac*, Bergerac*, Montravel*), les Côtes-de-Duras*, les vins de Gaillac* et enfin, dans les Basses-Pyrénées, le Jurançon*, le Madiran* et le Pacherenc-du-Vic-Bihl*.
Les V.D.Q.S. sont fort nombreux : Côtes-du-Buzet*, Côtes-du-Marmandais*, vins de Tursan*, Cahors*, vins de Béarn*, Irouléguy*, Fronton*, Villaudric*, Lavilledieu*, vins de l'Aveyron (Entraygues, Fel, Estaing*, Marcillac*).

Suisse. Ce n'est pas sans raison que la Suisse est très fière de ses vins : le climat limite la culture de la vigne aux endroits abrités, dans les creux des escarpements et le long des lacs. Les vins suisses sont le résultat du travail pénible et de l'obstination des vignerons.
Les deux tiers environ de la production consistent en vin blanc : celui-ci suffit à la consommation locale; le superflu, assez mince, est exporté vers l'Allemagne et les États-Unis, mais très rarement en France, où le vin suisse est presque inconnu. La production totale ne dépasse jamais le million d'hectolitres, dont le quart est fourni par le Valais. Par contre, la Suisse, en dépit de sa petite superficie, importe deux fois plus de vin que la Grande-Bretagne.
La Suisse possède environ 230 crus différents, mais leur classification est réglementée par une législation différente de la nôtre. La vigne existe dans une douzaine de cantons, mais cinq seulement ont une certaine importance viticole : canton du Valais d'abord, suivi par les cantons de Neufchâtel, de Vaud, du Tessin et de Genève. Le Valais, appelé « Californie de la Suisse », produit les meilleurs vins rouges de Suisse et beaucoup des meilleurs vins blancs. Il occupe la haute vallée du Rhône, de Martigny, au pied du massif du Mont-Blanc, jusqu'au nord du tunnel du Simplon : en tout, on peut dénombrer dix-sept crus environ, dont les plus renommés sont la Dôle*, l'Hermitage, le Johannisberg, le Malvoisie, l'Arvine, le Martigny, le curieux Glacier* et de nombreux vins blancs appelés « Fendant* » provenant du Chasselas*. Le canton de Neuchâtel, au nord-ouest de la Suisse, non loin de la France, produit surtout des vins blancs, issus du Chasselas, le long de la rive nord du lac de Neuchâtel. Ce sont des vins clairs, frais*, agréables, souvent pétillants*. On leur reproche souvent d'être « pointus et verts* » lorsque l'année a manqué de soleil. Le vin rouge de Neuchâtel, provenant du Pinot noir*, seul cépage autorisé, est excellent, et l'on s'accorde à lui trouver une ressemblance avec notre Chiroubles*. Il y a environ dix-huit appellations, dont Auvernier, Cormondrèche, Hauterive, Cortaillod*.
Le canton de Vaud produit presque exclusivement des vins blancs, provenant pour la plupart, uniquement du Chasselas. Les plus importants vignobles s'étendent sur la rive nord du lac de Genève, entre Nyon et Lausanne (on appelle cette région « la Côte »), puis s'étirent de Lausanne jusqu'au-delà de Vexey (c'est « Lavaux », avec le bon cru de Dézaley*). La région appelée « Chablais », avec les crus blancs renommés Yvorne et Aigle, se trouve aussi dans le canton de Vaud, ainsi que les « Côtes de l'Orbe », près de Neuchâtel.
Le Tessin est la région située autour de Locarno et de Lugano, où on parle l'italien. Le Tessin produit surtout des vins rouges ordinaires; les meilleurs proviennent du cépage Merlot (un des cépages du Bordelais).

Vignobles en Suisse, à Rivoz (canton de Vaud). Ce canton produit presque uniquement des vins blancs provenant du Chasselas, délicieusement clairs, frais et légers. Phot. Seraillier-Rapho.

Le canton de Genève possède environ 1 000 ha de vignobles répartis sur les deux rives du Rhône, plus de la moitié étant située sur la rive droite (le Mandement). Vers les années 1950, le vignoble est passé par une véritable révolution : jusqu'à cette époque, la majorité des moûts provenant de la région était dirigée vers les caves vaudoises et neufchâteloises. L'ordonnance de 1946 mit fin, pour les viticulteurs genevois, à cette solution de facilité, ce qui provoqua nombre de difficultés pendant une dizaine d'années. Actuellement, les efforts des vignerons genevois, groupés sous le mot d'ordre de la qualité, ont porté leurs fruits. Classés en grandes catégories selon les cépages qui composent le vignoble, les vins sont encore caractérisés par leurs origine, terroir et exposition. Plus de la moitié des vignerons adhèrent à des caves coopératives (cave de Lully, cave de La Souche, cave de Mandement de Satigny); ces trois caves sont d'ailleurs associées désormais, sous le nom de « Vin Union-Genève », en Fédération de caves genevoises. Citons, parmi les vins produits : « Bouquet royal », « Coteaux de Lully », « Perle du Mandement », qui sont des vins de chasselas perlants*; « Goût du Prieur », « Clavendier », vins blancs secs; « Rose Reine », rosé de Pinot* peu cuvé, ayant une teinte œil-de-perdrix* caractéristique; « Clefs d'or » et « Camérier », vins rouges généreux.

Si, dans l'ensemble, la Suisse n'a pas de grands vins au sens strict du terme, elle possède néanmoins nombre de petits vins jeunes et charmants, frais, légers, souvent bon marché et délicieux : au touriste de les découvrir et de les apprécier.

Sylvaner. C'est un des cépages nobles d'Alsace*, un des plus répandus de la région. Il donne un bon vin moyen qui ne manque pas de charme. Très clair, avec des reflets verts, ce vin est frais, léger, désaltérant, surtout lorsqu'il conserve encore le léger pétillement de sa prime jeunesse. Mais il est peu parfumé et de goût assez neutre. Le meilleur provient de Barr et des environs de Rouffach, où il prend parfois une certaine distinction qui l'apparente un peu au Riesling*. Le cépage Sylvaner est aussi très répandu en Allemagne, dans le Tyrol italien et en Autriche, où il donne des vins ayant à peu près les mêmes caractères qu'en Alsace. Mais on le rencontre aussi en Californie et au Chili. Dans son voyage à travers le monde, il prend des noms différents.

T-Z

tanin, groupe de produits organiques qui existent dans les pépins, la peau et la rafle du raisin. – Normalement, le tanin du vin provient surtout des pellicules et des pépins; celui qui provient de la rafle a une saveur assez amère, très prononcée, qui donne au vin le « goût de rafle ».
La quantité de tanin varie suivant les cépages (le Cabernet, par exemple, est riche en tanin) et, évidemment, selon la vinification. L'égrappage*, une cuvaison courte, un pressurage* modéré diminuent singulièrement la teneur en tanin du vin. Le vin blanc est pauvre en tanin, ce qui se conçoit aisément. Le vin rouge en contient beaucoup plus, surtout lorsqu'il s'agit d'un type de vin à cuvaison longue. Le tanin fait partie des dépôts qui se forment normalement dans les bouteilles de vins rouges vieux : un vin à maturité contient toujours moins de tanin dissous qu'un vin jeune. A dose normale, le tanin est un des éléments indispensables du vin, qui contribue à sa tenue et à sa clarification. Il joue un rôle déterminant dans la pratique du collage*. C'est cette faculté qu'on utilise d'ailleurs lorsque les vins présentent un excès de tanin (surmaturité, cuvaison trop prolongée). Les vins trop tanniques sont astringents* et déposent fortement dans les bouteilles : on remédie à cet inconvénient par des collages énergiques, qui entraînent le tanin sans nuire au bouquet du vin. Lorsque le vin manque de tanin, on procède au tannisage*, afin de lui restituer une teneur normale. C'est la teneur en tanin d'un vin qui détermine l'emploi de certaines expressions et termes chers aux œnophiles, tels que *de la mâche, âpre, astringent, maigre, épais,* etc.

tannisage. Il est parfois nécessaire de le pratiquer lorsque le vin est pauvre en tanin (vendanges insuffisamment mûres par exemple). On ajoute alors du tanin, produit naturel dérivant de l'acide gallique, afin de favoriser les indispensables collages et pour compenser une teneur insuffisante, qui donne des vins « maigres ». Mais le bois des tonneaux en chêne neuf suffit parfois à communiquer au vin le tanin nécessaire et participe même, de façon très appréciable, au bouquet final du vin.

Tavel, appellation des Côtes du Rhône*, qui désigne le plus fameux vin rosé de France, vin favori de François Ier et célébré par Ronsard. – Le vignoble de Tavel se trouve dans le département du Gard, sur la rive droite du Rhône, non loin d'Avignon. Les cépages sont multiples : principalement Grenache, puis Cinsault, Clairette blanche et Clairette rouge, Picpoul, Bourboulenc et un peu de Carignan. Le Tavel doit, obligatoirement, être vinifié en rosé pour avoir droit à l'appellation. C'est un vin de rubis clair, aux reflets de topaze, qui s'accentuent avec l'âge. Capiteux, sec et fruité, il est élégant et frais, avec une saveur légèrement poivrée. C'est, en tout cas, un vin bien différent des autres Côtes-du-Rhône, qui doit être bu frais pour que s'exaltent toutes ses qualités. Certains prétendent que le Tavel est le seul de tous les rosés à vieillir en beauté : les vignerons, eux, boivent leur Tavel avant qu'il atteigne deux ans, et considèrent une bouteille de cinq ans comme une curiosité. Tavel produit aussi, à partir des cépages habituels, une petite quantité de vin rouge qui a droit non pas à l'appellation « Tavel », mais à celle de « Côtes-du-Rhône ».

Tawny, Porto* vieilli en fûts, résultant de mélanges de vins (ou *blends*) provenant de l'aire délimitée et strictement contrôlés. – Le mot *tawny* désigne en anglais la couleur fauve, topaze brûlée, que prennent

tous les vins de Porto avec le temps, qu'ils aient été rouges ou blancs dans leur jeunesse. C'est par extension que ce mot s'applique au Porto mûri en fûts, contrairement au Vintage*, qui vieillit en bouteilles. De plus, le Tawny est toujours composé d'un mélange de vins savamment dosé, afin d'assurer une qualité commerciale suivie, alors que le Vintage, provenant d'une année exceptionnelle, est toujours exempt de mélange.
Les fûts où va s'élaborer la précieuse liqueur sont généralement en chêne de la Baltique; à défaut, ils sont en châtaignier de Portugal ou d'Italie. Leur forme, leur volume ont été établis par l'expérience (généralement 550 l). Le vin s'oxyde peu à peu, lentement, sous l'action de l'air qui traverse le bois; il dépose sa matière colorante sur les parois du fût, se dépouille, devient de plus en plus pâle avec le temps. Au fur et à mesure de l'évaporation, on procède à l'ouillage* du fût, en ajoutant des vins plus jeunes, qui enrichissent la cuvée. On procède ensuite à la mise en bouteilles après huit ans de fût au moins.
Une admirable technique scientifique du vin s'améliore encore sous l'impulsion du sévère « Institut du vin de Porto » et fait la gloire de Porto. Non seulement elle garantit une qualité remarquablement suivie, mais elle offre aussi aux amateurs une gamme de plus en plus étendue et variée de bouquets, de saveurs, de nuances (du Ruby au Light Tawny). Le Tawny n'a pas besoin d'être présenté en décanter*, puisqu'il a vieilli et déposé en fût. Sa bouteille d'origine, portant le sceau d'une marque réputée, suffit à sa gloire. La tradition anglaise veut, lorsque l'on déguste une bouteille de Porto entre amis, que le flacon circule dans le sens des aiguilles d'une montre. Cette tradition est d'autant plus facile à respecter qu'on peut ainsi servir commodément, avec la main droite, son voisin de gauche, sans perdre un temps précieux — et finir plus rapidement la bouteille.

Tchécoslovaquie. La Tchécoslovaquie n'a guère plus de 20 000 ha de vignobles et produit environ 400 000 hl de vin. Longtemps, seul le raisin de table fut cultivé, puis, au XVIIIe siècle, les vins tchèques étaient devenus si recherchés qu'ils concurrençaient les meilleurs vins italiens et hongrois. Actuellement, la viticulture se répartit entre la Bohême, la Moravie et la Slovaquie, et les vins sont presque tous consommés localement : très peu de vins tchèques sont exportés.
La *Bohême* a pour centre viticole Melnik, dans la vallée de l'Elbe, au nord de Prague. Melnik produit des vins rouges et blancs, considérés comme étant les meilleurs de la région, ainsi qu'un Mousseux remarquable.
Les *vins de Moravie* sont surtout récoltés autour de la ville de Brno.
Dans *la partie occidentale de la Slovaquie,* par contre, la viticulture est restée l'occupation essentielle des paysans à Modra, à Pézinok et Sviaty Jŭz. Selon une tradition multiséculaire, les coteaux exposés au soleil sont voués à la culture de la vigne.

température de service des vins. C'est un des plus importants facteurs d'une bonne dégustation. Un principe doit impérativement être appliqué : qu'il s'agisse de refroidir ou de « chambrer* » un vin, il faut le faire lentement et sans brutalité; le procédé barbare qui consiste à chambrer le vin rouge sur le coin du fourneau, sur le radiateur ou à plonger la bouteille dans l'eau chaude doit être dénoncé comme une grave erreur, tout comme la méthode de refroidissement ultra-rapide de la bouteille logée dans le freezer. Tout se passait bien mieux autrefois quand la température des caves ne dépassait pas 12 °C (ce qui est loin d'être toujours le cas aujourd'hui) et quand les pièces de séjour n'étaient pas surchauffées, comme elles le sont presque toujours actuellement. Deux excès redoutables sont à éviter : tiédir le vin rouge et glacer le vin blanc. Dans la crainte du pire, les œnophiles conseillent de servir tout simplement à la température de la cave. Un vin jeune peut se tirer, tant bien que mal, de l'épreuve brutale du froid ou du chaud, mais une vénérable bouteille n'y résistera pas et sera irrémédiablement compromise.

La température de service d'un vin dépend d'abord du vin lui-même, de son âge, du goût personnel des convives et aussi de la température de la salle à manger. Quelques règles générales peuvent, néanmoins, être retenues : les vins jeunes se servent plus frais que les vins vieux; il est toujours préférable de servir le vin à une température légèrement inférieure à sa température idéale de dégustation, puisqu'il faut prévoir qu'il s'échauffera au cours du service; il faut penser aussi que le vin semblera d'autant plus frais que la salle à manger sera très chauffée, et, au contraire, si la pièce est fraîche, il paraîtra d'autant moins frais.
Les vins rouges, sauf exception, doivent être chambrés. En supposant que la bouteille vienne d'une cave* idéale, dont la température ne dépasse pas 12 °C, il suffit pour cela de la laisser deux heures dans la salle à manger, loin de toute source de chauffage. Le convive aura encore le plaisir raffiné de faire épanouir lui-même le bouquet et la saveur du vin en lui apportant la douce chaleur du creux de la main.
En général, selon le *code du sommelier,* on estime que les Bordeaux et les Touraines rouges se révèlent vers 15 ou 16 °C, les Bourgognes et les Côtes-du-Rhône vers 13 ou 14 °C. Les Beaujolais, les vins régionaux légers s'apprécient frais, à température de cave. Les vins doux naturels rouges ont, eux aussi, besoin de fraîcheur en raison de l'alcool et du sucre qu'ils contiennent.
Les vins blancs se boivent frais, jamais glacés : de 6 à 11 °C pour les vins secs, vers 5 °C pour les vins blancs liquoreux. Le Château-Chalon et les vins jaunes font exception, et se boivent à la température d'un vin rouge. Les Bourgognes blancs corsés (Corton Charlemagne, Montrachet, Meursault) exigent, eux aussi, une température relativement élevée (de 10 à 13 °C) pour développer leurs prestigieuses qualités. Le Champagne se boit frais, à 4 °C environ; le Mousseux se boit plus frais encore, vers 2 °C. Quant aux vins rosés, ils exigent la fraîcheur, même s'ils y cachent leur traîtrise : en effet, cette fraîcheur agréable et glissante dissimule leur teneur en alcool; gare aux imprudents qui s'y laissent prendre! Pour rafraîchir un vin, l'ancien système du seau à glace semble bien préférable au séjour plus ou moins prolongé dans un réfrigérateur.

tendre, terme qui s'applique à un vin peu acide, délicat et frais, toujours léger. — Son caractère est peu accentué et il est généralement dans la fleur de l'âge. Un vin tendre nous émeut, nous touche, nous « attendrit » par sa douce gentillesse, mais il ne s'impose jamais à nos sens.

tenue. Pour les œnologues, un vin qui a de la tenue est celui qui résiste aux troubles et à la casse. Pour l'œnophile, c'est un vin dont tous les constituants sont correctement équilibrés.

Terlano, un des plus fameux et des meilleurs vins blancs du Tyrol italien. — Il est récolté autour du village de Terlano, dans les gorges profondes et pittoresques de l'Adige, entre Bolzano et Merano. Vendu en hautes bouteilles vertes comme celles à vin d'Alsace, le Terlano est en général un vin blanc sec, d'une pâle couleur d'or vert, délicat et fort agréable, mais sans grand bouquet ni saveur spéciale.
Il est issu de plusieurs cépages : Riesling, Pinot blanc, Pinot gris et Terlano (cépage local). Sa qualité et ses caractères dépendent étroitement de la proportion des divers cépages, de la prédominance de l'un ou l'autre, etc. Or, il n'est guère possible de le savoir avant de déguster.

terroir. Ce mot, qui désigne la terre, le sol, prend, lorsqu'il s'agit des vins, un sens spécial dans l'expression *goût de terroir.* Celle-ci désigne un goût caractéristique, particulier, presque indescriptible, que prennent tous les vins provenant de certains sols.

tierçon. C'est une mesure qui varie suivant les provinces : dans le Languedoc, c'est le tiers du muid (il vaut 228 litres). Le tierçon est surtout employé pour les Muscats.

tire-bouchon. Il semble vraisemblablement que son invention date de l'époque où l'on prit l'habitude de boucher tous les vins, même non mousseux, avec des bouchons* de liège. Au début, les bouchons, d'abord employés par dom Pérignon* pour son Champagne, ne nécessitaient sans doute nullement l'usage d'un tire-bouchon, puisqu'il suffisait de les faire sauter. On ignore le nom de l'inventeur de cet objet, dont les premières traces connues sont signalées à la fin du XVIIᵉ siècle. De nos jours, les tire-bouchons sont nombreux, de forme et de conception variées (à vis, à lames, à gaz). Quelle que soit leur présentation, il importe avant tout qu'ils demeurent fonctionnels et, surtout, qu'ils donnent la possibilité d'un débouchage lent, délicat et précautionneux.

tisane à Richelieu. Rassurez-vous, amis du vin, il ne s'agit point là d'une triste infusion : ce surnom fut donné, et pour longtemps, au vin de Bordeaux. Louis XV avait envoyé le duc Armand de Richelieu, maréchal de France, administrer la tranquille Aquitaine et y terminer ses jours, déjà pas mal entamés par une épuisante vie de plaisirs. Comme il fallait s'en douter, le duc apprécia fort le bon vin de Bordeaux, qui lui permit de reprendre sa vie de bon vivant.

Tlemcen (Coteaux-de-), appellation qui s'appliquait, sous l'administration française, à des vins d'Algérie* provenant du sud-ouest d'Oran, non loin de la frontière marocaine, et qui bénéficiaient du label V.D.Q.S.*.
Les Coteaux-de-Tlemcen sont des vins de montagne, surtout rouges (parfois rosés), produits sur des terrains calcaires à 800 m d'altitude. Très généreux et corsés, bien charpentés et fermes, d'une belle couleur rubis, ils s'améliorent encore avec le temps et prennent un moelleux, une finesse et un velouté très agréables.

Tokay, célèbre vin de Hongrie*, un des vins les plus connus du monde entier. — Le Tokay authentique, très rare, est certainement un des meilleurs vins blancs. Il est produit par la petite région viticole de Tokaji-Hegyalja, située au nord-est de la Hongrie, sur les rives du Bodrog, à 30 km au nord-ouest de Nyiregyhaza. Il est issu principalement du Furmint, cépage à petit rendement, dont le nom vient du vieux français *forment* (le vin de Furmint prend en effet une teinte jaune comme celle du froment).
La région possède un sol composé de débris volcaniques et de lœss; elle jouit d'un automne sec et ensoleillé, favorable au passerillage* du raisin. Ce mode de cueillette fut découvert au XVIIᵉ siècle à Tokay : à la suite d'une menace de guerre, la récolte fut retardée et, de ce bienheureux retard, devait naître le merveilleux Tokay.
Le Tokay le plus commun et le moins cher est appelé « Szamorodni ». Son nom, d'origine polonaise, veut dire « comme il pousse ». Pour l'obtenir, on verse dans le pressoir les grains passerillés, pêle-mêle avec les autres grains. Sa qualité dépend du millésime, et il est toujours assez alcoolisé.
Autre chose est le Tokay appelé « Aszú », merveille de douceur, très rare et très cher. Il contient une certaine proportion fixée de grains soigneusement triés et atteints par la pourriture noble*. Le raisin cueilli est étalé sur de grandes tables; on enlève les grains ridés des grappes les plus mûres. En les pressant, on obtient ce qu'on appelle l'« âme du vin », que l'on pétrit en une sorte de pâte. Cette pâte est ajoutée, en plus ou moins grande quantité, au moût du raisin normal, déjà pressuré. Cette quantité est spécifiée sur l'étiquette et s'exprime en « puttonyos ». Les puttonyos sont des hottes de 25 litres utilisées dans la région. Suivant le nombre de puttonyos de la précieuse masse ajoutés à un « fût de gönc » (136 l), on obtient un Tokay étiqueté « Aszú 2 puttonyos », « Aszú 3 puttonyos », ... jusqu'à 6 puttonyos. Il va de soi que, plus il y a de puttonyos, meilleur est le vin et plus cher il est (précisons, d'ailleurs, qu'actuellement de tels vins sont introuvables). La fermentation du Tokay a lieu dans les « fûts de gönc ». Ces petits tonneaux peuvent tenir dans les caves

très basses (celles-ci donnaient aux vignerons la possibilité de cacher leur vin au cours des multiples invasions). Seules les caves basses permettent, dit-on, d'obtenir le bon Tokay, comme le prétend un dicton qui assure « qu'il faut s'incliner devant le Tokay ». Celui-ci est exporté uniquement par le gouvernement hongrois, en bouteilles à long col de 50 cl. Son bouquet et sa saveur inoubliables justifient sa réputation d'être un des plus grands vins du monde. Le meilleur Tokay est celui qui est récolté sur la commune de Tallya (dont le nom provient du français « taille »).
Voltaire a fait du Tokay un bien bel éloge :

« Et du Tokay la liqueur jaunissante
En chatouillant les fibres des cerveaux
Y porte un feu qui s'exhale en bons mots.
Aussi brillants que la liqueur légère
Qui monte et saute et mousse au bord du verre. »

tonneau. Son invention serait due aux Gaulois. Auparavant, on utilisait pour la conservation des vins les amphores de terre cuite et, pour les transporter, on se servait d'outres en peau. Les amphores devaient être de fort mauvais récipients à vin; on les poissait intérieurement afin de les rendre imperméables, ce qui devait communiquer un goût bizarre au vin (de nos jours les vins grecs « résinés » nous en donnent un aperçu).
Dès son invention, le tonneau eut à peu près la forme actuelle : déjà, il était véritablement fonctionnel. Le bois permet une certaine évaporation nécessaire au vieillissement du vin. La forme arrondie permet de rouler les tonneaux pour un transport facile et, surtout, facilite les opérations de soutirage* du vin : la lie, en effet, reste dans la partie ventrue du tonneau pendant qu'on soutire le vin clair. Les tonneaux sont généralement en chêne, dont le bois joue un rôle important dans la formation du bouquet*; dans le cas des vins blancs, les tonneaux de chêne neufs communiquent à ces vins le tanin* dont ils manquent. Les petits producteurs du Bordelais rachètent les tonneaux des grands châteaux, de haute réputation, dont le vin prestigieux a imprégné les douelles, dans l'espoir qu'un peu de l'âme de ce vin se communiquera au leur. Les tonneaux d'expédition, dits « fûts perdus », ne sont pas en chêne, mais en châtaignier.
Notons enfin que le tonneau est aussi une unité marchande de la Gironde (mais qui n'existe pas réellement dans les chais). Il vaut 4 barriques* de 225 litres chacune, soit 900 litres.

Touraine. Cette douce et captivante province, aux merveilleux châteaux, n'est pas seulement le « jardin de la France ». Elle possède aussi un admirable vignoble, déjà signalé au VIe siècle, et que tant de poètes ont chanté. Rabelais, Ronsard, Vigny, Balzac, Alexandre Dumas, à travers les siècles, ont communié dans le même amour de ses vins, si aimables et si séducteurs. Les vignobles sont en grande partie situés dans le département d'Indre-et-Loire et donnent des vins d'une grande diversité. La Touraine jouit d'un climat véritablement privilégié et possède, par surcroît, des sols singulièrement doués pour la vigne : cailloux et sables granitiques recouvrant le « tuffeau de Touraine », cette craie jaune dans laquelle sont creusées les caves de Vouvray; « aubuis », mélange de sables siliceux, d'argile et de calcaire, qu'on rencontre en bordure des coteaux et dans lequel le Pineau de la Loire épanouit ses plus belles qualités.
Cet heureux pays se glorifie à juste titre de produire les grands vins blancs de Vouvray* et de Montlouis*, et les rouges suaves de Chinon*, de Bourgueil* et de Saint-Nicolas-de-Bourgueil*.
On peut aussi rattacher au vignoble de Touraine celui des Coteaux du Loir*, situé à la limite de la Touraine, de l'Anjou et du Maine.

Touraine : appellation d'origine contrôlée. Pour avoir droit à l'appellation, les vins rouges, délicats et parfumés, doivent provenir du Cabernet franc* (qu'on appelle ici « Cabernet breton ») et d'autres cépages d'appoint autorisés : Cot, Malbec, Noble, Gris-Meunier, Pinot gris, Gamay. Les vins rosés, légers et fruités, sont issus des cépages Cabernet breton, Cot, Gamay et

Groslot. Les vins blancs, secs ou moelleux, parfois pétillants viennent du Chenin (ou Pineau de la Loire), plus rarement du Sauvignon.
Les vins rouges et rosés doivent titrer 9°, et les vins blancs 9,5°.
Le Touraine pétillant (blanc, rouge ou rosé) doit titrer 9,5° avant la seconde fermentation en bouteilles. Le blanc provient du Pineau de la Loire, cépage blanc, tandis que le rouge et le rosé sont faits exclusivement avec le Cabernet (cépage rouge).
Certains vins de Touraine ont droit de faire suivre l'appellation « Touraine » du nom de leur commune d'origine : ce sont ceux d'Azay-le-Rideau*, d'Amboise* et de Mesland*.

tourne, maladie qui prend toujours naissance dans des vins mal constitués, trop faibles en alcool, présentant une trop faible acidité* réelle (supérieure à 3,5), contenant encore une certaine quantité de sucre résiduaire ou provenant de vendanges avariées. — Le goût des vins atteints est désagréable, à la fois aigre et fade. L'aspect est trouble; des filaments brillants et soyeux se déplacent dans le vin quand on l'agite. Les bactéries de la tourne s'attaquent aux acides fixes, au sucre, à la glycérine, et spécialement à l'acide tartrique : l'acidité fixe* diminue donc, alors que l'acidité volatile* augmente. Il se produit aussi un dégagement de gaz carbonique, qui « pousse » les douelles des fonds du tonneau et fait mousser le vin à la sortie du tonneau.
On peut prévenir la maladie, ou même tenter de l'enrayer au début, par addition d'anhydride sulfureux* et de tanin*, par soutirages* fréquents accompagnés d'addition d'anhydride sulfureux et par pasteurisation*.

Traminer, cépage d'Alsace, qui est le nom alsacien du Savagnin blanc et rosé, un des principaux cépages nobles du Jura*. — Selon la tradition, ce nom proviendrait de celui d'un village du Tyrol italien, Termeno, qui s'appelait « Tramin » quand il appartenait à l'Autriche. Ce cépage donne un vin blanc généralement très peu acide, parfois même moelleux, mais toujours très parfumé. Corsé et généreux, suave et séduisant, il parfume le nez et la bouche d'une vraie gerbe de fleurs où dominent la rose et le jasmin. On rencontre le Traminer dans la vallée du Rhin, le Tyrol italien et aussi en Californie. Les meilleurs Traminers prennent le nom de Gewurztraminers.

tranquille. Un vin tranquille n'est ni pétillant ni mousseux. On emploie généralement ce terme pour désigner le vin de base, qui servira ensuite à l'élaboration du vin mousseux, afin de le distinguer du produit fini.

tuilé, terme qui s'applique à des vins rouges qui ont pris la teinte rouge brique des tuiles. — Cette couleur prouve que le vin est devenu sénile, que tous les éléments qui le composent sont atteints par l'oxydation. Toutefois, dans les vins appelés « Rancios »*, cette couleur est normale.

Tunisie. La production de ce pays a subi une baisse considérable à la suite de l'attaque du phylloxéra*, vers 1936, qui anéantit une grande partie du vignoble. La consommation du pays même est très faible, puisque les musulmans ne doivent pas boire de boissons alcoolisées. La production est donc vouée à l'exportation.
Après avoir connu, de 1943 à 1953, dix années catastrophiques, le vignoble tunisien entama une croissance régulière malgré le départ de nombreux viticulteurs européens après l'indépendance en 1956.
Les cépages d'origine européenne ont été introduits par les colons européens : Carignan, Cinsault, Alicante-Bouschet, Morastel, Mourvèdre, etc. pour les rouges; Pedro Ximenez, Sémillon, Sauvignon, Clairette, Beldi, Ugni, Muscats.
D'ouest en est, le vignoble tunisien occupe les régions de Bizerte, Mateur et Raf-Raf au nord; de Tebourba, Massicault, Carthage dans la grande banlieue de Tunis; de Khanguet, Grombalia, Kélibia dans le cap Bon : il forme donc un vaste croissant autour du golfe de Tunis. Mais il existe aussi quelques petits vignobles de moindre importance au sud : ceux du golfe de Hammamet, de Zaghouan et de Thibar. La

législation tunisienne distingue trois types de vins. En 1942 fut instituée la catégorie « Vin supérieur de Tunisie », qui groupe des vins rouges, rosés ou blancs titrant de 11 à 13 degrés, ayant au moins un an et ayant subi une analyse chimique et une dégustation à l'aveugle, garantes de leur qualité.

La seconde catégorie est le Muscat, bénéficiant depuis 1945 de la simple appellation d'origine : « Muscat de Tunisie ». Certains d'entre eux ont le droit d'être vendus sous le nom de la commune qui les produit (« Muscat de Radès », « Muscat de Thibar »). La troisième catégorie groupe, depuis 1958, les vins fins de pays bénéficiant d'une appellation d'origine : vins de Radès, vin de Kélibia.

Si les vins de table sont assez communs, sauf certains rosés agréables, en revanche les vins de liqueur* sont remarquables, spécialement les Muscats. Issus des cépages Muscats d'Alexandrie, de Frontignan et de Terracina, ils titrent au minimum 17 degrés et conservent au moins 70 g de sucre par litre. Ce sont des Muscats parfumés, puissants et fins.

Turquie. La Turquie produit peu de vin : 5 p. 100 de la récolte seulement sont vinifiés; la majorité est vendue comme raisin frais de table, sauf le quart environ, qui est mis à sécher. Les vignobles turcs sont d'ailleurs très épars à travers le pays, et leur importance n'est que moyenne. Ils se groupent surtout dans les régions de Pergame, d'Aydin-Tire-Izmir (qui fournit le meilleur vin), d'Ankara, de Gaziantep, de Malatya, de Kayseri, de Konya et de Niğde. Les vins turcs sont bons en général : blancs ou rouges, ils sont secs et plaisants, tels le Buzbağ, le Doluca, le Kavaklidere, le Marmara, le Trakya. L'Izmir est un excellent vin blanc, assez léger et fruité, qu'il faut boire très frais. Par contre, les vins doux comme le Miskit, à base de Muscat, sont nettement moins bons que les autres vins turcs.

Tursan. Ce vignoble du Sud-Ouest*, classé V.D.Q.S., a une origine fort ancienne, puisque, dès le xve siècle, on le désignait comme étant le cœur du « pays des vignes » basco-béarnais. Les vins sont produits sur les coteaux du Tursan, dans le département des Landes, par une quarantaine de communes, et notamment autour de Geaune et d'Aire-sur-Adour. La plupart des vins sont blancs. Ils sont issus d'un cépage local, le Baroque, qui représente 90 p. 100 de l'encépagement total du Tursan. Bien vinifiés par la cave coopérative de Geaune, ces vins sont en progrès constants et ont de plus en plus de succès. Ils sont très secs, nerveux, coulants, avec beaucoup de caractère. Tursan offre aussi des vins rouges et rosés, mais en très petite quantité (moins de 1 000 hl pour une production annuelle totale de 8 000 hl en V.D.Q.S.). Ils proviennent du Tannat, le cépage du Madiran*, qui donne un vin tannique, coloré et corsé. On associe le Tannat au Fer* et au Cabernet franc, comme pour le Madiran, avec une progression constante du Cabernet franc dans la proportion, ce cépage étant le meilleur compagnon du Tannat.

U

Ukraine. D'après les chiffres de 1959, 379 000 ha y sont consacrés à la vigne, et c'est la plus importante région viticole d'U.R.S.S. du point de vue de la superficie. Elle produit annuellement 1 600 000 hl. Autrefois, la viticulture se pratiquait surtout dans les vallées du Dniepr, du Boug et du Dniestr, puis, vers 1800, elle se développa dans les steppes.

Actuellement, il existe trois régions viticoles en Ukraine : l'Ukraine subcarpatique, à la frontière hongroise, groupée autour du centre de Moukhatchevo; le littoral, près de Kherson, d'Odessa et de Nikolaïevsk; surtout la Crimée, qui se spécialise dans la fabrication en grand du Mousseux soviétique. Cette dernière région produit environ 12 millions de bou-

Ukraine : combinat vinicole de Massandra, près de Yalta, en Crimée. Massandra est équipé de façon remarquable pour la production de masse du « Champagne » de Crimée. La photographie représente l'usine n° 1 : chaîne d'étiquetage et de bouchage. Phot. Novosti.

teilles de Mousseux par an! Le village de Massandra, près de Yalta, par exemple, est remarquablement outillé pour cette production de masse. La Crimée produit aussi des vins de dessert : le Portveïn, imitation de Porto, et des Muscats (Massandra et Zolota Balka).

U.R.S.S. D'après les chiffres publiés en 1964, la vigne occupe 1 046 000 ha, et 9 800 000 hl de vin sont produits chaque année. C'est essentiellement dans les régions méridionales qu'on rencontre les vignobles, dont les principaux cépages sont le Chasselas, le Cabernet-Sauvignon, le Pinot gris, le Riesling, l'Isabelle et le Concorde. En Extrême-Orient soviétique, on rencontre aussi une variété de cépage, créée par le naturaliste Mitchourine, qui résiste aux gelées de −40 °C (mais qui est malheureusement vulnérable aux attaques du phylloxéra*). Les principales régions viticoles de la Russie actuelle sont, comme dans le passé : la Géorgie*, dont les vins furent toujours renommés; la Moldavie*, qui produit un tiers des vins de l'U.R.S.S.; l'Ukraine*, qui fournit en Crimée presque tout le Mousseux soviétique; l'Azerbaïdjan, très vieux pays viticole. La République soviétique fédérative socialiste de Russie* et l'Arménie* possèdent aussi des vignobles importants.

Dans l'ensemble, les vins de Russie sont desservis par la latitude et le climat continental, surtout en ce qui concerne les vins blancs, qui manquent généralement de fraîcheur (les vins blancs de Hongrie*, de Roumanie* et de Bulgarie* atteignent un niveau de qualité nettement supérieur). L'U.R.S.S. fait un très gros effort dans la préparation des vins mousseux, qu'elle n'hésite pas, d'ailleurs, en toute simplicité, à baptiser « Champagne ». Le Mousseux soviétique est toutefois une honnête imitation du Champagne, et il est assez agréable d'en boire à Moscou, à Leningrad et autres grandes villes, dans des sous-sols aménagés à cet effet.

En ce qui concerne les vins de dessert, l'U.R.S.S. possède une gamme très étendue et très variée de vins fort agréables, et elle pourrait être une concurrente sérieuse si elle exportait sur le marché mondial.

Ces vins de dessert, extrêmement nombreux, peuvent se classer en trois catégories : les vins « demi-doux », les vins « doux » et les vins « forts ».

Les *vins « demi-doux »* ont une teneur en alcool inférieure à 15°. Les meilleurs proviennent de Géorgie et ont un arôme particulier. Certains sont blancs, comme le Tchkhavéri n°1 et le Tvichi n° 19; d'autres sont rouges, comme le Khvantchkara n° 20, l'Ousakhe-Laouri n° 21, le Kindzmaréouli n° 22 et l'Odjalechi n° 24. L'Ukraine produit un ersatz de « Château-Eyquem » et de « Barsac ».

Les *vins « doux »* sont de plusieurs types. Les Muscats sont la spécialité de la Crimée et surtout du complexe viticole de Massandra. Ils ont une richesse alcoolique de 12 à 16° et contiennent de 20 à 30 p. 100 de sucre. On les laisse vieillir de deux à quatre ans avant de les livrer à la consommation. Les meilleurs d'entre eux sont le Krasnyi Kamen (« Pierre rouge ») et le Tavrida (Muscat noir). Les « Tokays » sont produits, eux aussi, surtout en Crimée, dans les villages d'Aï-Danil et de Magaratch. L'Asie centrale en prépare aussi. Les « vins de Cahors* », qui sont, en U.R.S.S., des vins de liqueur*, sont laissés à vieillir au moins trois ans. Les plus renommés sont le Chemakha d'Azerbaïdjan, l'Artachat d'Arménie et le Ioujnoberejnyi de Crimée, qui titrent 16° d'alcool et contiennent de 18 à 20 p. 100 de sucre. Le « Cahors » d'Ouzbékistan titre, lui, 17° et contient 25 p. 100 de sucre. Quant au Kiourdamir d'Azerbaïdjan, il est très velouté et possède un arrière-goût curieux de chocolat. On peut encore citer parmi les vins « doux » des vins liquoreux comme le Pinot gris de Crimée, vin de couleur ambrée contenant plus de 23 p. 100 de sucre et titrant 13°, et le Salkhino n° 17 de Géorgie, de couleur café presque noir et qui contient 30 p. 100 de sucre. Enfin, les vins d'Asie centrale, dont les meilleurs sont l'Iasman Salyk et le Ter Bach du Turkménistan, et le Chirini du Tadjikistan, contiennent toujours beaucoup de sucre.

Les *vins « forts »* titrent jusqu'à 20°. Ils imitent les vins de liqueur célèbres d'Espagne, du Portugal et d'Italie. Parmi les ersatz de « Portos », les meilleurs rouges sont le Livadia et le Massandra de Crimée; les meilleurs blancs sont l'Ioujnoberejnyi et le Souroj de Crimée, l'Aïgechat d'Arménie, l'Akstafa d'Azerbaïdjan et le Kardanakhi n° 14 de Géorgie. Le meilleur ersatz de « Xérès » est produit en Arménie (dans la région d'Achtarak). Il rappelle assez bien l'authentique Xérès, qu'il veut imiter, avec sa belle couleur dorée, son bouquet fin et fruité, et son léger goût de noix. Le meilleur ersatz de « Marsala » provient du Turkménistan. Il rappelle quelque peu le Madère et titre de 18 à 19°. Quant au pseudo-« Madère » soviétique, il est surtout produit en Crimée et en Géorgie : l'Anaga n° 16 de Géorgie est appréciable.

V

Valdepeñas. Patrie de Don Quichotte de la Manche, cette région, centre viticole important du centre de l'Espagne, est située au sud de Madrid, près de la ville de Ciudad Real, dans l'ancienne province de Nouvelle-Castille. Bien que son nom signifie « vallée des pierres », la région est plus une large plaine qu'une vallée, et le sol, quoique aride, n'est pas particulièrement pierreux.

Le vignoble, étendu, produit un très agréable vin rouge, léger et peu coloré, qui se boit dans sa jeunesse, surtout à Madrid, comme *vino corriente* — comme « vin ordinaire ». Bon marché, il est servi le plus souvent en carafe. Le vin blanc, d'une teinte dorée, corsé et assez commun, est beaucoup moins agréable.

Les vins de Valdepeñas, qu'ils soient rouges ou blancs, sont rarement mis en bouteilles ou exportés. C'est à Madrid qu'il faut les découvrir.

Valpolicella, excellent vin rouge du nord de l'Italie, au nord-ouest de Vérone. — Issu des mêmes cépages que le Bardolino*, il est produit sur le territoire de cinq communes : Negrar, Fumane, Marano, San Pietro Incariano et Sant' Ambrogio. Le Valpolicella de qualité légère est consommé en carafe dans sa première année. Le meilleur — Valpolicella superiore — est mis en bouteilles après dix-huit mois de fût, mais doit être dégusté généralement avant sa cinquième année. C'est un vin velouté, vif, fruité, léger et peu corsé, mais qui a beaucoup de finesse et de distinction.

Valtellina *(Valteline),* région viticole du nord de l'Italie, près de la frontière suisse, dont les vins rouges sont parmi les meilleurs d'Italie. — Les plus fins sont produits sur cinq petits versants montagneux, à l'est de la ville de Sondrio : Sassella, Grumello, Inferno, Grigioni et Fracia. Les vins provenant de ces régions sont généralement vendus sous leur propre nom et ne portent pas l'appellation « Valtellina ». Ils sont issus d'un cépage nommé localement « Chiavennasca », qui est, en réalité, le fameux Nebbiolo, qui fait les bons vins rouges du Piémont. Les vins de la Valtellina ont beaucoup de personnalité. D'une couleur de pourpre foncée, presque noire, ils sont puissants et vigoureux. Il ne

faut surtout pas les boire jeunes, car ils développent peu à peu leurs belles qualités au cours des années de bouteille.
Depuis quelques années, on a remis en honneur un type particulier de vin de la Valteline : le Sfurzat. Ce vin se prête à un long vieillissement et se transforme avec le temps en un véritable vin de dessert, titrant de 15 à 16 degrés. D'une couleur particulière tirant sur l'orange, il est moelleux, rond et plein.

velouté. Un vin velouté flatte le palais par une sensation de douceur caressante qui fait penser à celle qu'on ressent en touchant du velours. C'est un vin toujours peu acide* et assez riche en glycérine*, qui procure une telle sensation de douceur, si nettement éprouvée, que même un profane dira : « C'est du velours ! »

vendange, moment crucial où le vigneron, après s'être courbé durant un an sur sa vigne, va commencer la glorieuse suite de travaux qui donnera naissance à son vin. — Grâce à la généralisation du contrôle de maturation*, le vigneron est désormais délivré du souci de décider lui-même de l'instant précis de la vendange. Le contrôle de maturation permet aussi de déterminer le compromis le plus heureux entre les dates de maturité des différents cépages, lorsque plusieurs cépages sont associés (régions du Midi, Bordelais). La date de la vendange dépend du type de vin qu'on désire obtenir : s'il s'agit d'un vin sec, le raisin sera récolté avant la maturité poussée, afin de garder une agréable acidité; les vins moelleux et liquoreux proviendront, au contraire, de raisins récoltés à surmaturité avec ou sans atteinte de la pourriture noble*.
Le gros problème actuel est celui de la main-d'œuvre, d'une acuité parfois tragique. D'année en année, ce problème devient plus ardu. Il y a bien la machine à vendanger, utilisée en Californie! Mais l'emploi de cet engin exige une taille rigoureuse de la vigne et, de toute façon, ne convient ni à nos vignobles ni à nos cépages. Ensuite, il faut transporter cette vendange en la ménageant le plus possible et en évitant de blesser le précieux raisin : autant de problèmes, surtout pour les vignobles de coteaux, où l'on doit parfois utiliser le remonte-pente (Valais). Divers récipients sont utilisés : hotte, bât, brouette, benne (ou comporte), seau, bénaton. Le fer est toujours évité, à cause du danger des casses ferriques*; les matériaux utilisés sont l'osier et le bois traditionnels, et le moderne plastique.

véraison, nom donné dans le Midi au travail de maturation de la grappe de raisin. — A la phase de véraison, le grain est au maximum de son poids et de son volume, mais il n'est pas encore assez mûr pour être cueilli : la vendange ne se fait qu'à maturation complète. Entre la véraison et la maturation, l'aspect extérieur du grain de raisin ne change guère; aussi, avant l'institution du contrôle de maturation*, déterminer la date optimale de la vendange était une décision parfois hasardeuse. A partir de la véraison, le grain de raisin devient un véritable organe de réserve, qui s'emplit de tout le sucre qu'il peut absorber, en même temps que diminue l'acidité.

verre. Le choix du verre joue un rôle important dans la dégustation d'un vin. Chaque importante région viticole française a créé le sien, de forme spéciale, destiné à mettre son vin en valeur (verres à Bourgogne rouge et blanc, à Bordeaux rouge et blanc, à Vouvray, à vin d'Alsace, etc.). Fait avant tout pour contenir le vin et non pour décorer la table — ce qu'on a parfois tendance à oublier —, le verre doit être de forme pure et légère. Les facettes taillées, les ornements divers nuisent à la dégustation. Il en est de même du verre coloré, qui prive l'œnophile de sa première joie : contempler la couleur de son vin. Aussi précieux soient-ils, de tels verres doivent être éliminés de la table du gourmet. Le cristal, d'une transparence absolue et qui renvoie parfaitement la lumière, est la seule matière digne de contenir un grand vin.
Le verre doit être assez vaste pour qu'il ne soit jamais nécessaire de le remplir à ras bord et qu'il permette au gourmet, sans risque de projection, d'effectuer le mouvement giratoire qui révélera toutes les subtilités du bouquet. Tout est ques-

tion d'harmonie et de rapport entre le volume du liquide et sa surface.

L'ouverture du verre, elle aussi, a son importance : elle doit être légèrement rétrécie, afin de permettre une certaine concentration des parfums, qu'un verre trop largement ouvert laisserait échapper. La coupe à Champagne est une hérésie, puisque sa surface, bien trop large, laisse fuir toutes les bulles en même temps que l'arôme subtil et fin du Champagne : elle rend irrémédiablement plat et fade le meilleur vin. Le seul verre digne de ce seigneur est la flûte, si élégante, ou le « verre tulipe », à calice assez fermé.

Le verre doit être fin, afin qu'il ne s'interpose pas désagréablement entre le vin et la bouche du dégustateur. Rappelons-le : le verre est là uniquement pour mettre le vin en valeur; il doit être adapté à sa fonction au point de se faire complètement oublier.

Le pied est indispensable. Il contribue à l'élégance du verre, mais, là encore, la mesure est nécessaire : ni pied pataud, ni échasse. Le pied de section ronde est fort commode : il permet au gourmet de le saisir facilement, de l'avoir bien en main pour faire doucement tourner le vin et apprécier son bouquet.

vert. Un vin provenant de vendanges insuffisamment mûres contient une acidité anormale : on dit alors qu'il est « vert ». Lorsqu'il ne s'agit que d'une pointe de verdeur, cette acidité n'est pas désagréable, d'autant plus qu'elle s'arrangera avec l'âge et deviendra fraîcheur. Un vin très jeune, pas encore fait, présente souvent un peu de verdeur, même s'il provient de vendanges saines.

vert du Portugal (vin). C'est le célèbre *vinho verde* du Portugal. Cette expression ne désigne pas la couleur du vin, mais un goût spécial, un goût de jeunesse : il y a des *vinhos verdes* rouges et des *verdes* blancs. La production des vins rouges représente environ sept fois celle des blancs (presque 3 millions d'hectolitres en tout). La région qui les produit est située dans la partie septentrionale du Portugal, entre le Minho et le Douro, dans les secteurs de Moncao, Lima, Braga, Basto, Amarante et Penafiel. Chacun de ces secteurs a un encépagement traditionnel qui lui est particulier, mais les cépages les plus rencontrés sont les cépages rouges : Vinhao, Borracal, Espadeiro, Azal Tinto; les cépages blancs, fort nombreux, sont dominés par l'Azal blanco et le Dourado.

Les vins verts sont très strictement contrôlés et doivent répondre à des normes précises de production. Connus depuis fort longtemps, ils étaient déjà soumis, dès le XVIIIe siècle, à une étroite réglementation. Celle-ci porte d'abord sur le mode de culture, très particulier.

La vigne est cultivée en treille, en espalier, sur des tuteurs vivants, appelés « enforcados », qui sont généralement des châtaigniers ou des chênes. Elle atteint de 1,50 m à 4 ou 5 m. Elle n'est jamais cultivée en vignobles étendus, mais uniquement en bordure de champ, de chemin, dans les espaces morts des exploitations agricoles. La taille est appliquée aussi aux « enforcados », qui ont très peu de branches, afin de ne pas donner d'ombre à la vigne. Le vin ne peut s'appeler *vinho verde* que s'il provient des vignes cultivées par ces méthodes.

La vinification est elle-même particulière. Due à des levures régionales naturelles, elle est contrôlée par le viticulteur de façon à laisser une grande quantité d'acide malique dans le vin. Cet acide malique provoquera par la suite une fermentation malo-lactique* intense, qui donnera au vin son agréable et si spécial pétillement. Le vin est mis en bouteilles précocement, vers février-mars. On obtient alors des vins très désaltérants, qui picotent agréablement, faiblement alcooliques et ayant une acidité assez élevée. Les blancs sont légers et clairs; ils font merveille sur les hors-d'œuvre, les poissons, et chaque fois qu'on a soif. Les rouges, plus corsés, ont une jolie couleur vive et ne sont pas sans rappeler notre Beaujolais; ils s'accordent fort bien avec les viandes rouges.

vieux. Il n'y a guère qu'en matière de vin que le terme *vieux* ne prend pas un sens péjoratif et vaguement apitoyé. En effet, le vin vieux est le roi de la cave. Si les

gourmets traitent les vins jeunes* avec familiarité, ils éprouvent respect et vénération pour la vieille bouteille. Il est inutile de discuter des mérites comparés des vins jeunes et des vins vieux, puisqu'ils sont essentiellement différents. En général, les vins vieux ont de cinq à quinze ans. C'est dans cette période qu'on boit les grands blancs et les grands rouges de Bourgogne, les vins moelleux de la Loire et du Bordelais, les Monbazillacs*, les grands rouges de Gironde, les Côtes-du-Rhône* blancs et rouges et les vins jaunes*. Parmi ces élus, des vétérans atteindront en beauté quinze ans, vingt ans et plus : le vin jaune toujours, les autres en années riches seulement.
Si le vin jeune se caractérise par son fruit et sa fraîcheur, le vin vieux a acquis bouquet et saveur ineffables, subtilité aussi. Lorsque le vin a perdu par l'âge une partie de ses charmes, on ne dit plus qu'il est vieux, mais qu'il « vieillarde ». Enfin, au stade suprême de vieillissement, on le dit « sénile ». Sa beauté et son charme sont alors définitivement évanouis, car il a subi des modifications profondes : oxydation, dépôts de matières colorantes et de tartre, perte du bouquet.

vif. Un vin vif ne laisse pas ignorer qu'il est bien vivant et jouit d'une éclatante santé. Juvénile, brillant, il est stimulant au palais grâce à son acidité* agréable, mais jamais importune.

Villaudric. Les vins de cette appellation du Sud-Ouest*, qui ont droit au label V.D.Q.S., sont sensiblement les jumeaux de ceux de Fronton*. La production, insignifiante, est obtenue sur les communes de Villaudric, Bouloc, Villemur, Fronton, Villematier et Villeneuve-les-Bouloc.

vin chaud. Les mérites de cette préparation sont connus dans toutes nos provinces. Pendant l'hiver, on prépare ce « remontant », qui est souverain, dit-on, dans les cas de rhume et de grippe. Un bon vin chaud se prépare de la façon suivante : sucre, un ou deux clous de girofle, cannelle, écorce d'orange ou zeste de citron, le tout chauffé à petit feu, avec un peu d'eau pendant un temps plus ou moins long. Lorsqu'on estime suffisante la cuisson des différents éléments (généralement au bout de 7 à 10 minutes), on incorpore à la préparation un bon vin de table ou, mieux encore, un vin de Bordeaux, et on amène le tout à une ébullition vive. Si le degré du vin le permet, en approchant une flamme, on enflamme les vapeurs qui se dégagent.

vins délimités de qualité supérieure (V.D.Q.S.), vins régionaux produits dans des conditions bien définies : aire de production, encépagement, degré alcoolique, rendement maximal à l'hectare. — Ce sont des vins d'excellente qualité, contrôlés par l'I.N.A.O.* et la répression des fraudes. Les syndicats viticoles de défense opèrent eux-mêmes la sélection, et le label de garantie ne leur est octroyé qu'après jugement impartial d'une commission de dégustation. L'étiquette porte clairement la mention en entier ou simplement les initiales V.D.Q.S. (V. page 33.)

vins fins de la Côte de Nuits. Certaines communes situées au nord et au sud de la ligne des grands crus ont le droit, sous certaines conditions, de vendre une partie de leurs vins sous l'appellation de « vins fins de la Côte de Nuits ». Ce sont Fixin, Brochon, Prissey, Comblanchien et Corgoloin. L'appellation officielle de « vins fins de la Côte de Nuits » est devenue, depuis peu, « Côte-de-Nuits-Villages ».

vinaigre. Le vinaigre de vin, connu depuis la plus haute antiquité, doit beaucoup aux travaux de Pasteur, qui ont permis d'en rationaliser la fabrication. C'est un produit alimentaire de qualité, qui n'a rien à voir avec le médiocre vinaigre d'alcool.
Les vins légers et acides produits autrefois en abondance dans l'Orléanais sont à la base de sa préparation, qui a rendu célèbre la ville d'Orléans. Le vin est mis dans des fûts de chêne de 230 litres, à moitié remplis, où une circulation d'air est prévue. Chaque semaine, on retire 10 litres de vinaigre par siphonage et on les remplace par la même quantité de vin, en prenant garde de ne pas noyer la « mère du

vinaigre », formée des bactéries de *Mycoderma aceti,* qui ont besoin d'oxygène pour vivre.
Le vinaigre obtenu possède un bouquet particulier et contient les acides organiques libres du vin (malique, tartrique, succinique).

vineux, vinosité, termes qui s'appliquent aux vins riches en alcool. — Parler d'un « vin vineux » peut sembler quelque peu comique au profane. Pourtant, cette expression montre bien que le vin dont il s'agit possède un caractère de vin très affirmé, qu'il est puissant en odeur, comme en saveur.

vino santo, vin de dessert italien, doré et très doux, produit surtout en Toscane, mais parfois aussi dans le Trentin. — Plusieurs cépages peuvent être utilisés, mais le vino santo se prépare généralement avec le Trebbiano.
Les grappes sont soumises au passerillage*, soit sur pied, soit dans des locaux, de façon à obtenir des moûts très concentrés, très riches en sucre.
La Grèce produit aussi un vino santo provenant de l'île de Santorin.

Vintage, vin de Porto*, produit en année exceptionnelle, mis en bouteilles après deux à trois ans de fût et sans mélange. — Seules les grandes années donnent naissance aux Vintages. Les Anglais, surtout, en sont grands amateurs et sont très fiers des trésors que recèlent leurs caves. Les années 1921, 1924, 1927, 1934, 1947, 1950, 1955 et 1960, entre autres, ont donné des vins millésimés : toutefois, jamais plus de 10 p. 100 de la récolte d'une grande année ne sont réservés aux Vintages.
Après son temps d'affinage en fûts, le vin est mis en bouteilles soigneusement bouchées, que l'on conserve couchées dans les caves. Le Porto va y vieillir lentement pendant au moins dix ans : durant ce temps, il va se dépouiller et pâlir en acquérant son bouquet à la fois vigoureux et fin; le flacon vénérable va s'incruster des dépôts et se poudrer de poussière respectable. Une étiquette contrôlée garantit l'authenticité du millésime.
Le Vintage n'existait pas avant la généralisation de l'emploi de la bouteille, qui, seule, permet le vieillissement en récipient fermé.
Le XIXe siècle raffola des Vintages, toujours réservés aux grandes occasions et sacrifiés avec beaucoup de cérémonie. On n'utilise pas le tire-bouchon pour ouvrir la précieuse bouteille. On se sert d'une pince spéciale, rougie au feu, qui permet de couper net le goulot.
Ce procédé évite le risque qu'un peu de moisissure ou d'humidité, dues au bouchon, vienne gâcher le goût du vin merveilleux (ce qui pourrait se produire quand le bouchon est pressé contre le goulot, en le retirant par le procédé classique). Après la cérémonie d'ouverture du flacon, le vin est ensuite transvasé, avec dévotion et d'infinies précautions, dans un décanter*, souvent ancien, parfois moderne, mais toujours luxueux, afin d'être aéré et décanté. Enfin vient l'heure de la dégustation du Vintage, Porto de grand prestige, le plus exquis de tous.

viril. Un vin viril est évidemment tout l'opposé d'un vin féminin. C'est un vin puissant, vigoureux, plein de force et de caractère. Le Madiran*, le Châteauneuf-du-Pape*, les vins de la Côte de Nuits* sont des vins rouges virils; le Pouilly-Fuissé est le type des vins blancs virils.

Volnay. Des documents certains font remonter la gloire du vin de Volnay à 1250, et Jullien jugeait ce gentil seigneur de la Côte de Beaune* « le plus agréable de toute la France ». Bien équilibrés, souples, légers, d'une rare distinction, avec un fugitif arôme de violette, les vins de Volnay sont tout en finesse, tout en délicatesse. Ils sont les plus fins de la Côte de Beaune, comme les Musignys, de leur côté, sont les plus fins de la Côte de Nuits. Volnay ne produit que des vins rouges. Les meilleurs climats sont les Caillerets, En Champans, Chevret, les Angles, Fremiets. (V. Index.)

voltigeurs, petites particules solides en suspension dans le vin, qui « voltigent » quand on remue ou quand on verse celui-ci. — Les voltigeurs sont constitués par des cristaux de bitartrate de potassium, des débris de levures, de la matière colorante insolubilisée. Il faut être indulgent devant leur présence, à condition que celle-ci ne se montre pas trop indésirable, et se dire que la limpidité* absolue d'un vin s'acquiert aux dépens de sa saveur.

Vosne-Romanée. Cette commune, bien que sa production totale soit relativement faible, est peut-être la plus remarquable des communes viticoles de France. C'est elle, en effet, qui possède les incomparables vins rouges, gloire de la Bourgogne, dont les noms sont synonymes de classe et de distinction : Romanée-Conti, Richebourg, Romanée, la Tâche, Romanée-Saint-Vivant, Échezeaux, Grands-Échezeaux, sept joyaux au riche collier de la Bourgogne! Leur robe est éclatante, leur bouquet pénétrant et subtil, leur suavité d'une exceptionnelle finesse.
Citons aussi les appellations : « la Grande-Rue », « les Suchots », « Aux Malconsorts », « les Beaux-Monts », etc. (toujours précédées du nom *Vosne-Romanée),* qui possèdent, comme les précédents, avec moins d'éblouissante perfection, les caractéristiques des vins de Vosne-Romanée — élégance, équilibre, finesse du bouquet. (V. Index.)

Vougeot. Célèbre par son cru de réputation mondiale, le « Clos de Vougeot », la commune l'est aussi par son château pittoresque, propriété de la Confrérie des chevaliers du Tastevin, où se déroulent les « chapitres » de la confrérie.
Le Clos de Vougeot est un vin puissant, bien charpenté, qui a la faculté de vieillir admirablement. Il est considéré par les connaisseurs comme un des tout premiers de la Côte d'Or.
Vougeot produit aussi un excellent vin blanc, le Clos-Blanc-de-Vougeot.

Vouvray. Enchâssé comme un précieux joyau sur la rive droite de la Loire*, voici Vouvray, avec ses caves profondes creusées dans le tuffeau (précédées parfois de maisons troglodytiques) et ses vallées drapées de vignes coupant la falaise. Le vignoble s'étend sur huit communes : Vouvray, Rochecorbon, Vernou, Sainte-Radegonde, Noizay, Chançay, Reugny et une partie de Parçay-Meslay.
Pendant très longtemps, les vins de Vouvray ont été exportés en Hollande et en Belgique; là-bas, on les enrichissait de moûts mutés au soufre et achetés à Malaga, puis on remettait les vins en fermentation et l'on obtenait ainsi des vins liquoreux dont on gardait soigneusement le secret de fabrication. Après le phylloxéra, le Vouvray est parti à la conquête des bonnes tables de France, et l'on peut affirmer qu'il a réussi. Il est issu d'un seul cépage, le Pineau de la Loire. Il n'y a pas un Vouvray, mais des Vouvrays, car ce vin prend, pour nous séduire, de multiples visages, selon les années, l'exposition du vignoble, la vinification. Tantôt il est sec, léger, primesautier, ou puissant et corsé, tantôt moelleux, parfumé et même liquoreux, tantôt il nous rit au nez en moussant dans nos verres. Il est toujours d'une aimable élégance, d'une fraîcheur exquise, d'une irrésistible séduction. N'a-t-on pas dit de lui qu'il est le vin « le plus spirituel de France »?
Le vin tranquille doit titrer 11° au minimum. Jeune, qu'il soit sec ou demi-sec, il donne déjà de grandes satisfactions. Mais ce serait une erreur de ne pas attendre le temps nécessaire pour que se révèle la splendeur du grand vin des années riches. Ce n'est d'ailleurs que dans ces grandes années que s'obtient le Vouvray liquoreux (mais, même en année médiocre, il y a malgré tout quelques barriques de « tête » de vin moelleux). Le Vouvray garde toujours son fruité et sa fraîcheur, ce qui n'est pas une des moindres qualités de ce vin étonnant, qui semble avoir trouvé le secret de l'éternelle jeunesse. Vigoureux, solide, couleur d'or et de topaze, il fond dans une harmonie absolue une extraordinaire richesse de parfums et de saveurs, où se découvrent l'acacia, le raisin frais, le coing, l'amande. C'est bien là le « vin de taffetas » dont parlait Rabelais.
Le Vouvray a une tendance naturelle à mousser. On utilise cette qualité pour préparer des vins pétillants* ou des vins mousseux*, qui doivent titrer 9,5° avant la

seconde fermentation en bouteilles. Les pétillants ajoutent un agrément de plus aux vins tranquilles dont ils proviennent. Délicatement fruités, souples et parfumés, ils ont une mousse légère et fine qui provient soit du sucre naturel resté dans le vin après la première fermentation, soit du sucre de canne ajouté lorsque la méthode champenoise* a été employée. Les vins mousseux de Vouvray, contrairement aux autres Mousseux, s'améliorent encore avec l'âge et se conservent très longtemps. Préparés par la méthode champenoise, avec une addition de sucre plus forte que pour les pétillants, il ne sont pas une imitation du Champagne. Ce sont des vins d'une jolie couleur dorée, finement parfumés et qui ont gardé toute la grâce et la personnalité du vin tranquille.

W

Washington, un des États producteurs de vin des États-Unis*, qui se trouve à l'ouest du continent, sur le Pacifique, à la frontière canadienne. — La région côtière (presqu'île des Monts-Olympiques) est relativement froide et humide, et ne produit aucun vin quelque peu remarquable. Par contre, à l'est de l'Etat, la région intérieure possède un climat continental et jouit d'un été très long et très chaud. Cette région produit une grande quantité de vins de liqueur, fortement alcoolisés, mais aussi, dans les vignobles irrigués autour de Yakimo, un peu de bons vins de table, issus des cépages Sylvaner, Riesling, Pinot noir, Pinot blanc, Carignan, et de quelques cépages américains : Concorde et Delaware.

X

Xérès, vin espagnol, d'or pâle ou d'ambre, provenant d'une région délimitée du sud de l'Andalousie, entre Cadix et Séville, et située autour de la petite ville de Jerez de la Frontera, qui lui a donné son nom : Xérès est, en effet, le nom français du Jerez espagnol, comme Sherry est son nom anglais. Peu connu en France (mais adoré des Anglais), le Xérès-Jerez-Sherry est un très grand vin, qui peut être à la fois apéritif ou vin de dessert.

Les vins de Xérès, dont l'appellation d'origine est protégée par la loi, proviennent uniquement de raisins récoltés dans une zone viticole délimitée de la province de Cadix. Cette zone comprend les terrains des communes de Jerez de la Frontera, Puerto de Santa Maria, Sanlucar de Barrameda, Chiclana, Puerto Real, Chipiona, Rota et Trebujena. La zone du « Xérès supérieur » s'étend à l'intérieur d'un triangle réunissant Jerez de la Frontera, Sanlucar de Barrameda et Puerto de Santa Maria, et sur le territoire des communes voisines de Rota et de Chipiona. Le Manzanilla* est produit en bordure de l'Atlantique, près de Sanlucar de Barrameda. Ce qui détermine la qualité du vin est, plus que la situation géographique du vignoble, la nature du sol dont il provient, le meilleur étant l'« albariza », sol de craie blanche et aride, analogue au sol de la Champagne, et qui donne des vins d'une grande finesse, ayant un splendide bouquet.

Le cépage dominant est le fameux Palomino, d'où sont issus les meilleurs « Finos » et « Amontillados ». On cultive aussi une demi-douzaine de cépages secondaires et le Pedro Ximénez, dont les grappes sont séchées deux semaines au soleil au moment des vendanges, donnant ainsi un vin extrêmement fort et liquoreux, utilisé en plus ou moins grande proportion dans les assemblages (on appelle ce vin spécial « P.X. », initiales de Pedro Ximénez).

Les vendanges, qui ont lieu très tôt en septembre, ont gardé tout le pittoresque d'autrefois. Les grappes sont pressées de douze à quatorze heures après avoir été exposées au soleil. Le moût est alors emmené dans les « bodegas », où va se faire la vinification. Les fermentations durent jusqu'en décembre : c'est à ce moment que les experts décideront du sort du vin nouveau. Le vin, léger et clair, avec

un fin bouquet, deviendra « Fino » et « Amontillado » après addition d'eau-de-vie de vin jusqu'à ce qu'il titre 15,5°. Le vin plus corsé, avec moins de bouquet, sera fortifié pour titrer 17 ou 18°. C'est de lui que naîtront l'« Oloroso », le « Cream Sherry ».
Les différents vins sont alors stockés dans des « criaderas » distinctes. La criadera est une nursery pour vin, où le jeune Xérès est élevé durant un ou deux ans, ou même plus. Là va commencer, dans des tonneaux de chêne maintenus aux trois quarts pleins, la merveilleuse évolution du vin sous l'influence du voile épais (ou « fleur ») formé de levures indigènes spéciales, analogues à celles qui donnent à notre Château-Chalon* son extraordinaire caractère.
Le vin subit ensuite un savant et lent mûrissement, grâce à la méthode d'assemblages subtils et de vieillissement appelée « solera » : les vins sont soignés dans des fûts de 480 litres, alignés et superposés, de façon impressionnante, sur trois ou quatre étages. Avec le temps, la couleur du Xérès qui vieillit en fûts a tendance à foncer légèrement; le vin prend peu à peu son bouquet inimitable et sa saveur unique. Il devient aussi plus sec et, contrairement à tous les autres vins, plus riche en alcool. Ainsi des Finos, des Manzanillas, titrant 15,5°, accusent facilement 21° après cinq ans de fût ou plus.
Le Fino est le plus pâle, le plus léger et le plus sec des Xérès; c'est aussi le plus délicat. Servi frais, c'est un splendide vin apéritif, au bouquet suave, le meilleur des Xérès selon les connaisseurs.
L'Amontillado, plus vieux et plus corsé, n'est pas aussi sec que le Fino; il est aussi plus coloré, légèrement ambré.
L'Oloroso a plus de corps que les précédents. Il a une saveur et un bouquet très prononcés. Sa couleur, plus foncée, va de l'or sombre à l'ambre. Très peu d'Olorosos sont vendus à l'état naturel de vins secs : ils sont généralement plus ou moins sucrés par l'addition de « vino dulce », dont le meilleur est le fameux P.X., provenant du cépage Pedro Ximénez.
Il existe diverses variétés d'Oloroso à côté de l'Oloroso proprement dit :
– le Raya : c'est un Xérès commun, de moindre qualité. De couleur vieil or, il est plus corsé et d'arôme beaucoup moins délicat. Les Rayas ne sont pas exportés et constituent la classe inférieure des Olorosos;
– l'Amoroso* est un Oloroso de couleur foncée et sucré;
– le Palo Cortado est le type intermédiaire entre le Fino et l'Oloroso, dont la définition varie d'ailleurs selon chaque bodega. Les vins de ce type possèdent l'arôme des Amontillados et la saveur des Olorosos : on peut dire qu'ils constituent la classe supérieure des Olorosos;
– le Cream Sherry est un Oloroso très doux, créé et produit à Bristol, en Angleterre, et devenu aussi extrêmement populaire aux États-Unis. Pour répondre à la demande croissante, ce vin est désormais produit en Espagne même. Mais le Cream Sherry mis en bouteilles à Bristol et provenant d'Oloroso (expédié en fûts depuis Jerez) porte le nom de « Bristol Cream » ou « Bristol Milk » (le Milk étant moins riche que le Cream). On sert la plupart des Xérès chambrés à la température de la pièce. Par contre, on rafraîchit l'Amontellado et il est même permis de frapper le Fino et le Manzanilla.

Y

Y, nom d'un vin sec présenté par le Château d'Yquem*, bien moins cher que le somptueux vin blanc liquoreux du même Château.

Yougoslavie. Ce pays étant situé à la même latitude que l'Italie, la vigne s'y rencontre un peu partout. Toutefois, dans l'ensemble, les vins ne dépassent pas, du point de vue de la qualité, le niveau d'honnêtes vins de pays. La production totale est d'environ 6 millions d'hectolitres. Voici les principaux centres viticoles dans chaque république.
La *Serbie* cultive la vigne dans les vallées du Danube et de la Morava, sur les hauteurs de la Vojvodine et dans le Sud. La vallée du Danube produit un vin blanc

assez agréable, le Fruška Gora, et, autour de Smederevo, un vin de table, le Smederevska, et un vin de dessert, le Smederevska Malaga. La vallée de la Morava donne le Sićevačko, vin blanc récolté autour de Negotin et de Bagren, et le Župsko, spécialité d'Alexandrovac, qui est un vin blanc ou rosé très fin. Le Ružica est produit à la fois dans la vallée du Danube (c'est ici un agréable vin rosé) et dans celle de la Morava (c'est alors un vin rouge récolté autour de Negotin et de Bagren).

Enfin, la Vojvodine produit, près de Subotica, à la frontière hongroise, le Rizling (Riesling) de Kraljev Breg, qui n'est pas remarquable.

La *Croatie* ne consacre que 5 p. 100 de sa surface cultivée à la vigne. Les meilleurs crus se trouvent en Dalmatie et dans la vallée de la Save, autour de Brod, Daruvar, Moslavina et Zagreb. Les vins de la vallée de la Save, un peu aigrelets, sont légers et ne manquent pas d'agrément : ce sont le Daruvar, l'Ivan Zelina et l'Okić-Plješivica. Autour de Karlovac se récoltent le Bermet et le Karlovački Rizling.

La *Dalmatie* produit deux bons vins, tous deux agréablement fruités, autour de Mostar : le Blatina, vin rouge, et le Žilavka, vin blanc assez sec et corsé. Elle prépare aussi un vin de dessert, blanc ou rouge, doux et assez alcoolisé, le Prošek, et, un peu partout, un vin rosé assez agréable appelé « Ružica ».

La *Slovénie* a perdu de sa valeur viticole d'autrefois. Au Moyen Age, les vins de Styrie étaient abondants et renommés, et s'exportaient vers la Carinthie autrichienne. Il ne reste plus grand-chose de ce beau passé. En Istrie, sur le littoral et au nord-est de la République, la culture de la vigne a périclité. Il subsiste assez peu de vignobles dans l'ensemble de la Slovénie; ceux qui restent se trouvent dans la vallée de la Drave. Les vins produits servent à satisfaire la demande locale : le Bizelj, vin aigrelet mais agréable; le Cirček, vin rose foncé, fort aigre, mais très recherché en Slovénie; le Moslavac, le Rizling de Ljutomer, le Sylvanac (qui rappelle le Sylvaner), le Traminac (qui rappelle le Traminer), tous les quatre produits autour de Ljutomer.

La *Macédoine* jouit de conditions atmosphériques favorables; aussi la vigne est-elle cultivée un peu partout et jusque dans les zones forestières.

Le *Monténégro* est un pays de hautes montagnes calcaires, au climat assez rude : la vigne est cultivée sur le littoral de l'Adriatique, au flanc des collines et dans les vallées.

Yquem (Château-d'). Les mots semblent impuissants à décrire ce vin merveilleux, roi des Sauternes* et premier vin blanc liquoreux au monde. C'est une précieuse liqueur d'or liquide, au parfum délicat, d'une suavité incomparable, avec une onctuosité unique, la plus parfaite de tous les Sauternes.

Le domaine appartient depuis deux siècles à la famille de Lur-Saluces, qui veille avec vigilance sur sa haute destinée. Le Château-d'Yquem est toujours d'une qualité parfaite; le vin est déclassé et vendu sous l'appellation régionale dans les années médiocres.

Z

Zwicker, nom qui désigne un vin de coupage d'Alsace* (il ne s'agit ni d'un cépage ni d'un cru). — C'est un vin blanc obtenu par un mélange de cépages courants ou, le plus souvent, de cépages courants auxquels on ajoute un cépage noble. Le cépage de base est généralement le Chasselas*, auquel on ajoute souvent du Sylvaner*. Mais il ne faut pas croire que le Zwicker est de qualité médiocre parce qu'il provient de coupage. Les syndicats viticoles locaux jugent sévèrement ces sortes de vins et veillent à ce que le résultat final soit réussi et de qualité.

Le Zwicker est un beau vin de carafe, souple, léger, mais sans grand caractère, et qui se boit facilement.

— édition 1979 —

IMPRIMERIE HÉRISSEY. — 27000 - ÉVREUX.
Janvier 1969. — Dépôt légal 1969-1er. — N° 23178. — N° de série Éditeur 9229.
IMPRIMÉ EN FRANCE *(Printed in France)*. — 75 459 G-2-79.